Cet ouvrage a été imprimé sur du papier provenant de forêts durablement gérées
et par un imprimeur labellisé Imprim'Vert.

Crédits iconographiques

Couverture : © Vincent Damourette ; © Antonio Pisacreta/Ropi-Rea/Jacques Ferrier Architectures ; *p. 12-13 :* © Conception mobilier Anatome-Atelier IRB/Photo DR ; *p. 16 :* © Reims Métropole/Le Visiomatique 2010 ; © Samson/Iconovox ; *p. 17 :* © Frédéric Le Lan/Communauté d'Agglomération de La Rochelle ; © Document Lille Métropole - Syndicat mixte du SCOT Lille Métropole» - Photos Lille Métropole ; *p. 18 :* © Région Midi Pyrénées ; *p. 19 :* © Agence d'Urbanisme de la Région Nantaise ; *p. 20-21 :* © Vincent Damourette ; © Thau Agglomération ; *p. 22 :* © Ville du Mans ; © Le Mans Métropole ; *p. 23 :* © Le Mans Métropole ; © PhotoPQR/Ouest-France/Max PPP ; *p. 24 :* © www.tramwaysdumonde.net ; *p. 25 :* © Le Mans Métropole ; *p. 26 :* © Ville du Mans ; *p. 27 :* © ALSTOM ; © Setram ; © CTAM ; © Ouest-France ; *p. 28 :* © Amiens Métropole ; *p. 29 :* © Le Mans Métropole/Gilles Moussé ; © lemainelibre.fr ; *p. 31 :* © CG18/ Anatome 2009 - Crédit photo/IStockphoto ; © CG62 ; *p. 33 :* © Manche Numérique/Conception Fabrique de signes ; © CG/Anatome 2010/Crédit photo : Thierry Martrou ; *p. 34 :* © Amiens Métropole ; © altimage-ph.fruitier pour le Conseil général de la Somme ; © ADUGA ; *p. 36 :* © Xavier de Fenoyl/La Dépêche/Max PPP ; *p. 37 :* © TGV en Albret Coordination47 ; *p. 38-39 :* © Région des Pays de la Loire ; © Région Guyane ; © Agence Citeasen/Photos : Badias - Parent/Région Alsace - Fotolia - 2ExVia ; *p. 42-43 :* © Conseil régional Nord-Pas-de-Calais ; *p. 43 :* © INSEE ; *p. 44 :* © Lille 3000-2010 ; *p. 45 :* www.sigale.nordpasdecalais.fr ; *p. 46 :* © DDTER Nord - Pas de Calais ; *p. 47 :* © Conseil régional Nord-Pas-de-Calais ; © Photoaerienne.com ; *p. 49 :* © idé ; © INSEE ; © INTERREG IV ; *p. 51 :* © i&e/ARF ; © Région Bretagne ; © Agence économique de Bretagne ; *p. 53 :* © 27/2010 Der Spiegel ; *p. 54-55 :* © TER Rhônes Alpes ; *p. 56 :* © Région Alsace ; *p. 57 :* © Région Alsace ; © SNCF/Dagré Communication Strasbourg ; *p. 60 :* © Région Aquitaine ; *p. 61 :* © Région Midi-Pyrénées/Création Rivière&Co/Photo Manuel Huynh- Getty Images ; *p. 65 :* © Réseau ferré de France ; *p. 66-67 :* © Datar ; *p. 70-71 :* © IGN pour Aéroports de Paris ; *p. 74 :* © Datar ; *p. 75 :* © Chambre d'agriculture de Haute-Loire ; *p. 77 :* © Datar ; *p. 78-79 :* © spacephotos.com ; *p. 80 :* © Dominique Marcel/Ville de Saint-Nazaire ; *p. 81 :* © SOS Loire Vivante - ERN France ; *p. 82 :* © Agence d'Urbanisme de la Région Nantaise ; *p. 83 :* © Nantes Métropole ; *p. 89 :* © Patrice Latron/Corbis ; © photo-aerienne-France.fr ; © Joncheray/Andia ; © Romain Perrocheau/AFP ; *p. 91 :* © EDF ; © Ministère de l'Écologie, du Développement durable, des Transports et du Logement ; © Atelier graphique/DREAL Limousin ; © Conseil général de l'Isère ; © Ville de Fos-sur-Mer/Direction de la Communication ; *p. 92 :* © Yann Arthus-Bertrand/Altitude ; *p. 93 :* © Île de la Réunion ; *p. 94 :* © Frédéric Dugit/Le Parisien/Max PPP ; *p. 96 :* © Emmanuel Berthier/hemis.fr ; © Avec l'Autorisation du Conservatoire du Littoral ; *p. 98-99 :* © Extrait de la carte 1326 O/© IGN – Paris 2011/Autorisation n° 80-1127 ; *p. 107 :* © Francis Bocquet/photos-aeriennes.net ; *p. 109 :* © Ville & Transports magazine n° 446 du 23 avril 2008 ; *p. 111 :* © J. Fullringer/PhotoPQR/La Montagne/Max PPP ; © www.village.tm.fr ; *p. 112 :* © Hubert de Bree ; *p. 113 :* © Syndicat mixte de la Montagne Ardéchoise ; © Association Fin Gras du Mézenc/Graphisme : arsac.ch@orange.fr/Photos D.Allix-M. Chareyre-Y. Pochelon ; *p. 114 :* © Heli-Horizon ; *p. 115 :* © Ludovic/Rea ; © Extrait de la carte 2314 OT/© IGN – Paris 2011/Autorisation n° 80-1120 ; *p. 116 :* © Miguel Medina/AFP ; © TVO/Agence Tournesol Communication Graphique/Illustrations L. Duvernoy ; *p. 122-123 :* © Ministère de l'Écologie, du Développement durable, des Transports et du Logement ; *p. 125 :* © Parc National des Pyrénées ; © Avec l'Autorisation du Conservatoire du Littoral ; *p. 127 :* © Parc naturel régional du Verdon ; *p. 127 :* © Extrait de la carte IGN Bayeux 7-8 de 1973/© IGN – Paris 1973/Autorisation n° 80-1132 ; © Extrait de la carte 1612 OT de 2007/© IGN – Paris 2007/Autorisation n° 80-1132 ; *p. 128-129 :* © Ludovic Laude/PhotoPQR/L'Est Républicain/Max PPP ; *p. 134 :* © CEA MINATEC P.Conche ; *p. 135 :* © Pierre Jayet ; © Minalogic ; *p. 136 :* © Photec ; *p. 137 :* © Grenoble Presqu'île ; *p. 139 :* © L'Expansion n° 751, avril 2010 ; *p. 141 :* © smart ; © Comité d'Expansion Économique de Maine-et-Loire/Agence Augural ; *p. 143 :* © Télérama n° 3144 du 17 au 23 avril 2010/Photo Alain Tendero ; *p. 145 :* © Comité Régional du Tourisme Languedoc-Roussillon, campagne de printemps 2010 ; *p. 146 :* © Mike Clarke/AFP ; © 2009 Class Multimedia Bordeaux ; *p. 147 :* © Jean-Jacques Saubi/Sud Ouest/PHOTOPQR/Max PPP ; © Michel Gangne/AFP ; © Office de Tourisme de la Juridiction de Saint-Émilion ; *p. 148 :* © CODEL/Pleine Vue ; © Benoit Decout/Rea ; *p. 150 :* © Couverture de L'Usine Nouvelle n° 3180 du 18 au 24 février 2010 ; © Pornchai Kittiwongsakul/AFP ; © Pierre Andrieu/AFP ; *p. 151 :* © Olivier Bouba-Olga, « Les nouvelles géographies du capitalisme », Seuil 2006 ; © Suzanne Berger, «Made in Monde», Seuil 2006 ; *p. 152-153 :* © Ouest Médias ; © Louis Dreyfus Lines S.A.S. ; *p. 158 :* © ADP ; *p. 159 :* © A. Papaïs/FedEx ; *p. 160 :* © Qatar Airways ; © L'Express n° 3091 du 5 octobre 2010/Edition spéciale Amiens Picardie ; *p. 161 :* © Sébastien Ortola/Rea ; *p. 163 :* © L'Express n° 3020 du 21 mai 2010/Édition spéciale Nord Picardie ; *p. 165 :* © TGV Lyria ; *p. 167 :* © Guillaume Oliver ; © Grand Dijon ; © Maires de France n° 268, avril 2010/Fotolia ; *p. 168 :* © Région Auvergne ; *p. 169 :* © Communauté de communes du Pays de Murat ; © Région Auvergne ; *p. 170-171 :* © GPMH ; *p. 178-179 :* © Réseau ferré de France ; *p. 181 :* © jy Cessay/Fotolia.com ; *p. 183 :* © Comité pour la Transalpine ; © Extrait de la carte TOP 100 n° 163/© IGN – Paris 2011/Autorisation n° 80-1131 ; *p. 184-185 :* © Union européenne ; *p. 186 :* © Union européenne, 1995-2011 ; *p. 187 :* © STC Interreg région Haute-Normandie ; © Mai 2010 - Préfecture de Paris et d'Île-de-France/Brochure cofinancée par l'Union européenne et les fonds européens agricole de développement durable. © Union européenne, 1995-2011 ; *p. 188-189 :* © spacephotos.com ; *p. 195 :* © Getty Images ; © Hungarian National Tourist Office ; *p. 196 :* © Robin MacDougall/Getty Images ; © Jan Peter Boening/Zenit-Laif/Rea ; *p. 199 :* © Union européenne, 1995-2011 ; *p. 201 :* © Daniel Mihailescu/AFP ; *p. 202 :* © CIVERTAN ; *p. 203 :* © Ervín Pospíšil/Uherský Brod/Czech republic ; DR ; *p. 204 :* © Christian Guy/Hemis.fr ; *p. 205 :* © Eurocité ; © PINEARQ S.L.U.P./Albert de Pineda and Manel Brullet ; *p. 206 :* © www.schrankartoons.com ; © Plantu ; *p. 207 :* © www.hassanbleibel.com ; DR ; *p. 208-209 :* © L'Europe Vue du Ciel ; *p. 210 :* © Port Autonome/www.indigene-studio.com ; © Ministère de l'Outre-mer ; *p. 211 :* © Pierre Verdy/AFP ; *p. 212 :* © UGPBAN ; *p. 213 :* © Marcel Mochet/AFP ; *p. 215 :* © Atlantic Holidays ; © Office de Tourisme de Nouvelle Calédonie ; © farevoyages.com ; *p. 217 :* © Région Guadeloupe ; © Région Martinique ; *p. 219 :* © Régis Perdriat/TAAF ; DR ; *p. 220 :* © Chamina Voyages/F.Cochard/O.Soury ; *p. 221 :* © Universidade dos Açores ; © Union Européen 2010 ; © Nuno Fonseca/Alamy/hemis.fr ; *p. 223 :* © Richard Bouhet/AFP ; © Mayotte Hebdo ; *p. 224 :* © www.aquarium.nc ; *p. 225-226 :* © Gouvernement de Nouvelle-Calédonie ; *p. 233 :* © Datar ; *p. 235 :* © Pierre Kroll ; *p. 237 :* DR ; *p. 238-239 :* © Antonio Pisacreta/Ropi-Rea/Jacques Ferrier Architectures ; *p. 240 :* © Le Parisien ; © Edition Economica ; *p. 241 :* © BEI ; *p. 242-243 :* © Frans Lemmens/Robert Harding ; *p. 249 :* © Fusion for Energy/Photos: SIMIC/ITER Organization; istockphoto.com/Engage/F4E ; © Ruben L. Oppenheimer/RubenL.nl ; *p. 251 :* © jean-guichard.com ; *p. 253 :* © Emuni ; *p. 254 :* © Aeroview b.v. Film & Fotoproducties ; *p. 255 :* © Nederbetuwe/Wikipedia ; © RDM Campus ; *p. 256 :* © Renault communication/Bruno Barbey/Magnum ; *p. 257 :* © Chaunu ; *p. 258 :* © Samson/Iconovox ; © Rita Mercedes ; *p. 259 :* © A. Chauvaud ; © Computer graphics by i3M® ; *p. 260-261 :* © Romain Degoul/Rea ; *p. 265 :* © L'Expansion n° 757, novembre-décembre 2010 ; © Challenge n° 169, mai 2009 ; *p. 267 :* © ADPI ; © AFEX/Rea ; © Paul Andreu avec ADPI et BIAD/Image 3D réalisée par AXYZ/ADAGP, Paris 2011 ; © MFPCA ; *p. 269 :* © William Beaucardet ; © ATOUT France/Alinéa Productions ; *p. 271 :* © Plume de pub ; © Paris Capitale de la Création/Création Agence Preview ; © Mondial de l'Automobile ; *p. 273 :* © Photothèque Veolia Eau Australie ; © Veolia Propreté ; *p.274 :* © Éditions Tempus ; © Diplomatie-Presse ; *p. 275 :* © The Economist ; © Rapport Anteios/www.anteios.org ; *p. 277 :* © DRIEA/Daniel Guiho ; © EPAMARNE/Bruno Rater Communication ; *p. 278 :* © Atelier Thimonier ; © Ville Rail & Transports n° 482 du 4 novembre 2009 ; *p. 285 :* © Port of Antwerp ; *p. 287 :* © Rudy Sulgan/Corbis ; © www.francophonie.org ; *p. 291 :* © Le Grand Dijon ; *p. 293 :* © Comdesimages/F. Tesseidre ; © Association de Préfiguration du Parc Naturel Régional de Picardie Maritime ; *p. 298 :* © Grand Poitiers/ Pubble-Gum.com/2010 ; *p. 299 :* © Maires de France n° 267, mars 2010/Neil Lukas/Getty Images ; *p. 311 :* © @just.

Édition : Laurent Berton
assisté de Nathalie Azéma, avec l'aide de Baptiste Lépine

Maquette de couverture : Éric Doxat
Composition et photogravure : APS-Chromostyle
Maquette intérieure : Marie-Christine Angier – Mattika
Iconographie : Soizic Landais, Marie-Laure Fior, Véronique Billiotte
Coordination cartographique : Marie-Christine Liennard
PAO Magnard : Valérie Goncalves, Christel Parolini
avec la participation de Carl Voyer

© Éditions Magnard, 2011 – 5, allée de la 2e D.B. – 75015 Paris
ISBN 978-2-210-10409-9

Achevé d'imprimer en août 2014
par «La Tipografica Varese S.p.A.»
N° éditeur : 2014-0137
Dépôt légal : avril 2011

Le photocopillage, c'est l'usage abusif et collectif de la photocopie sans autorisation des auteurs et des éditeurs. Largement répandu dans les établissements d'enseignement, le photocopillage menace l'avenir du livre, car il met en danger son équilibre économique. Il prive les auteurs d'une juste rémunération.
En dehors de l'usage privé du copiste, toute reproduction totale ou partielle de cet ouvrage est interdite.
Aux termes du Code de la propriété intellectuelle, toute reproduction ou représentation intégrale ou partielle de la présente publication, faite par quelque procédé que ce soit (reprographie, microfilmage, scannérisation, numérisation...) sans le consentement de l'auteur ou de ses ayants cause est illicite et constitue une contrefaçon sanctionnée par les articles L 335-2 et suivants du Code de la propriété intellectuelle.
L'autorisation d'effectuer des reproductions par reprographie doit être obtenue auprès du Centre français d'exploitation du droit de copie (CFC) – 20, rue des Grands-Augustins – 75006 Paris – tél. :01 44 07 47 70 – fax : 01 46 34 67 19.

France et Europe
Dynamiques des territoires dans la mondialisation

Géographie 1re
ES, L, S

Coordination : **Jacqueline JALTA**
Jean-François JOLY
Roger REINERI
José RIQUIER

Christian CALENGE, *Université Rabelais – Tours*
Richard D'ANGIO, *Lycée Thiers – Marseille*
Michel DESSE, *Université de Poitiers*
Marie-Christine DOCEUL, *Lycée du Parc – Lyon*
Gérard GRANIER, *Agrégé de Géographie*
Elodie GRUIT, *Lycée français Charles-de-Gaulle – Londres*
François GUYON, *Lycée Fustel de Coulanges – Strasbourg*
Jean-Marc HOLZ, *Université Via Domitia – Perpignan*
Jacqueline JALTA, *Agrégée de Géographie*
Jean-François JOLY, *Lycées François Ier et Claude-Monet – Le Havre*
Benoît LISBONIS, *Lycée François Ier – Le Havre*
Roger REINERI, *Agrégé de Géographie*
José RIQUIER, *Agrégé d'Histoire-Géographie*

Avec la collaboration de :
Yvan BERTIN, *Lycée de Bellevue – Fort de France*
Bernard GASSIN, *Lycée Jules Ferry – Cannes*
Yves JEAN, *Université de Poitiers*
Michaël PARDON, *Lycée Pablo Picasso – Perpignan*
Laurent RESSE, *Lycée François Ier – Le Havre*
Frédéric STEVENOT, *Lycée Paul Claudel – Laon*
Christine VERGNOLLE MAINAR, *Université de Toulouse II-Le Mirail*

PROGRAMME DE GÉOGRAPHIE PREMIÈRE

Bulletin officiel spécial n° 9 du 30 septembre 2010

France et Europe : dynamiques des territoires dans la mondialisation

Thème 1 – Comprendre les territoires de proximité (11 - 12 heures)

Questions	Mise en œuvre
Approches des territoires du quotidien	• Un aménagement choisi dans un territoire proche du lycée (étude de cas). • Acteurs et enjeux de l'aménagement des territoires.
La région, territoire de vie, territoire aménagé	• La région où est situé le lycée (étude de cas). • La place et le rôle des régions en France et dans un autre pays européen.

Thème 2 – Aménager et développer le territoire français (24 - 26 heures)

Questions	Mise en œuvre
Valoriser et ménager les milieux	• La gestion durable d'un milieu (étude de cas). • Potentialités et contraintes du territoire français (ultramarin compris).
La France en villes	• Mouvements de population, urbanisation, métropolisation. • Aménager les villes : réduire les fractures sociales et spatiales. • Entre attractivité urbaine et nouvelles formes de développement : les espaces ruraux.
Les dynamiques des espaces productifs dans la mondialisation	• Un territoire de l'innovation (étude de cas). • Les espaces de production agricole en lien avec les marchés européens et mondiaux. • Dynamiques de localisation des activités et mondialisation.
Mobilités, flux et réseaux de communication dans la mondialisation	• Roissy : plate-forme multimodale et hub mondial (étude de cas). • La connexion inégale du territoire français à l'Europe et au monde par les réseaux de transport et le numérique.

Thème 3 – L'Union européenne : dynamiques de développement des territoires (11 - 12 heures)

Questions	Mise en œuvre
De l'espace européen aux territoires de l'Union européenne	• Europe, Europes : un continent entre unité et diversité. • L'Union européenne : frontières et limites ; une union d'Etats à géométrie variable. • Disparités et inégalités socio-spatiales : l'action de l'Union européenne sur les territoires.
Les territoires ultramarins de l'Union européenne et leur développement	• Le développement d'un territoire ultramarin : entre Union européenne et aire régionale (étude de cas). • Discontinuités, distances, insularité, spécificités socio-économiques.

Thème 4 – France et Europe dans le monde (11 - 12 heures)

Questions	Mise en œuvre
L'Union européenne dans la mondialisation	• L'Union européenne, acteur et pôle majeurs de la mondialisation. • Une façade maritime mondiale : la « Northern Range ». • Une aire de relation de l'Union européenne : la Méditerranée.
La France dans la mondialisation	• La présence française dans le monde. • La France, pôle touristique mondial. • Paris, ville mondiale.

Capacités et méthodes de la géographie au lycée

I – Maîtriser des repères spatiaux

1 – Identifier et localiser	• Nommer et localiser les grands repères géographiques terrestres. • Nommer et localiser un lieu dans un espace géographique.
2 – Changer les échelles et mettre en relation	• Repérer un lieu ou un espace sur des cartes à échelles ou systèmes de projection différents. • Mettre en relation des faits ou événements de natures, de périodes, de localisations spatiales différentes (approches diachroniques et synchroniques). • Confronter des situations géographiques.

II – Maîtriser des outils et méthodes spécifiques

1 – Exploiter et confronter des informations	• Identifier des documents (nature, auteur, date, conditions de production). • Prélever, hiérarchiser et confronter des informations selon des approches spécifiques en fonction du document ou du corpus documentaire. • Cerner le sens général d'un document ou d'un corpus documentaire, et le mettre en relation avec la situation géographique étudiée. • Critiquer des documents de types différents (textes, images, cartes, graphes, etc.).
2 – Organiser et synthétiser des informations	• Décrire et mettre en récit une situation géographique. • Réaliser des cartes, croquis et schémas fléchés, des graphes de différents types (évolution, répartition). • Rédiger un texte ou présenter à l'oral un exposé construit et argumenté en utilisant le vocabulaire géographique spécifique. • Lire un document (un texte ou une carte) et en exprimer oralement ou par écrit les idées clés, les parties ou composantes essentielles ; passer de la carte au croquis, de l'observation à la description.
3 – Utiliser les TIC	• Ordinateurs, logiciels, tableaux numériques ou tablettes graphiques pour rédiger des textes, confectionner des cartes, croquis et graphes, des montages documentaires.

III – Maîtriser des méthodes de travail personnel

1 – Développer son expression personnelle et son sens critique	• Utiliser de manière critique les moteurs de recherche et les ressources en ligne (Internet, intranet de l'établissement, blogs). • Développer un discours oral ou écrit construit et argumenté, le confronter à d'autres points de vue. • Participer à la progression du cours en intervenant à la demande du professeur ou en sollicitant des éclairages ou des explications si nécessaire.
2 – Préparer et organiser son travail de manière autonome	• Prendre des notes, faire des fiches de révision, mémoriser les cours (plans, notions et idées clés, faits essentiels, repères spatiaux. • Mener à bien une recherche individuelle ou au sein d'un groupe ; prendre part à une production collective. • Utiliser le manuel comme un outil de lecture complémentaire du cours, pour préparer le cours ou en approfondir des aspects.

SOMMAIRE

France et Europe : dynamiques des territoires dans la mondialisation

THÈME 1 **Comprendre les territoires de proximité** 12
- **Gérer les territoires** La France, un territoire, des territoires 14
- **Questions pour comprendre** Les territoires de proximité 16
- **Gérer les territoires** Des outils pour aménager les territoires de proximité 18

CHAPITRE 1 **Approches des territoires du quotidien** 20
- **Étude de cas – Méthode**
  Un aménagement dans un territoire proche du lycée – *Le tramway du Mans*
   - Fiche 1 - Comment choisir et présenter l'aménagement ? 22
   - Fiche 2 - Pourquoi réaliser cet aménagement ? 24
   - Fiche 3 - Quels acteurs ? Quels débats ? 26
   - Fiche 4 - Quel bilan ? Quelles perspectives ? 28
- **Ce qu'il faut savoir**
   - 1 - Des acteurs multiples pour aménager les nouveaux territoires du quotidien 30
   - 2 - De nouveaux enjeux d'aménagement pour les territoires du quotidien 32
- **Gérer les territoires**
  Gérer des territoires de proximité emboîtés – *Amiens Métropole* 34
- **Stratégies d'acteurs**
  Des acteurs en conflit sur un projet d'aménagement – *La LGV Bordeaux - Toulouse* 36

CHAPITRE 2 **La région, territoire de vie, territoire aménagé** 38
- **Cartes enjeux**
  La région, un découpage pour gérer les territoires 40
- **Étude de cas – Méthode**
  La région où est située votre lycée – *La Région Nord-Pas-de-Calais*
   - Fiche 1 - La région : quelles caractéristiques, quelle identité ? 42
   - Fiche 2 - Quelle organisation du territoire régional ? 44
   - Fiche 3 - Quels enjeux d'aménagement ? 46
   - Fiche 4 - Quelle insertion dans l'espace national et européen ? 48
- **Ce qu'il faut savoir**
   - 1 - Quelle place, quel rôle pour la Région en France ? 50
   - 2 - Une place de choix pour la Région – *Le cas allemand* 52
- **Gérer les territoires**
  Les TER, une priorité régionale – *La région Rhône-Alpes* 54
- **Stratégies d'acteurs**
  Les acteurs du territoire régional – *La région Alsace* 56

Cahier 1 Méthodes et prépaBac 59

THÈME 2 — Aménager et développer le territoire français 70

- **Cartes enjeux** France, les inégalités des territoires 72
- **Questions pour comprendre**
  - Aménager et développer le territoire français 74
  - Aménager pour le futur 76

CHAPITRE 3 — Valoriser et ménager les milieux 78

- **Étude de cas**
  - Un territoire en quête de gestion durable – *L'estuaire de la Loire* 80
- **Cartes enjeux**
  - Le territoire de la France 84
- **Ce qu'il faut savoir**
  - 1 - La France, un territoire privilégié ? 86
  - 2 - Un territoire fortement transformé et vulnérable 88
  - 3 - Gérer durablement le territoire 90
- **Gérer les territoires**
  - Protéger et valoriser les paysages – *L'île de La Réunion* 92
  - Les risques d'inondation dans le Midi de la France – *Draguignan* 94
- **Stratégies d'acteurs**
  - Protéger le littoral – *Le Conservatoire du littoral* 96

CHAPITRE 4 — La France en villes 98

- **Cartes enjeux**
  - Une France urbaine 100
  - Population : une France plurielle 102
- **Ce qu'il faut savoir**
  - 1 - Une population de plus en plus urbaine 104
  - 2 - L'inégale métropolisation du territoire 106
  - 3 - Aménager les villes : réduire les fractures sociales et spatiales 108
  - 4 - Les espaces ruraux : entre attractivité urbaine et nouvelles formes de développement 110
- **Gérer les territoires**
  - Vers un renouveau de l'espace rural profond ? – *La Montagne ardéchoise* 112
  - La politique de la ville pour réduire les fractures sociales et spatiales – *La ville d'Argenteuil* 114

Cahier 2 Méthodes et prépaBac 117

CHAPITRE 5 — Les dynamiques des espaces productifs dans la mondialisation 128

- **Cartes enjeux**
  - L'espace industriel : vers une nouvelle donne spatiale 130
  - L'atout des espaces agricoles et touristiques 132
- **Étude de cas**
  - Un territoire de l'innovation – *Grenoble* 134
- **Ce qu'il faut savoir**
  - 1 - Les espaces productifs dans la logique de la mondialisation 138
  - 2 - L'industrie, entre reconversion et nouvelles dynamiques 140
  - 3 - La France, géant vert dans la mondialisation agricole 142
  - 4 - Le tertiaire, atout de la France dans la mondialisation ? 144
- **Stratégies d'acteurs**
  - Le vignoble français face au défi de la mondialisation – *Le vignoble de Bordeaux* 146
  - Des pôles de compétitivité pour revitaliser le territoire – *Cosmetic Valley* 148
- **Question en débat**
  - Les délocalisations, une désindustrialisation de la France ? 150

SOMMAIRE

CHAPITRE 6 — Mobilités, flux et réseaux de communication dans la mondialisation 152

- **Cartes enjeux**
  - Quelle place pour la France dans les réseaux de communication européens et mondiaux ? 154
  - Quels réseaux à l'heure du développement durable, du numérique et de l'Europe ? 156
- **Étude de cas**
  - Roissy : plateforme multimodale et *hub* mondial 158
- **Ce qu'il faut savoir**
  - 1 - L'Europe, au cœur des mobilités et des flux 162
  - 2 - La France, grand carrefour européen 164
  - 3 - La France, aménagements et développement durable 166
- **Stratégies d'acteurs**
  - Relever le défi de l'aménagement numérique – *La région Auvergne* 168
- **Gérer les territoires**
  - Connecter le territoire à l'espace mondial – *Le Havre « porte océane »* 170

Cahier 3 Méthodes et prépaBac 173

THÈME 3 — L'Union européenne : dynamiques de développement des territoires 184

- **Questions pour comprendre**   L'UE : dynamiques de développement des territoires 186

CHAPITRE 7 — De l'espace européen aux territoires de l'UE 188

- **Cartes enjeux**
  - Europe, Europes 190
  - Les territoires de l'Union européenne 192
- **Ce qu'il faut savoir**
  - 1 - L'Europe, un continent entre unité et diversité 194
  - 2 - L'Union européenne, un espace à géométrie variable 196
  - 3 - L'Union européenne, acteur essentiel du développement des territoires 198
  - 4 - Des défis majeurs pour une Union européenne élargie 200
- **Gérer les territoires**
  - Le développement des territoires de l'Union européenne – *La Hongrie* 202
  - Un territoire de coopération transfrontalière – *La frontière franco-espagnole* 204
- **Question en débat**
  - Quelles limites pour l'Union européenne – *Le cas de la Turquie* 206

CHAPITRE 8 — Les territoires ultramarins de l'UE et leur développement 208

- **Étude de cas**
  - Une région ultra périphérique de l'UE – *La Guadeloupe* 210
- **Ce qu'il faut savoir**
  - 1 - Les périphéries lointaines de l'Union européenne 214
  - 2 - Intégrer les régions ultrapériphériques 216
  - 3 - L'UE et les pays et territoires d'outre-mer : une coopération renforcée 218
- **Stratégies d'acteurs**
  - La nouvelle stratégie européenne pour les régions ultrapériphériques – *Les Açores* 220
- **Gérer les territoires**
  - Un territoire ultramarin en recomposition – *Mayotte* 222
  - Les relations de l'UE avec les Ptom – *La Nouvelle-Calédonie* 224

Cahier 4 Méthodes et prépaBac 227

THÈME 4 — France et Europe dans le monde 238

■ **Questions pour comprendre** La France et l'Europe dans le monde 240

CHAPITRE 9 — L'Union européenne dans la mondialisation 242

■ **Cartes enjeux**
- Quel rôle pour l'Union européenne dans la mondialisation ? 244
- L'Union européenne, des ouvertures sur le monde 246

■ **Ce qu'il faut savoir**
1 - L'Union européenne, acteur majeur de la mondialisation 248
2 - la Northern Range, l'UE connectée au commerce mondial 250
3 - La Méditerranée, une ouverture de l'UE au Sud ? 252

■ **Gérer les territoires**
Gérer le territoire d'un grand port international – *Rotterdam* 254

■ **Stratégies d'acteurs**
Investir dans les pays du Sud et de l'Est de la Méditerranée – *Renault* 256

■ **Question en débat**
Quelle place pour l'Union européenne dans le monde de demain ? 258

CHAPITRE 10 — La France dans la mondialisation 260

■ **Cartes enjeux**
La France dans la mondialisation 262

■ **Ce qu'il faut savoir**
1 - La France, au cœur des flux de l'économie mondiale 264
2 - Un rang à tenir dans le monde 266
3 - La France, pôle touristique mondial 268
4 - Paris, ville mondiale 270

■ **Stratégies d'acteurs**
Les entreprises françaises à l'assaut monde – *Veolia Environnement* 272

■ **Question en débat**
Y a-t-il un déclin de la France dans le monde ? 274

■ **Gérer les territoires**
Paris, ville monde du XXIe siècle – *Le projet de Grand Paris* 276

Cahier 5 Méthodes et prépaBac 279

Cahier 6 Sujets Objectif Bac 289

Lexique 312

ATLAS
1 - Le relief 316
2 - Les États de l'Europe 318
3 - Les villes européennes 319
4 - Le relief de la France 320
5 - Les climats de la France et de l'Europe 321
6 - Les territoires français d'outre-mer 322
7 - Les territoires d'outre-mer des États de l'UE 323

Langage cartographique et types de cartes 324

CAHIERS MÉTHODES & ENTRAÎNEMENT BAC

COMPOSITION

Méthodes & Entraînement BAC

- **4** ▸ Aptitudes et contraintes du territoire français *(p. 118-119)*
- **6** ▸ L'organisation du territoire français dans la dynamique de mondialisation *(p. 174-175)*
- **9** ▸ Les inégalités socio-spatiales au sein de l'Union européenne *(p. 228)*
- **11** ▸ Les territoires ultramarins de l'UE, en marge de l'Europe ? *(p. 230)*
- **13** ▸ L'Union européenne, un rôle majeur dans la mondialisation *(p. 280)*

RÉALISER UN CROQUIS OU UN SCHÉMA

Méthodes & Entraînement BAC

- **3** ▸ Provence-Alpes-Côte d'Azur *(p. 62-63)*
- **5** ▸ Répartition spatiale de la population *(p. 120-121)*
- **7** ▸ L'espace français dans la dynamique de mondialisation *(p. 176)*

ANALYSE DE DOCUMENTS

Méthodes & Entraînement BAC

1	▶	Aquitaine *(p. 60)*
2	▶	Midi-Pyrénées *(p 61)*
8	▶	Réseaux et flux *(p. 177)*
10	▶	La politique régionale de l'Union européenne *(p. 229)*
12	▶	L'Union européenne et les régions ultrapériphériques *(p. 231)*
14	▶	L'Union européenne et la Méditerranée *(p. 281)*
15	▶	Le poids de la France dans le monde *(p. 282-283)*

RÉVISER

Chapitres

1	• Approches des territoires du quotidien *(p. 68)*	**Thème 1** **Comprendre les territoires de proximité**
2	• La région, territoire vie, territoire aménagé *(p. 68)*	
3	• Valoriser et ménager les milieux *(p. 124)*	**Thème 2** **Aménager et développer le territoire français**
4	• La France en villes *(p. 126)*	
5	• Les dynamiques des espaces productifs dans la mondialisation *(p. 180)*	
6	• Mobilités, flux et réseaux de communication dans la mondialisation *(p. 182)*	
7	• De l'espace européen aux territoires de l'UE *(p. 234)*	**Thème 3** **L'Union européenne : dynamiques de développement des territoires**
8	• Les territoires ultramarins et leur développement *(p. 236)*	
9	• L'Union européenne dans la mondialisation *(p. 284)*	**Thème 4** **France et Europe dans le monde**
10	• La France dans la mondialisation *(p. 286)*	

SITES UTILES

Cahiers **Sites**

1	• Commission National du Débat Public - CNDP *(p. 64-65)*
1	• Institut national de la statistique et des études économiques - INSEE *(p. 66-67)*
2	• Ministère du développement durable *(p. 122-123)*
3	• Réseau Ferré de France - RFF *(p. 178-179)*
4	• Toute l'Europe *(p. 232-233)*

L'épreuve de géographie au baccalauréat – Série S

Bulletin officiel n° 5 du 3 février 2011

▶ Épreuve écrite : durée 4 heures, coefficient 3

L'épreuve écrite d'histoire et géographie au baccalauréat général, série S, porte sur le programme de la classe de première défini par l'arrêté du 21 juillet 2010 fixant le programme d'enseignement commun d'histoire-géographie en classe de première des séries générales. *(B.O. spécial n° 9 du 30 septembre 2010).*

▶ Objectifs de l'épreuve

. L'épreuve d'histoire-géographie du baccalauréat de la série S a pour objectif d'évaluer :
– l'aptitude du candidat à mobiliser, au service d'une réflexion historique et géographique, les connaissances fondamentales pour la compréhension du monde et la formation civique et culturelle du citoyen ;
– la maîtrise des capacités acquises tout au long de la scolarité secondaire :
  - à exploiter, hiérarchiser et mettre en relation des informations,
  - à analyser et interpréter de manière critique des documents de sources et de nature diverses,
  - à comprendre, interpréter et pratiquer différents langages graphiques.

▶ Structure de l'épreuve

. La durée totale de l'épreuve est de quatre heures. L'épreuve comprend deux parties.

– Dans la première partie, le candidat rédige une composition en réponse à un sujet d'histoire ou de géographie.

– La deuxième partie se compose de deux exercices, l'un en histoire, l'autre en géographie :
  - en histoire : analyse d'un ou de deux document(s),
  - en géographie : il s'agit soit de l'analyse d'un ou de deux document(s), soit d'une production graphique (réalisation d'un croquis ou d'un schéma d'organisation spatiale d'un territoire).

▶ Nature des exercices

● 1. La composition

. Le candidat traite un sujet parmi deux qui sont proposés à son choix dans la même discipline.
. En histoire comme en géographie, il doit montrer qu'il maîtrise les connaissances du programme. Pour traiter le sujet choisi, il produit une réponse organisée et pertinente, comportant une introduction, plusieurs paragraphes et une conclusion.
. La formulation du sujet peut prendre des formes diverses : reprise (partielle ou totale) d'un intitulé du programme, question ou affirmation, problématique explicite ou non ; elle peut être brève ou plus détaillée.

● 2. Exercice d'analyse de documents ou de production graphique (réalisation d'un croquis ou d'un schéma d'organisation spatiale d'un territoire)

. L'exercice d'analyse de document(s), en histoire comme en géographie, comporte un titre, un ou deux documents qui peuvent être de nature diverse et des notes explicatives si nécessaire. Il est accompagné d'une consigne visant à orienter l'analyse du ou des documents.
. En géographie, un exercice d'un autre type peut être proposé : réalisation d'un croquis ou d'un schéma d'organisation spatiale d'un territoire.

▶ **En histoire, l'analyse d'un ou de deux document(s).**

. Cette analyse doit permettre au candidat de faire la preuve de sa capacité à comprendre le contenu, l'apport et la portée du ou des document(s) proposé(s). L'exercice demande au candidat de mettre en œuvre les démarches propres à l'analyse de document en histoire.
. Lorsqu'un document est proposé, il s'agit de :
- dégager le sens général du document en relation avec la question historique à laquelle il se rapporte ;
- de montrer l'intérêt et les limites éventuelles du document pour la compréhension de cette question historique.
. Lorsque deux documents sont proposés, on attend du candidat qu'il dégage le sens général de chacun des documents en relation avec la question historique à laquelle il se rapporte puis qu'il les mette en relation en montrant l'intérêt de cette confrontation.

▶ **En géographie deux types d'exercices peuvent être proposés :**

- **soit l'analyse d'un ou de deux document(s).** Cette analyse doit permettre au candidat de faire la preuve de sa capacité à comprendre le contenu, l'apport du (ou des) document(s) et les enjeux spatiaux qu'il(s) aborde(nt).

- **soit la réalisation d'un croquis ou d'un schéma d'organisation spatiale d'un territoire, en réponse à un sujet.** Pour la réalisation d'un croquis de géographie, un fond de carte est fourni au candidat.

▶ Évaluation et notation

. L'évaluation de la copie du candidat est globale.
. À titre indicatif, la première partie compte pour 10 points ; dans la deuxième partie, chaque exercice compte pour 5 points.

SUJETS BAC

Composition

CHAPITRES

- **1** — Un aménagement dans un territoire proche de votre lycée *(p. 290)*
- **2** — La place et le rôle de la région en France et dans un pays européen *(p. 292)* *(Méthode)*
- **3** — Aptitudes et contraintes du territoire français ▶ avec **schémas** *(p. 118)*
- **4** — Répartition et dynamiques spatiales de la population de la France métropolitaine ▶ avec **schémas** *(p. 294)*
  - La France en villes ▶ avec **schémas** *(p. 296)*
- **5** — L'organisation du territoire français dans la dynamique de la mondialisation *(p. 174)*
  - Les espaces productifs français dans la dynamique de la mondialisation *(p. 302)*
  - Quel poids de la France dans une agriculture mondialisée ? ▶ avec **schémas** *(p. 300)*
- **6** — La France, au cœur du réseau de communication européen et mondial ? ▶ avec **schémas** *(p. 301)*
- **7** — Les inégalités socio-spatiales au sein de l'union européenne *(p. 228)*
  - L'espace européen, unité ou diversité ? *(p. 306)*
- **8** — Les territoires ultramarins de l'Union européenne : des territoires en marge de l'Europe ? *(p. 230)*
- **9** — L'Union européenne, un rôle majeur dans la mondialisation ? *(p. 280)*
- **10** — La France dans la mondialisation *(p. 308)*

Analyse de documents

CHAPITRES

- **1** — L'aménagement d'un territoire du quotidien : le Grand Dijon *(p. 291)*
- **2** — Le rôle de la Région - Document du Conseil régional d'Aquitaine *(p. 60)* *(Méthode)*
  - Le rôle de la Région Document du Conseil régional Midi-Pyrénées *(p. 61)*
- **3** — La gestion durable d'un milieu : la Baie de Somme *(p. 293)*
- **4** — Les dynamiques des villes françaises *(p. 298)*
  - Les transformations des espaces ruraux français *(p. 299)*
- **5** — Les grandes firmes française dans le monde *(p. 305)*
  - L'activité touristique en montagne *(p. 304)*
- **6** — Le réseau de communication français *(p. 177)*
- **7** — L'action de l'Union européenne sur les territoires *(p. 229)* *(Méthode)*
- **8** — L'Union européenne et les régions ultrapériphériques *(p. 231)*
  - La place et le rôle de la Northern Range dans la mondialisation *(p. 309)*
- **9** — L'Union européenne et les pays de la Méditerranée *(p. 281)* *(Méthode)*
  - La France dans la mondialisation *(p. 282-283)*
- **10** — Le tourisme en France *(p. 310)*
  - Paris, ville mondiale ? *(p. 311)*

Réaliser un croquis ou un schéma

CHAPITRES

- **2** — Un schéma - La région PACA *(p. 62)* *(Méthode)*
- **4** — Un croquis - Répartition et dynamiques spatiales de la population de la France métropolitaine *(p. 120)* *(Méthode)*
- **5** — Un croquis - L'organisation du territoire français dans la dynamique de la mondialisation *(p. 176)*
  - Un croquis - Les espaces productifs français dans la dynamique de la mondialisation *(p. 303)*
- **7** — Un croquis - Les inégalités spatiales du territoire de l'Union européenn *(p. 307)*

THÈME 1 Comprendre les

Pour la ville du Havre, l'agence de communication Anatome a conçu, avec le designer urbain IRB, un système original d'information des citoyens : des balises géantes, modulables et durables. Elles valorisent les transformations du centre-ville.

territoires de proximité

Favoriser la convivialité dans la ville : le projet de rénovation du centre-ville du Havre
Parallèlement aux travaux de la première ligne de tramway, dont la mise en service est prévue fin 2012, la ville du Havre a lancé un projet de rénovation de quatre lieux historiques et emblématiques du centre-ville : la plage, la place de l'Hôtel-de-Ville, le Parvis Saint-Michel, le Rond-Point. La photographie, prise sur la place de l'Hôtel-de-Ville, montre l'une des « balises » destinées à l'information des habitants sur la transformation des lieux.

GÉRER LES TERRITOIRES

La France, un territoire, des territoires

▶ La région Provence-Alpes-Côte d'Azur

■ Communes, départements, régions constituent les fondements de l'organisation administrative de la France.

■ Ces circonscriptions cohabitent avec des pays, des regroupements intercommunaux (communautés de communes, communautés d'agglomérations, communautés urbaines), nouveaux maillages résultant des politiques territoriales des dernières décennies.

1 27 régions

22 régions métropolitaines. Depuis 1955, le territoire français est divisé en régions. La région regroupe plusieurs départements.

5 régions d'outre-mer. Les départements d'outre-mer* (DOM) ont obtenu un double statut et sont devenus des départements et régions d'outre-mer* (DROM).

de la région…

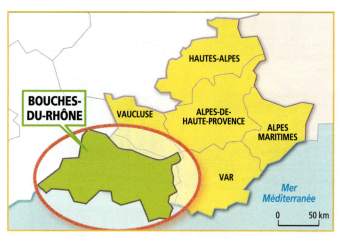

2 101 départements

Héritage de la Révolution française, la France compte **96 départements** métropolitains et **5 départements** ultramarins (Guadeloupe, Guyane, La Réunion, Martinique, Mayotte).

au département…

3 Plus de 36 000 communes

La commune est la plus petite subdivision du territoire et aussi la plus ancienne. Les communes sont de petite taille : une commune sur deux compte moins de 400 habitants.

à la commune…

4 Le pays

Le "pays" est un territoire présentant une cohésion géographique, économique, culturelle ou sociale, à l'échelle d'un bassin de vie ou d'emploi. Il a pour objectif d'exprimer la communauté d'intérêts économiques, culturels et sociaux de ses membres et de permettre l'étude et la réalisation de projets de développement.

Un pays de la région PACA

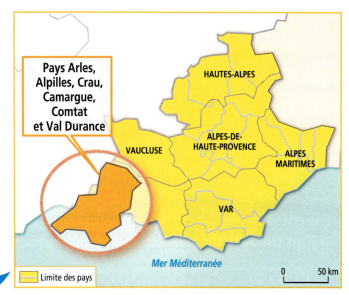

5 La communauté de communes

La **communauté de communes** est un Établissement public de coopération intercommunale* (EPCI) qui regroupe plusieurs communes réunies par un projet commun de développement économique et d'aménagement de l'espace.

Deux communautés de communes des Bouches-du-Rhône

6 La communauté d'agglomération

La **communauté d'agglomération** regroupe plusieurs communes qui forment un ensemble de plus de 50 000 habitants, autour d'une commune-centre de plus de 15 000 habitants. Ces communes bâtissent ensemble un projet de développement urbain.

Les cinq communautés d'agglomération des Bouches-de-Rhône

7 La communauté urbaine

La **communauté urbaine** regroupe, depuis 1999, des communes formant un ensemble de plus de 500 000 habitants (450 000 habitants à partir de 2011). La France compte 16 communautés urbaines qui disposent de compétences* plus larges que la communauté d'agglomération.

La communauté urbaine Marseille-Provence-Métropole

QUESTIONS POUR COMPRENDRE

Les territoires de proximité

Qu'est-ce qu'un territoire ?

▶ **Le territoire** est un espace délimité, identifié, administré, approprié par ses habitants.

▶ **La notion de territoire** est à la fois géographique, juridique, sociale, culturelle et même affective.

1 Comment les territoires de proximité ont-ils évolué ?

1 À Reims, la ville a conduit une grande consultation, entre 2008 et 2010, pour définir les grands choix d'avenir
« Inventer les meilleures façons de rendre l'espace urbain plus praticable, partagé et vivable pour tous. » Couverture de la brochure *Reims 2020*.

■ **Les territoires de proximité** sont les espaces **proches du citoyen** qui regroupent les services publics essentiels à la vie quotidienne. Depuis un demi-siècle, ils se sont multipliés et ont vu croître leurs compétences*.

■ À la **commune*** et au **département***, mailles anciennes auxquelles le citoyen s'identifie et reste très attaché, se sont ajoutés la **région*** et le **regroupement intercommunal*** ("pays*" ou communauté de communes*, communauté d'agglomération*, communauté urbaine*). Ces dernières structures ne font pas l'objet des mêmes réflexes d'attachement identitaire de la part des citoyens. Elles ont pourtant pris une place prépondérante dans le paysage institutionnel.

■ **Ces nombreuses structures** dont les compétences se chevauchent sont, pour certains, génératrices de désordres et de coûts supplémentaires, alors que d'autres y voient un gain de démocratie, de proximité et d'efficacité.

2 La question de la multiplicité des échelons de gestion des territoires posée par le dessinateur Samson
Site iconovox.

2 Comment et pourquoi ces territoires sont-ils devenus des acteurs majeurs de l'action publique ?

● **Une série de lois** a rénové l'organisation administrative de la France et modifié les relations entre l'État et les territoires locaux.

● **Les lois de décentralisation*** (1982-1983, 2003-2004) avaient une triple finalité : réconcilier le citoyen avec la politique en le rapprochant des centres de décision ; améliorer l'efficacité des politiques publiques ; réduire les inégalités sociales et spatiales. Elles ont fait, des communes, des départements et des régions, des collectivités* en leur transférant des **compétences***. Elles ont ainsi créé de nouveaux centres de décision et des acteurs qui se mobilisent pour le développement local.

● **Les lois dites « Voynet* » et « Chevènement* »** ainsi que la **loi Solidarité et renouvellement urbain (SRU)** ont, entre 1999 et 2000, amélioré le fonctionnement de l'intercommunalité* et permis aux communes de s'associer pour agir ensemble, construire des équipements collectifs et organiser des services en commun.

3 La communauté d'agglomération de La Rochelle célèbre l'intercommunalité
Couverture du magazine de la communauté d'agglomération *Point Commun*, décembre 2010.

3 Quels sont les méthodes et les outils de leurs actions ?

● **Les collectivités territoriales*** sont directement impliquées dans l'aménagement et le développement de leurs territoires. L'expression « un territoire, un projet, un contrat » résume un nouveau mode partenarial.

● **Désormais, les territoires s'associent** et définissent des projets pour lesquels ils s'assurent des partenariats financiers. La participation des habitants aux prises de décision est sollicitée.

● À tous les échelons territoriaux, des documents de planification stratégique sont élaborés : **Schéma régional d'aménagement et de développement durable du territoire* (SRADDT), Schéma de cohérence territorial* (SCOT), Plan local d'urbanisme* (PLU).**

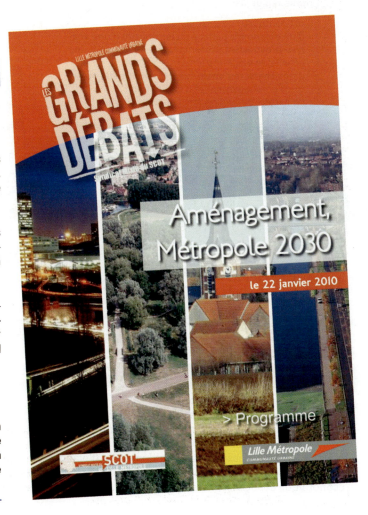

4 Lille-Métropole : une réflexion collective sur le Schéma de cohérence territoriale (SCOT) à l'échelle de l'aire métropolitaine transfrontalière

GÉRER LES TERRITOIRES

Des outils pour aménager les territoires de proximité

**SRADDT
SCOT
PLU**

- La décentralisation et de nouvelles lois pour l'aménagement du territoire ont multiplié les acteurs et les outils de l'aménagement des territoires de proximité.
- De la région à la commune, de nouvelles procédures et de nouvelles orientations sont ainsi apparues à travers les nouveaux outils pour aménager les territoires.

▶ **Quels outils pour aménager les territoires de proximité ?**

1 Le SRADDT de la région Midi-Pyrénées

Le **Schéma régional d'aménagement et de développement durable du territoire** (loi Voynet* de 1999) fixe « les orientations fondamentales, à moyen terme, du développement durable* du territoire régional ».

Il est composé :
– d'un **diagnostic** partagé du territoire et d'une **analyse prospective** présentant son évolution à une échelle de vingt ans ;
– d'une **charte régionale** fixant les principaux objectifs d'aménagement et d'équipement ;
– de **cartes**, traduction spatiale de la charte.

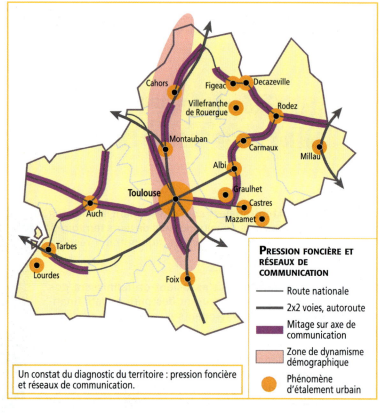

Un constat du diagnostic du territoire : pression foncière et réseaux de communication.

Une large consultation régionale

Pour mieux comprendre les mutations de notre territoire, faire émerger une vision partagée de son aménagement et de son développement, la région, qui pilote le projet depuis novembre 2007, a associé dans sa démarche d'élaboration de nombreux partenaires : publics (services de l'État, Conseil économique et social, conseils généraux…), associatifs, mais aussi les habitants eux-mêmes, afin de mieux anticiper leurs besoins futurs, qu'ils résident en milieu rural ou urbain.

Ainsi, la charte du SRADDT a été enrichie par la contribution des partenaires institutionnels (octobre 2008 à janvier 2009) et des habitants de Midi-Pyrénées (janvier à mars 2009).

La lettre de Midi-Pyrénées, n° 22, www.midipyrenees.fr, juin 2009.

2 Le Schéma de cohérence territoriale de la métropole Nantes - Saint-Nazaire (2007-2020)

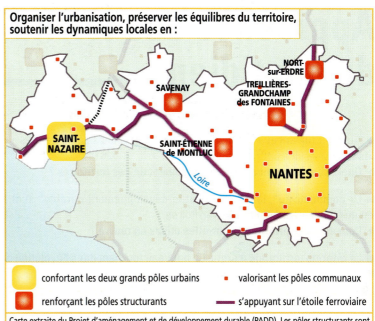

Organiser l'urbanisation, préserver les équilibres du territoire, soutenir les dynamiques locales en :

- confortant les deux grands pôles urbains
- renforçant les pôles structurants
- valorisant les pôles communaux
- s'appuyant sur l'étoile ferroviaire

Carte extraite du Projet d'aménagement et de développement durable (PADD). Les pôles structurants sont une pièce majeure de la stratégie retenue pour organiser la Métropole Nantes–Saint-Nazaire.
Le SCOT a été élaboré par le syndicat mixte constitué par 5 groupements communaux (environ 800 000 habitants) le long de l'estuaire de la Loire.
10 expositions, 15 réunions, 62 lieux d'enquêtes publiques ont été organisés pendant l'élaboration du SCOT

Le **Schéma de cohérence territoriale** (loi SRU* de 2000) coordonne, dans une logique de développement durable, les politiques de plusieurs communes ou groupements de communes d'un bassin de vie ou d'un "pays".
Le SCOT présente :
– un **diagnostic** du territoire, une évaluation de l'impact du projet sur l'environnement ;
– un Projet d'aménagement et de développement durable (PADD) ;
– un **document d'orientations générales**, règlement du projet à l'échelle des intercommunalités.

3 Le Plan local d'urbanisme de Strasbourg

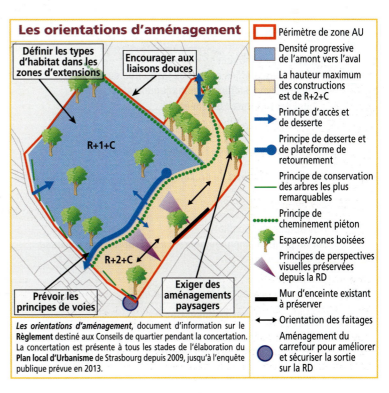

Les orientations d'aménagement

- Périmètre de zone AU
- Densité progressive de l'amont vers l'aval
- La hauteur maximum des constructions est de R+2+C
- Principe d'accès et de desserte
- Principe de desserte et de plateforme de retournement
- Principe de conservation des arbres les plus remarquables
- Principe de cheminement piéton
- Espaces/zones boisées
- Principes de perspectives visuelles préservées depuis la RD
- Mur d'enceinte existant à préserver
- Orientation des faitages
- Aménagement du carrefour pour améliorer et sécuriser la sortie sur la RD

Les orientations d'aménagement, document d'information sur le **Règlement** destiné aux Conseils de quartier pendant la concertation.
La concertation est présente à tous les stades de l'élaboration du **Plan local d'Urbanisme** de Strasbourg depuis 2009, jusqu'à l'enquête publique prévue en 2013.

Le **Plan local d'urbanisme*** (loi SRU* de 2000) exprime la vision d'une commune ou d'une intercommunalité sur l'aménagement de son territoire. Il définit et réglemente l'usage des sols de façon obligatoire.
Le PLU présente :
– le **diagnostic** et le PADD ;
– le **règlement** délimitant les différentes zones du Plan et fixant les règles applicables.

Thème 1 Comprendre les territoires de proximité

CHAPITRE 1

Approches des territoires du quotidien

■ Au département et à la commune, dotés de nouvelles compétences, se sont ajoutés les territoires de l'intercommunalité.
▶ **Quels sont les acteurs de l'aménagement de ces territoires ?**

■ La compétitivité*, la cohésion* et le développement durable* sont les nouveaux enjeux de l'aménagement des territoires.
▶ **Comment ces priorités y sont-elles mises en œuvre ?**

■ La réforme territoriale marque un nouveau tournant dans l'évolution des territoires.
▶ **Quel est l'impact de la réforme sur les territoires ?**

1. Reconstitution de la dune de plage
2. Ancienne route vouée à disparaître
3. Nouvelle route de Sète à Marseillan
4. Chemin de fer
5. Vignoble de Listel
6. Anciens salins, zone protégée (Natura 2000)
7. Étang de Thau, conchyliculture
8. Sète
9. Méditerranée

Étude de cas – Méthode

Un aménagement dans un territoire proche du lycée

Démarche : construire l'étude de cas en 4 étapes
Fiche 1 – Comment choisir et présenter l'aménagement ? 22
Fiche 2 – Pourquoi réaliser cet aménagement ? 24
Fiche 3 – Quels acteurs ? Quels débats ? 26
Fiche 4 – Quel bilan ? Quelles perspectives ? 28

Ce qu'il faut savoir

1 Des acteurs multiples pour aménager les nouveaux territoires du quotidien 30
2 De nouveaux enjeux d'aménagement pour les territoires du quotidien 32

Gérer les territoires

Gérer des territoires de proximité emboîtés – *Amiens Métropole* 34

Stratégies d'acteurs

Des acteurs en conflit sur un projet d'aménagement – *La LGV Bordeaux-Toulouse* 36

Méthodes et sujets Bac

- Méthodes et entraînement Bac 60
- Site utile 64
- Réviser 68
- Composition — sujet 1 — 290
- Analyse de documents — sujet 2 — 291

Mobiliser tous les acteurs pour un aménagement local stratégique : la sauvegarde du lido de Sète à Marseillan
Bande sableuse de 1 à 2 km de large sur 11 km de long, zone naturelle d'intérêt écologique, faunistique et floristique (ZNIEFF), le lido est menacé par l'érosion marine et des usages multiples. La photographie montre l'avancée des aménagements de protection durable programmés jusqu'en 2013 et financés grâce à la convergence des programmes (communauté d'agglomération du bassin de Thau, département de l'Hérault, Région Languedoc-Roussillon, État, Union européenne).

ÉTUDE DE CAS

Un aménagement dans un territoire proche du lycée

▶ **Exemple** pour illustrer la démarche

L'aménagement du tramway du Mans

▶ **Démarche**

Construire l'étude de cas en **4 étapes**

1. **Comment choisir et présenter l'aménagement ?**
2. Pourquoi réaliser cet aménagement ? (p. 24)
3. Quels acteurs ? Quels débats ? (p. 26)
4. Quel bilan ? Quelles perspectives ? (p. 28)

Fiche-Guide 1
Comment choisir et présenter l'aménagement ?

1 Choisir l'aménagement

✓ **De nombreux exemples d'aménagement sont possibles** : aménagement routier ; moyen de transport public ; équipement scolaire, culturel, de loisir ; nouveau quartier, zone d'activités, etc.

RECOMMANDATIONS
- **Choisir un aménagement qui a changé de manière importante l'organisation** d'un territoire proche du lycée.
- **Choisir un aménagement récent** (documents faciles à trouver), mais réalisé depuis suffisamment longtemps (bilan possible).

2 Présenter l'aménagement

2.1 Les sources à utiliser

✓ **Sites Internet des collectivités** et leurs pages sur l'aménagement du territoire, le développement urbain ou les déplacements.
• À visiter selon l'exemple choisi.

✓ **Magazines des collectivités** et leurs numéros spéciaux publiés à l'occasion d'aménagements importants.
• À rechercher dans leurs archives.

✓ **Sites** de la presse régionale et leurs reportages sur les aménagements.
• À rechercher dans leurs archives.

2.2 Sur quels documents clés s'appuyer

✓ **Des plans, des cartes ou des vues aériennes** localisant l'aménagement.
✓ **Des photographies, des textes ou des statistiques** décrivant l'aménagement et montrant ses principales caractéristiques.

RECOMMANDATIONS
- **Ne pas oublier** images et cartes de geoportail.fr ou de googlemaps.com
- **Ne pas hésiter** à utiliser les publicités et documents promotionnels diffusés à l'occasion de l'aménagement.

1 Pourquoi choisir le tramway du Mans ?

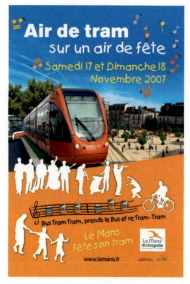

• Le tramway est un aménagement majeur pour changer une ville. De nombreuses agglomérations l'ont réintroduit depuis les années 1980, dont Le Mans, où le tramway avait disparu depuis soixante ans.
• Au Mans, le nouveau tramway est un pari audacieux d'aménagement pour une agglomération de moins de 200 000 habitants.

2 Sources et documents pour présenter le tramway du Mans

2.1 Les sources à utiliser

✓ Site et publications de l'aménageur

1. Site du Mans Métropole

www.lemans.fr

Intérêt : Présentation du tramway et de son histoire

2. Dossier de presse (2007)

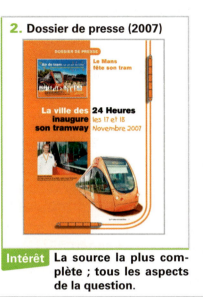

Intérêt : La source la plus complète ; tous les aspects de la question.

✓ La presse régionale

3. Sites des éditions locales

www.le mans.maville.com

Intérêt : Articles et images sur le tramway ; en accès libre sur maville.com

2.2 Des documents clés

4. Le plan de la ligne de tramway

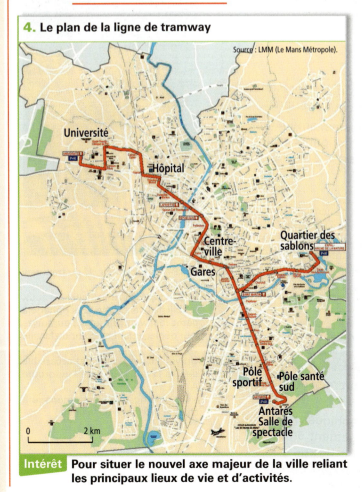

Intérêt : Pour situer le nouvel axe majeur de la ville reliant les principaux lieux de vie et d'activités.

5. Image du tramway traversant la nouvelle place de la République

Intérêt : Pour visualiser le tramway dans la ville et la rénovation urbaine qui l'accompagne.

6. L'aménagement en chiffres
- **3 ans de travaux** avant la mise en service fin 2007.
- **14,5 km** du Nord-Ouest au Sud et une branche à l'Est.
- **29 stations**, en correspondance avec 17 lignes de bus.
- **10 km de « coulée verte »** (soit 7 hectares de pelouse).
- **3 parkings relais (P+R).**
- **15 minutes** de transport : centre-ville aux terminus.
- **302 millions d'euros** investis (valeur 2005).
- **48 500 voyageurs par jour** en 2009.

Le Mans Métropole, dossier de presse 2007 et projet 2010.

Intérêt : Pour mesurer l'importance de l'opération en durée, en investissements, en transformations dans la ville.

ÉTUDE DE CAS

Un aménagement dans un territoire proche du lycée

▶ **Démarche**
Construire l'étude de cas en **4 étapes**

1. Comment choisir et présenter l'aménagement ? (p. 22)
2. **Pourquoi réaliser cet aménagement ?**
3. Quels acteurs ? Quels débats ? (p. 26)
4. Quel bilan ? Quelles perspectives ? (p. 28)

▶ **Exemple** pour illustrer la démarche
L'aménagement du tramway du Mans

Fiche-Guide 2
Pourquoi réaliser cet aménagement ?

1 Rechercher les raisons de réaliser cet aménagement

- **Rechercher et exposer les raisons** ayant amené à réaliser l'aménagement objet de l'étude.
- **Le diagnostic, établi pour le projet d'aménagement, expose ces raisons.** Les problèmes peuvent être environnementaux, de circulation, de développement économique, de rénovation urbaine…

2 Présenter les raisons de l'aménagement

2.1 Les sources à utiliser

- **Sites Internet et publications** des collectivités territoriales : présentent souvent les dossiers des projets d'aménagement importants.
- **Services des collectivités** (communication, urbanisme, aménagement) : peuvent fournir dossiers et plaquettes promotionnelles qui ne sont pas en ligne, ou permettre de les consulter.
  - Contacter ces services.

RECOMMANDATIONS
- **Repérer le projet ou les projets** concernant l'aménagement promus par affichage public, publicité ou plaquette d'information. Les types de projets sont en effet aussi nombreux que les aménageurs possibles et un aménagement peut être inscrit dans plusieurs projets d'aménagement à différentes échelles.

2.2 Sur quels documents clés s'appuyer

RECOMMANDATIONS
- **Les documents d'aménagement** sont souvent très techniques. Repérer les introductions, les conclusions et les illustrations les plus explicites.
- **Conclusions du diagnostic** du projet dont on peut relever les principaux points.
- **Images, documents promotionnels,** plans et graphiques montrant les problèmes du territoire auxquels l'aménagement entend répondre.

---

1 Pourquoi un parking relais au terminus Université ?

• **Le P+R, un élément clé du tramway du Mans.**
Le parking relais doit inciter les automobilistes venant de la périphérie à garer leur véhicule et à poursuivre leur déplacement au cœur de la ville en empruntant le tramway. Le P+R Université est facilement accessible depuis la sortie n° 8 de l'autoroute A 11.
• **Un parking relais** est aménagé à chaque extrémité de la ligne.

2 Sources et documents pour expliquer la construction du tramway au Mans

2.1 Les sources à utiliser

✓ **Site et publications de l'aménageur**

7. Direction en charge de l'aménagement du tramway

Direction du développement urbain — www.lemans.fr

Intérêt : Les personnes ressources à contacter.

8. Le Plan de déplacements urbains (PDU) 2001

Intérêt : La source essentielle : le « diagnostic » dresse l'état des lieux et la liste des enjeux de l'aménagement.

9. Le projet d'extension 2010

Intérêt : Le projet présente un historique et une synthèse du PDU.

2.2 Des documents clés

10. Extrait des conclusions du diagnostic

• **L'air**
Le bilan fait apparaître un très fort taux de motorisation des ménages, avec une croissance de 3 % par an. La pollution atmosphérique a pour origine principale la circulation automobile.

• **Le bruit**
La circulation constitue un facteur important de nuisances sonores ; les nuisances sonores ont atteint des niveaux qui exigent une intervention.

• **L'espace**
La saturation et les modes irréguliers de stationnement de surface font obstacle à une bonne répartition des usages, au détriment des piétons, du transport collectif et des vélos.

• **Enjeux**
– préserver la qualité de l'air ;
– préserver la qualité de la vie en ville et dans toute l'agglomération ;
– maîtriser le trafic automobile.

LMM PDU, 2001.

Intérêt : Les raisons essentielles de l'aménagement : les nuisances multiples du « tout automobile », obstacle au développement durable de l'agglomération.

11. Répartition des moyens de déplacements utilisés dans l'agglomération (PDU 2001)

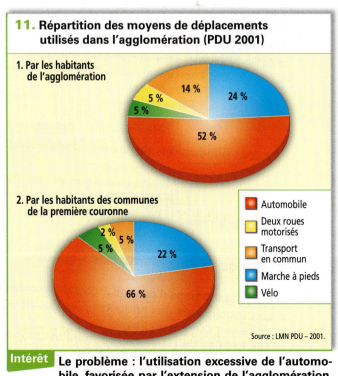

1. Par les habitants de l'agglomération : 52 %, 24 %, 14 %, 5 %, 5 %
2. Par les habitants des communes de la première couronne : 66 %, 22 %, 5 %, 5 %, 2 %

Légende : Automobile, Deux roues motorisés, Transport en commun, Marche à pieds, Vélo

Source : LMN PDU – 2001.

Intérêt : Le problème : l'utilisation excessive de l'automobile, favorisée par l'extension de l'agglomération, aux dépens, principalement, du transport collectif.

ÉTUDE DE CAS

Un aménagement dans un territoire proche du lycée

▶ **Démarche**
Construire l'étude de cas en **4 étapes**

1. Comment choisir et présenter l'aménagement ? (p. 22)
2. Pourquoi réaliser cet aménagement ? (p. 24)
3. **Quels acteurs ? Quels débats ?**
4. Quel bilan ? Quelles perspectives ? (p. 28)

▶ **Exemple**
pour illustrer la démarche

L'aménagement du tramway du Mans

Fiche-Guide 3
Quels acteurs ? Quels débats ?

1 Rechercher les conditions de la réalisation de l'aménagement

✓ **Rechercher le *ou* les acteurs** publics ou privés qui ont décidé, contesté, financé, réalisé l'aménagement et en assurent, depuis, la gestion.
  • Les acteurs publics possibles sont très nombreux, de l'Union européenne aux collectivités territoriales.

✓ **Rechercher les procédures** mises en œuvre pour l'aménagement et l'impact éventuel des débats sur sa réalisation.
  • La Commission nationale du débat public* peut être concernée.

2 Présenter les conditions de la réalisation de l'aménagement

2.1 Les sources à utiliser

✓ **Sites Internet, services et publications** des principaux acteurs.
  RECOMMANDATIONS
  • **Identifier les principaux** acteurs grâce à leur logo sur les panneaux ou brochures officiels. Leur participation au financement y figure souvent.
  • **Consulter le rapport** de la commission d'enquête publique auprès de la collectivité territoriale.
  • **Essayer de rencontrer** et d'interviewer un acteur.

✓ **Sites et publications des associations** engagées dans le débat.
  RECOMMANDATIONS
  • **La presse** locale est un moyen d'identifier les plus importantes.
  • **Essayer de rencontrer** et d'interviewer un acteur.

✓ **Sites de la presse** locale qui relate le déroulement de la concertation.
  • **Consulter leurs archives.**

2.2 Sur quels documents clés s'appuyer

✓ **Les présentations d'acteurs** montrant leur rôle dans l'aménagement.
✓ **Les conclusions** des enquêtes ; les documents de communication en faveur ou non du projet.
✓ **Les images** de réunions, de manifestations, d'inaugurations ; les « unes » de la presse locale sur les principaux moments de l'aménagement.

1 Quel logo sur le tramway du Mans ?

• **L'image de l'acteur majeur** : le tramway arbore le logo « Le Mans Métropole » (LMM).
• **La communauté urbaine du Mans**, créée en 1972 (Le Mans Métropole depuis 2005), rassemble 9 communes et 190 000 habitants.
• L'organisation des transports urbains, l'urbanisme, la planification urbaine font partie de ses compétences.

2 Sources et documents pour présenter les conditions de la réalisation du tramway au Mans

2.1 Les sources à utiliser

✓ Site et publications des acteurs

12. Sites du constructeur et de l'exploitant du réseau

www.alstom.com/fr
www.setram.fr

Intérêt : Le rôle des acteurs (privé, semi-public) aux côtés de LMM.

13. Site d'un collectif d'associations engagées

Collectif transports de l'agglomération mancelle : CTAM

6 décembre 1997
www.fnaut-paysdelaloire.org/

Intérêt : Revendications et actions d'un groupe de pression en faveur du tramway depuis les années 1990.

✓ Sites de la presse locale

14. Archives d'un quotidien

Une association réclame un autre tracé du tramway
30 janvier 2004

Le tramway suscite envies et peurs
24 mars 2004

L'enquête tramway est bouclée
23 avril 2004

www.ouest-france.fr/

Intérêt : Suivi de la concertation et de la réalisation de l'aménagement.

2.2 Des documents clés

15. Extrait d'interview du maire et président de LMM

Le projet a-t-il rencontré des oppositions pendant la concertation ?
– Le débat a porté sur le choix entre le pneu et le rail. La proposition de tracé était logique, l'enquête publique s'est faite sans difficulté. Nous avons surtout voulu rassurer, montrer toutes les perspectives positives de l'opération pour le cœur de ville après 15 ans d'investissements en faveur des rocades. Il n'y a pas eu de manifestation particulière.

Le projet a-t-il évolué sous l'influence du débat public ?
– Le projet n'a pas beaucoup évolué. La concertation, c'est d'abord l'occasion d'expliquer, de convaincre. Il y a eu des ajustements mais de détail.

Décembre 2010.

Intérêt : Rencontre et point de vue du principal acteur sur la concertation et son rôle dans la procédure d'aménagement.

16. Financement de l'aménagement

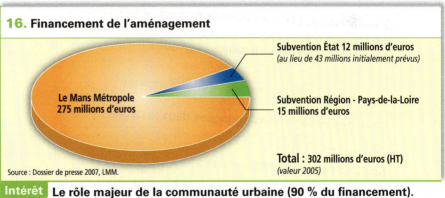

Le Mans Métropole 275 millions d'euros
Subvention État 12 millions d'euros (au lieu de 43 millions initialement prévus)
Subvention Région - Pays-de-la-Loire 15 millions d'euros
Total : 302 millions d'euros (HT) (valeur 2005)

Source : Dossier de presse 2007, LMM.

Intérêt : Le rôle majeur de la communauté urbaine (90 % du financement).

17. Résumé du bilan de la commission d'enquête

Les commissaires enquêteurs ont reçu l'avis d'environ mille personnes du Mans et des alentours. 82 % ont exprimé la satisfaction de voir arriver le tramway. Ils n'émettent aucune réserve sur le tracé. L'association du quartier de l'Épine voulait que le tram passe par la route de Degré pour pouvoir bénéficier d'un arrêt, ils préfèrent s'en tenir au tracé initial mais tiennent à ce que l'offre de transport en commun soit « réelle » et que l'offre de bus soit « améliorée ».

Ouest-France – juin 2004.

Intérêt : Le déroulement et la portée de la commission d'enquête vus par une autre source que les acteurs.

ÉTUDE DE CAS

Un aménagement dans un territoire proche du lycée

▶ Démarche
Construire l'étude de cas en **4 étapes**

1. Comment choisir et présenter l'aménagement ? (p. 22)
2. Pourquoi réaliser cet aménagement ? (p. 24)
3. Quels acteurs ? Quels débats ? (p. 26)
4. **Quel bilan ? Quelles perspectives ?**

▶ Exemple pour illustrer la démarche

L'aménagement du tramway du Mans

Fiche-Guide 4
Quel bilan ? Quelles perspectives ?

1 Rechercher les résultats de l'aménagement et les perspectives ouvertes pour le territoire

✓ **Rechercher l'impact de l'aménagement sur les problèmes du territoire qu'il était censé résoudre.**

> **RECOMMANDATIONS**
> • **Ne pas juger trop rapidement** les effets d'un aménagement. Un temps d'adaptation est nécessaire. Dresser un bilan suppose de disposer de nouvelles études.

✓ **Rechercher les prolongements éventuels de l'aménagement.**

2 Présenter les résultats de l'aménagement et les perspectives ouvertes pour le territoire

2.1 Les sources à utiliser

✓ **Sites Internet et publications** des collectivités territoriales présentant le bilan des politiques d'aménagement. Ils annoncent les nouveaux projets, les nouvelles enquêtes publiques.

> **RECOMMANDATIONS**
> • **Ne pas se contenter** du bilan officiel.

✓ **Sites des associations** engagées dans le débat.
• **Bilan à lire en tenant compte de la position de l'association.**

✓ **Sites de la presse** locale qui relatent les suites de l'aménagement.

2.2 Sur quels documents clés s'appuyer

Les conclusions des enquêtes ; les nouveaux projets.
Les images, cartes, magazines et documents promotionnels montrant les effets de l'aménagement ou le lancement de projets ; « unes » de la presse locale ; réactions des lecteurs.

1 Pourquoi le tramway du Mans intéresse-t-il les autres collectivités territoriales ?

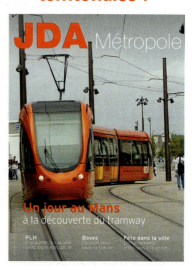

Journal d'Amiens Métropole, juin 2010.

• **Un bilan positif reconnu** pour la maîtrise du coût, le respect des délais, la qualité de la réalisation, les retombées environnementales.

• **L'expérience du Mans** retient l'attention des collectivités qui projettent la construction d'un transport en commun en site propre.

Pour mettre *votre étude de cas* en perspective

▶ **Tirer les conclusions** de votre étude **sur les acteurs de l'aménagement**
   Quels sont les acteurs de l'aménagement des territoires en France ? **p. 30**
▶ **Tirer les conclusions** de votre étude **sur les enjeux de l'aménagement**
▶ *Quels sont les enjeux de l'aménagement des territoires en France ?* **p. 32**

2. Sources et documents pour présenter le bilan et les perspectives de l'aménagement du tramway au Mans

2.1 Les sources à utiliser

✓ **Sites et publications de l'aménageur**

18. Projet d'extension du réseau de TCSP

PROJET D'EXTENSION DU RESEAU DE TRANSPORTS EN COMMUN EN SITE PROPRE

PROGRAMME DE L'OPERATION

Tranche ferme et tranche conditionnelle

Intérêt — Bilan de la première ligne un an après sa mise en service.

19. Magazine de la Métropole

(janvier 2011) www.lemans.fr

Intérêt — Informations sur l'avancement des nouveaux projets dans le magazine de la Métropole.

✓ **Sites de la presse locale**

20. Archives des quotidiens

Tramway au Mans : le plus gros point noir c'est le stationnement

Le Mans. C'est un des effets inattendus du tramway. Les automobilistes qui viennent de l'extérieur du Mans avant de prendre le tramway pour se rendre en centre-ville ont trouvé pour certains leurs emplacements fétiches de stationnement en des lieux où se garer est gratuit.

Le problème, c'est que ces parkings sauvages occupent à la journée des places de stationnement. On l'observe au niveau du square Lafayette, près du parc Monod, mais aussi non loin de l'arrêt très fréquenté de Saint-Martin de Pontlieue. Ces voitures ventouses agacent au plus haut point les riverains et commerçants. Pour ces derniers, ils sont parfois doublement concernés, car leurs parkings privés sont parfois utilisés comme parking relais. C'est le cas au terminus Université où les établissements de loisirs sont largement envahis par des voitures qui ne sont pas toujours celles de leurs clients.

(16.11.2010) www.lemainelibre.fr

Intérêt — Informations sur les conséquences de l'aménagement ; les réactions des lecteurs.

2.2 Des documents clés

21. Extraits du projet d'extension (LMM 2010)

Le constat du succès de la première ligne de tramway[1] dès la première année, avec une augmentation de plus de 40 % de fréquentation du réseau de transport en commun, une desserte efficace des grands équipements de la ville et un désenclavement des quartiers prioritaires au titre de la politique de la ville incitent *Le Mans Métropole* à poursuivre sa politique de développement des transports en commun et, d'une manière générale, d'une mobilité urbaine durable.

1. Le tramway a accueilli 51 % des déplacements en 2009.

Intérêt — Le bilan positif pour la ville incite à poursuivre l'aménagement.

23. Réactions de lecteurs de *Ouest-France* au projet d'extension du réseau de tramway

• **Avec quel financement ?** *(mardi 8 septembre 2009)*
Trop c'est trop ! Où trouver un financement ? Encore faire appel aux contribuables ! La ville n'a plus les moyens de financer ces travaux pharaoniques. Le centre-ville est toujours aussi pauvre en nouveaux commerçants, malgré les promesses faites à l'issue de la mise en service de la première ligne de tram.

• **Super !** *(mercredi 30 décembre 2009)*
Le tram, c'est génial. Je n'utilise plus ma voiture. Les Jacobins vont prendre un coup de neuf, il était temps. Ce parking de voitures : quelle horreur. Moins de pollution : essence, bruit, etc. Vive le tram : confort, rapidité, économie, embellissement. Que du positif pour la ville et ses habitants.

Intérêt — Des appréciations très contrastées de l'aménagement et de ses prolongements.

22. Le plan des nouvelles lignes

Source : Projet extension LMM.

Légende :
- Tramway en service
- Projet nouvelle ligne tramway
- Projet ligne BHNS (Bus haut niveau de service)

Lieux : Bellevue Haut de Coulaines, Théâtre, Préfecture, Gares, Allones, Les Hautes Métairies

0 — 2 km

Intérêt — L'ampleur finale du réseau de transport en site propre pour le développement de l'agglomération.

Chapitre 1 Approches des territoires du quotidien

CE QU'IL FAUT SAVOIR

Cours 1 — Des acteurs multiples pour aménager les nouveaux territoires du quotidien

1. Des acteurs de plus en plus nombreux

■ **L'aménagement des territoires du quotidien résulte aujourd'hui de partenariats entre des acteurs publics** agissant à toutes les échelles : Union européenne, État, établissements publics comme Réseau ferré de France, région, département et communes isolées ou associées en différents types de communautés **(3)**.

■ **Les aménagements** sont de plus en plus souvent réalisés **par des entreprises privées** en échange de leur exploitation pour un temps déterminé. Des **associations,** constituées en groupe de pression local ou national comme « France nature environnement », sont aussi partie prenante ainsi que tout citoyen invité à participer aux nombreux débats, concertations et enquêtes publiques prévus par les nouvelles procédures d'aménagement.

■ **Ainsi l'aménagement** peut-il être soutenu par une convergence d'acteurs mais aussi remis en question par leurs conflits accompagnés de manifestations spectaculaires.
▶ Gérer les territoires p. 14, p. 15
▶ Photographies p. 12, p. 20
▶ Stratégies d'acteurs p. 36

2. Nouvelles compétences et intercommunalité

■ **Une nouvelle répartition des tâches est née de la décentralisation*** lancée en 1982, confirmée par la réforme constitutionnelle de 2003 et la loi sur les libertés et responsabilités locales en 2004. Cependant, l'État « partenaire », réorganisé localement, est toujours un acteur majeur dont dépend une part croissante des ressources des collectivités et qui contrôle leurs décisions *a posteriori*.

■ **Le département est doté de compétences** très étendues **dans les secteurs sanitaire, social** (aide aux personnes âgées ; **RSA***) et **éducatif** (collèges ; transports scolaires). Il entretient la voirie départementale et une partie des routes nationales depuis 2004.

■ **Par la loi Solidarité et renouvellement urbain*** (SRU), promulguée en 2000, la commune élabore et approuve son **Plan local d'urbanisme*** (PLU). Avec d'autres communes ou groupements de communes, elle initie le **Schéma de cohérence territoriale*** (SCOT) et participe au **Plan local de l'habitat***.

■ **Pour pallier le grand émiettement territorial,** les communes ont été incitées à s'associer en **"pays*"** (loi Voynet*, 1999) en **« communautés* »** (lois Chevènement*, 1999, et SRU) autour d'un projet commun de développement et d'aménagement de l'espace. Pour ces nouveaux **territoires de projet***, des compétences communales sont transférées aux **Établissements publics de coopération intercommunale*** (EPCI), avec une intégration croissante de la **communauté de communes***, à la **communauté d'agglomération*** (plus de 50 000 habitants) et à la **communauté urbaine*** (plus de 500 000 habitants selon la loi de 1999, 450 000 à partir de 2011) **(3)**.
▶ Gérer les territoires p. 14, p. 15, p. 18

3. Retour en arrière ou achèvement de la décentralisation pour les nouveaux territoires ?

■ **Trente ans de décentralisation** ont conduit, pour certains, à l'approfondissement de la démocratie locale, pour d'autres, à une situation inextricable par la multiplication des niveaux et l'enchevêtrement des projets **(1)**. Dès 2007, le lancement de la **réforme territoriale*** soulève un tollé dans les collectivités qui se sentent menacées **(2)**.

■ **Adoptée fin 2010, la réforme territoriale favorise l'intercommunalité*** en abaissant le seuil des regroupements, en fixant au 1er juin 2013 la couverture totale du territoire et en créant de nouveaux EPCI **(4)**. La **métropole*** (plus de 500 000 habitants, Ile de France exclue) est dotée d'une partie des compétences de la région et du département sur son territoire. La clause de **compétence générale,** qui permettait de s'occuper de tout, est désormais réservée à la commune.

■ **Le département survit, mais perd certaines compétences**. Il sera animé, à partir de 2014, par de nouveaux élus « conseillers territoriaux » siégeant à la fois aux conseils général et régional.
▶ Gérer les territoires p. 34

Mots clés
- **Compétence :** capacité reconnue dans un domaine pour décider et agir sur le territoire. La clause de **compétence générale** donne à la commune le droit de s'intéresser à tout sujet d'intérêt local.
- **Intercommunalité :** association de communes pour gérer en commun des activités ou des services publics qui dépassent le cadre d'une commune ou pour mener à bien un projet d'aménagement.

* Voir lexique p. 312

1 Une réforme indispensable, selon un député de la majorité présidentielle

Nous en tombons tous d'accord : notre « organisation » territoriale est un imbroglio institutionnel aux logiques fumeuses qui engendre des coûts inutiles, des lenteurs administratives et, au final, une inefficacité permanente. Devant le Congrès réuni à Versailles en juin, le chef de l'État a fixé l'ambition de l'indispensable réforme : en finir avec la superposition des structures, l'enchevêtrement des compétences et des financements croisés, en clarifiant la gouvernance, les attributions et le financement des collectivités territoriales.

On ne peut en effet supporter plus longtemps un système où, par exemple, les intercommunalités et les conseils généraux empiètent constamment sur des domaines qui relèvent des régions comme l'aménagement du territoire, le développement économique, l'action culturelle ou le tourisme.

Aujourd'hui, la « clause de compétence générale » permet aux collectivités d'intervenir tous azimuts sur leur territoire. La bonne et simple idée consisterait à la retirer aux départements et aux régions, pour les cantonner enfin dans des compétences précises. Abolie, pour les élus, la tentation de s'occuper de tout avec une efficacité bien douteuse, alors qu'une autre collectivité fait la même chose ! On doit en finir avec cette espèce de surenchère d'amour-propre, luxe supporté *in fine* par le contribuable.

Maurice Leroy, Le Monde, 17 octobre 2009.
Député du Nouveau Centre, Maurice Leroy devient ministre de la Ville en novembre 2010.

3 Bilan de l'intercommunalité (début 2011)

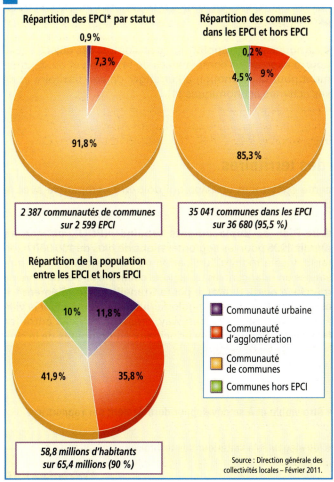

2 Campagne des conseils généraux contre la réforme dans leur magazine (décembre 2009-janvier 2010)

Entre les régions et les intercommunalités, les départements craignent de disparaître ou de voir leurs moyens et leurs compétences très affaiblis. L'aide sociale est le principal poste budgétaire des départements.

4 La réforme territoriale : nouveaux acteurs, nouveaux territoires

• **Les métropoles** visent à donner aux grandes agglomérations qui le souhaiteraient un statut mieux adapté et plus intégré, susceptible d'assurer leur rayonnement à l'échelle européenne. Ces EPCI de plus de 500 000 habitants bénéficieront de transferts de compétences de la part des départements et des régions (développement économique, transports, éducation...) et l'État pourra leur confier de grands équipements et infrastructures. Sur le plan financier, elles pourront disposer de transferts de fiscalité locale ou de dotations de l'État, mais sous réserve que toutes les communes membres soient d'accord.

• **Les pôles métropolitains** doivent permettre une coopération renforcée entre des EPCI voulant mener des actions d'intérêt commun sur un large périmètre afin d'améliorer la compétitivité et l'attractivité du territoire concerné. Pour les créer, il conviendra de constituer un ensemble de plus de 300 000 habitants comprenant au moins un EPCI de plus de 150 000 habitants.

• **Les communes nouvelles** constituent un nouveau dispositif de fusion de communes. Sont potentiellement concernées des communes contiguës ou un EPCI tout entier qui voudrait se transformer en commune nouvelle. Au sein des communes nouvelles, les anciennes communes pourront conserver une représentation sous la forme de communes déléguées.

Présentation de la réforme des collectivités territoriales (votée en décembre 2010), ministère de l'Intérieur, février 2011.

CE QU'IL FAUT SAVOIR

Cours 2 — De nouveaux enjeux d'aménagement pour les territoires du quotidien

1. Les territoires en première ligne

■ **Compétitivité, cohésion** et **développement durable*** sont les priorités affichées pour l'aménagement des territoires à l'heure de l'intégration européenne et de la mondialisation par l'Union européenne, depuis la « **Stratégie de Lisbonne*** » (2000-2005), et par l'État dans la nouvelle génération de **Contrats de projet État-Région*** (CPER) depuis 2007.

■ **Désormais en charge de l'aménagement,** les acteurs locaux n'ont pas seulement à gérer les problèmes du quotidien. Ils doivent intégrer ces objectifs dans leurs projets de développement du territoire à échéance de dix ou vingt ans.

■ **Des dispositifs nationaux et européens** ont été mis en place pour les inciter à adopter ces priorités. Ainsi, le volet territorial des CPER permet au département, au pays ou à la communauté d'agglomération de passer des contrats avec l'État afin d'engager des actions répondant à ces enjeux. L'UE et la **DATAR*** ont multiplié les « appels à projets » auprès des associations, des entreprises, des collectivités territoriales intéressées par les financements complémentaires attribués aux projets sélectionnés, parfois labellisés **(8)**.
▶ Questions pour comprendre p. 16

2. Pour des territoires compétitifs et attractifs

■ **Pour répondre à la concurrence** européenne et mondiale, les collectivités territoriales, les chambres de commerce et d'industrie, les **syndicats mixtes*** se mobilisent pour améliorer la compétitivité et l'attractivité* des territoires. Ils agissent, par exemple, en faveur de la recherche et de l'innovation en soutenant les **pôles de compétitivité*** ou les **pôles d'excellence rurale*** destinés à valoriser les ressources des territoires **(5)**.

■ **Le développement de réseaux performants** est un enjeu majeur pour désenclaver les territoires, conserver et attirer entreprises et population. Départements et communautés investissent dans les **réseaux numériques à très haut débit***, notamment dans les territoires peu denses. Ils participent aussi désormais au financement des grandes infrastructures de communication (Reims, ville et métropole, a contribué pour 50 millions d'euros à la LGV Est) dont ils attendent des retombées locales en termes d'ouverture nationale et européenne **(6)**.

■ **La nouvelle métropole*** prend en compte ces objectifs. Elle pourra exercer les compétences de la région et du département pour la promotion à l'étranger de son territoire et de ses activités économiques **(4)**.
▶ Stratégies d'acteurs p. 36

3. Pour la cohésion et le développement durable des territoires

■ **Donner la priorité à la compétitivité** peut entretenir ou accentuer les inégalités du territoire. **Le développement durable et la cohésion* économique et sociale,** qui en est l'un des objectifs, sont partie prenante des nouveaux outils de l'aménagement. Le développement durable se décline aussi en divers engagements : plan climat, schéma éolien, **agenda 21*** **(7)**.

■ **Le SCOT*** présente un **Projet d'aménagement et de développement durable*** (PADD). Il fixe les orientations générales de son application en veillant aux grands équilibres du territoire. Il fait l'objet d'une évaluation environnementale. À plus grande échelle, le **Plan local d'urbanisme*** (PLU) présente également un PADD qui doit être compatible avec le SCOT.

■ **Le Plan de déplacements urbains* (PDU),** obligatoire depuis 1996 pour les agglomérations de plus de 100 000 habitants, vise à réduire l'utilisation de l'automobile et ses nuisances en relançant les transports collectifs et « doux » (vélo ; marche à pied). Renforcé par le **Grenelle Environnement*,** il conduit de nombreuses agglomérations à réaménager la ville autour d'un nouveau tramway, créateur de liens entre les différents quartiers et les principaux équipements de la cité.
▶ Gérer les territoires p. 18, p. 34

Mots clés
- **Compétitivité :** capacité pour un territoire à être viable et à se développer durablement par rapport aux autres territoires.
- **Cohésion :** politique de solidarité pour réduire les inégalités à l'intérieur des territoires.

* Voir lexique p. 312

5 Les collectivités territoriales engagées pour le développement des pôles situés sur leur territoire

L'enquête réalisée dans 24 agglomérations où sont présents 39 **pôles de compétitivité*** a fait apparaître, outre le rôle de ces collectivités dans l'émergence et le fonctionnement des pôles :

• **Une forte mobilisation de leurs compétences classiques au service des pôles :**
– développement de leur offre d'immobilier d'entreprises et de parcs d'activités ;
– actions de communication des activités des pôles vers les PME (Montpellier Métropole a mis en place le pacte PME pour rapprocher les PME innovantes des pôles) ;
– amélioration de l'accueil des cadres et chercheurs des organismes concernés.

• **Un engagement nouveau sur des actions d'appui direct aux activités des pôles :**
– réalisation et financement d'équipements mutualisés en cofinancement (Toulon-Provence-Méditerranée participe à des équipements d'essai dans le domaine du génie côtier pour le pôle « Mer PACA ») ;
– mise à disposition de locaux (Artois Com est propriétaire de deux centres de recherche et développement associés à i-Trans[1]) ;
– financement direct de projets de R&D : deux tiers des agglomérations envisageaient de soutenir financièrement les projets labellisés par l'État sur la base de critères choisis par elles.

Les pôles de compétitivité : faire converger performance et dynamique territoriale. Rapport du Comité économique et social, La Documentation française, mars 2008.

1. Pôle spécialisé dans les transports terrestres durables et la logistique.

7 Des territoires mobilisés pour le développement durable

Département du Cher (2010).

6 Les enjeux de l'aménagement numérique

Manche numérique est un syndicat mixte créé en 2004 par le Conseil général avec les communautés de communes pour le déploiement du haut et très haut débit et l'assistance informatique.

8 5 millions d'euros de l'État pour des projets du Cantal

Le Contrat de projets État-Région Auvergne a réservé à son volet territorial une enveloppe de plus de 94 millions d'euros (20 % des crédits inscrits au CPER 2007-2013). Dans ce cadre, 10 millions d'euros par département (5 de l'État, 5 de la Région) sont consacrés à des projets infra-régionaux, après négociation avec les principaux partenaires (conseils généraux et communautés d'agglomérations).

La convention infra-régionale est signée aujourd'hui dans le Cantal. Elle porte sur l'opération Grand site Puy Mary, la station du Lioran, la restructuration de l'école départementale d'équitation, le développement de l'aéroport, des actions dans le domaine économique [...], le centre aqualudique de Saint-Flour et la restructuration de l'îlot des frères Charmes à Aurillac.

Par ailleurs, l'État, en partenariat avec le Département du Cantal apportera son soutien à deux projets dans le domaine de la santé : celui de l'hôpital de proximité de Mauriac et celui de l'atelier CAT d'Olmet.

Communiqué de presse du Conseil Régional d'Auvergne.
Auvergne.info, 8 octobre 2007.

GÉRER LES TERRITOIRES

Gérer des territoires de proximité emboîtés

L'exemple d'Amiens Métropole

■ Amiens Métropole est une communauté d'agglomération* composée de 33 communes. Une concertation a été lancée en 2010 sur un « grand projet métropolitain ».

■ Pour mener à bien son projet, la Métropole doit prendre en compte les projets de ses communes et ceux des territoires de proximité dans lesquels elle s'inscrit.

▶ **L'emboîtement des territoires, atout ou handicap pour Amiens Métropole ?**

1 Communauté d'agglomération (*Journal d'Amiens Métropole*, novembre 2010), département (*Vivre en Somme*, janvier 2009), "pays" du Grand Amiénois (Scot) et commune (*Amiens Forum*, juin 2010) exposent leur projet d'aménagement des territoires de proximité dans leurs magazines.

2 L'emboîtement des projets

Plan local d'urbanisme* (PLU), *Plan local de l'habitat** (PLH), *Plan de déplacement urbain** (PDU), *Schéma de cohérence territoriale** (Scot)… Quatre types de projets, du plus petit au plus grand, en termes de territoire concerné. De ces quatre outils planificateurs de la politique locale d'urbanisme, seul le premier, le PLU, se limite au domaine communal. Le PLH et le PDU relèvent, eux, des Établissements publics de coopération intercommunale*, les EPCI. Dans notre cas : Amiens Métropole.

Quant au Scot, son domaine s'avère plus vaste : tout le "pays" du Grand Amiénois est concerné. Pour résumer, le PLU d'Amiens doit être cohérent avec le PDU et le PLH de la métropole, lesquels ne doivent pas aller à l'encontre des orientations du Scot du "pays". Simple, non ?

Valérie Wadlow, adjointe au maire,
JDA Métropole, n° 573, 29 septembre 2010.

3 Le « projet métropolitain », une stratégie pour harmoniser les projets ?

Il s'agit, concrètement, de construire une vision politique commune à long terme, une « vision partagée de l'agglomération du futur ».

Car si le sport, la culture, l'enseignement, l'économie, l'aménagement ou les transports relèvent bien de la responsabilité de la métropole, ce n'est pas le cas de l'urbanisme qui, lui, est une prérogative communale. Or il semble difficile d'aller de l'avant collectivement, sans passer par cette compétence dont dépendent tous les autres.

D'où l'idée d'un « projet métropolitain » dont la finalité est l'élaboration d'un document de synthèse, outil de référence pour les choix à venir. Mais attention, il ne s'agira pas d'un « document opposable », comme on dit. Ce qui signifie qu'il n'aura aucun pouvoir contraignant sur les politiques internes aux communes, lesquelles resteront, bien entendu, maîtresses de leur Plan local d'urbanisme. Car le fameux PLU est un « document opposable ».

Voilà pourquoi il est important que les maires et les habitants s'impliquent dans l'élaboration du « projet métropolitain ». Pour qu'ensuite, chaque commune fasse ses choix d'urbanisme en fonction de ce document qu'elle aura contribué à rédiger, après études et débats. Sans couteau sous la gorge, mais en cohérence avec la « vision partagée du futur » ainsi créée.

Valérie Wadlow,
JDA Métropole, n° 573, 29 septembre 2010

4 L'emboîtement des territoires

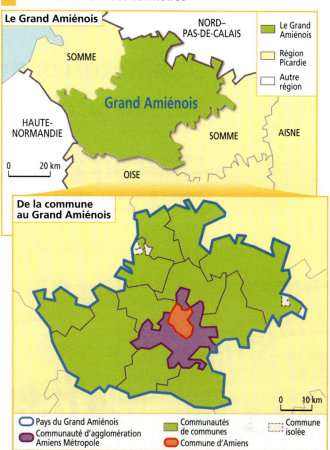

6 La définition des aménagements dépend de l'échelle des territoires

Une analyse menée par une commune s'intéressera à son voisinage immédiat, notamment la communauté de communes à laquelle elle appartient.

Une analyse menée par le "pays" prendra en compte le territoire des douze intercommunalités* qui le composent, mais aussi les grands territoires voisins dont le développement n'est pas étranger à celui du "pays".

De la même façon, un projet mené à l'échelle du "pays" aura une dimension stratégique exprimée par des « orientations », alors qu'un projet élaboré par une commune sera plus détaillé dans sa définition.

Le projet communal, contrairement à celui du "pays", pourra être précisément spatialisé et bénéficiera d'un règlement permettant d'en définir les principaux contours.

Agence de développement et d'urbanisme du Grand Amiénois,
Le Grand Amiénois,
Lettre d'info n° 1, décembre 2007.

5 SCOT et PLU : deux échelles de projets

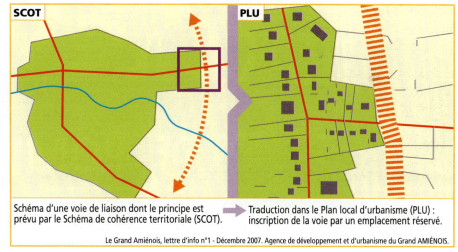

Analyser les enjeux d'aménagement

1. Quels sont les outils d'aménagement utilisés **(1, 2, 3, 4)** ?

2. Quelle stratégie Amiens Métropole met-elle en œuvre pour surmonter les contraintes en matière de politique d'urbanisme **(2, 3)** ?

3. En quoi les différents outils sont-ils complémentaires et utiles pour aménager les territoires de proximité **(4, 5, 6)** ?

STRATÉGIES D'ACTEURS

Des acteurs en conflit sur un projet d'aménagement

La LGV Bordeaux-Toulouse

- Les procédures d'aménagement prévoient une concertation entre les parties concernées mais les projets peuvent déclencher des actions très diverses.
- Prévu depuis 1992, relancé par le Grenelle Environnement, le projet de LGV Sud-Europe-Atlantique mobilise de nombreux acteurs qui amplifient le débat.

▶ Quels acteurs sont en conflit sur le projet LGV Bordeaux-Toulouse ?

1 Manifestation de l'« Union pour la Sauvegarde des Villages » à Matabiau (gare de Toulouse), le 20 mars 2010

Le collectif USV regroupe 17 communes contre le fuseau proposé par Réseau ferré de France (RFF) pour la future ligne à grande vitesse.

2 Pompignan, l'un des symboles de la lutte de l'USV contre le tracé de LGV favori de RFF

Sur le territoire du village, un château et d'autres monuments classés, ainsi qu'un cru célèbre, sont menacés par le tracé D de la ligne proposé par Réseau ferré de France (RFF), qui pourrait être choisi le 31 mai[1]. Le président de l'USV est clair : il est favorable à la LGV, mais sur un parcours « moins impactant pour les habitants et le patrimoine ». Son collectif a fait une contre-proposition[2], s'appuyant sur des études techniques, pour un trajet alternatif qui suivrait à peu près l'autoroute.

Pour le propriétaire du château, le tracé est aberrant. RFF a prévu de faire passer le TGV dans un tunnel sous son parc, mais « techniquement, ce n'est pas réalisable », explique-t-il. Contre la façade de style néoclassique du château, une banderole géante a été apposée : *« Stop ! Vous êtes sur le trajet du TGV »*.

Midi Libre.fr, 27 mai 2010.

1. Validé par le ministère du Développement durable le 28 septembre 2010.
2. Rejetée par les villages proches de l'autoroute.

3 Un projet prioritaire en France et en Europe

La LGV Sud-Europe-Atlantique (SEA) est un ensemble cohérent composé d'un tronçon central Tours-Bordeaux et des trois branches Bordeaux-Toulouse, Bordeaux-Espagne et Poitiers-Limoges.

L'ensemble de la LGV SEA est inscrit dans le programme prioritaire de 2 000 kilomètres de lignes nouvelles à grande vitesse à lancer d'ici 2020, figurant dans la loi de programmation du 3 août 2009 relative à la mise en œuvre du Grenelle Environnement[1].

Elle permettra de diffuser la grande vitesse ferroviaire au quart Sud-Ouest de la France. En améliorant les temps de parcours entre Paris et les grandes métropoles régionales du Centre-Ouest et du Sud-Ouest, elle contribue également au rapprochement de ces métropoles entre elles et à la continuité des réseaux ferroviaires entre la France et la péninsule Ibérique.

Ministère du Développement durable, 29 septembre 2010.

[1]. La LGV SEA s'inscrit également dans les priorités du réseau de transport transeuropéen.

4 La LGV Sud-Europe-Atlantique dans le réseau grande vitesse français

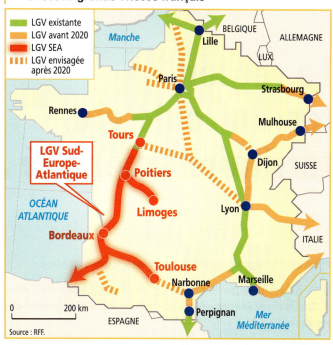

Source : RFF.

6 Optimiser l'« effet TGV »

C'est une évidence : l'arrivée du TGV, annoncée pour 2018, permettra d'abord de désenclaver le Midi-Pyrénées en mettant Toulouse à 3 heures de Paris. Mais une autre urgence s'impose aujourd'hui : s'y préparer pour ne pas se contenter de prendre... le train en marche. C'est dans ce but qu'a été créée l'association « TGV Sud-Ouest », à l'initiative des présidents de la région, du département de la Haute-Garonne et du Grand Toulouse. Parce que nous devons maintenir la pression pour obtenir dans les délais les plus brefs la réalisation des lignes à grande vitesse Paris-Toulouse et Toulouse-Narbonne-Barcelone-Marseille. Et parce que les territoires qui profitent le mieux de l'« effet TGV » sont ceux qui savent l'anticiper.

Signez la pétition « le TGV et Vite ! » sur www.tgvsud-douest.com : toute la région se mobilise.

Magazine de la Région, *Midi-Pyrénées Info,* juillet-août 2010.

5 Pour le TGV ; contre la LGV

Regroupées en collectifs, des associations comme « Très Grande Vigilance en Albret » réclament l'aménagement des voies existantes pour des raisons environnementales, patrimoniales et financières. Plusieurs milliers de manifestants, dont un certain nombre d'élus, ont défilé à Agen le 13 novembre 2010.

Analyser les stratégies d'acteurs

1. Quels sont les acteurs mobilisés par le projet (1, 2, 3, 5, 6) ?

2. À quelles échelles interviennent-ils (2, 3, 4, 5, 6) ?

3. Quels sont les principaux arguments échangés (2, 3, 5, 6) ?

4. Quels liens existe-t-il entre leur position et l'échelle de territoire à laquelle ils se situent (2, 3, 5, 6) ?

CHAPITRE 2

La région, territoire de vie, territoire aménagé

■ La région est un territoire qui représente un horizon de vie intermédiaire entre le national et le local.
▶ **En quoi la région constitue-t-elle un territoire de vie ?**

■ La Région dispose de compétences grandissantes mais encore limitées.
▶ **Quelles sont ses compétences en matière d'aménagement et de développement des territoires ?**

■ Les Régions françaises n'ont ni le poids ni les compétences des régions d'autres pays européens.
▶ **Quel est la place et le rôle de la Région en France en comparaison avec un pays comme l'Allemagne ?**

Cartes enjeux

La région, un découpage pour gérer les territoires	40

Étude de cas – Méthode

La région où est situé votre lycée

Démarche : construire l'étude de cas en **4 étapes**
Fiche 1 – La région : quelles caractéristiques, quelle identité ?	42
Fiche 2 – Quelle organisation du territoire régional ?	44
Fiche 3 – Quels enjeux d'aménagement ?	46
Fiche 4 – Quelle insertion dans l'espace national et européen ?	48

Ce qu'il faut savoir

1 Quelle place, quel rôle pour la Région en France ?	50
2 Une place de choix pour la Région : le cas allemand	52

Gérer les territoires

Les TER, une priorité régionale – *La région Rhône-Alpes*	54

Stratégies d'acteurs

Les acteurs du territoire régional – *La région Alsace*	56

Méthodes et sujets Bac

• Méthodes et entraînement Bac	60, 61 et 62
• Site utile	66
• Réviser	68
• Composition *sujet 3*	292

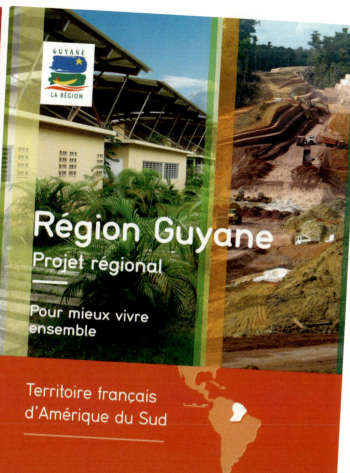

L'action des Régions valorisée
Les Régions communiquent en permanence en publiant des documents promotionnels. Il s'agit de mettre en avant leurs actions qui visent le développement de leur territoire et le bien-être partagé de leurs habitants. Sont concernés aussi bien des documents généraux de programmation (Guyane), une des principales compétences des Régions (Alsace) que la promotion d'un territoire durement éprouvé (Pays-de-la-Loire).

CARTES ENJEUX

La région, un découpage pour gérer les territoires

1 27 collectivités territoriales au poids très inégal

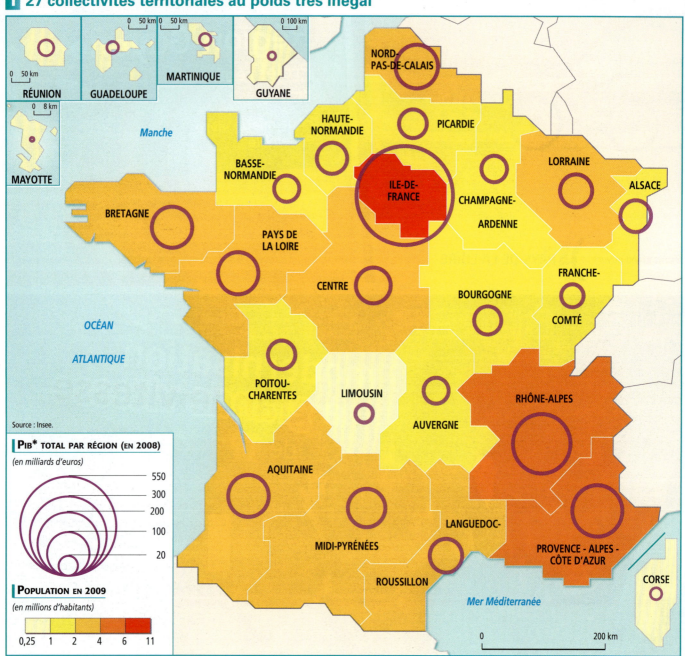

Source : Insee.

PIB* TOTAL PAR RÉGION (EN 2008) (en milliards d'euros) : 550, 300, 200, 100, 20

POPULATION EN 2009 (en millions d'habitants) : 0,25 – 1 – 2 – 4 – 6 – 11

Clés de lecture

- Instituée depuis 1955 dans un souci de meilleur équilibre du territoire national, **la régionalisation a divisé administrativement le territoire français en régions,** au nombre de 27 en 2011.

- Depuis trente ans, ces régions sont des **collectivités territoriales*** dont le découpage n'a finalement pas été remis en cause par la réforme territoriale de 2011.

2 D'autres choix « régionaux »

A. Des découpages administratifs

a. Les cours d'appel

b. Les zones de défense et de sécurité

B. Des choix d'entreprises

a. Une grande entreprise GrDF (gaz réseau distributeur France)

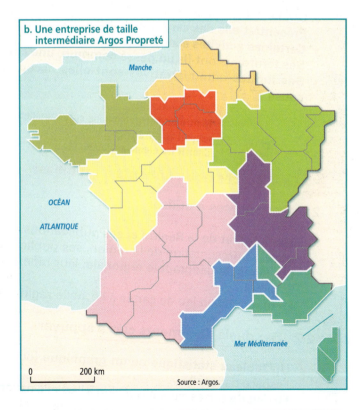

b. Une entreprise de taille intermédiaire Argos Propreté

Clés de lecture

- **La volonté politique de diminuer le nombre de régions dans le secteur public,** avec le souci de rationalisation des moyens, touche de nombreux domaines mais **se heurte à d'importantes oppositions** : si le nombre de zones de défense et de sécurité est passé de 9 à 7 depuis 2000, la nouvelle carte judiciaire de 2007 n'a pas réduit le nombre de cours d'appel au nombre de régions.

- **Les entreprises** limitent la multiplication de services identiques sur le territoire national mais **possèdent** cependant une **organisation régionale** pour assurer une plus grande proximité de leurs clients et une meilleure réactivité.

ÉTUDE DE CAS

La région où est situé votre lycée

▶ **Exemple** pour illustrer la démarche

La région Nord-Pas-de-Calais

▶ **Démarche**

Construire l'étude de cas en **4 étapes**

1. **La région : quelles caractéristiques, quelle identité ?**
2. Quelle organisation du territoire régional ? (p. 44)
3. Quels enjeux d'aménagement ? (p. 46)
4. Quelle insertion dans l'espace national et européen ? (p. 48)

Fiche-Guide 1

La région : quelles caractéristiques, quelle identité ?

1 Les questions à se poser

- ✓ Quelle est la situation de la région dans le pays ?
- ✓ Présente-t-elle des caractères « naturels » spécifiques ?
- ✓ Certaines activités économiques prédominent-elles ?
- ✓ Ses territoires ont-ils un passé commun, une culture commune ?
- ✓ Ses limites administratives sont-elles acceptées ou mises en cause ?

RECOMMANDATIONS
- **Mettre en perspective** les caractéristiques de la région par rapport au territoire national.
- **Choisir les éléments dominants** de la région.

2 Les sources et documents à mobiliser

2.1 Les sources à utiliser

- ✓ **Site Internet de la Région** et ses publications.
- ✓ **INSEE**, sa présentation de la région, ses publications régionales.
- ✓ **Les livres de géographie régionale**, leur réflexion sur l'identité de la région.
- ✓ **Le manuel**, son jeu de cartes à l'échelle régionale.

2.2 Sur quels documents clés s'appuyer

- ✓ **Un tableau statistique** ou **un graphique** (poids de la région dans l'espace national).
- ✓ **Un jeu de cartes** situant la région à l'échelle nationale et européenne.
- ✓ **Un sondage** auprès des citoyens (concernant leur région).
- ✓ **Une photographie** d'un symbole régional (paysage, histoire…).
- ✓ **Un document promotionnel** sur l'identité régionale.

RECOMMANDATIONS
- **Ne pas oublier les cartes à l'échelle nationale,** en particulier les cartes interactives de type geoclip.
- **Utiliser des documents promotionnels,** éléments centraux de la communication des Régions.

1 Comment définir l'identité de la région ?

Une du magazine du conseil régional du Nord-Pas-de-Calais, sept.-oct. 2010.

Intérêt Le magazine du conseil régional est un document promotionnel qui conforte ou contribue à forger une identité régionale par sa diffusion auprès de tous les foyers de la région.

2 Sources et documents pour présenter la région

2.1 Les sources à utiliser

✓ Des sites internet

1. Site du Conseil régional

www.nordpasdecalais.fr/territoire/intro.asp

Intérêt Présentation de l'espace régional et mise en avant des éléments d'identité régionale.

2. Site de l'INSEE

www.insee.fr/fr/regions/nord-pas-de-calais/default.asp?page=publications/publications.htm

Intérêt Nombreuses publications disponibles pour identifier les caractéristiques principales de la région.

2.2 Des documents clés

3. La région vue par ses habitants

« Dans cette liste, qu'est-ce qui symbolise le mieux la région ? ».

Sondage réalisé par le journal *La Voix du Nord*.

En %	en 2008	en 2003
Les beffrois	41	32
Les moules-frites	35	32
Le patois	31	25
Les maisons en briques	28	24
Un terril	24	30
Les rues pavées	22	18
Le tunnel sous la Manche	20	24
Les géants	18	10
Des remparts et des citadelles	16	13
Le P'tit Quinquin	15	18
Un estaminet	13	11
Euralille	11	11
Une Grand-Place	8	7
Une gare TGV	4	5

Intérêt La région est un espace vécu, perçu par la population, qui s'articule autour de symboles culturels et historiques qui lui donnent une identité plus ou moins forte.

4. La région en chiffres

Intérêt Le graphique met en évidence les caractéristiques démographiques et économiques de la région.

ÉTUDE DE CAS

La région où est situé votre lycée

▶ **Démarche**

Construire l'étude de cas en 4 étapes

① La région : quelles caractéristiques, quelle identité ? (p. 42)
② **Quelle organisation du territoire régional ?**
③ Quels enjeux d'aménagement ? (p. 46)
④ Quelle insertion dans l'espace national et européen ? (p. 48)

▶ **Exemple**
pour illustrer la démarche
La région Nord-Pas-de-Calais

Fiche-Guide 2
Quelle organisation du territoire régional ?

1 Les questions à se poser

✓ Quels sont les pôles structurants de la région ?
  • Les principales métropoles.
✓ Quelles disparités internes peut-on identifier dans l'espace régional ?
  • Des sous-ensembles spatiaux.
✓ Quelles sont les dynamiques de l'espace régional ?
  • Les espaces clés, des espaces en marge, en crise.
✓ Quelles sont les relations de la région avec l'espace extérieur ?
  • Les ports, les aéroports, les principaux axes de communication, la dynamique transfrontalière.

RECOMMANDATIONS
• Mettre en évidence l'espace central et d'autres espaces plus ou moins périphériques.
• Ne pas considérer l'espace régional de manière isolée.

2 Les sources et documents à mobiliser

2.1 Les sources à utiliser

✓ DATAR,* GEOIDD*, INSEE, GEOCLIP* et leur module de cartographie interactive.
✓ INSEE, ses statistiques, des publications régionales.
✓ Les livres de géographie régionale, leur réflexion sur l'organisation de l'espace de la région.

2.2 Sur quels documents clés s'appuyer

✓ **Une carte thématique** montrant les contrastes intrarégionaux (évolution de la population, chômage…).
✓ **Une carte, un texte, des statistiques** montrant le poids de la principale métropole, au centre de l'organisation de l'espace régional.
✓ **Un texte « diagnostic »** montrant les enjeux, les dynamiques positives ou négatives (État, CESER, experts…).
✓ **Un croquis régional,** document de synthèse de l'organisation régionale.

RECOMMANDATIONS
• **Choisir un critère discriminant** et significatif du profil de la région ; par exemple l'orientation économique des bassins de vie, le taux de chômage par bassin d'emploi.
• **Privilégier les évolutions récentes** pour voir les dynamiques.

① Comment définir l'organisation de l'espace de la région ?

Affiche présentant Lille à l'Exposition universelle de Shanghai en 2010.

Intérêt Une affirmation du dynamisme de la métropole lilloise et de son statut de capitale régionale : un pavillon mettant en avant la culture, la gastronomie, les artistes, l'innovation, a été ouvert durant trois mois à l'Exposition universelle de Shanghai.

2 Sources et documents pour présenter la région

2.1 Les sources à utiliser

5. Le SIG de la région

Intérêt : Nombreuses cartes thématiques disponibles pour identifier les contrastes de l'espace régional ; disponibles dans la cartothèque du SIG http://www.sigale.nordpasdecalais.fr/ACCUEIL/accueil.asp.

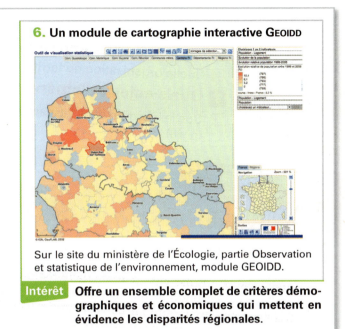

6. Un module de cartographie interactive GEOIDD

Sur le site du ministère de l'Écologie, partie Observation et statistique de l'environnement, module GEOIDD.

Intérêt : Offre un ensemble complet de critères démographiques et économiques qui mettent en évidence les disparités régionales.

2.2 Le document clé

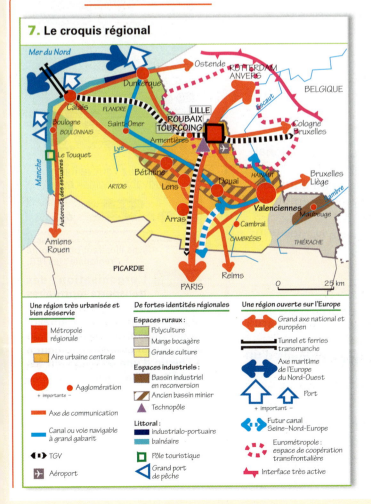

7. Le croquis régional

Intérêt : Le croquis régional dégage les traits majeurs de l'organisation de l'espace régional.

- **Pôles et réseaux :**
  la hiérarchie des métropoles, les principaux axes de communication.

- **Les espaces de la région :**
  l'espace central, cœur de la région ; les autres espaces, ruraux, industriels, touristiques... possédant une certaine identité.

- **Les dynamiques à l'échelle nationale et européenne :**
  l'ouverture ou l'enclavement de la région, l'existence d'une interface européenne plus ou moins active.

Chapitre 2 La région, territoire de vie, territoire aménagé

ÉTUDE DE CAS

La région où est situé votre lycée

▶ **Démarche**

Construire l'étude de cas en 4 étapes

1. La région : quelles caractéristiques, quelle identité ? (p. 42)
2. Quelle organisation du territoire régional ? (p. 44)
3. **Quels enjeux d'aménagement ?**
4. Quelle insertion dans l'espace national et européen ? (p. 48)

▶ **Exemple**
pour illustrer la démarche
La région Nord-Pas-de-Calais

Fiche-Guide 3

Quels enjeux d'aménagement ?

1 Les questions à se poser

- Quels problèmes majeurs d'aménagement la région a-t-elle ?
- Quelles sont les priorités de l'action régionale ?
- Quels acteurs interviennent dans les aménagements régionaux ?
- Quelles sont les aménagements décisifs pour l'espace régional ?

RECOMMANDATIONS
- **Envisager des aménagements de nature différente** et portant sur différentes échelles : (nationale, régionale, plus ponctuelle) dans la mesure où ils ont des répercussions pour la région.
- **Ne pas réduire les acteurs au seul conseil régional** ni ignorer les autres : État, autres collectivités territoriales, UE, acteurs privés…

2 Les sources et documents à mobiliser

2.1 Les sources à utiliser

- **Conseil régional** : met à disposition les documents de programmation (STRADDT*, SRDE*, SRIT*…)
- **CESER*** : le Conseil économique, social et environnemental régional analyse les dossiers d'aménagement de la région..
- **CNDP*** : la Commission nationale du débat public met en ligne des dossiers très complets sur tous les projets d'aménagement et d'équipement d'intérêt national.
- **La presse régionale** : propose des dossiers de presse sur les principaux aménagements régionaux.

2.2 Sur quels documents clés s'appuyer

- **Un document de programmation** définissant une priorité régionale.
- **Un contrat de territoire** montrant l'action régionale de solidarité territoriale et la diversité des acteurs régionaux.
- **Des images,** documents promotionnels, **plans et graphiques** d'un aménagement précis..
- **Des interviews** d'acteurs spatiaux.

RECOMMANDATIONS
- **Analyser le débat suscité par un projet d'aménagement,** les points de vue des différents acteurs spatiaux.
- **Confronter les documents promotionnels** à la réalité de l'aménagement.

1 Quelles sont les priorités de l'action régionale ?

Affiche illustrant une priorité régionale : les TER.

Intérêt L'organisation des transports ferroviaires régionaux est une compétence régionale depuis 2002. L'amélioration de l'offre des TER est un enjeu social et environnemental à l'heure d'une réflexion sur les mobilités* durables.

2 Sources et documents pour étudier les enjeux d'aménagement

2.1 Les sources à utiliser

8. Les documents de programmation

Source : Site du conseil régional/ onglet *perspective/ dynamique du* SRADDT*/ publications*

9. Le site de la CNDP*

Source : CNDP, onglets *projets publiés, projets examinés* : www.debatpublic.fr

Intérêt — Pour les aménagements soumis à un débat public, ce site donne accès au dossier du débat avec l'ensemble des documents des différents acteurs et une synthèse.
(Voir site utile p. 64).

Intérêt — Fait le point sur l'avancée des différents dossiers du Schéma régional d'aménagement et de développement du territoire (SRADDT*).
(Voir outils d'aménagement p. 18).

2.2 Des documents clés

10. Le budget régional, dépenses 2010

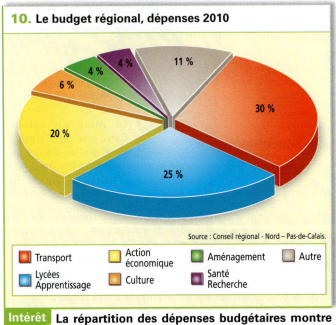

Source : Conseil régional - Nord – Pas-de-Calais.

- Transport
- Action économique
- Aménagement
- Autre
- Lycées Apprentissage
- Culture
- Santé Recherche

Intérêt — La répartition des dépenses budgétaires montre quels sont les principaux domaines d'intervention de la Région et les priorités de son action (à comparer au graphique de la moyenne nationale, p. 51).

11. La plateforme trimodale de Dourges

Intérêt — L'étude de la photographie permet d'analyser le paysage d'un ancien espace industriel en reconversion.

ÉTUDE DE CAS

La région où est situé votre lycée

▶ **Démarche**

Construire l'étude de cas en 4 étapes

1. La région : quelles caractéristiques, quelle identité ? (p. 42)
2. Quelle organisation du territoire régional ? (p. 44)
3. Quels enjeux d'aménagement ? (p. 46)
4. **Quelle insertion dans l'espace national et européen ?**

▶ **Exemple**
pour illustrer la démarche
La région Nord-Pas-de-Calais

Fiche-Guide 4
Quelle insertion dans l'espace national et européen ?

1 Les questions à se poser

- ✓ La région est-elle centrale ou périphérique par rapport aux espaces moteurs du pays, à l'espace européen ?
- ✓ Est-elle proche ou éloignée de Paris ? Est-elle frontalière, maritime ?
- ✓ La région est-elle attractive en termes de compétitivité, de développement durable ? Quelles sont ses forces, ses faiblesses ?

2 Les sources et documents à mobiliser

2.1 Les sources à utiliser

- ✓ **Conseil régional** : pour les indications sur la présence de l'UE dans la région.
- ✓ **INFOREGIO** : la politique régionale de l'Union européenne (programme de coopération territoriale européenne).
- ✓ **INSEE** : pour l'analyse des flux migratoires, des dynamiques transfrontalières.

2.2 Sur quels documents clés s'appuyer

- ✓ Une **carte des flux** migratoires interrégionaux.
- ✓ Une **carte de situation** vis-à-vis des grands axes de communication français et européens.
- ✓ Un **programme** de coopération transfrontalière.
- ✓ Un **document promotionnel** représentatif du rayonnement de la région en France et en Europe.

---

1 Quelle est la situation de la région ?

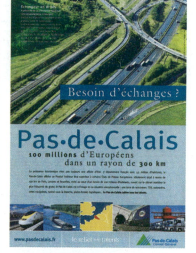

Publicité situant le département du Pas-de-Calais dans son environnement régional.

Intérêt La mise en valeur, dans une publicité du conseil général du Pas-de-Calais, de la situation très favorable de la région à l'échelle européenne alors qu'elle est en périphérie frontalière à l'échelle nationale.

Pour mettre *l'étude de cas* en perspective

▶ Tirer les conclusions de l'étude de cas sur les caractéristiques de la région
Quelle place pour la région en France ?   **p. 50**
▶ Tirer les conclusions de l'étude de cas sur les enjeux d'aménagement régional.
Quels sont les acteurs du territoire régional ?   **p. 56**

2 Sources et documents situer la région dans l'espace national et européen

2.1 Les sources à utiliser

12. La Commission européenne : INFOREGIO

www.interreg-fwvl.eu/anim.html

Intérêt Pour comprendre la réalité des programmes de coopération transfrontalière.

13. Le site *Régions* de l'INSEE

Rubrique *publications/ ouvrages régionaux de l'INSEE*

Intérêt 55 fiches thématiques téléchargeables traitant des problématiques économiques, sociales et environnementales de la région.

2.2 Des documents clés

14. Un document illustrant la coopération transfrontalière (Eurométropole)

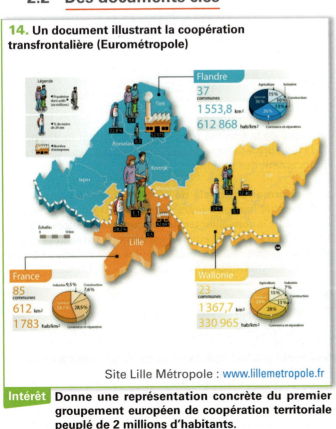

Site Lille Métropole : www.lillemetropole.fr

Intérêt Donne une représentation concrète du premier groupement européen de coopération territoriale peuplé de 2 millions d'habitants.

15. Le Nord–Pas-de-Calais dans les réseaux du Nord-Ouest européen

Intérêt Montre l'accessibilité de la région, élément clé de la compétitivité d'un territoire et la situation favorable entre Paris et la dorsale européenne.

Chapitre 2 La région, territoire de vie, territoire aménagé

CE QU'IL FAUT SAVOIR

Cours 1 — Quelle place, quel rôle pour la Région en France ?

1. Une collectivité territoriale récente qui s'affirme

■ **La France compte 27 régions** qui constituent une maille administrative plus grande que les 36 000 communes et les 101 départements. Leur taille, leur poids démographique et leur richesse sont très inégaux. Six ont un statut spécial : les **cinq départements et régions d'outre-mer*** (DROM) et la Corse.

■ **Nées en 1955, les Régions sont devenues des collectivités territoriales** depuis les lois de **décentralisation** de 1982. Le conseil régional, élu au suffrage universel direct tous les six ans depuis 1986, règle par ses délibérations les affaires de la région et élit une commission permanente dirigée par le président de région.

■ **Le préfet de région, représentant de l'État en région,** a une mission de pilotage des politiques publiques, avec autorité sur les préfets de département. La révision constitutionnelle de 2003 complète la décentralisation en permettant à la Région de coordonner les actions de développement économique sur son territoire et en élargissant ses compétences **(1)**. Il s'est donc opéré une redistribution des pouvoirs entre l'État et les collectivités territoriales avec comme objectifs une meilleure efficacité de l'action publique et le développement d'une démocratie de proximité.

■ **L'identité régionale se construit dans la durée.** Si certaines régions, surtout périphériques, ont une identité forte (DROM, Corse, Alsace, Bretagne), d'autres, plus discutées, ont fini par exister aux yeux des populations par leurs actions de proximité et à force d'opérations de communication **(2)**.

▶ Cartes enjeux p. 40, p. 41 ▶ Étude de cas p. 42
▶ Méthodes et entraînement Bac p. 60, p. 61

2. Un rôle actif et croissant dans des domaines variés

■ **L'État a transféré aux régions françaises des compétences propres** dans les domaines des transports, surtout ferroviaires (TER) **(3),** de la planification et de l'aménagement du territoire, de la formation et de l'enseignement (les lycées et leur personnel, TOS), et du développement économique, social et culturel. Les régions y consacrent 75 % de leurs dépenses.

■ **Un quart des dépenses des régions finance des politiques volontaristes,** décidées et mises en œuvre par les Régions, dans des domaines variés comme l'environnement, la recherche, la jeunesse et la culture **(1, 4)**.

▶ Études de cas p. 44, p. 46
▶ Gérer les territoires p. 54

3. ... mais confronté à de nombreuses limites

■ **La Région doit partager son rôle avec d'autres acteurs,** État, départements, communes, intercommunalités*, notamment en matière d'aménagement du territoire, d'aides économiques, de protection de l'environnement et du cadre de vie. Le **Contrat de projet État-Région** (CPER), pour la période 2007-2013, met en phase les orientations de l'État avec les priorités de la Région dans les domaines concernant la compétitivité* et l'attractivité* du territoire, la promotion du développement durable et la cohésion sociale et territoriale.

■ **La capacité d'action des Régions est limitée par la faiblesse des budgets régionaux.** L'insuffisance des compensations de l'État pour couvrir le coût des compétences transférées et la faiblesse de la fiscalité régionale, atteinte par la disparition de la taxe professionnelle en 2010, bloquent les capacités de financement des régions.

■ **La réforme territoriale de 2010** remplace les conseillers régionaux et les conseillers généraux par un nouveau type d'élu local : le conseiller territorial, sans pour autant remettre en question la dualité région-département. Un nouveau groupement de communes vient s'ajouter au « millefeuille » territorial : les **métropoles***.

▶ Stratégies d'acteurs p. 56
▶ Cours p. 30
▶ Sujet Bac p. 292

Mots clés
- **Collectivité territoriale :** structure administrative, distincte de l'administration de l'État, qui doit prendre en charge les intérêts de la population d'un territoire précis (commune, département, région).
- **Décentralisation :** processus selon lequel l'État transfère aux collectivités territoriales certaines compétences et les ressources correspondantes.

* Voir lexique p. 312

1 Les dépenses des Régions en France (2008)

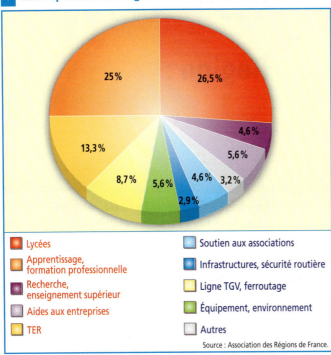

- Lycées (26,5 %)
- Apprentissage, formation professionnelle (25 %)
- Recherche, enseignement supérieur (4,6 %)
- Aides aux entreprises (5,6 %)
- TER (13,3 %)
- Soutien aux associations (4,6 %)
- Infrastructures, sécurité routière (3,2 %)
- Ligne TGV, ferroutage (8,7 %)
- Équipement, environnement (5,6 %)
- Autres (2,9 %)

Source : Association des Régions de France.

2 L'Association des régions de France fait la promotion des régions depuis 1998

...
une formation **+** qualifiante
des trains **+** nombreux
des lycées **+** accueillants
un développement **+** responsable
des entreprises **+** solides
une recherche **+** innovante
un avenir **+** solidaire
...

VOTRE RÉGION EN FAIT + POUR VOUS

En faire **+** pour vous, c'est investir pour votre avenir.
CONSTRUISONS L'AVENIR, DÉVELOPPONS NOS RÉGIONS.

ARF — Association des Régions de France

3 Un investissement ferroviaire croissant

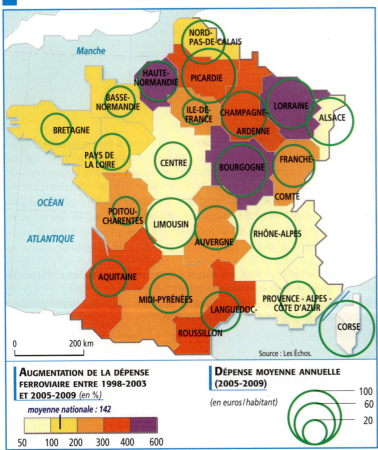

AUGMENTATION DE LA DÉPENSE FERROVIAIRE ENTRE 1998-2003 ET 2005-2009 (en %)
moyenne nationale : 142
50 – 100 – 200 – 300 – 400 – 600

DÉPENSE MOYENNE ANNUELLE (2005-2009)
(en euros / habitant) : 20 – 60 – 100

Source : Les Échos.

4 Les régions affichent une politique volontariste dans certains secteurs clés

Les **aéroports**, au cœur de l'accessibilité de la Bretagne au reste du Monde

An aerborzhioù, an diazez evit lakaat Breizh e diraez peurrest ar Bed

Tourisme BRETAGNE — Site officiel du tourisme en Bretagne

Région BRETAGNE

Chapitre 2 — La région, territoire de vie, territoire aménagé

CE QU'IL FAUT SAVOIR

Cours 2 — Une place de choix pour la Région : le cas allemand

1. L'Allemagne : un système territorial fédéral

■ **Alors que le système territorial français est unitaire et déconcentré, le système territorial allemand est fédéral.** Depuis la réunification du 3 octobre 1990, la République fédérale d'Allemagne compte 16 États fédérés *(Länder)* dont trois villes-États.

■ **Chaque *Land* a la qualité d'État,** et non pas de collectivité territoriale*. Il dispose en effet d'une souveraineté interne, d'une Constitution et d'institutions propres, d'un parlement, d'un gouvernement et d'un appareil judiciaire, alors qu'en France, aucune des divisions administratives ne possède de compétence législative. Sur le plan fiscal, les *Länder* partagent les recettes avec la Fédération (le « Bund »), selon des règles qui visent à l'uniformité, mais ils disposent d'une grande autonomie en matière de dépenses publiques.

■ **La réforme de 2006 clarifie les compétences des *Länder* :** les *Länder* ont obtenu de nouveaux droits exclusifs comme la fixation des salaires des fonctionnaires et des horaires d'ouverture des magasins. Ils ont aussi reçu un droit de dérogation qui leur permet de voter des lois propres dans le domaine de l'environnement et de l'éducation.

2. Des régions très puissantes

■ **Les *Länder* sont en moyenne bien plus peuplés que les régions françaises :** 5,2 millions d'habitants contre 2,4 millions en France. **Leurs ressources financières sont considérables :** le budget annuel total des *Länder* représente 13 fois celui des régions françaises **(7)** ; il est comparable à celui de l'État fédéral. Leurs actions sont déterminantes dans l'aide au développement économique, la politique éducative, l'action culturelle et maintenant l'université et l'environnement. Ainsi, la ville-État de Brême a subventionné pendant plusieurs décennies ses chantiers navals.

■ **Mais leur poids est très inégal (5) :** trois *Länder* comptent plus de 10 millions d'habitants, alors que quatre d'entre eux n'ont même pas 2 millions d'habitants. Par ailleurs, leur situation économique et sociale est contrastée. Une réforme territoriale visant à regrouper les *Länder* les plus petits, comme Berlin et le Brandebourg, est envisagée sans avoir encore abouti.

▶ Sujet Bac p. 292

3. Un fédéralisme modèle mis en question

■ **Le fédéralisme allemand est coopératif avec pour objectif une homogénéité des conditions de vie sur les territoires.**
– Une **péréquation** financière horizontale prévoit un mécanisme de redistribution des richesses des *Länder* les plus riches vers les *Länder* les plus pauvres **(6)**.
– Une péréquation verticale autorise des transferts, d'une part, de l'État fédéral vers les *Länder,* et des *Länder* vers les communes d'autre part. C'est ainsi que la Fédération a considérablement investi pour combler les inégalités régionales Est-Ouest : dans le cadre des « Fonds pour l'unité allemande » et des Pactes de solidarité, les cinq *Länder* est-allemands ont reçu, ces vingt dernières années, environ 1 500 milliards d'euros. Les disparités Est / Ouest persistent cependant en termes de PIB, de revenus moyens et de taux de chômage.

■ **Mais ce fédéralisme coopératif tend à être contesté** par les *Länder* les plus riches qui souhaitent un fédéralisme concurrentiel au nom de l'efficacité économique dans la compétition mondiale : c'est tout l'objet de l'acte II de la réforme du fédéralisme en débat aujourd'hui. En France, la péréquation financière horizontale entre les régions pauvres et les régions riches n'existe pas et les subventions « verticales » ne compensent que partiellement ces écarts de richesse.

■ **Le fédéralisme est aussi contesté à cause des différences que l'autonomie crée entre les *Länder*** dans certains domaines comme le système éducatif, ce qui complique la mobilité de population entre les *Länder* **(8)**.

Mots clés

- **Fédéralisme :** système d'organisation territoriale dans lequel la souveraineté est répartie entre un pouvoir central (l'État fédéral) et des entités locales (les États fédérés).
- **Péréquation :** mécanisme de redistribution des ressources qui vise à réduire les écarts de richesse entre les différentes collectivités territoriales*.

* Voir lexique p. 312

5 Des Länder au poids très inégal

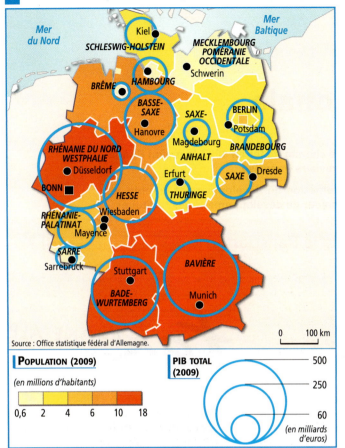

Source : Office statistique fédéral d'Allemagne.

POPULATION (2009) (en millions d'habitants) : 0,6 – 2 – 4 – 6 – 10 – 18

PIB TOTAL (2009) : 500 / 250 / 60 (en milliards d'euros)

6 La péréquation financière entre les Länder

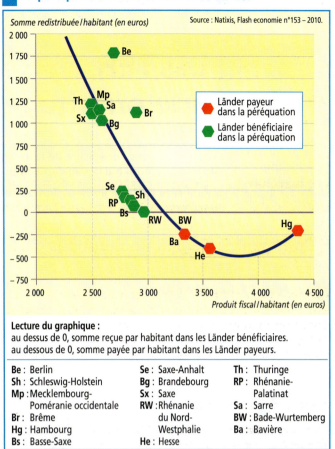

Source : Natixis, Flash économie n°153 – 2010.

Lecture du graphique :
au dessus de 0, somme reçue par habitant dans les Länder bénéficiaires.
au dessous de 0, somme payée par habitant dans les Länder payeurs.

- **Be** : Berlin
- **Sh** : Schleswig-Holstein
- **Mp** : Mecklembourg-Poméranie occidentale
- **Br** : Brême
- **Hg** : Hambourg
- **Bs** : Basse-Saxe
- **Se** : Saxe-Anhalt
- **Bg** : Brandebourg
- **Sx** : Saxe
- **RW** : Rhénanie du Nord-Westphalie
- **He** : Hesse
- **Th** : Thuringe
- **RP** : Rhénanie-Palatinat
- **Sa** : Sarre
- **BW** : Bade-Wurtemberg
- **Ba** : Bavière

7 Comparaison Bade-Wurtemberg/Rhône-Alpes

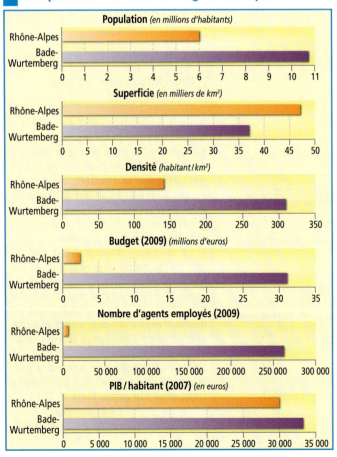

8 Le fédéralisme contesté

Plaidoyer pour un système scolaire allemand unifié : « Halte au chaos scolaire ».

Couverture du magazine *Der Spiegel*, 5 juillet 2010.

Chapitre 2   La région, territoire de vie, territoire aménagé

GÉRER LES TERRITOIRES

Les TER, une priorité régionale

L'exemple de la région Rhône-Alpes

- Pionnière avec l'ouverture de la 1re ligne de chemin de fer en 1827, la région Rhône-Alpes est aujourd'hui la deuxième région ferroviaire française.
- À l'heure de la régionalisation et de la promotion du développement durable, les transports express régionaux sont un outil majeur de développement des territoires.

▶ **Comment la Région Rhône-Alpes gère-t-elle le Transport express régional (TER) ?**

1 Le réseau TER en Rhône-Alpes

LES LIAISONS TER EN RHÔNE-ALPES
- Réseau ferré TER
- Réseau routier TER

3 Une région pionnière pour le cadencement

Le 9 décembre 2007, la région a mis en œuvre, pour les 500 cars et 1 200 trains TER quotidiens de Rhône-Alpes, un plan de cadencement des horaires sur le modèle du réseau suisse CFF. Le cadencement signifie que les trains passent chaque heure à la même minute, et ceci durant une grande partie de la journée.

Le but du cadencement est de rendre les trains plus réguliers et les horaires plus lisibles et plus facilement mémorisables pour les usagers, de permettre une optimisation des correspondances, une meilleure exploitation des lignes et une rotation optimale du matériel pour la SNCF. Autre objectif : atteindre une augmentation de 50 % à 60 % de la fréquentation entre 2007 et 2014.

Région Rhône-Alpes, *www.rhonealpes.fr/109-transport-ferroviaire.htm*

2 Rhône-Alpes, une grande région de TER en France

Trains (nombre)	1 200	1er rang
Gares (nombre)	255	1er rang
Longueur de lignes (en km)	2 800	1er rang
Voyageurs par jour (nombre)	130 000	1er rang
Budget global (en millions d'euros)	441	1er rang
Budget en euros par habitant	73	9e
Régularité : trains < 5 min de retard	91	18e

Ville, Rail et Transports, 30 décembre 2009

4 La recherche de l'intermodalité*

Nouvelle gare multimodale, la gare Lyon-Jean-Macé, inaugurée le 8 décembre 2009, est desservie par 102 trains TER quotidiens. Elle est connectée avec le métro B, le tramway T2, les lignes de bus urbains, une station de taxis et deux stations Vélo'v.

C'est la première gare de Lyon équipée d'une consigne collective pour les vélos (110 places) développée par la Région Rhône-Alpes et la SNCF dans le cadre du service TER+vélo.

http://ter-velo-rhonealpes.com

6 Les acteurs face aux dysfonctionnements

« À l'échelle de Rhône-Alpes, la ponctualité journalière n'a pas dépassé 86 % entre le 13 et le 31 décembre. Et en décembre 2010, 20 lignes TER sur 30 ont même une ponctualité inférieure à 80 % », déplore Bernadette Laclais, vice-présidente chargée des transports.

Autorité organisatrice des transports, la Région n'est pas sans moyen de pression à l'égard de l'exploitant, la SNCF : c'est le conseil régional qui couvre 70 % du coût réel des déplacements.

La priorité de la directrice régionale de la SNCF, c'est surtout de faire face à la « crise de croissance ». Elle met en cause Réseau ferré de France (RFF) qui n'attribue pas les sillons et n'avance pas dans la modernisation des infrastructures. Mille cinq cents trains circulent tous les jours sur chaque ligne, mais la demande est toujours plus forte. « Notre problématique est proche du transilien parisien. Nous n'avons plus de marge de manœuvre dans certains secteurs, comme le nœud lyonnais. »

Marine Badoux,
www.lyoncapitale.fr, 25 janvier 2011.

5 L'intermodalité au service des loisirs

7 Le TER, un outil de développement des territoires ?

Le transport ferroviaire est un transport de masse. Le risque est donc de voir se creuser une distance considérable entre deux types de RER régionaux : ceux promis à un grand avenir sur les lignes à grand trafic, et ceux qui assurent des dessertes diffuses dans des espaces plus isolés et dont le coût d'exploitation est élevé.

Ce problème interpelle les élus régionaux : l'avenir des petites lignes, qui a pendant des années semblé assuré par le développement du TER, pourrait de nouveau revenir sur la sellette. Mais, à la différence de ce qu'on a connu jusqu'au début des années 1990, la question se posera dans un contexte de hausse des trafics. Les conseils régionaux devront se poser la question de la contribution du TER à l'aménagement du territoire régional et au développement des zones plus périphériques qui nécessiteront des dessertes plus fines.

D'après François Dumont, Patrick Laval,
Ville, Rail et Transports, 30 décembre 2009.

Analyser les enjeux d'aménagement

1. Sur quoi repose l'importance du transport ferroviaire régional en Rhône-Alpes (1, 2) ?

2. À quelles logiques les améliorations apportées par la Région répondent-elles (3, 4, 5) ?

3. À quels problèmes et à quels choix d'avenir les responsables de la gestion des TER sont-ils confrontés (6, 7) ?

STRATÉGIES D'ACTEURS

Les acteurs du territoire régional

L'exemple de la région Alsace

■ La Région est un acteur majeur de l'organisation du territoire régional, par ses interventions directes, et par les actions menées avec d'autres acteurs.

■ L'empilement des compétences* entre les services de l'État, de la région, des départements et des communes rend indispensable une collaboration entre ces niveaux.

1 La Région, acteur de référence pour le territoire

La Région possède désormais des compétences élargies qu'elle exerce en accord avec les objectifs définis par l'État.

1 La Région Alsace affiche ses ambitions en étant présente à l'Exposition universelle de Shanghai 2010

2 La gestion des fonds européens

1. **L'objectif « compétitivité régionale et emploi »** bénéficie, en Alsace, de 200 millions d'euros pour la période 2007-2013. Il comporte deux volets :

– Le programme « compétitivité régionale » (76 millions d'euros), géré par le conseil régional d'Alsace. Les priorités de ce programme sont l'innovation, l'attractivité et la compétitivité des territoires alsaciens, la valorisation du potentiel environnemental et la revitalisation urbaine des agglomérations alsaciennes.

– Le volet « emploi », financé par le Fonds social européen (FSE) et géré par l'État (124 millions d'euros).

2. **L'objectif « coopération territoriale européenne »**. Doté de 67 millions d'euros, il est consacré à des projets transfrontaliers dans la région du Rhin Supérieur.

À cette politique de cohésion s'ajoute la **politique de développement rural de l'Union européenne.** Le FEADER* relève de la responsabilité de l'État mais, en Alsace, l'État et le conseil régional se répartissent la gestion des axes du programme.

L'État en Alsace et dans le Bas-Rhin, *www.bas-rhin.pref.gouv.fr/site/Programmes-et-fonds-europeens-16.html*

3 Le contrat de projet État-Région 2007-2013

Le financement global du contrat

Parts des acteurs sur un total de 1,03 milliard d'€	(en %)
État	33
Région	25
Départements	11
Grandes agglomérations	15
Autres	16

Les objectifs du contrat

Les 7 projets structurants du CPER	Montant (en millions d'€)	Part de l'État (en %)	Part de la Région (en %)
Dynamiser la recherche, le supérieur et l'innovation	285	45	18
Améliorer l'accès à l'emploi et à la formation professionnelle	26	34	66
Renforcer le rayonnement culturel de l'Alsace	47	25	17
Moderniser et adapter les filières agricoles et forestières	32	35	36
Développer les modes de transports alternatifs à la route	424	29	27
Mieux préserver l'environnement alsacien	107	32	40
Développer l'équilibre territorial de l'Alsace	115	20	8

4 Le développement de la filière bois-énergie

6 Une nouvelle politique régionale d'aménagement et de développement du territoire

> Les démarches d'aménagement et de développement contribueront à la qualification et à l'attractivité économique, sociale et environnementale des territoires ruraux et urbains.
> Pour répondre à ces enjeux, la Région proposera désormais :
> – une convention intégrée de développement durable, à l'échelle des "pays", pour la période 2011-2015 ;
> – un projet global d'aménagement, à l'échelle communale ou intercommunale, concernant l'habitat, les équipements et services collectifs, l'aménagement urbain.
>
> Communiqué de presse de la Région,
> *www.region-alsace.eu,* 22 janvier 2011.

Analyser les stratégies d'acteurs

1. En quoi les domaines d'intervention de la région Alsace en font-ils un acteur central d'aménagement et de développement du territoire (1 à 7) ?

2. Comment s'articule l'action de la Région avec les objectifs de l'État et ceux de l'Union européenne (2, 3) ?
Quelle est l'originalité de la région Alsace ?

5 Les domaines d'intervention de la Région

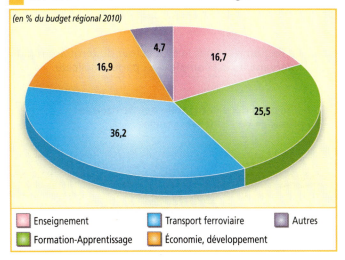

(en % du budget régional 2010)

- Enseignement : 16,7
- Formation-Apprentissage : 25,5
- Transport ferroviaire : 36,2
- Économie, développement : 16,9
- Autres : 4,7

7 Une politique ferroviaire ambitieuse

L'engagement financier de l'Alsace en faveur du transport ferroviaire est important. Entre 2002 et 2009, la Région a dépensé 1,3 milliard d'euros pour les TER : 34 % pour les équipements et le reste pour équilibrer l'exploitation des TER (les billets ne couvrant qu'un tiers de ces coûts).
La Région contribuera pour 104 millions d'euros à la branche Est de la LGV Rhin-Rhône (4,5 % du montant total) et pour 96 millions d'euros (4,8 % du montant total) à la deuxième phase de la construction LGV-Est.

STRATÉGIES D'ACTEURS

2 Quelle coordination entre les acteurs dans la région ?

La Région n'est pas le seul acteur du territoire régional où l'action de l'État reste majeure. L'imbrication des différents intervenants est complexe et parfois délicate.

8 La direction départementale des territoires : la présence de l'État réorganisée

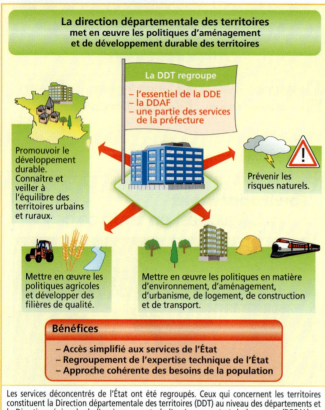

Les services déconcentrés de l'État ont été regroupés. Ceux qui concernent les territoires constituent la Direction départementale des territoires (DDT) au niveau des départements et la Direction régionale de l'environnement, de l'aménagement et du logement (DREAL) au niveau régional.

9 Les schémas de cohérence territoriale (SCOT)

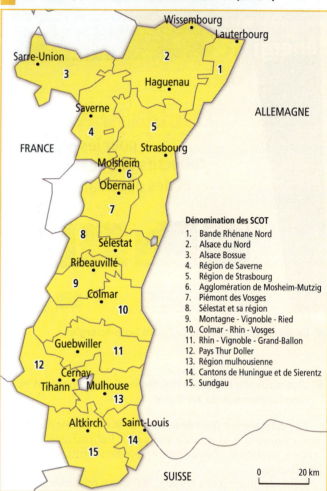

Les SCOT ont été instaurés par la loi du 13 décembre 2000, dite loi SRU (solidarité et renouvellement urbain). Ils ont pour objectif d'élaborer une planification intercommunale dans le cadre d'un projet d'aménagement et de développement durable. Ils servent de cadre aux politiques de l'habitat, des déplacements, de l'environnement et d'organisation de l'espace des communes concernées.
Pour atteindre les objectifs de développement durable, le Préfet peut imposer le périmètre d'un SCOT, il peut demander des modifications aux projets élaborés par les communes.

10 Le budget départemental du Haut-Rhin (2011)

(en millions d'euros)

Routes et transports	113	Environnement	24
Prévention, santé, enfance	84	Centres de secours	22
Handicapés	81	Économie, universités	18
Insertion pour l'emploi	81	Logement	14
Personnes âgées	72	Culture	11
Collèges, sports, jeunesse	59	Autres	7

11 Vers un rapprochement des départements et de la région ?

L'idée a déjà été avancée par les trois présidents, d'expérimenter une Intercollectivité – le congrès ou conseil d'Alsace – correspondant à l'union des deux conseils généraux et du conseil régional.

Il s'agit avant toute chose que ce travail en commun permette plus d'efficacité et de cohérence, de gagner en lisibilité pour les concitoyens et d'entraîner une simplification des différents dispositifs d'intervention.

L'objectif est d'arriver à la mise en place de politiques unies sur l'ensemble de l'Alsace, qui pourront néanmoins être différenciées et adaptées en fonction des territoires.

Région Alsace, Rubrique actualités,
www.bas-rhin.fr, 24 Janvier 2011.

Analyser les stratégies d'acteurs

1. Quels sont les domaines d'intervention des autres acteurs dans la région (8, 9, 10, 11) ?
2. Ces domaines d'intervention sont-ils complémentaires ou en concurrence avec les compétences de la Région (7, 8, 9, 10) ?

MÉTHODES & PRÉPA BAC — CAHIER 1

THÈME 1
Comprendre les territoires de proximité

MÉTHODES & ENTRAÎNEMENT BAC

- **Analyse de document**
  - ▶ Aquitaine *(p. 60)*
  - ▶ Midi-Pyrénées *(p. 61)*

- **Réaliser un schéma**
  - ▶ Provence-Alpes-Côte d'Azur *(p. 62-63)*

LES SITES UTILES

- **Commission National du Débat Public (CNDP)**
  - ▶ Picardie et Île-de-France *(p. 64-65)*

- **DATAR – L'Observatoire des Territoires**
  - ▶ Provence-Alpes-Côte d'Azur *(p. 66-67)*

RÉVISER

- **Chapitres 1 et 2**
  - ▶ Les connaissances *(p. 68)*
  - ▶ Des notions, des expressions clés *(p. 69)*

MÉTHODES & ENTRAÎNEMENT — BAC 1

COMPOSITION — ANALYSE DE DOCUMENT
RÉALISER UN CROQUIS
RÉALISER UN SCHÉMA

Sujet ▶ Présentez le document et expliquez quel rôle de la Région il met en évidence. À partir de l'exemple de votre région, montrez quels sont les autres domaines d'action de la Région.

Méthode

Pour réaliser l'analyse du document, vous devez procéder en 4 étapes.

1. **Présenter le document**
   - **Observer l'ensemble du document** pour indiquer quelle est sa **nature** (voir **Conseils Bac**), sa **source**, son **thème général**.

2. **Sélectionner les informations**
   - **Relever toutes les informations** fournies par le document susceptibles de former une **réponse au sujet**.

3. **Préciser l'objectif du document**
   - À partir des différents éléments du document, indiquer quelles sont les **intentions de l'auteur du document**.

4. **Compléter les informations du document**
   - À l'aide de vos connaissances, **nuancer, préciser, compléter les informations** mises en évidence par le document ou bien celles qui peuvent en être déduites.

Dossier jeunes. Avec les lycées, les centres d'apprentissage, la recherche et la formation, la Région s'impose comme LA collectivité des jeunes. En Aquitaine, de nombreuses actions ont été engagées ; un chantier reste prioritaire : l'accession au premier emploi après le temps de formation. Pour parvenir à cet objectif, des mesures adaptées aux 15-25 ans ont été dé-ployées. Avec des aides au logement, à la scolarité, à l'insertion professionnelle, à l'orientation, la Région rétablit l'égalité des chances.
Pages 3 à 11.

1 Extrait du Journal du Conseil Régional d'Aquitaine n°38-2010

Application

1. ▶ **Présentez le document**
   - Quel organisme est à l'origine du **document 1** ?
   - Quelle est la nature du document ? Sa date ?
   - Quelle est la phrase principale du document ?

2. ▶ **Sélectionnez les informations**
   - Quelles actions conduites par la Région le texte qui accompagne la photographie met-il en avant ?
   - Expliquez : « *Les jeunes : priorité régionale* ».

3. ▶ **Précisez l'objectif du document**
   - Que suggère la photographie utilisée ?
   - Pourquoi le document insiste-t-il sur les actions dirigées vers la population jeune de la région ?

4. ▶ **Complétez les informations du document**
   - Quelles sont les autres compétences de la Région (utilisez des exemples pris dans votre région) ?
   - Dans quels domaines s'exercent-elles ? Y a-t-il un domaine d'action plus important que les autres ?

Conseils Bac

Qu'est-ce qu'un document promotionnel ?

- Un document promotionel est un **document de communication** comparable à une **publicité**.
- **Son objectif** est de montrer les atouts d'une région, d'une entreprise, d'une ville, ou bien d'attirer l'attention sur une question majeure : pollution, inégalités, transports, éducation...).

MÉTHODES & ENTRAÎNEMENT — BAC 2

COMPOSITION
ANALYSE DE DOCUMENT
RÉALISER UN CROQUIS
RÉALISER UN SCHÉMA

Sujet ▶ Présentez le document et montrez quel rôle du conseil régional celui-ci met en évidence. À partir de l'exemple de votre région, montrez ensuite quels sont les autres domaines d'action de la Région.

Méthode p. 60

Entraînement Bac

1 ▶ **Présentez les documents**
- Pour présenter le **document 1**, utilisez la **méthode p. 60**.

2 ▶ **Sélectionnez les informations**
- Quels sont les éléments visuels choisis pour valoriser la région ?
- Quels arguments sont utilisés dans le texte du document pour mettre en avant les atouts de la Région ?

3 ▶ **Précisez l'objectif du document**
- À qui s'adresse directement la publicité ?
- Avec quel objectif ?

4 ▶ **Complétez les informations du document**
- Le développement économique est-il un domaine d'intervention de la Région ? Utilisez un exemple pris dans votre région.
- Quels sont les autres domaines d'action du conseil régional ? Utilisez des exemples étudiés en classe et le **Cours p. 50**.

1 Publicité diffusée par la Région Midi-Pyrénées
(Revue *TGV Magazine*, 2010).

MÉTHODES & ENTRAÎNEMENT — BAC 3

COMPOSITION
ANALYSE DE DOCUMENT
RÉALISER UN CROQUIS
▶ **RÉALISER UN SCHÉMA**

Conseils Bac

Qu'est-ce qu'un schéma ?

- Un schéma est destiné à montrer **les principales caractéristiques d'un territoire** : ses **espaces**, ses **structures** et ses **dynamiques**. Pour cela il comporte un nombre limité d'informations.

- **Contrairement au croquis, le schéma** est réalisé sur un **fond de carte aux contours très simplifiés**.

Quand réaliser et utiliser un schéma ?

- Un schéma peut **illustrer et appuyer l'argumentation de la composition**. Pour cela, il **doit être inséré dans le paragraphe de la composition** et réalisé à l'échelle d'un État, d'une région, d'une ville…

- **Le schéma est l'un des exercices du baccalauréat de la série S.**

Méthode

Pour réaliser un schéma, vous devez procéder en 3 étapes.

1 ● Simplifier les contours de la carte

- Pour cela, il est préférable d'adopter des formes géométriques tout en **conservant l'allure générale du territoire** représenté.

2 ● Choisir les informations à représenter

- En fonction de la **problématique posée**, il faut **sélectionner les informations principales** qui seront utiles pour montrer les **traits majeurs du territoire** étudié.

- Il faut se poser **quatre questions** :
  – Quels sont **les types d'espaces** qui caractérisent le territoire ?
  Exemple : espace agricole / espace urbanisé / cœur économique / espace industriel…
  ▶ Utiliser des **figurés de surface** (voir **Langage cartographique p. 324**).

  – Quels sont **les pôles** urbains et/ou économiques qui organisent le territoire ?
  Exemple : métropole / agglomération / port / parc technologique…
  ▶ Utiliser des **figurés ponctuels**.

  – Quels sont **les réseaux** qui structurent le territoire ?
  Exemple : route / autoroute / LGV.
  ▶ Utiliser des **traits**.

  – Quelles sont **les évolutions, les dynamiques** qui affectent le territoire ?
  Exemple : espace ou région en crise / espace ou région en fort développement / flux migratoires.
  ▶ Utiliser des **flèches, des hachures**.

3 ● Réaliser le schéma

- Il est préférable de dessiner d'abord les figurés de surface, puis ajouter les points, traits et flèches.

Application

1 ▶ Simplifiez les contours de la carte

- Sur les **documents 1** et **2**, comparez le tracé de la carte et celui du schéma (trait rouge). En quoi les deux tracés sont-ils différents ?
- Le tracé des schémas respecte-t-il la forme générale de chacune des régions ?

2 ▶ Choisir les informations à représenter

Légende du schéma 4

- En utilisant la légende ci-dessus, indiquez quelles informations ont été représentées sur les **schémas 3** et **4** par :
  – des figurés de surface. Pourquoi a-t-on employé ce type de figurés (voir **Langage cartographique p. 324**) ?
  – des figurés ponctuels. Pourquoi ont-ils des tailles différentes ?
  – des traits et des flèches.
- À quelle rubrique du schéma conviennent les sous-titres suivants :
  Des espaces très différenciés – Une région très urbanisée – Une région ouverte et attractive.

3 ▶ Réaliser le schéma

- Qu'est-ce qui différencie le **schéma 3** du **4** ? Pourquoi a-t-on réalisé le schéma en deux étapes ?
- Vérifiez si le **schéma 4** possède : un titre, une légende organisée, des figurés adaptés.

1 Rhône-Alpes : réaliser le contour du schéma

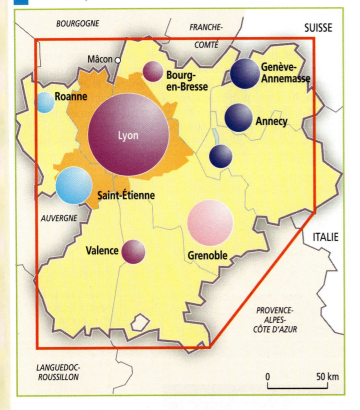

2 Alsace : réaliser le contour du schéma

3 1ʳᵉ étape de la réalisation du schéma de la région PACA

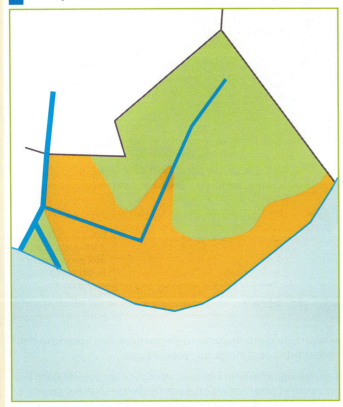

4 2ᵉ étape de la réalisation du schéma de la région PACA

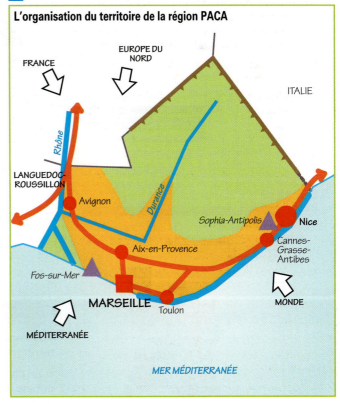

Thème 1   Comprendre les territoires de proximité

LE SITE UTILE CHAPITRE 1

www.debatpublic.fr

▶ **La Commission Nationale du Débat Public (CNDP)** veille au respect de la participation du public lors de l'élaboration des projets d'aménagement ou d'équipement dès lors qu'ils présentent de forts enjeux socio-économiques ou ont des impacts significatifs sur l'environnement ou l'aménagement d'un territoire.

▶ **Le débat public est ouvert à tous** : chacun peut se procurer les documents d'information sur le projet et donner un avis. À la fin de la consultation, le CNDP émet un compte rendu public à partir duquel le maître d'ouvrage (l'État, la collectivité territoriale...) prend une décision : poursuivre le projet, l'abandonner, le modifier...

1 Entrer dans le site

Les quatre entrées sélectionnées ci-dessous permettent de s'informer sur la Commission, de choisir des exemples de projets soumis au débat public.

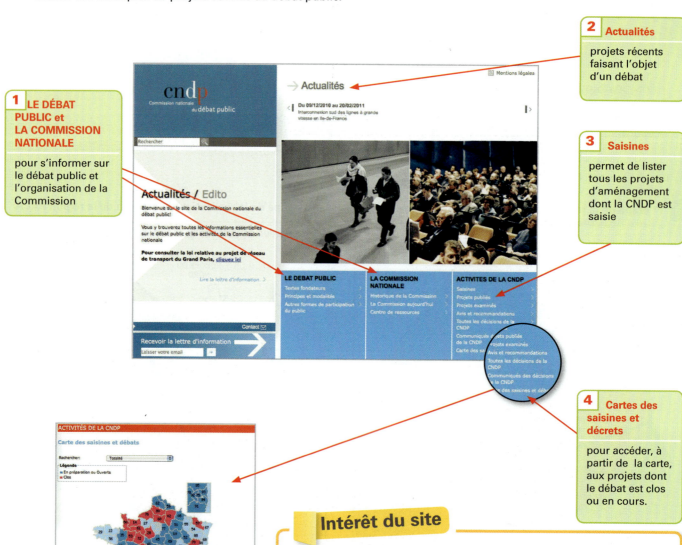

1 LE DÉBAT PUBLIC et LA COMMISSION NATIONALE
pour s'informer sur le débat public et l'organisation de la Commission

2 Actualités
projets récents faisant l'objet d'un débat

3 Saisines
permet de lister tous les projets d'aménagement dont la CNDP est saisie

4 Cartes des saisines et décrets
pour accéder, à partir de la carte, aux projets dont le débat est clos ou en cours.

Intérêt du site

- De nombreux projets d'aménagement permettent une approche des territoires de proximité : commune du lycée, région...
- En cliquant sur un département bleu, on découvre les projets dont les débats sont en cours et pour lequel on peut consulter tous les dossiers et émettre un avis ; lorsque le département est rouge les débats sont clos mais la Commission a émis son avis.

2 Naviguer dans le site

■ Choisir un projet : l'exemple du projet Roissy-Picardie

Le projet concerne plusieurs territoires du département de la Somme (département 80). Il s'agit de créer une ligne ferroviaire entre la ligne Paris-Amiens et la LGV au niveau de l'aéroport Paris-Charles de Gaulle.

> ▶ **Pour choisir le projet**
>
> – Cliquer sur la carte du département. ❶
>
> – Choisir le projet ; ici : Roissy-Picardie. ❷

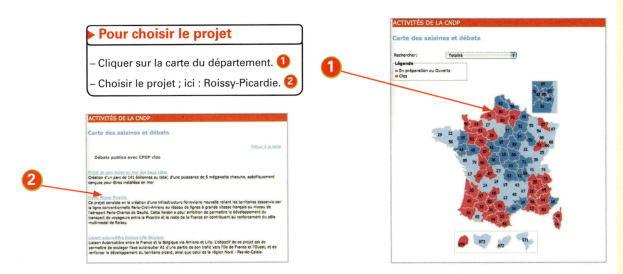

■ S'informer sur le débat suscité par le projet

> ▶ **Pour s'informer sur le débat public**
>
> – Cliquer sur **Projet Roissy-Picardie** ❷
>
> On accède à une liste de plusieurs sites qui présentent les points de vue des différents acteurs.
>
> Exemples :
>
> • **Site Internet du projet** : le maître d'ouvrage, Réseau ferré de France (RFF) fournit toutes les informations sur le projet d'aménagement. ❸
>
> • **Site internet de la CPDP** : propose tous les éléments du débat, notamment les **Cahiers d'Acteurs**, qui présentent les points de vue exprimés pendant la consultation : usagers des transports, chambre de Commerce d'Amiens, élus... ❹

LE SITE UTILE CHAPITRE 2

www.territoires.gouv.fr/observatoire-des-territoires/fr

▶ Le site de la DATAR, « *L'Observatoire des Territoires* » *(onglet « dossiers »),* permet de découvrir les **dynamiques et disparités du territoire** français, mais aussi les actions conduites dans le cadre de **l'aménagement du territoire**.

▶ Le site « *L'Observatoire des Territoires* » propose de nombreuses ressources : il met à disposition des **données** et des **cartes** à l'échelle nationale mais aussi à l'échelle de chacune des **régions françaises**.

1 Entrer dans le site

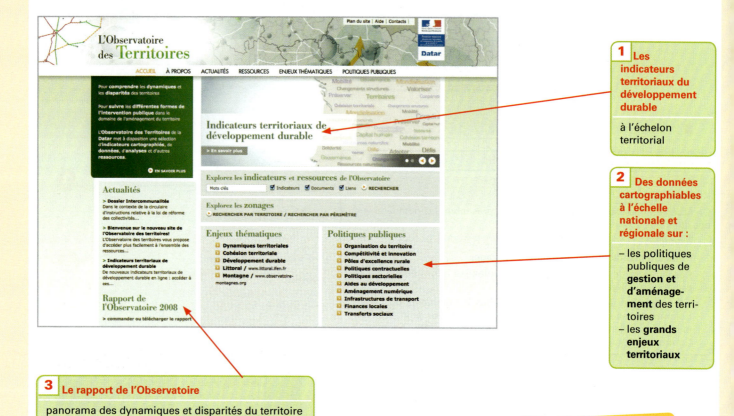

1 Les indicateurs territoriaux du développement durable

à l'échelon territorial

2 Des données cartographiables à l'échelle nationale et régionale sur :
– les politiques publiques de **gestion et d'aménagement** des territoires
– les **grands enjeux territoriaux**

3 Le rapport de l'Observatoire

panorama des dynamiques et disparités du territoire français

Intérêt du site

• L'entrée « Enjeux thématiques » guide vers **trois grands thèmes** :
– *dynamiques territoriales*,
– *cohésion territoriale*,
– *développement durable*.
Elle renvoie sur deux **sites** qui concernent le **littoral** et la **montagne**.

• **Chaque thème** est décliné en de multiples données permettant de dresser le **portrait cartographique de chaque région française** : démographie, activités, mobilités, environnement, risques, développement durable…

2 Naviguer dans le site

■ **Exemple :** répartition et dynamiques de la population de la région Rhône-Alpes

Le site **« L'Observatoire des Territoires »** réunit de nombreuses données cartographiables, qui permettent de caractériser la répartition (carte 1) et les dynamiques de la population (carte 2) de la région Rhône-Alpes.

▶ **Pour afficher la carte 1**

1. Sélectionner *Dynamiques territoriales*.
2. Puis *Développement humain*.
3. Ensuite *Démographie* et, dans le menu déroulant, choisir la carte *Population municipale/Communes* et cliquer sur *Voir la carte et télécharger les données*.
4. Sélectionner la *Région Rhône-Alpes* sur la carte.

   À noter : en sélectionnant l'onglet *France* on peut replacer la région dans le contexte national.
5. **Utiliser les onglets** pour obtenir des précisions sur les **informations cartographiées** ou **télécharger les données**.

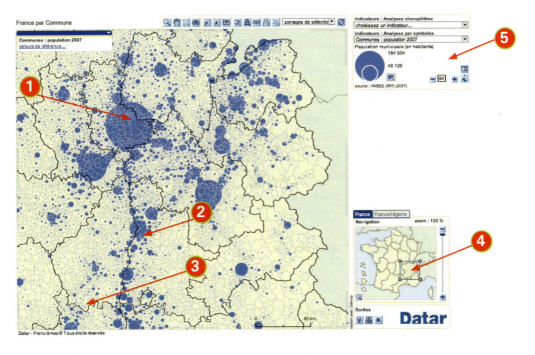

▶ **Pour afficher la carte 2**

3. Dans le menu déroulant choisir la carte *Solde migratoire apparent*.
6. Utiliser l'onglet pour visualiser la *Variation annuelle de la population*.
7. Utiliser l'onglet pour visualiser le *Solde migratoire apparent*.
8. Cliquer sur + ou – pour varier la taille des figurés ponctuels.

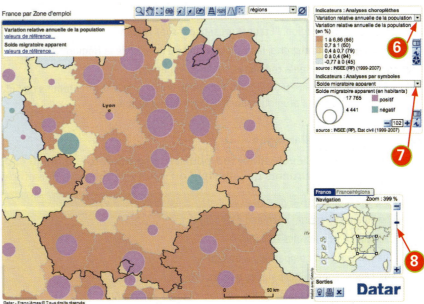

Thème 1 Comprendre les territoires de proximité

RÉVISER CHAPITRES 1 ET 2

> APPROCHES DES TERRITOIRES DU QUOTIDIEN
> LA RÉGION, TERRITOIRE DE VIE, TERRITOIRE AMÉNAGÉ

1 Les connaissances (chapitre 1)

Acteurs et enjeux de l'aménagement des territoires du quotidien

▶ Pour réaliser l'évaluation, reproduisez et complétez le tableau ci-dessous.
Indiquez les arguments qui attestent ou infirment chacune des affirmations.

AFFIRMATIONS	VRAI	FAUX	ARGUMENTS
La Région, le Département ne sont pas des acteurs de l'aménagement des territoires du quotidien			
Les citoyens ne peuvent pas donner leur avis sur un projet d'aménagement			
La réforme territoriale de 2010 à créé des métropoles (plus de 500 000 habitants) dotées de compétences accrues			
En 2014, des « conseillers territoriaux » siégeront aux conseils général et régional			

▶ Attribuez, aux mots clés ou sigles ci-dessous, les numéros des définitions qui conviennent.

Scot		1	Association de communes
Cohésion		2	Schéma de cohérence territoriale
Loi SRU		3	Politique de solidarité ayant pour but de réduire les inégalités à l'intérieur d'un territoire
Intercommunalité		4	Solidarité et renouvellement urbains
Compétence territoriale		5	Capacité à décider et à agir sur le territoire

Les connaissances (chapitre 2)

1 Place et rôle de la Région en France

▶ Indiquez quelles affirmations du tableau sont vraies ou fausses.
Lorsqu'une affirmation vous paraît être fausse, indiquez pourquoi.

	VRAI	FAUX
La France compte 30 Régions		
Les Régions sont des collectivités territoriales		
Par le préfet de région, l'État est présent dans les régions		
Les lycées, les transports, la formation sont du ressort de la Région		
En France, les budgets régionaux sont très importants		
Le Contrat de projet État-Région (CPER) est défini à partir des orientations de l'État et des priorités de la Région, notamment dans la promotion du développement durable		

2 La Région en Allemagne

▶ Pour réaliser l'évaluation, reproduisez et complétez le tableau ci-dessous.
Indiquez les arguments qui attestent ou infirment chacune des affirmations.

AFFIRMATIONS	VRAI	FAUX	ARGUMENTS
Le système territorial allemand est fédéral			
L'Allemagne comprend 16 Länder			
Chaque Land est comparable à un État			
Les Länder sont moins peuplés que les régions françaises			
Les ressources financières des Länder sont très importantes			
En Allemagne, les Länder riches peuvent aider les Länder plus pauvres			
Tous les Länder ont le même système éducatif			

2 Des notions, des expressions clés

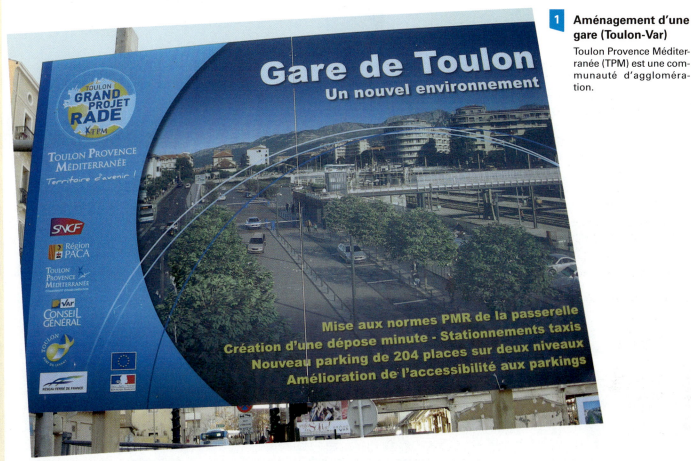

1 Aménagement d'une gare (Toulon-Var)

Toulon Provence Méditerranée (TPM) est une communauté d'agglomération.

▶ Reproduisez le tableau 2, puis indiquez par oui ou par non, si les informations fournies par les logos des documents 1 et 3 permettent de vérifier chacune des affirmations proposées.

2 Tableau

AFFIRMATIONS	Doc. 1	Doc. 3
L'État est acteur de l'aménagement du réseau de communication		
L'UE peut intervenir dans un aménagement prévu à l'échelle communale		
Lors d'un aménagement, la Région et le conseil général peuvent agir ensemble		
La commune gère et aménage les écoles primaires		
Des établissements publics participent à l'aménagement de la gare de Toulon		
Toutes les échelles des territoires sont représentées		

3 Réhabilitation d'une école maternelle

Thème 1 Comprendre les territoires de proximité

THÈME 2 Aménager et

1, 2, 3	Aérogares
S3,S 4, T2G	Extensions les plus récentes du hub Air France-KLM
4	Zone de fret
5	Gares TGV et RER B
6	Roissypole et gare RER
7	Roissytech
8	Interconnexion LGV
9	LGV Paris Lille
10	Autoroute A1
11	Paris Nord 2 parc d'activités
12	Roissy-en-France

développer le territoire français

L'aéroport Roissy-Charles de Gaulle : un aménagement majeur à toutes les échelles
À l'échelle mondiale, Roissy-Charles de Gaulle est le sixième aéroport du monde par le trafic passagers ; **à l'échelle européenne,** le premier *hub** par les opportunités de correspondances, renforcées par la synergie avec Amsterdam au sein du groupe Air France-KLM ; **à l'échelle nationale,** la principale plate-forme multimodale ; **à l'échelle régionale,** le premier pôle d'activités au Nord de Paris ; **à l'échelle locale,** les principales nuisances pour les riverains.

CARTES ENJEUX

France, les inégalités des territoires

1 Centralités et mobilités : le poids de Paris et des grandes métropoles

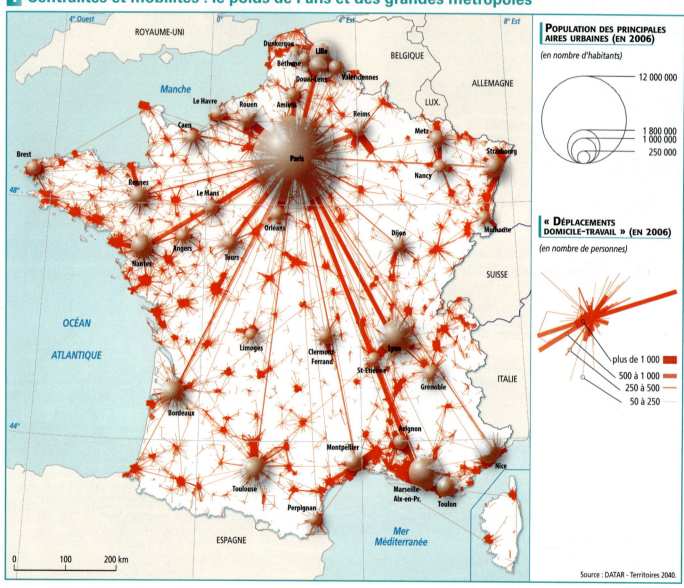

Source : DATAR - Territoires 2040.

Clés de lecture

- **Les disparités territoriales sont perceptibles** au travers d'un certain nombre d'indicateurs économiques et sociaux, mais aussi à l'examen des dynamiques spatiales de la population. Aujourd'hui, le territoire français est caractérisé par la **métropolisation*** ; les notions de « ville » et d'« espace rural » sont à repenser.

- **Ces quelques « images » du territoire** français permettent de comprendre que les problèmes que doivent résoudre les politiques d'aménagement des territoires sont récurrents : corriger les déséquilibres spatiaux, valoriser les territoires et leur complémentarité, anticiper les mutations.

2 Population et attractivité : les atouts de l'Ouest, du Sud et du Sud-Est

2a. La croissance démographique (1990-2007)

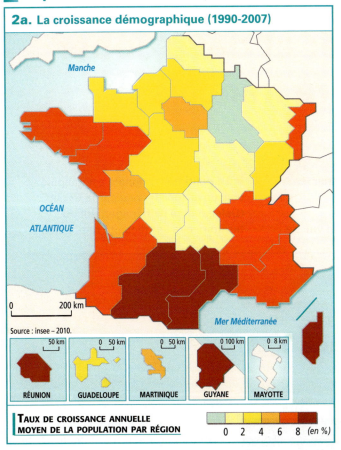

Taux de croissance annuelle moyen de la population par région (en %)

Source : Insee – 2010.

2b. Nombre de résidences secondaires et de logements occasionnels (2007)

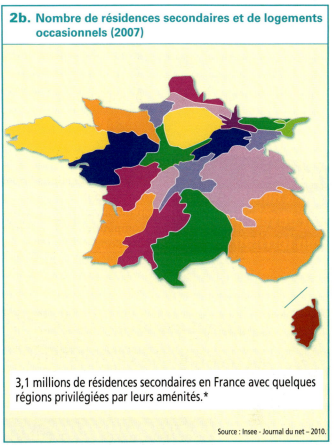

3,1 millions de résidences secondaires en France avec quelques régions privilégiées par leurs aménités.*

Source : Insee - Journal du net – 2010.

3 Numérique et puissance économique : le poids de Paris et des principales régions économiques

3a. Les métropoles du très haut débit

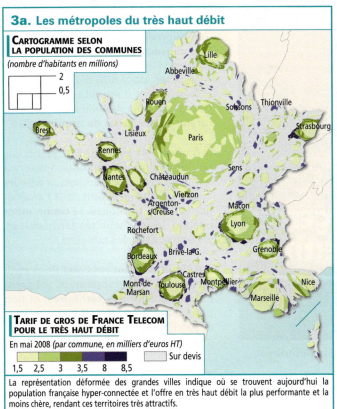

Cartogramme selon la population des communes (nombre d'habitants en millions)

Tarif de gros de France Telecom pour le très haut débit
En mai 2008 (par commune, en milliers d'euros HT)
1,5 2,5 3 3,5 8 8,5   Sur devis

La représentation déformée des grandes villes indique où se trouvent aujourd'hui la population française hyper-connectée et l'offre en très haut débit la plus performante et la moins chère, rendant ces territoires très attractifs.
Cartogramme extrait de "Une nouvelle ambition pour l'aménagement du territoire" 2009.

3b. Produit intérieur brut régional

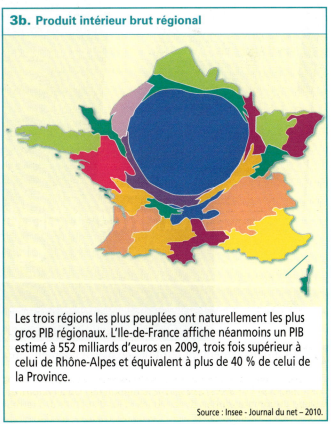

Les trois régions les plus peuplées ont naturellement les plus gros PIB régionaux. L'Ile-de-France affiche néanmoins un PIB estimé à 552 milliards d'euros en 2009, trois fois supérieur à celui de Rhône-Alpes et équivalent à plus de 40 % de celui de la Province.

Source : Insee - Journal du net – 2010.

Thème 2 Aménager et développer le territoire français

QUESTIONS POUR COMPRENDRE
Aménager et développer le territoire français

Qu'est-ce qu'« aménager et développer un territoire » ?

▶ **Il s'agit d'actions** impulsées par les acteurs publics et privés pour promouvoir **l'attractivité*** et la **compétitivité*** d'un territoire en vue de développer activités et emplois.

▶ **La politique nationale** est imaginée, conçue et coordonnée par la DATAR (Délégation à l'aménagement du territoire et à l'attractivité régionale).

1 Comment est-on passé de l'aménagement du territoire à l'aménagement des territoires ?

● **La politique d'aménagement du territoire** est instaurée dans les années 1950 par l'État après le constat de l'hégémonie de Paris et de sa région.

● **Jusqu'aux années 1970,** c'est une **affaire nationale et centralisée.** Il s'agit de **réduire les inégalités régionales** par diverses mesures :
– création de grands équipements ;
– modernisation des activités économiques ;
– mesures de soutien : d'abord aux « métropoles d'équilibre », puis aux petites et moyennes villes, aux espaces ruraux et aux zones de montagne.

● **À partir des années 1980,** le modèle de l'État central interventionniste est remis en cause ; de nouveaux acteurs jouent un rôle croissant dans l'aménagement des territoires : **l'Union européenne, les collectivités territoriales*, les entreprises, les citoyens.**

● **Il s'agit de créer les conditions optimales d'un développement cohérent et harmonieux des territoires,** et non plus seulement de lutter contre des déséquilibres.

1 De l'aménagement du territoire au développement durable des territoires

En 1971, avec les « scénarios d'aménagement du territoire » de la DATAR, il s'agissait d'aménager la France. En 2009, avec le rapport de l'Observatoire des territoires créé en 2004, il s'agit de comprendre les dynamiques et les disparités des territoires.

2 Comment se définit le nouveau rôle de l'État ?

■ **L'État est devenu un stratège qui définit les grandes priorités,** donne les impulsions (appels à projets), coordonne les actions dans un objectif de **cohérence*** et d'**équité***. Il est aussi **le partenaire** privilégié de l'Union européenne et des collectivités territoriales qui conçoivent ensemble des projets donnant lieu à une contractualisation.

■ **Le document de planification** dans lequel l'État exprime sa vision de l'aménagement est la **Directive territoriale d'aménagement et de développement durable*** (DTADD). Le plan est devenu un contrat signé avec les instances régionales appelé **Contrat de projets État-Région*** (CPER) et dispose d'un volet territorial **(Cours p. 32)**.

2 **Contrat de projet État-Région** avec la Région Centre
Dossier de candidature de *Bio'Luz* du Velay, en réponse à l'appel à projets ouvert par la DATAR en septembre 2010.

3 Quelles mutations le territoire français a-t-il connues depuis les années 1960 ?

■ **La France a profondément changé.** Elle dispose de grands équipements et d'infrastructures de qualité (équipements touristiques, autoroutes, TGV, ports, aéroports). Ses métropoles contribuent à un certain équilibre du territoire par rapport à Paris. Les inégalités entre les régions ont diminué, mais elles affectent encore certaines zones rurales ou industrielles en crise et certaines banlieues en proie à la précarité et au chômage.

■ **Aujourd'hui, la France est intégrée dans l'Union européenne et insérée dans un espace mondialisé ;** elle est largement ouverte aux grands flux européens et mondiaux d'hommes et de marchandises.

■ **Métropolisation*, périurbanisation*, désindustrialisation, essor des mobilités*, gestion environnementale constituent** de nouveaux défis pour l'aménagement et le développement des territoires.

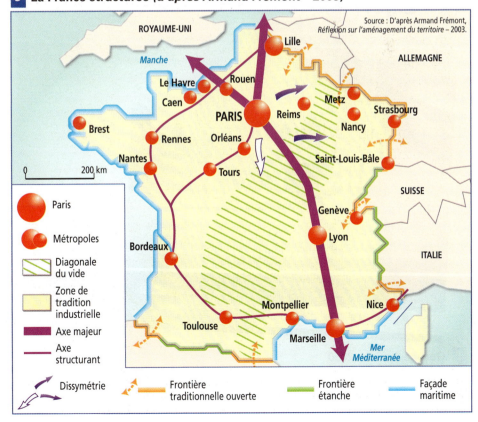

3 La France structurée *(d'après Armand Frémont – 2003)*

QUESTIONS POUR COMPRENDRE
Aménager pour le futur

Qu'est-ce que la prospective ?

▶ **La prospective** est une méthode qui analyse les tendances à l'œuvre, articulant le temps long et les mutations récentes, les atouts et les contraintes d'un espace afin d'anticiper les changements.

▶ **La prospective** élabore des **scénarii** pour la mise en débat sur le futur souhaitable en impliquant les experts (par exemple des universitaires) et les acteurs territoriaux.

1 Quels sont les principes et priorités de l'aménagement des territoires ?

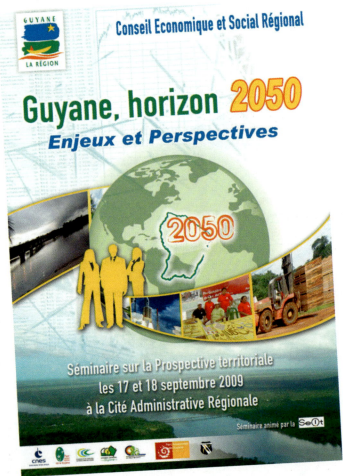

1 Guyane, horizon 2050

Séminaire organisé par le Conseil économique et social régional pour sensibiliser les élus, les cadres et les acteurs socio-économiques à la démarche prospective.

● **Pour assurer sa croissance** et renforcer sa **compétitivité*** et son **attractivité***, la France a besoin de connexions et de modernisations. Les axes prioritaires de l'aménagement sont les infrastructures de communication, le développement économique, la réorganisation géographique des services publics.

● **Les politiques d'aménagement** sont guidées par quelques grands principes déclinés à toutes les échelles : **équité*, solidarité*, durabilité, attractivité*, compétitivité***.

● **Si l'équité et la solidarité** restent au centre des préoccupations nationales, les politiques d'aménagement doivent assurer le développement des territoires en prenant pleinement en compte les objectifs de développement durable.

● **Depuis la loi dite Voynet** (juin 1999), toutes les collectivités sont incitées à mettre en œuvre des programmes qui intègrent la **gestion durable** de leur territoire dont la finalité est de concilier le développement économique et la protection des ressources et des espaces.

2 Comment préparer les territoires de demain ?

● **La prospective et l'aménagement vont de pair.** La prospective permet d'identifier les **enjeux territoriaux de demain** pour mieux anticiper les politiques publiques à même de les surmonter.

● Depuis sa création en 1963, la DATAR* a réalisé régulièrement des **travaux de prospective** pour imaginer les avenirs possibles de la France : en 1971, « Une image de la France en l'an 2000 » ; dans les années 1990, « France en 2015. Recomposition du territoire national » ; en 1999, « France 2020. Mettre les territoires en mouvement ».

● **Un nouveau programme de prospective, « Territoires 2040, aménager le changement »,** est actuellement développé autour de sept grandes thématiques (le réseau des métropoles, les bassins industriels, les villes intermédiaires et les espaces ruraux…).

2 1971-2009, du premier au plus récent programme de prospective de la DATAR

3 Quels moyens sont mobilisés pour penser les territoires ?

● **La démarche consiste à appréhender ou à imaginer les grands changements futurs** susceptibles d'avoir un impact sur les territoires dans 30 à 40 ans, d'en mesurer les incidences pour concevoir les politiques publiques qui permettront de les maîtriser ou d'en renforcer les effets pour construire les territoires pour demain.

● **Cartes, images, photographies** sont utilisées non comme de simples illustrations, mais comme des représentations pour penser les réalités présentes et futures des territoires.

3 « Pour un mieux-vivre urbain », un exemple de démarche prospective présenté par la DATAR* en 2009

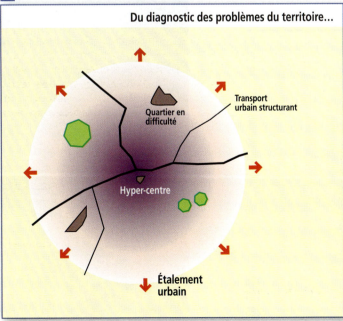

Du diagnostic des problèmes du territoire…

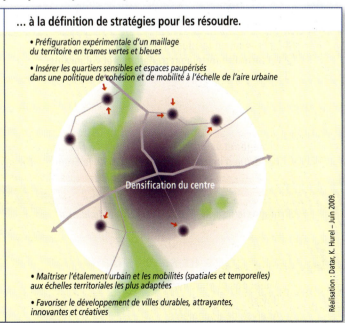

… à la définition de stratégies pour les résoudre.

• Préfiguration expérimentale d'un maillage du territoire en trames vertes et bleues
• Insérer les quartiers sensibles et espaces paupérisés dans une politique de cohésion et de mobilité à l'échelle de l'aire urbaine
• Maîtriser l'étalement urbain et les mobilités (spatiales et temporelles) aux échelles territoriales les plus adaptées
• Favoriser le développement de villes durables, attrayantes, innovantes et créatives

Réalisation : Datar, K. Hurel – Juin 2009.

CHAPITRE 3

Valoriser et ménager les milieux

- La France, bien située en Europe et présente sur d'autres continents, offre une grande variété de milieux et de paysages qui constituent un de ses atouts.
  ▶ **Quelles sont les composantes et les caractéristiques du territoire français ?**

- Aggravés par l'artificialisation des milieux, les dégradations et les risques ont provoqué une prise de conscience de la nécessité de « ménager » l'environnement.
  ▶ **Quels sont les nuisances et les dangers qui affectent cet environnement ?**

- La protection et, plus largement, la gestion « durable » des milieux constituent désormais une préoccupation majeure.
  ▶ **Quels sont les modalités et les instruments de cette gestion « durable » ?**

Étude de cas
Un territoire en quête de gestion durable : l'estuaire de la Loire — 80

Cartes enjeux
Le territoire de la France — 84

Ce qu'il faut savoir
1 La France, un territoire privilégié ? — 86
2 Un territoire fortement transformé et vulnérable — 88
3 Gérer durablement le territoire — 90

Gérer les territoires
- Protéger et valoriser les paysages – *La Réunion* — 92
- Le risque d'inondation dans le Midi de la France – *Draguignan* — 94

Stratégies d'acteurs
Protéger le littoral – *Le Conservatoire du littoral* — 96

Méthodes et sujets Bac
- Méthodes et entraînement Bac — 118
- Réviser — 124
- Analyse de documents — **sujet 4** — 293

La France vue par satellite en hiver
L'image permet de repérer le prolongement des grands ensembles de relief de l'Europe sur le territoire français (Bassin parisien, Massif Central, Vosges, Alpes, plaine d'Alsace, sillon rhodanien...). Les grands massifs forestiers (Landes, Sologne...) apparaissent en teinte sombre, les prairies dans une dominante de vert, les espaces cultivés (céréales) en jaune.

ÉTUDE DE CAS

Un territoire en quête de gestion durable : l'estuaire de la Loire

■ Situé au débouché du plus long fleuve de France, l'estuaire de la Loire est un espace où coexistent des zones humides, une activité industrialo-portuaire et une métropole en expansion : Nantes - Saint-Nazaire.

■ La politique d'aménagement de l'estuaire cherche à concilier la dynamique des activités humaines avec la protection et la valorisation de cet environnement remarquable.

1 Un espace fragile très aménagé

Lieu bordé de milieux humides riches et variés, l'estuaire de la Loire connaît depuis près d'un siècle des aménagements qui modifient et dégradent son fonctionnement.

1 Le Nord de l'estuaire de la Loire, de Saint-Nazaire à Guérande : un paysage entre milieux naturels et aménagements

---

2 L'estuaire de la Loire, entre nature et artificialisation

Les zones humides de l'estuaire sont un ensemble de vasières, de roselières, de prés inondables. Depuis le milieu du XVIIe siècle, particulièrement depuis 1965 avec le choix de Nantes et de Saint-Nazaire comme métropole de l'Ouest et l'aménagement de la Basse-Loire, les paysages estuariens ont été fortement modifiés : endiguement de la section amont, « chenalisation » de la section intermédiaire, aménagement et approfondissement du lit estuarien pour l'accès de grands navires au nouveau port de Donges-Montoir.

Il en résulte l'artificialisation d'un unique chenal de navigation, la disparition des îles et le comblement des bras morts et des chenaux, la progression vers l'amont de la salinité ainsi que du bouchon vaseux.

D'après L. Després (coord.), *L'estuaire de la Loire,* PUR, 2009.

3 L'estuaire de la Loire : un milieu fortement anthropisé

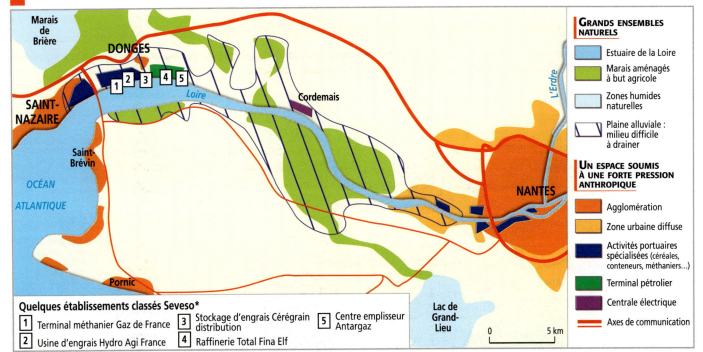

Quelques établissements classés Seveso*
1. Terminal méthanier Gaz de France
2. Usine d'engrais Hydro Agi France
3. Stockage d'engrais Cérégrain distribution
4. Raffinerie Total Fina Elf
5. Centre emplisseur Antargaz

4 Un espace soumis à de fortes pressions anthropiques

Dans le passé, ce sont les activités industrielles et portuaires qui ont eu un impact majeur d'artificialisation de l'estuaire. Désormais, les problèmes principaux proviennent de la pression démographique et de la périurbanisation* qui l'accompagne.

Certes, des pollutions accidentelles spectaculaires se produisent régulièrement ; les risques d'accidents graves des nombreuses installations industrielles classées Seveso* sont réels, et les dragages nécessaires à l'activité portuaire contribuent à la formation du bouchon vaseux excessif.

Mais, aujourd'hui, le mitage dû à la périurbanisation et à l'extension du réseau de circulation qui l'accompagne, est aussi un problème pour le bon fonctionnement des écosystèmes.

D'autre part, les rejets dans l'eau et les sols de produits phytosanitaires (engrais, pesticides) de l'agriculture industrielle intensive sont importants et menacent la qualité de l'environnement.

Cependant, ces pressions semblent plutôt en régression, alors que l'expansion des aires urbaines de Nantes-Saint-Nazaire paraît irrésistible.

D'après L. Després (coord.), *L'estuaire de la Loire,* PUR, 2009.

5 Manifestation contre le projet d'extension portuaire de Donges-Est par des membres de l'association SOS Loire vivante

Les manifestants défendent la préservation des 750 hectares de la vasière de Donges classés Zone de protection spéciale (ZPS) contre les projets d'extension des terre-pleins du port autonome de Nantes-Saint-Nazaire.

Questions

1. Identifiez et caractérisez les différents milieux « naturels » qui composent le milieu de l'estuaire de la Loire **(1, 2, 3)**. Pourquoi peut-on parler d'un espace artificialisé ?

2. Quelles sont les pressions anthropiques qui s'exercent sur cet espace **(1, 3, 4)** ? Quelles en sont les conséquences ?

3. Quels sont les raisons et les termes du conflit à propos du projet d'extension portuaire de Donges-Est **(3, 5)** ?

ÉTUDE DE CAS

2 Entre protection et développement économique

Pour une gestion durable de l'espace estuarien, les décideurs locaux et nationaux sont à la recherche d'un équilibre entre la protection d'espaces naturels fragiles et le développement, ainsi que la modernisation des activités.

6 Les espaces protégés

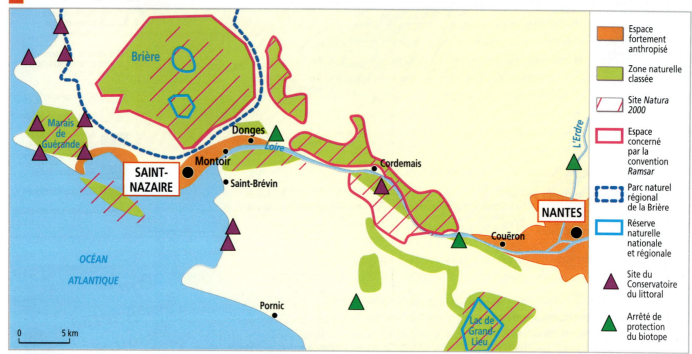

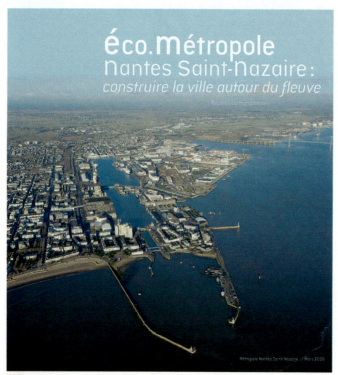

7 Penser l'avenir de la métropole dans le cadre du développement durable

Avec 12 autres villes françaises, Nantes-Saint-Nazaire a reçu le label d'Écocité sur le thème « construire la ville autour du fleuve » ; l'objectif est d'inscrire l'environnement au cœur des projets urbains.

8 Un arsenal législatif et réglementaire

Échelons et dispositifs	Espaces protégés	Objectifs
• **International** : – Convention de Ramsar 1971	Lac de Grand-Lieu, marais salants de Guérande	Protéger les zones humides d'importance internationale.
• **Européen** : – Réseau Natura 2000 : zones de protection spéciale (ZPS) issues de la directive Oiseaux (1979) ; zones spéciales de conservation (ZSC) issues de la directive Habitats (1992)	Marais de Donges, estuaire de la Loire, Grande Brière…	Préserver les espèces et les habitats menacés sur le territoire européen, tout en les faisant coexister de façon équilibrée avec les activités humaines.
• **Français** : – Parc naturel régional	Grande Brière	Protéger, aménager.
– Réserve naturelle nationale et régionale	Lac de Grand-Lieu, Grande Brière…	Interdire toute action susceptible de nuire au développement de la faune et de la flore.
– Réserve de chasse	Lac de Grand-Lieu, estuaire de la Loire	Protéger les milieux des oiseaux migrateurs et contribuer au développement durable de la chasse.
– Arrêté de biotope	L'Angélique de l'estuaire	Protéger des espèces.
– Conservatoire du littoral	1 900 hectares	Sauvegarder le littoral.

9 Quelques projets d'aménagement à fort impact sur l'environnement naturel de l'estuaire

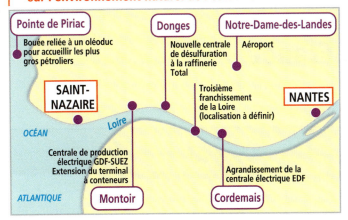

10 Le plan Loire Grandeur Nature 2007-2013

Un plan pour un développement durable de l'estuaire de la Loire.

Axes de travail	Objectifs
• Élaborer et mettre à jour une grille d'indicateurs environnementaux de l'estuaire de la Loire.	Diffuser un diagnostic environnemental auprès des usagers et des riverains de l'estuaire.
• Définir et évaluer des solutions de restauration à long terme du fleuve en aval de Nantes.	Assurer un fonctionnement plus équilibré et durable de la Loire estuarienne.
• Mettre en place et animer le Schéma d'aménagement et de gestion des eaux (SAGE) sur le bassin versant de la Loire.	Déterminer, avec l'ensemble des usagers et des responsables des politiques de l'eau, les objectifs de qualité, de protection et de répartition de toutes les richesses aquatiques.
• Accompagner les initiatives de restauration des marais estuariens.	Restaurer la fonctionnalité hydraulique et écologique des marais estuariens, pérenniser leur entretien et les mettre en valeur.

Questions

1. Quels sont les différents niveaux, moyens et limites de la protection de l'estuaire de la Loire (**6, 8, 9, 10, 12**) ?
2. Quels sont les acteurs qui œuvrent pour une gestion durable de l'estuaire (**7, 8, 11, 12**) ?
3. Comment tentent-ils de concilier développement (**doc. 6 à 12**) et protection ?

11 Promouvoir des actions pour s'inscrire dans une démarche de développement durable

12 La quête difficile de la gestion durable

En parallèle à la diffusion de la notion de développement durable, nous sommes passés de la conservation d'une espèce ou d'un biotope à une protection qui se veut plus globale. Aujourd'hui, la création d'un Schéma d'aménagement et de gestion des eaux (SAGE) pour la Loire témoigne d'une volonté de gestion globale. Cependant, les dispositifs protecteurs, bien que très nombreux, souffrent de l'absence d'une stratégie globale.

Si la lutte contre les pollutions est réelle, si les grandes entreprises font l'objet d'un contrôle étroit, si les collectivités locales ont dû s'équiper de stations d'épuration et doivent désormais contrôler les systèmes individuels de traitement des eaux usées des ménages, les résultats sont mitigés, ne serait-ce que parce que les rejets massifs de l'agriculture et de l'élevage intensif restent pour l'instant incontrôlés.

Les obstacles à la mise en place d'un projet cohérent sont nombreux : l'absence de sentiment d'appartenance à un espace commun par les habitants du fait du rôle de frontière de l'estuaire ; l'absence d'une institution ayant autorité pour l'élaboration d'une stratégie unifiée. Aujourd'hui, seule la directive territoriale d'aménagement de l'estuaire de la Loire, longuement négociée entre l'État et les collectivités locales, se situe à la bonne échelle.

D'après L. Després (coord.), *L'estuaire de la Loire*, PUR, 2009.

De l'étude de cas…

▶ L'estuaire de la Loire est un espace humide sur lequel s'exercent de fortes pressions anthropiques. La quête d'une gestion durable est réelle mais difficile.

…à la mise en perspective

▶ Quelles sont les caractéristiques des milieux français ? À quels dangers sont-ils confrontés ? **Cours p. 86, p. 88**

▶ Quels sont les outils juridiques, administratifs, économiques et politiques dont disposent les acteurs pour tenter de ménager le territoire français ? **Cours p. 90**

CARTES ENJEUX

Le territoire de la France

1 La France métropolitaine et d'outre-mer

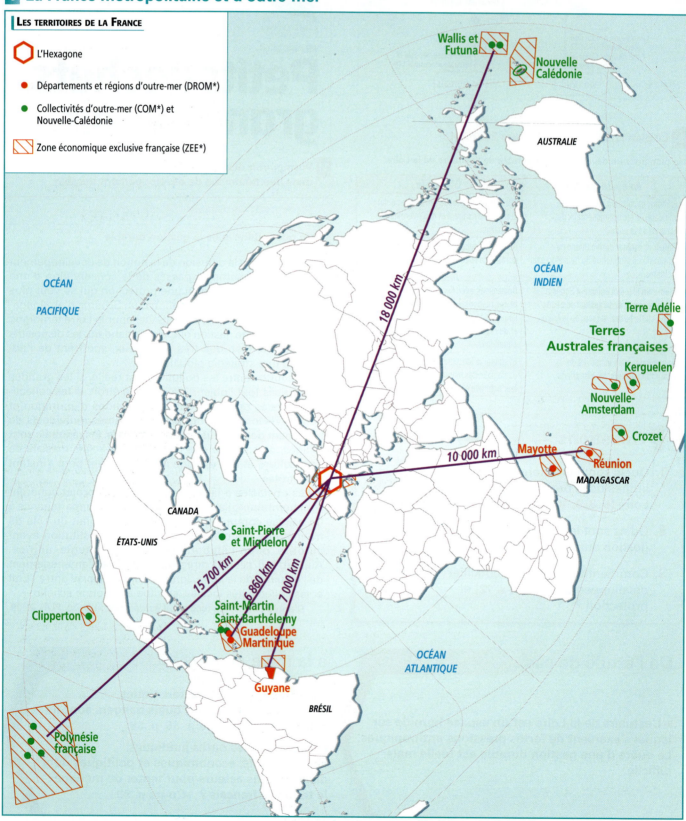

2 Potentialités et risques du territoire métropolitain

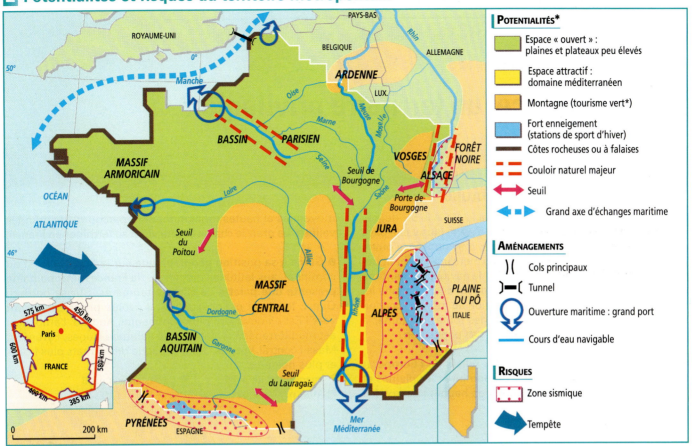

3 Les Parcs naturels en France

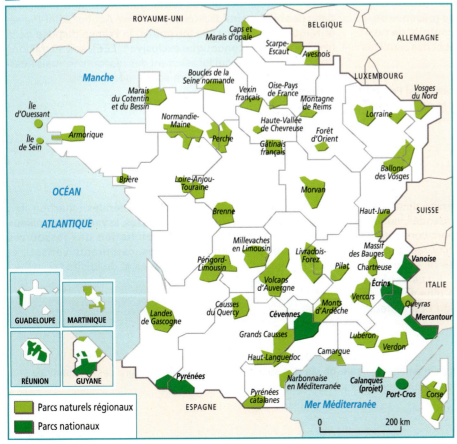

Clés de lecture

- La France est un petit pays à l'échelle planétaire (551 000 km² pour la **France métropolitaine**, 120 000 km² pour la **France d'outre-mer**). Composé d'un morceau d'Europe et d'une constellation d'îles dispersées dans tous les océans, son territoire présente **une grande diversité de milieux** qui ont été transformés par les **aménagements multiples**.

- La variété du territoire de la France lui confère **des potentialités* intensément exploitées**. Mais les territoires peuvent être soumis à différents types de risques, y compris dans l'Hexagone.

- **La prise de conscience de la nécessité d'une gestion durable** de ce riche « patrimoine » a conduit à la création de nombreux espaces protégés (environ 25 000 km²).

Chapitre 3 Valoriser et ménager les milieux

CE QU'IL FAUT SAVOIR

Cours 1 — La France, un territoire privilégié ?

1. Un isthme à l'Ouest de l'Europe

■ **La France est située en Europe,** entre le 41e et le 51e degrés de latitude Nord. Avec 551 000 km², elle est le plus vaste pays d'Europe occidentale. L'hexagone, qui la symbolise, s'ouvre largement sur l'océan Atlantique et les mers intensément fréquentées (Manche et mer du Nord) par la navigation maritime mondiale. Moins développée, sa façade méditerranéenne lui a cependant permis une forte intégration au monde méditerranéen. L'ouverture précoce aux grandes routes maritimes a contribué à la diversité des origines de sa population.

■ **Ses paysages sont un résumé des reliefs de l'Europe.** À l'Ouest d'une ligne Biarritz-Metz prédominent les plaines et les plateaux ; à l'Est de cette ligne, les hauts plateaux, les moyennes et hautes montagnes sont parcourus de grandes vallées. La grande chaîne alpine vient se terminer en France.

■ **Grâce à sa position géographique** sur la façade Ouest du continent, aux latitudes moyennes, **la France métropolitaine présente une palette de climats tempérés.** Sur sa bordure Ouest, le climat est océanique ; il évolue progressivement vers l'Est en devenant plus continental. Au Sud, l'ambiance est méditerranéenne, tandis que l'altitude (Alpes, Pyrénées, Massif central, Vosges, Jura) explique des climats plus froids et plus neigeux.

▶ Image satellite p. 78   ▶ Cartes enjeux p. 85
▶ Atlas p. 320, p. 321

2. La France, un archipel mondial

■ **La France inclut des territoires lointains** aux statuts variés, héritage de son empire colonial : **départements et régions d'outre-mer* (DROM) ; collectivités d'outre-mer* (COM).** Cette France d'outre-mer, très émiettée, assure une présence de la nation sur tous les océans du monde et le contrôle de positions stratégiques, comme la base de lancement des satellites géostationnaires à Kourou en Guyane (3).

■ **Antilles, Guyane, La Réunion, Mayotte mais aussi Polynésie et Nouvelle-Calédonie,** qui rassemblent la quasi-totalité des 2,6 millions de Français résidant outre-mer, **se situent dans le domaine intertropical.** Elles sont soumises à des climats chauds, inégalement humides, et à de nombreux aléas* naturels. **Les autres terres françaises sont localisées dans des milieux froids** : Kerguelen, Terre Adélie, Saint-Pierre-et-Miquelon. Grâce à ces territoires, la France dispose de la troisième **Zone économique exclusive* (ZEE),** soit 10 millions de km² océaniques qui lui assurent des ressources, mais aussi des devoirs pour un usage raisonné des océans.

▶ Carte enjeux p. 84
▶ Atlas p. 322

3. Des milieux très aménagés

■ **Le territoire français offre une grande diversité de milieux** qui ont été intensément mis en valeur. **Les grandes vallées,** qui ont fixé villes et infrastructures de transport, concentrent des trafics intenses. Les fleuves qui les parcourent ont fait l'objet d'aménagements visant à la maîtrise de l'eau pour divers usages (hydroélectricité, irrigation…). Les **espaces forestiers** occupent aujourd'hui 16 millions d'hectares ; ils répondent à plusieurs fonctions : protection des milieux, production de bois, loisirs… **(1, 2).**

■ Si **les gisements de ressources minérales** (charbon, fer, hydrocarbures) sont quasiment **épuisés, la variété des milieux offre des perspectives pour l'exploitation des ressources renouvelables** (éoliennes, solaires, carburants verts…), et pour nombre d'activités touristiques et de loisirs **(2).**

▶ Cartes enjeux p. 85
▶ Gérer les territoires p. 92

Mot clé
- **Milieu :** espace naturel ou aménagé, cadre de vie des sociétés ; chaque milieu intègre des éléments de nature et d'autres d'origine anthropique qui sont les marques des sociétés passées.

* Voir lexique p. 312

1 Des milieux très aménagés

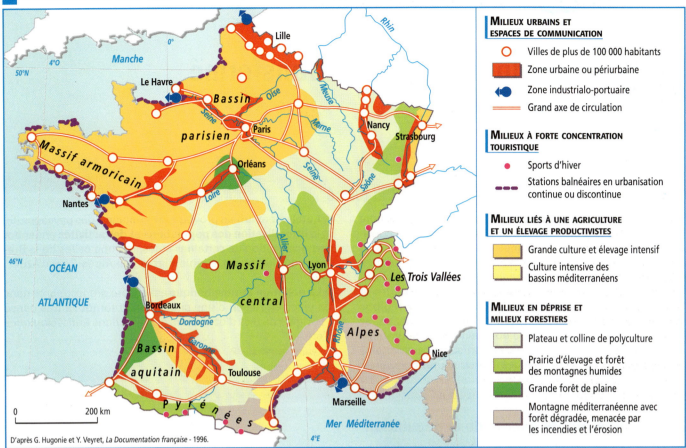

D'après G. Hugonie et Y. Veyret, *La Documentation française* - 1996.

2 Les singularités naturelles du territoire

La France dispose de réserves territoriales comme aucun de ses partenaires européens : de vastes pays verts, des zones de loisirs et de villégiature qui séduisent et attirent. Sa position d'isthme, à l'Ouest de l'Europe, donne accès à tous les types de milieux existant dans l'Europe tout entière : méditerranéens, atlantiques, continentaux et semi-continentaux, montagnards...

En outre, l'existence de grands bassins fluviaux entourés d'auréoles sédimentaires, dont le Bassin de Paris est le modèle accompli, facilite les communications et développe de larges terroirs agricoles.

Ces « conditions naturelles » constituèrent un avantage marqué d'une France agricole et paysanne. Elles le restent tout autant pour une civilisation des loisirs. Ainsi, sous cet angle, la France en Europe apparaît-elle quelque peu « bénie des dieux », comme le pensent volontiers les millions de visiteurs étrangers qui la fréquentent chaque année.

D'après Armand Frémont, *Le portrait de la France*, Flammarion, 2001.

3 2011, année des outre-mer en France

L'objectif de cette initiative lancée par le gouvernement est de mettre en lumière les identités des sociétés d'outre-mer et de mieux faire connaître leurs apports dans différents domaines : culture, institutions, développement durable, économie, artisanat, tourisme, sport...

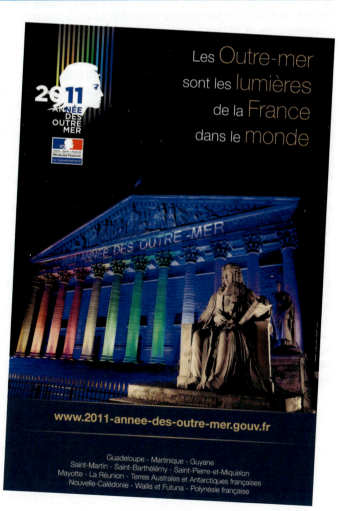

CE QU'IL FAUT SAVOIR

Cours 2 — Un territoire fortement transformé et vulnérable

1. Un patrimoine « naturel » fortement transformé

■ **Les milieux français, très anthropisés*, subissent encore d'importantes dégradations** malgré les améliorations considérables dans certains domaines environnementaux. Ces dégradations résultent des pressions intenses qu'exercent sur eux les activités et les aménagements. La pollution des sols et des eaux, générée notamment par l'agriculture et l'élevage intensifs, demeure forte dans certaines régions (Bretagne, Bassin parisien…) **(4).** La réduction des zones humides, importantes pour la biodiversité et les migrations d'oiseaux, est souvent dénoncée, en particulier dans certains estuaires du fait de l'extension des infrastructures portuaires.

■ **L'étalement urbain** provoque le « mitage » des paysages **(5),** et la **littoralisation des populations et des activités** engendre l'artificialisation de certaines côtes, comme celles de la Bretagne du Sud ou de la région Provence-Alpes-Côte d'Azur.

■ **La pollution atmosphérique** est encore préoccupante dans les villes en raison d'une circulation automobile très dense à l'origine de pics d'ozone lors des situations anticycloniques d'été.

▶ Étude de cas p. 80

2. Une vulnérabilité accrue de la population

■ **Les aléas naturels, dont certains sont spécifiques aux DROM, touchent l'ensemble du territoire.** Les régions méditerranéennes et l'Alsace peuvent être concernées par les séismes ; les inondations et les mouvements de terrains affectent de nombreux espaces, tout particulièrement les villes où l'imperméabilisation des sols et les modifications apportées à l'écoulement des eaux sont des facteurs aggravants. La canicule, les tempêtes, les avalanches peuvent survenir en France métropolitaine, alors que les îles tropicales sont soumises aux cyclones, aux tsunamis et aux épisodes volcaniques.

■ **Les risques technologiques* sont présents** dans les espaces industrialo-portuaires (Dunkerque, Le Havre, Fos-sur-Mer, Nantes…) et dans les villes (Grenoble, Lyon…) qui disposent de raffineries, d'industries chimiques, de centrales nucléaires, de stockages de produits dangereux. Explosions, incendies ou fuites toxiques peuvent survenir (usine AZF à Toulouse en 2001). Les marées noires peuvent toucher les façades maritimes très fréquentées de l'Ouest et du Nord (naufrage de pétroliers : *Amoco Cadiz, Erika, Prestige*).

■ **Les effets des aléas** récemment survenus ont été dramatiques : 50 morts en février 2010 suite à la tempête *Xynthia* sur la côte Atlantique **(6) ;** 25 morts liés aux inondations dans le Var (Draguignan). La raison tient pour l'essentiel à l'accroissement de la **vulnérabilité** des populations qui méconnaissent le risque et s'installent dans des espaces soumis aux aléas (bord de mer, lit majeur de cours d'eau…) et à des constructions inadaptées au danger.

▶ Cartes enjeux p. 85
▶ Étude de cas p. 80   ▶ Gérer les territoires p. 94

3. Une demande accrue d'environnement de qualité

■ En raison d'une société devenue largement citadine et de l'essor des loisirs, **des besoins nouveaux en matière d'environnement* et de paysages de qualité** sont apparus ; la protection de certains milieux sensibles a été accrue. Parallèlement, les risques, perçus comme plus nombreux, sont de moins en moins acceptés.

■ **Cette évolution des mentalités** s'est accompagnée de nouvelles exigences pour la prise en compte des préoccupations environnementales dans les aménagements **(7),** et de la mise en œuvre de dispositifs d'alerte et de gestion de crise par les acteurs politiques et économiques.

Mots clés

- **Aléa :** facteur physique à l'origine d'un risque.
- **Risque :** danger potentiel qui pourrait affecter une société.
- **Vulnérabilité :** désigne à la fois le potentiel d'endommagement et l'inégale préparation des sociétés à faire face à une crise.

* Voir lexique p. 312

4 Pollution aux algues vertes en Bretagne

(Morieux, Côtes-d'Armor)

5 Étalement urbain et « mitage » des paysages

(Roquebrune-sur-Argens, Var)

6 Une vulnérabilité accrue : inondations provoquées par la tempête *Xynthia* sur le littoral atlantique (février 2010)

(La Faute-sur-Mer, Vendée)

7 Manifestation pour la protection d'une zone sensible

(Noutron, Dordogne)

CE QU'IL FAUT SAVOIR

Cours 3 — Gérer durablement le territoire

1. L'enjeu du développement durable

■ **Dès la fin des années 1960**, la France a **mis en place une politique de protection de la nature**. Celle-ci s'est progressivement élargie à la prévention des risques et à la lutte contre les pollutions. **La politique de développement durable** impulsée par l'Europe a permis de renforcer, en France, la législation, les réglementations et l'application de grands principes (pollueur-payeur, principe de précaution…).

■ **Désormais, la protection de l'environnement, la réduction des pollutions et la maîtrise des risques** sont associées dans les **Agendas 21*** ou les **DTADD***. Cette approche concertée et prospective souligne la volonté de la France de s'inscrire dans une politique de gestion durable de ses ressources et de ses milieux **(8)**.

2. Des réponses pour gérer l'environnement et les ressources

■ **Depuis les années 1960, des lois et des règlements ont été progressivement mis en place** dans les domaines de l'eau, des paysages, de l'air, avec pour objectifs de préserver les ressources et de lutter contre les pollutions **(9)**. Par exemple, pour préserver les milieux particulièrement riches en biodiversité tout en encadrant les activités humaines, des zonages de protection ont été créés : **parcs nationaux ou régionaux, réserves naturelles**. Le **Conservatoire du littoral*** acquiert des espaces fragiles… Aujourd'hui, les espaces protégés concernent une part importante du territoire français.

■ **Les nouvelles lois promulguées depuis 2005** intègrent les préoccupations planétaires ; par exemple, la loi sur l'eau et les milieux aquatiques (2006) insiste sur la nécessaire qualité de la ressource et introduit l'adaptation au changement climatique dans la gestion de l'eau. Par la **Charte de l'environnement*** (2004), les préoccupations environnementales sont inscrites dans la Constitution de la France ; le **Grenelle Environnement*** vise à intégrer le développement durable dans la gestion des ressources et les politiques d'aménagement **(9)**.

■ **Les acteurs de la gestion de l'environnement sont nombreux** : l'Union européenne avec nombre de directives (Natura 2000, directives sur l'eau, Seveso) ; l'État et ses services déconcentrés, les **Dreal*** ; des organismes publics tels que l'**Ademe***, l'**ONF***, les **Agences de l'eau*** ; les collectivités territoriales ; mais aussi les citoyens eux-mêmes **(8)**.

▶ Cartes enjeux p. 85
▶ Gérer les territoires p. 92, p. 94
▶ Stratégies d'acteurs p. 96

3. Concilier développement économique et gestion des espaces

■ **À toutes les échelles du territoire, le patrimoine « naturel » est désormais pris en compte** dans les documents de planification. L'étude d'impact, la demande d'autorisation auprès de l'administration président à de nombreux aménagements. Les activités économiques tentent aussi de contribuer à l'amélioration de la qualité des ressources et à la valorisation de l'environnement. Par exemple, l'**agriculture durable** doit réduire l'utilisation des engrais et des produits phytosanitaires, l'érosion des sols, et préserver la qualité de l'eau et la santé ; l'exploitation de la forêt doit tenir compte de la biodiversité, du stockage carbone, mais aussi de l'attente des populations en matière de loisirs.

■ **Depuis 1982, une politique de prévention des risques** s'est progressivement mise en place **(10)** avec l'établissement des **Plans de prévention des risques (PPR*)** en 1995, puis plus récemment des **Plans communaux de sauvegarde** qui obligent les maires à prévoir des scénarios de gestion de crise. Toutefois, les récentes catastrophes liées aux inondations montrent les limites de ces instruments. Pour améliorer la gestion de ce risque, une directive européenne de 2007 impose l'évaluation et la réalisation de plans de gestion des inondations à l'échelle des bassins versants soumis à des aléas importants.

Mot clé
- **Gestion durable** : ensemble des dispositifs réglementaires censés assurer la durabilité d'un espace, ou mode de gestion destiné à valoriser les avantages économiques et environnementaux d'un espace tout en le protégeant pour les générations futures.

* Voir lexique p. 312

8 Les acteurs du développement durable

La gestion de l'environnement et le développement durable sont aujourd'hui pris en charge par de nombreux organismes publics nationaux, régionaux ou locaux, ou encore par des associations et des entreprises privées (« Action Planète » est destinée aux salariés d'EDF).

9 Législation française régissant l'environnement

Principales lois	Objectifs
1930 : loi relative aux sites classés et inscrits	Protéger les sites sans exclure la valorisation (sites naturels).
1960 : création des Parcs nationaux 2006 : nouvelle loi sur les Parcs nationaux	Protéger les espaces naturels. Faire connaître ces espaces.
1967 : création des Parcs naturels régionaux (PNR)	Protéger et aménager les espaces.
1975 : création du Conservatoire du littoral*	Acquisition de terrains littoraux dans le but de les protéger contre l'urbanisation et d'en assurer la bonne gestion.
1985 : loi Montagne	Aménagement et développement des milieux montagnards.
1986 : loi Littoral	Gestion des milieux littoraux, contrôle de l'urbanisation et libre accès pour tous au rivage.
1993 : loi Paysage	Protection des paysages, labellisation des paysages remarquables.
1992, 1996 : lois sur les déchets	Valorisation et recyclage des déchets.
1992, 1996 : lois sur le bruit	Réduire le bruit, surtout en ville.
1995, 2003 : lois sur la prévention des risques naturels et technologiques	Gestion des PPR* destinés à limiter l'urbanisation dans les secteurs à risques.
1992, 2006 : lois sur l'eau	Protection de l'eau. Protection des zones humides.
1996 : loi sur l'air	Réduire les pollutions de l'air.
2004 : Charte de l'environnement*	Adossée à la Constitution française, elle envisage un environnement de qualité pour tous.
2008-2010 : Loi Grenelle 2	« Loi portant l'engagement national pour l'environnement » : elle a pour but de mettre en pratique la loi « Grenelle 1 » adoptée en octobre 2008.

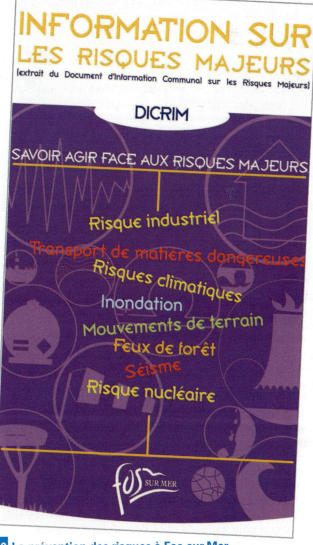

10 La prévention des risques à Fos-sur-Mer

GÉRER LES TERRITOIRES

Protéger et valoriser les paysages

L'exemple de l'île de La Réunion

■ L'île de La Réunion, par sa situation et son relief, présente une nature d'une très grande richesse qui lui a valu d'être classée au patrimoine mondial de l'Unesco.

■ Sur l'île, on attend de ce classement un essor du tourisme vert*. Mais le Parc national devra garantir l'intégrité de ce « patrimoine naturel ».

▶ **Comment préserver et valoriser les milieux « naturels » sur l'île de La Réunion ?**

1 Les ressources du Parc national

Volcan (Piton de la Fournaise), paysages naturels (cascades, forêts), faune (Tuit-tuit, oiseau endémique de La Réunion).

2 La Réunion, patrimoine naturel mondial

La Réunion, figurant dans la liste des 34 hauts lieux de la biodiversité mondiale, fait maintenant partie des 35 sites français classés au patrimoine mondial de l'Unesco et devient ainsi le troisième site français à rejoindre la catégorie « site naturel ».

Cette reconnaissance vient récompenser la beauté de la nature préservée de notre île, tant pour ses reliefs vertigineux que pour sa faune et sa flore exceptionnelles.

La zone classée représente environ 40 % de la superficie totale de l'île où se côtoient 230 espèces végétales qu'on ne trouve pas ailleurs sur le globe. Correspondant au cœur du Parc national créé en 2007, le périmètre englobe la plupart des pitons de l'île.

Le classement au patrimoine mondial est assorti de droits mais aussi de devoirs liés à la préservation de ce patrimoine naturel.

www.regionreunion.com/fr/spip.

3 Le Parc national de la Réunion

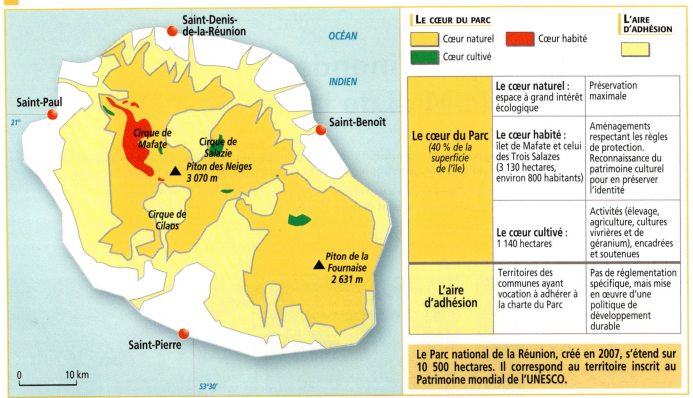

	Le cœur naturel : espace à grand intérêt écologique	Préservation maximale
Le cœur du Parc (40 % de la superficie de l'île)	Le cœur habité : îlet de Mafate et celui des Trois Salazes (3 130 hectares, environ 800 habitants)	Aménagements respectant les règles de protection. Reconnaissance du patrimoine culturel pour en préserver l'identité
	Le cœur cultivé : 1 140 hectares	Activités (élevage, agriculture, cultures vivrières et de géranium), encadrées et soutenues
L'aire d'adhésion	Territoires des communes ayant vocation à adhérer à la charte du Parc	Pas de réglementation spécifique, mais mise en œuvre d'une politique de développement durable

Le Parc national de la Réunion, créé en 2007, s'étend sur 10 500 hectares. Il correspond au territoire inscrit au Patrimoine mondial de l'UNESCO.

4 Un fort potentiel touristique

L'inscription de La Réunion au patrimoine mondial vient conforter la nouvelle politique régionale en matière de tourisme qui a pour objectif d'attirer 600 000 touristes dans l'île à l'horizon 2015.

Ce classement facilitera la promotion de La Réunion et de ses charmes. Un effet d'entraînement se produira sur l'hôtellerie et l'hébergement mais également dans l'industrie des loisirs qui pourront ainsi créer des emplois.

www.regionreunion.com

Analyser les enjeux d'aménagement

1. Quelles sont les caractéristiques naturelles de l'île de La Réunion **(1, 2, 3, 5)** ?

2. Pourquoi a-t-on inscrit le Parc national de La Réunion au patrimoine mondial de l'Unesco **(2, 3, 5)** ?

3. La nature peut-elle être une ressource pour l'île **(4)** ? Qui devra veiller aux conséquences d'un développement du tourisme **(2, 5)** ?

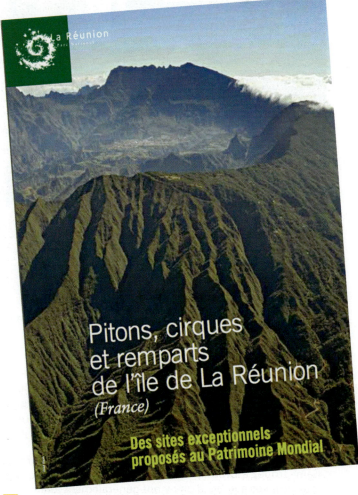

5 Au cœur du Parc : pitons, cirques et remparts rocheux

GÉRER LES TERRITOIRES

Le risque d'inondation dans le Midi de la France

L'exemple de Draguignan

■ En juin 2010, suite à de fortes précipitations, fréquentes au printemps, dans le Midi, des inondations violentes et catastrophiques sont survenues à Draguignan (Var).

■ Malgré l'existence d'un Plan de prévention des risques d'inondation (P$_{PRI}$*), elles ont provoqué la mort de 25 personnes et de gros dégâts.

▶ **Comment mieux prendre en compte le risque d'inondation ?**

1 Des dégâts très importants dans les rues de Draguignan après les inondations de juin 2010

2 Des précipitations exceptionnelles dans le Var

Des précipitations exceptionnelles ont touché la région Provence-Alpes-Côte d'Azur, et plus particulièrement le département du Var dans la nuit du 14 au 15 juin et la journée du 15 juin 2010.

Sur une zone réduite de l'intérieur varois, s'étendant de Saint-Tropez à Draguignan, les précipitations ont été très intenses. Les cumuls d'eau y ont généralement atteint 200 à 300 litres par m², et ils ont dépassé ponctuellement 350 litres par m², près de Draguignan. Ces quantités de précipitations ont été celles qui tombent normalement sur plusieurs mois, ce qui a provoqué des inondations catastrophiques.

Il s'agit vraisemblablement d'un événement à caractère plus que centennal. La crue dévastatrice la plus connue a eu lieu en 1827.

Météo France, 16 juin 2010.

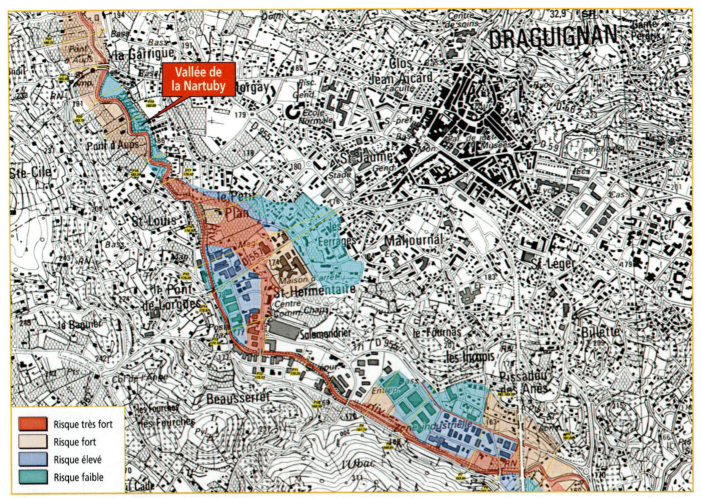

3 Une croissance urbaine qui n'a pas pris en compte le risque d'inondation

Extrait du Plan de prévention des risques d'inondation (PPRI) de Draguignan (1998).

4 Les mesures prises par l'État pour prévenir de nouvelles catastrophes naturelles

Dans le cadre du Grenelle Environnement, le ministère du développement durable a lancé l'évaluation des programmes d'actions de prévention des inondations (PAPI), et l'analyse du dispositif de prévision des crues, dans le but de limiter les catastrophes naturelles.

La tempête *Xynthia*, ainsi que les crues du Var, ont démontré la nécessité de développer des projets d'aménagement intégrant la prévention des risques et la réduction de la vulnérabilité des espaces urbanisés.

S'agissant des plans de prévention des risques naturels (PPRN), l'État établira avant la fin 2010, une liste des territoires prioritaires pour l'élaboration de ces PPRN, qui devront être achevés dans un délai de trois ans.

Des décrets fixant un cadre harmonisé pour la détermination des règles d'urbanisation et de construction seront élaborés, en commençant par les risques d'inondation par débordement de cours d'eau ou d'inondation par submersion marine.

Les préfets ont d'ores et déjà reçu des instructions pour appliquer l'article R111-2 du Code de l'urbanisme qui permet d'interdire un permis de construire dans une zone dangereuse sans attendre le PPRN.

Direction générale de la prévention des risques, ministère de l'Écologie et du développement durable, *www.developpement-durable.gouv.fr,* juillet 2010.

5 Une catastrophe « naturelle » prévisible

En 2005, la direction départementale de l'équipement (DDE) décrivait les conséquences dramatiques qu'aurait une crue remarquable de la Nartuby.

« Dans la commune de Draguignan, on dénombre, dans la zone inondable de la Nartuby, environ 50 bâtiments commerciaux ou artisanaux, 150 habitations individuelles et 15 immeubles collectifs. En outre, une maison de retraite, la maison d'arrêt et la caserne de pompiers seront fortement touchées en cas de crue centennale ».

DDE, 2005.

Analyser les enjeux d'aménagement

1. Quelles sont les causes de la catastrophe survenue à Draguignan **(2, 3, 5)** ?

2. Quels dégâts a-t-elle provoqués **(1, 5)** ?

3. Quelles mesures ont été et vont être prises pour éviter que ce type de catastrophes ne se reproduise **(3, 4)** ? Dans quel cadre s'inscrivent-elles ?

STRATÉGIES D'ACTEURS

Protéger le littoral

L'exemple du Conservatoire du littoral

■ Le Conservatoire du littoral a pour mission de mener, avec les collectivités territoriales concernées, une politique d'acquisition d'espaces littoraux afin de les préserver.

■ Actuellement, le patrimoine du Conservatoire comprend 635 sites naturels sur 1 000 kilomètres de rivages, soit plus de 10 % des côtes françaises.

▶ **Quels sont les objectifs et les modes d'action du Conservatoire du littoral ?**

1 La pointe de Penhap sur l'Île-aux-Moines (Morbihan)

Depuis 1980, le Conservatoire du littoral a acquis 42 hectares sur l'Île-aux-Moines. Des travaux d'aménagements sont prévus ou en cours : remise en état des vergers et des prairies, création de sentiers adaptés au respect des zones fragiles, signalétique. C'est la commune de l'Île-aux-Moines qui assure la gestion du site.

2 Les objectifs et le mode opératoire du Conservatoire du littoral

Le Conservatoire du littoral achète des terrains menacés, les restaure puis les confie à des collectivités locales.

1. Acquisition des terrains	2. Réhabilitation et définition des objectifs de gestion	3. Gestion des terrains confiée aux communes (gestion de 60% des sites) ou aux autres collectivités locales
Critères de choix des terrains – Le site est menacé par l'urbanisation, la parcellisation ou l'artificialisation. – Le site est dégradé et nécessite une réhabilitation rapide. – Le site est fermé au public alors qu'il mériterait d'être ouvert à tous.	– Élaboration d'un plan de gestion qui s'appuie sur un bilan écologique et fixe les objectifs à atteindre pour assurer une préservation satisfaisante du site. – Réalisation des travaux de réhabilitation : fixation des dunes, ouvrages de gestion de l'eau...	**Les principes de gestion** – Sauvegarder et préserver la biodiversité. – Utiliser des procédés techniques les plus écologiques possibles pour l'entretien et l'aménagement des sites. – Assurer l'accueil du public tout en protégeant le site. – Maintien d'un bâti minimum pour la gestion du site. – Développement d'une agriculture adaptée. – Limitation des activités de loisirs et de chasse pour préserver le site.

Source : Conservatoire du littoral : www.conservatoire-du-littoral.fr.

3 La gestion du Conservatoire du littoral dans le golfe du Morbihan :

Le Conservatoire du littoral a acquis 28 hectares sur la pointe de Keryondre qu'il s'agit de préserver. L'orientation économique de cette frange littorale vers le tourisme a entraîné une surfréquentation du site. Les cheminements diffus et le piétinement ont contribué à une importante dégradation des cordons dunaires et du sol au niveau des pinèdes.

Pour conserver la diversité naturelle du site, des actions ambitieuses de réhabilitation ont été engagées. Certains travaux ont été menés comme la suppression du camping en bordure du littoral et de certains cheminements, le déplacement d'exploitations ostréicoles, l'organisation de l'accueil du public et la mise en valeur paysagère.

La gestion du site est assurée par la commune de Saint-Philibert ; le département du Morbihan aide à la restauration et à l'aménagement du site.

Les sites du littoral,
« Pointe de Keryondre »,
www.conservatoire-du-littoral.fr/

4 Les acquisitions du Conservatoire du littoral

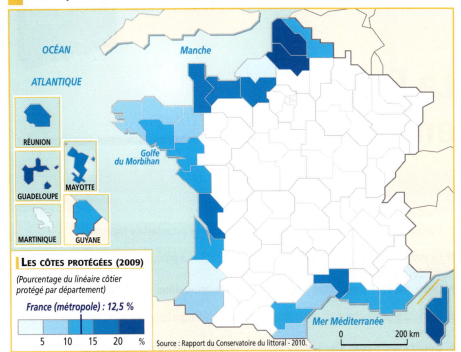

5 Acquisitions foncières du Conservatoire du littoral (1976-2009)

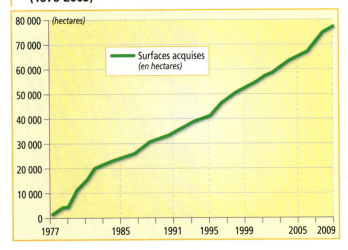

6 Les sites du Conservatoire du littoral dans le golfe du Morbihan

Avec ses 11 500 hectares et ses 325 kilomètres de littoral, le golfe du Morbihan constitue un espace particulièrement sensible, présentant des facettes complexes et des usages concurrents très diversifiés. Deux enjeux forts sont amenés à coexister sur cet espace : l'enjeu économique, avec les acteurs professionnels de la conchyliculture et du tourisme et l'enjeu patrimonial du fait de l'existence d'espèces marines et d'habitats naturels remarquables. Le Conservatoire du littoral a acquis plus de 400 hectares pour préserver l'originalité et la richesse de cet espace naturel.

	Surface (en hectares)	Date d'acquisition
Point de Keryondre	28	1991-2000
Pointe de Penhap	45	1980-2007
Kerpenhir-Lopérec	96	1984-2005
Marais de Séné, Baie de Moncet/Montsarrac	127	1995-2006
Marais de Pen en Toul	14	2000
Rives du Vincin	43	1995-2006
Pointe des Émigrés	30	1986-1987
Marais de Penestin	11	2004-2006
Étang du Pont-de-Fer	12	2005

Source : Conservatoire du littoral

Analyser les stratégies d'acteurs

1. Quels sont les objectifs du Conservatoire du littoral **(1, 2, 4, 5)** ?

2. Par qui et comment sont gérés les terrains acquis par le Conservatoire **(2, 3)** ?

3. Quels sont les enjeux liés à la protection des espaces littoraux français **(3, 6)** ?

CHAPITRE 4

La France en villes

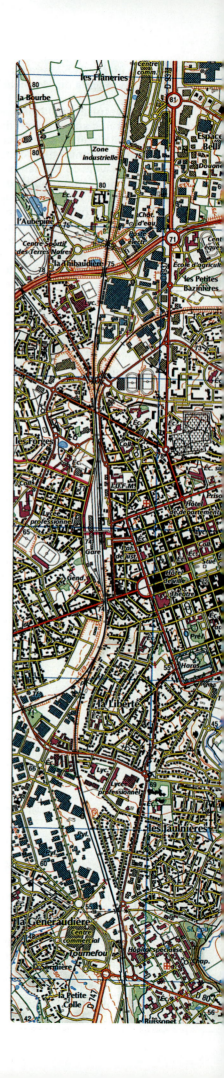

- La population française est aujourd'hui très majoritairement urbaine. L'étalement des villes est de plus en plus marqué.
▶ **L'urbanisation a-t-elle changé la répartition de la population française ?**

- La métropolisation* renforce le rôle des grandes agglomérations, de Paris et des principaux pôles urbains régionaux.
▶ **Quels sont les contrastes liés à la métropolisation dans l'espace français ?**

- Les villes présentent un espace de plus en plus fragmenté par les contrastes socio-spatiaux.
▶ **Quelles politiques mener pour assurer davantage de cohésion urbaine ?**

- Après un long déclin, les campagnes connaissent un renouveau sous l'influence des dynamiques urbaines.
▶ **Comment gérer la diversité actuelle des espaces ruraux ?**

Cartes enjeux

- Une France urbaine 100
- Population : une France plurielle 102

Ce qu'il faut savoir

1. Une population de plus en plus urbaine 104
2. L'inégale métropolisation du territoire 106
3. Aménager les villes : réduire les fractures sociales et spatiales ... 108
4. Les espaces ruraux : entre attractivité urbaine et nouvelles formes de développement 110

Gérer les territoires

- Vers un renouveau de l'espace rural profond ? – *La Montagne ardéchoise* 112
- La politique de la ville pour réduire les fractures sociales et spatiales – *Argenteuil* 114

Méthodes et sujets Bac

- Méthodes et entraînement Bac 120
- Réviser 126
- Composition .... sujets 5 et 6 .... 294 et 296
- Réaliser un schéma .... sujets 5 et 6 .... 295 et 297
- Analyser des documents .... sujets 7 et 8 .... 298 et 299

La Roche-sur-Yon, une aire urbaine moyenne en forte croissance (115 000 habitants)
Au cœur de la Vendée, La Roche-sur-Yon voit sa population continuer de croître : 1,4 % en rythme annuel entre 1999 et 2005. De nouveaux quartiers se développent : zones commerciales, services (hôpitaux, établissements universitaires), parcs d'activités et zones industrielles. La ville napoléonienne au plan au damier est désormais ceinte d'une rocade.

CARTES ENJEUX

Une France urbaine

1 France « du vide », France des « pleins »

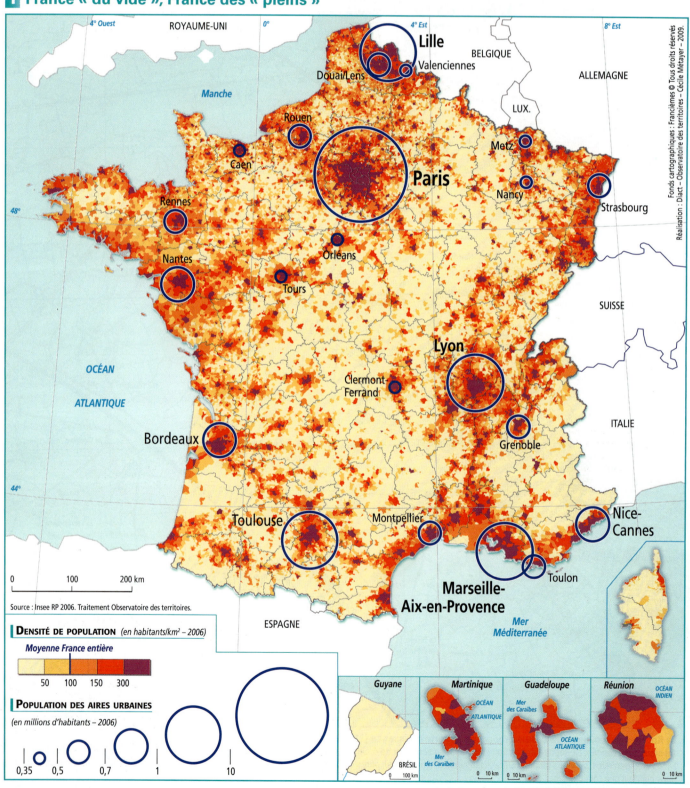

2 Un peuplement à dominante urbaine

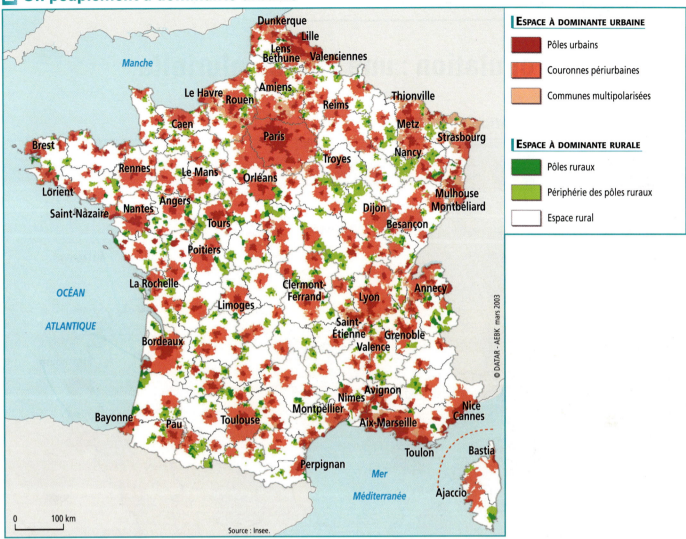

Clés de lecture

● **La population française est concentrée autour du pôle parisien et des grandes aires urbaines** : 60 % de la population occupent 8 % du territoire. À l'inverse, la « diagonale du vide » et les massifs montagneux constituent de vastes zones de faibles densités.

● **Le zonage en aires urbaines** (ZAU), établi par l'INSEE depuis 1996, montre l'étendue de l'espace à dominante urbaine qui rassemble **82 % de la population**. Il est formé par les pôles urbains et les couronnes périurbaines des communes sous influence urbaine du fait des déplacements domicile-travail.

● **La croissance différenciée des agglomérations** met en évidence l'attractivité de l'Ouest et du Sud du pays alors que les vieilles agglomérations industrielles et portuaires sont peu dynamiques.

3 Population et croissance des agglomérations

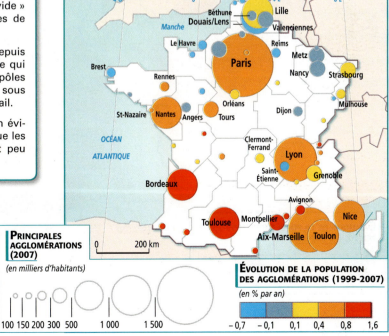

Chapitre 4 — La France en villes — 101

CARTES ENJEUX

Population : une France plurielle

1 Évolution de la population (1999-2007)

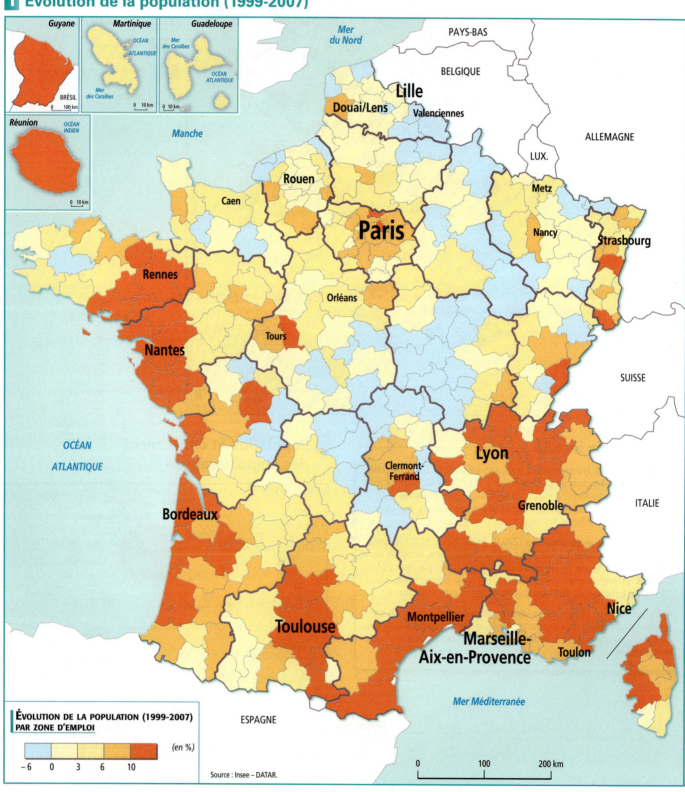

2 Trois France rurales

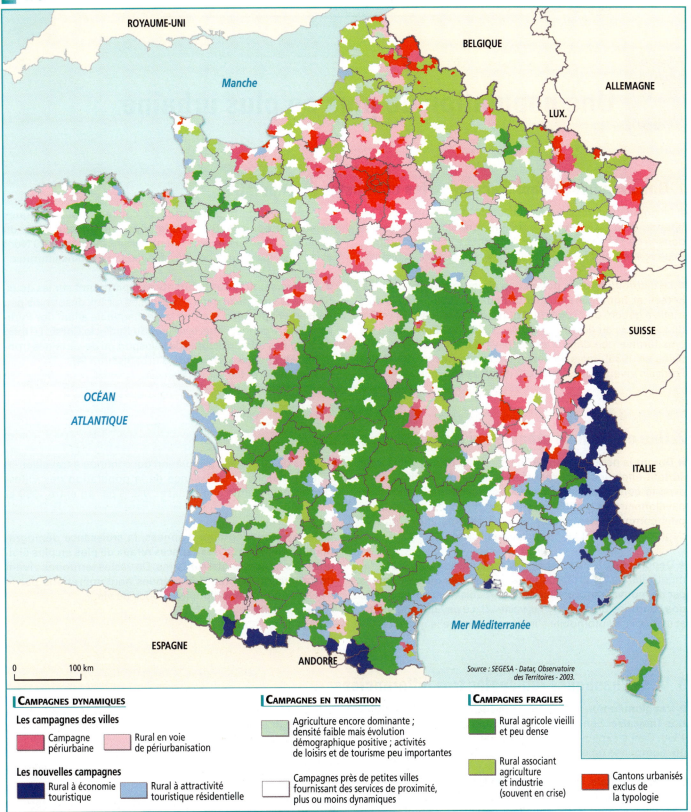

CAMPAGNES DYNAMIQUES

Les campagnes des villes
- Campagne périurbaine
- Rural en voie de périurbanisation

Les nouvelles campagnes
- Rural à économie touristique
- Rural à attractivité touristique résidentielle

CAMPAGNES EN TRANSITION
- Agriculture encore dominante ; densité faible mais évolution démographique positive ; activités de loisirs et de tourisme peu importantes
- Campagnes près de petites villes fournissant des services de proximité, plus ou moins dynamiques

CAMPAGNES FRAGILES
- Rural agricole vieilli et peu dense
- Rural associant agriculture et industrie (souvent en crise)
- Cantons urbanisés exclus de la typologie

Source : SEGESA - Datar, Observatoire des Territoires - 2003.

Clés de lecture

- L'évolution de la population oppose **l'Ouest et le Sud** du pays, qui **gagnent de la population,** au reste de la France.

- Les zones de décroissance démographique ne représentent que 3,2 % du territoire. Globalement, **la population des espaces ruraux augmente désormais au même rythme que l'ensemble de la population.** La proximité d'une ville, l'essor des activités résidentielles et touristiques expliquent ce dynamisme.

CE QU'IL FAUT SAVOIR

Cours 1 — Une population de plus en plus urbaine

1. Une urbanisation qui a accentué les contrastes de population

■ **La population française atteint, en 2010, 65,4 millions d'habitants,** dont 62,8 pour la France métropolitaine. Avec une densité de **114 habitants / km²**, le territoire est donc toujours relativement peu peuplé, comparé aux principaux voisins.

■ **La distribution de la population a longtemps été plus dispersée et homogène** qu'aujourd'hui. La Révolution industrielle a généré un exode rural qui a touché le pays du milieu du XIXe siècle au début des années 1970. L'urbanisation a été plus tardive que dans d'autres pays européens (50 % d'urbains en 1930), mais elle est maintenant élevée : 82 % des Français vivent dans l'espace à dominante urbaine.

■ **L'essentiel de la population se concentre sur quelques espaces urbanisés.** 60 % de la population occupe 8 % du territoire : l'Île-de-France, les vieux bassins industriels du Nord et de l'Est, les grands couloirs fluviaux et certains littoraux.

■ **À l'inverse, 10 % des habitants se répartissent sur les deux-tiers de la superficie** dans des espaces ruraux désormais peu densément peuplés, sur une large diagonale allant des Pyrénées aux Ardennes, plus les Alpes du Sud et la Corse. Le long de certaines infrastructures de transport ou de certaines frontières, apparaissent des axes d'urbanisation **(4)**.
▶ Carte enjeux p. 100   ▶ Méthodes et entraînement Bac p. 120

2. Une croissance urbaine qui n'a cessé de s'étaler

■ **Durant la période 1945-1975,** la croissance des villes s'est surtout effectuée par **expansion spatiale de la ville-centre,** avec la construction de **banlieues*** résidentielles (habitat pavillonnaire et grands ensembles), de zones industrielles puis commerciales, tandis que les centres-villes, parfois dégradés, voyaient leur population décliner **(1)**.

■ **Depuis 1975,** la croissance des agglomérations s'est fortement ralentie au profit de leurs périphéries plus éloignées par un **mouvement continu de périurbanisation** qui concerne une couronne de plus en plus vaste **(2)**. Le pavillon individuel et la mobilité automobile s'imposent comme le mode de vie de plus de 20 % de la population qui continue à travailler en ville. Toutefois, la croissance de la population des villes-centres est repartie à la hausse : 0,3 % par an entre 1999 et 2006.

■ **Depuis une vingtaine d'années, la croissance démographique touche aussi des espaces ruraux de plus en plus éloignés** des grands centres urbains. De vastes territoires vivent désormais au rythme des grandes agglomérations par le travail, la consommation, les modes de vie.
▶ Carte p. 98-99
▶ Sujet Bac p. 297

3. Des dynamiques régionales très différenciées

■ **L'agglomération parisienne concentre 19 % de la population française.** Son poids démographique est stable depuis 1968. Ceci s'explique par un solde naturel largement positif qui compense un solde migratoire globalement négatif.

■ **Hors la capitale, les aires urbaines les plus dynamiques se localisent à la périphérie de l'hexagone.** On y trouve la métropole lilloise et un vaste arc allant de l'Alsace à la Bretagne qui passe par la région Rhône-Alpes, le littoral méditerranéen et le Sud-Ouest. Les métropoles régionales se sont affirmées par leur attractivité démographique et leur dynamisme économique, universitaire ou culturel **(3)**.

■ **À l'inverse, de nombreuses agglomérations du Nord du pays reculent ou stagnent,** de la Normandie à la Lorraine, ainsi que celles du Massif Central **(3)**.
▶ Cartes enjeux p. 101-102
▶ Sujets Bac p. 294 et p. 298

Mots clés
- **Aires urbaines, espace à dominante urbaine :** espaces constitués des pôles urbains (agglomérations comportant au moins 5 000 emplois) et de leur espace périurbain*.
- **Périurbanisation, espace périurbain :** extension de la ville au-delà du pôle urbain (il y a rupture du bâti) où 40 % au moins de la population active travaille dans l'aire urbaine.

Voir lexique p. 312

1 La population des aires urbaines (1962-2006)

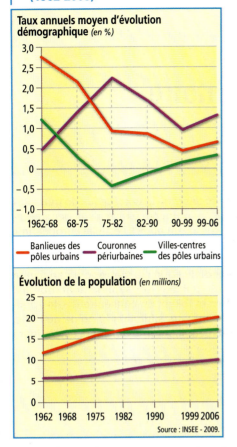

2 L'espace à dominante urbaine

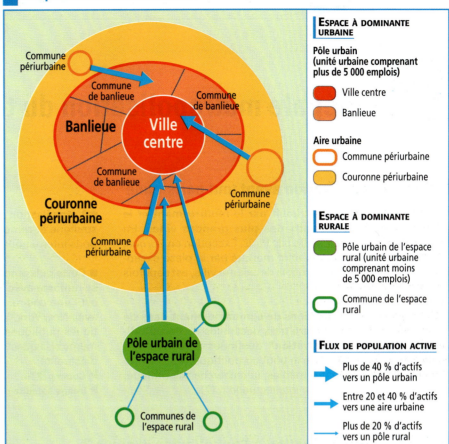

3 Croissance et décroissance urbaine

Les unités urbaines (plus de 80 000 habitants) à croissance de plus de 25 % entre 1975 et 2006	
Unités satellites d'une grande métropole	Annemasse
Héliotropisme* positif	Fréjus, Saint-Raphaël, Perpignan, Toulon
Attractivité économique	Toulouse, Nice, Bordeaux, Montpellier, Orléans, Annecy, Chambéry, Pau, Avignon, Bayonne

Les unités urbaines (plus de 80 000 habitants) en déclin démographique entre 1975 et 2006	
Effondrement d'une activité industrielle	Douai, Lens, Valenciennes, Béthune, Forbach, Saint-Étienne, Maubeuge, Thionville, Metz, Béziers
Restructurations industrielles	Montbéliard, Le Mans, Le Havre, Dunkerque, Rouen, Boulogne, Bourges

D'après *Population et avenir*, n° 699, 2010.

4 Variation de la densité de la population entre 1999 et 2006

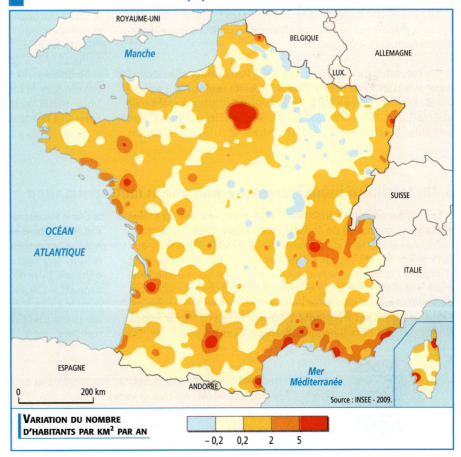

Chapitre 4 La France en villes

CE QU'IL FAUT SAVOIR

Cours 2 — L'inégale métropolisation du territoire

1. Une métropolisation avant tout parisienne

■ **La métropolisation se traduit par le renforcement et la concentration des pouvoirs des plus grandes villes.** En France, il s'agit en premier lieu de Paris. Exception en Europe, le territoire français est en effet marqué par la place exceptionnelle de sa capitale : Lyon, la deuxième ville, est sept fois moins peuplée.

■ **Paris accapare les fonctions de commandement dans de nombreux domaines** malgré trois décennies de **décentralisation*** et de **déconcentration*** destinées à réduire son importance. Elle concentre le pouvoir politique, les lieux de décision économique, les médias, la recherche scientifique, la création artistique, la vie intellectuelle… **(7)**.

■ **L'organisation en étoile des principaux réseaux de transport** souligne et renforce ce phénomène. Grâce à ses deux aéroports internationaux, Paris est un *hub** à l'échelle européenne.

■ **Cette puissance parisienne, héritée d'une longue tradition, se renforce avec la mondialisation :** la métropole parisienne est l'une des rares villes globales de rayonnement mondial avec New York, Londres et Tokyo. En conséquence, les politiques publiques ne visent plus à affaiblir le poids de Paris, même si la question du rééquilibrage du territoire est toujours d'actualité.

▶ Cours p. 270   ▶ Étude de cas p. 158
▶ Image satellite p. 70-71

2. Quelle métropolisation à l'échelle des régions ?

■ **Les métropoles régionales ont un poids modeste à l'échelle européenne.** Cependant, elles sont le lieu, depuis trente ans, d'une forte polarisation à l'échelle du territoire français. Lieux de pouvoir de **collectivités territoriales*,** elles sont des acteurs dynamiques qui impulsent des politiques de développement économique.

■ **Certes, elles ne rivalisent pas avec Paris, mais elles dominent et structurent le territoire à l'échelle régionale.** Les services rares (université, CHU, lieux culturels…), les commerces spécialisés, les activités économiques innovantes, les emplois, la périurbanisation, les infrastructures de transport rapide (aéroport, gare TGV…) donnent une véritable impulsion aux territoires qui les entourent **(6)**.

■ **Ces métropoles régionales renforcent leur attractivité,** en particulier par la rénovation des centres-villes : Euralille, l'Île-de-Nantes, Confluence à Lyon, Euroméditerranée à Marseille **(5)** ; il s'agit, dans un contexte de concurrence entre métropoles, de renforcer leurs fonctions internationales, de développer la recherche et les activités de haute technologie pour mieux les insérer dans les réseaux des métropoles françaises et européennes.

▶ Étude de cas p. 134

3. Un territoire inégalement marqué par la métropolisation

■ **Les espaces à dominante rurale* éloignés des grandes villes sont en marge de la métropolisation.** C'est en particulier le cas dans la « diagonale du vide » des Pyrénées aux Ardennes. Un réseau de villes moyennes et petites permet d'assurer l'accès aux services et commerces non spécialisés, mais pas aux services supérieurs qui recherchent la situation géographique privilégiée et l'interaction des services urbains. Cette situation est fréquente à l'Ouest du pays (Normandie, Bretagne) et à l'Est (Lorraine, Franche-Comté).

■ **Dans les espaces ruraux isolés, l'effet de distance-temps* réduit le nombre de commerces et de services accessibles.** Même traversés par des réseaux de transport rapides qui relient les métropoles entre elles (LGV, autoroutes), ces espaces intermédiaires peuvent être victimes d'un **« effet tunnel* »** s'ils ne bénéficient ni de gares ni d'échangeurs. Les dynamiques métropolitaines apparaissent donc bien comme les principaux déterminants de l'organisation du territoire français.

Mots clés

- **Métropolisation :** concentration accrue des hommes et des activités de décision, de conception et de direction dans les métropoles les plus grandes.
- **Métropole :** ville importante qui exerce son influence sur un territoire étendu, régional, national, international, voire mondial.

* Voir lexique p. 312

5 Le quartier Euralille

Un centre d'affaires connecté au réseau TGV européen.

1. Euralille
2. Lille Europe : gare TGV Paris-Londres-Bruxelles
3. LGV
4. Lille Flandres : gare TER, Corail, TGV Paris

6 La métropolisation des grandes villes françaises

À l'exception de la ville-monde francilienne, d'autres agglomérations françaises peuvent-elles rejoindre le cercle des puissantes agglomérations européennes et mondiales ? Comment celles-ci peuvent-elles espérer combler l'écart et rattraper le temps perdu ? Deux aspects apparaissent comme primordiaux : une ville doit pouvoir compter sur une masse critique de fonctions supérieures relevant d'activités diversifiées, ces éléments doivent se connecter pour créer un effet réseau.

Avec l'arrivée du TGV, le quartier de la gare devient un pôle majeur pour l'expression de la métropolisation. Le concept de *waterfront* constitue une autre entrée stratégique ; en requalifiant des quartiers industriels ou portuaires, il met de nouveaux quartiers en scène en utilisant le front d'eau sur les rives d'un fleuve ou un espace maritime. La création de parcs technologiques (ou technopôles) constitue une autre opportunité. La culture apparaît aussi comme un domaine où les villes peuvent s'affirmer sur la base d'un patrimoine spécifique et reconstruit dans un contexte de métropolisation.

D'après R. Woessner, *La France, aménager les territoires*, Sedes, 2008.

7 Les emplois « métropolitains » en France

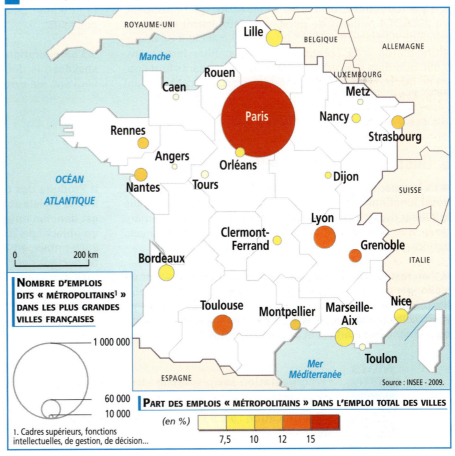

Nombre d'emplois dits « métropolitains[1] » dans les plus grandes villes françaises

1 000 000 / 60 000 / 10 000

1. Cadres supérieurs, fonctions intellectuelles, de gestion, de décision…

Part des emplois « métropolitains » dans l'emploi total des villes (en %) : 7,5 – 10 – 12 – 15

Source : INSEE - 2009.

CE QU'IL FAUT SAVOIR

Cours 3 — Aménager les villes : réduire les fractures sociales et spatiales

1. Un espace urbain très fragmenté

■ **Les villes présentent des contrastes socio-spatiaux de plus en plus marqués (8).** Les populations les plus aisées peuvent choisir leur lieu d'habitation selon leurs aménités* : centre-ville rénové ou réhabilité **(gentrification),** banlieue pavillonnaire, périurbain proche.

■ **À l'inverse, les catégories sociales les plus modestes sont exclues de ces quartiers** recherchés à cause du coût élevé du logement ; elles sont souvent reléguées dans des quartiers anciens dégradés, des grands ensembles de banlieue des années 1960 et certaines zones périurbaines éloignées.

■ **Une véritable fragmentation socio-spatiale s'institue (11) :** dans certains quartiers, les résidents cumulent les difficultés sociales (chômage, problèmes de logement, de santé, faibles qualification et mobilité). À l'inverse, les résidences fermées aisées se développent, surtout en région parisienne et dans le Sud du pays.

2. Une succession de politiques de la ville

■ **Depuis la fin des années 1970, une politique dite « de la ville » a été instituée, centrée sur les quartiers en difficulté.** Ils concentrent les interventions publiques destinées à lutter contre les phénomènes d'exclusion des populations urbaines défavorisées.

■ **Il y a 750 zones urbaines sensibles (ZUS)** qui regroupent, en 2006, 4,4 millions de personnes **(10).** Parmi elles, une centaine de **zones franches*** urbaines bénéficient de dispositifs d'aide à la création d'emplois. Plus largement, 2 500 quartiers regroupant 7,9 millions d'habitants font l'objet de **Contrats urbains de cohésion sociale (CUCS)** associant l'État et les collectivités.

■ **Le programme national de rénovation urbaine vise à restructurer,** dans un objectif de mixité sociale (présence de catégories sociales différentes dans un même quartier) et de développement durable, **530 quartiers** classés en zone urbaine sensible. Il s'agit, sous l'égide de l'**Anru (Agence nationale pour la rénovation urbaine),** de réhabiliter, démolir et édifier des logements et des équipements publics ou collectifs.

■ **L'amélioration du cadre bâti ne résout pas les difficultés sociales ;** le déficit de formation et d'activités s'y aggrave souvent, les symptômes de tensions urbaines y persistent.
▶ Gérer les territoires p. 114

3. Quelles villes pour quelle société ?

■ **La fragmentation spatiale n'est pas seulement sociale mais aussi fonctionnelle.** Le zonage de l'espace, pratiqué depuis le milieu du XXᵉ siècle, a conduit à spécialiser les quartiers de la ville en séparant l'habitat des activités (commerces, services, industries).

■ **Il en résulte des déplacements urbains qui ne cessent de s'allonger** au fur et à mesure de l'étalement urbain. La mobilité urbaine est très inégale entre les habitants **(9).** Des transports collectifs plus « doux » peuvent contribuer au décloisonnement des quartiers et à la décongestion du centre-ville.

■ **Produire des territoires urbains qui assurent à la fois une mixité sociale et une mixité fonctionnelle** (activités et habitat) est donc un enjeu majeur. Votée en 2000, la **loi SRU*** a fixé un objectif de 20 % de logements sociaux par commune en 2020 ; mais, en 2010, 45 % des communes assujetties ne la respectent pas. Les collectivités sont également incitées à maîtriser l'organisation de leur territoire en établissant des **Schémas de cohérence territoriale (Scot)*** et les déplacements par des **Plans de déplacements urbains (PDU)***.

Mots clés

- **Fragmentation socio-spatiale :** des espaces urbains contigus fonctionnent sans lien à cause des écarts sociaux importants entre leurs populations respectives.
- **Gentrification :** processus de retour des catégories aisées dans les centres des villes après réhabilitation urbaine.

Voir lexique p. 312

8 Le parc de logements sociaux à Rennes

TAUX DE PARC SOCIAL PAR QUARTIER (2009)
(En % du parc de logements) : 15 — 30 — 50

Source : AUDIAR (Agence d'urbanisme de l'agglomération rennaise).

9 Les transports collectifs : un élément d'exclusion urbaine
Couverture de *Villes et transports magazine*, avril 2008.

10 Comparaison des zones urbaines sensibles et des agglomérations auxquelles elles appartiennent

Part en %, (en 2006)	Zones urbaines sensibles (ZUS)	Agglomérations comprenant des ZUS
Moins de 20 ans	32	25
Étrangers	18	8
Familles monoparentales	26	16
Ménages de 5 personnes et plus	13	7
Taux de chômage des 15-59 ans (2009)	19	10
Taux de pauvreté* (2008)	29	12
Population bénéficiaire de la CMU[1] (2009)	19	8
Ménages locataires de HLM	60	20
Logements ayant 5 pièces ou plus	17	26

1. Couverture maladie universelle.

11 L'exclusion sociale dans l'unité urbaine de Marseille

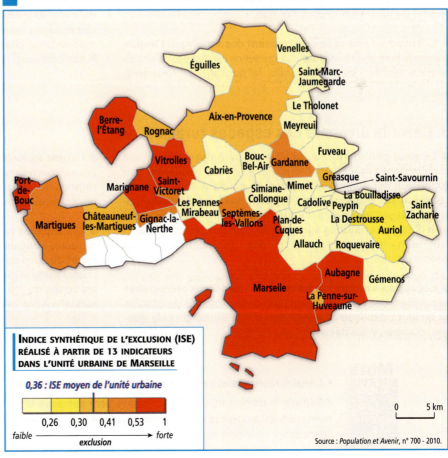

INDICE SYNTHÉTIQUE DE L'EXCLUSION (ISE) RÉALISÉ À PARTIR DE 13 INDICATEURS DANS L'UNITÉ URBAINE DE MARSEILLE

0,36 : ISE moyen de l'unité urbaine

0,26 — 0,30 — 0,41 — 0,53 — 1
faible ← exclusion → forte

Source : *Population et Avenir*, n° 700 - 2010.

Chapitre 4 — La France en villes

CE QU'IL FAUT SAVOIR

Cours 4 : Les espaces ruraux : entre attractivité urbaine et nouvelles formes de développement

1. Des espaces intégrés aux dynamiques urbaines

■ **La population des espaces à dominante rurale augmente au même rythme que celle de l'ensemble du territoire français (+ 0,7 % par an).** Des populations citadines viennent s'installer toujours plus loin du pôle urbain où elles travaillent. Les paysages agraires ou le bâti des villages ont l'allure de campagnes, mais la vie suit le rythme urbain de l'agglomération proche.

■ **Cette influence s'étend largement au-delà des couronnes périurbaines** : elle a stoppé la dévitalisation des campagnes. Seul l'espace rural qualifié d'isolé ou de profond échappe en grande partie à ces processus. L'espace rural en déprise démographique tend toutefois à se restreindre : en 2006, il ne représente plus que 3,2 % du territoire et 5,6 % de la population.

2. Des usages nouveaux liés à une société citadine

■ **Les espaces ruraux ne s'identifient plus à l'agriculture**, même si la moitié de la superficie du territoire français est utilisée pour la production agricole. Cette fonction reste très présente dans les paysages, mais elle n'occupe plus que 780 000 actifs en 2007. Les communes rurales, même éloignées des grandes villes, n'ont plus qu'une minorité d'actifs dans l'agriculture. Dans le quart Nord-Est de la France ou dans le Choletais, dans l'Ouest, une activité industrielle, même en déclin est encore notable.

■ **Les espaces ruraux se caractérisent désormais par l'importance de l'emploi résidentiel.** La présence croissante de retraités, de résidences secondaires, le passage de touristes, contribuent à faire vivre ces espaces ruraux et rééquilibrent le territoire par la richesse qui est transférée **(12).** Cela est très marqué à proximité des littoraux, sur le pourtour méditerranéen et dans certaines régions de montagne.

■ **La présence de touristes et résidents de pays européens a pu insuffler un dynamisme** dans certaines régions présentant d'importantes **aménités*,** comme le Périgord, grâce à l'essor du trafic *low cost* qui anime les aéroports régionaux **(14).** Les espaces ruraux deviennent donc un espace de consommation pour citadins.
▶ Carte enjeux p. 103

3. Gérer la diversité des espaces ruraux

■ **Le rural périurbain* et en voie de périurbanisation*** est directement associé aux métropoles par ses résidents. Son extension est cependant remise en cause à l'heure d'une réflexion sur la ville durable qui dénonce le coût environnemental et social élevé de l'étalement urbain. La consommation d'espaces naturels agricoles, le coût des réseaux collectifs (eau, assainissement) et des déplacements sont préoccupants.

■ **Les espaces ruraux touristiques, de résidences secondaires accueillant des retraités** tirent parti de la présence de citadins et de leurs dépenses. Le maintien d'une agriculture de qualité, durable, y est décisif.

■ **L'enjeu agricole est majeur pour les bassins de productions agroalimentaires** comme le Bassin parisien, la Bretagne, les régions de vignoble qui doivent être compétitifs et en même temps plus respectueux de l'environnement.

■ **Les espaces ruraux isolés,** où même l'activité agricole se rétracte, **sont un dossier majeur d'aménagement du territoire (15).** Le désengagement de services publics (école, gare, poste) est une question sensible **(13).** Des dispositifs, comme les **zones de revitalisation rurale*** ou les **pôles d'excellence rurale*** visent à enrayer un processus de désertification **(16).**
▶ Gérer les territoires p. 112
▶ Sujet Bac p. 299

Mots clés
- **Emploi résidentiel :** emploi de commerce, services, artisanat (BTP) directement lié à la résidence.
- **Espace à dominante rurale :** espace hors des aires urbaines. Il comprend les unités urbaines ayant moins de 5 000 emplois et les communes rurales non périurbaines (70 % de la superficie de la France métropolitaine et les deux-tiers des communes).

* Voir lexique p. 312

12 Les zones de revitalisation rurale (ZRR)

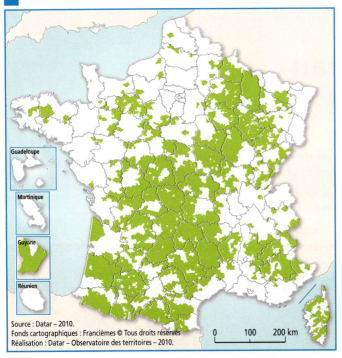

Source : Datar – 2010.
Fonds cartographiques : Francièmes © Tous droits réservés
Réalisation : Datar – Observatoire des territoires – 2010.

14 L'aéroport low cost de Carcassonne

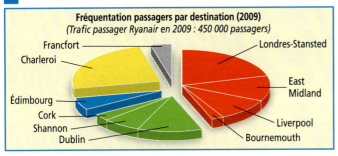

15 Douelle, village de 750 habitants dans le Lot

C'est un village de carte postale, le long d'une boucle du Lot, avec son architecture typique du Quercy, sa base de loisirs, ses vignes tirées au cordeau, son club de parapente, son ambiance estivale quand, en août, les enfants du pays reviennent, sa base fluviale où Australiens, Russes et Américains viennent louer une embarcation à la semaine pour remonter le fleuve.

Dans les années 1970, le nombre d'exploitations agricoles n'était plus que de 39. En 1945, il y en avait 92. Trente ans plus tard, les exploitations agricoles ont quasiment disparu. Restent sept vignerons. Aux cultures du tabac, de la fraise, de la vigne pour vin de table a succédé la monoculture du cahors, un vin d'appellation contrôlée, et quelques vergers de noyers.

Le nombre annuel des naissances a été divisé par deux, mais la population a augmenté (670 habitants en 1975, 750 aujourd'hui) grâce aux constructions, de l'autre côté du fleuve.

Les seuls étrangers sont des Anglais, qui retapent des maisons dans le coin et sont ravis de vivre dans un endroit où, quand on promène son yorkshire, on se dit bonjour même si on ne se connaît pas.

Le Monde, 19 novembre 2009.

13 Manifestation contre le désengagement des services publics

Les élus locaux protestent contre la nouvelle carte hospitalière, Guéret, juin 2010.

16 D'autres représentations de la campagne pour y vivre et y travailler autrement

Couverture de *Village Magazine*, novembre-décembre 2007.

GÉRER LES TERRITOIRES

Vers un renouveau de l'espace rural profond ?

L'exemple de la Montagne ardéchoise

■ La Montagne ardéchoise est un espace rural de moyenne montagne, trop éloigné des grandes villes pour bénéficier de leur dynamique. Pourtant l'exode rural a pris fin.

■ Cette « renaissance rurale » est le fait des acteurs locaux : elle vise à la fois à augmenter l'attractivité touristique et à assurer une qualité de vie aux habitants.

▶ **Quelles sont les nouvelles formes de développement pour l'espace rural profond ?**

1 Le Roux, commune du plateau ardéchois

Située entre 700 et 1 250 mètres d'altitude, la commune ne compte plus qu'une quarantaine de résidents permanents.

2 Évolution démographique de la Montagne ardéchoise

Population résidente (nombre d'habitants)	1968	1975	1982	1990	1999	2007
Communauté de communes « Sources de la Loire » (8 communes)	2 932	2 387	2 047	1 805	1 520	1 431
Communauté de communes « Entre Loire et Allier » (9 communes)	3 218	2 774	2 497	2 291	2 134	2 255
Communauté de communes « Cévennes et Montagne ardéchoise » (7 communes)	1 306	1 080	914	952	1 007	1 018

INSEE.

3 Un Pôle d'excellence rurale* (PER) en Montagne ardéchoise

Les dix-huit actions qui composent ce Pôle d'excellence rurale ont été regroupées sous quatre thématiques.

1. Construire une destination agricole et gastronomique (ex. : une maison pour le Fin Gras du Mézenc, un atelier pour la violine de Borée…).

2. Construire une destination culturelle et scientifique (ex. : des aménagements à l'abbaye de Mazan, des formations pour les guides du patrimoine…).

3. Construire une destination touristique (ex. : la modernisation des équipements du lac de Saint-Martial, le développement des activités de pleine nature…).

4. Construire une destination européenne (ex. : la création d'un espace culturel européen dans les bâtiments conventuels de l'abbaye du Monastier-sur-Gazeille, la valorisation des sources de la Loire comme « source d'Europe »).

Pour la construction du dossier « Pôle d'excellence rural », de nombreux partenaires publics et privés se sont mis autour de la table : départements de l'Ardèche et de la Haute-Loire, régions Rhône-Alpes et Auvergne, Parc naturel régional des Monts d'Ardèche, Communauté de communes, les chambres consulaires (agriculture, des métiers et chambres de commerce et d'industrie), des associations, les offices de tourisme et syndicats d'initiative.

Parc naturel régional (PNR) des Monts d'Ardèche.

4 Le tourisme : une ressource également en hiver à moyenne altitude

6 Nouveau projet de Pôle d'excellence rurale porté par la Communauté de communes « Sources de la Loire »

Le Pôle permettra d'installer une plate-forme de services dans le cadre d'une opération privée de création de logements dédiés aux personnes âgées, de créer une maison d'accueil rurale pour personnes âgées, la mise en place de trois espaces adaptés à l'enseignement de la musique, de la danse et à la lecture à destination des écoles et des adultes.

Il conduira à la réalisation d'une étude « déplacements mobilité » dans les domaines médical, scolaire et culturel dans le cadre d'une relation campagne-villes, à l'ouverture d'un nouvel espace de pluriactivités servant de refuge aux associations et au marché durant la période hivernale.

Il permettra également la création d'un gîte de groupe (labellisé « tourisme handicap »).

DATAR, 2010.

5 Valoriser l'élevage : l'AOC « Fin Gras du Mézenc »

L'agriculture occupe plus de 40 % des actifs de Mézenc sous la forme d'élevage : plus de 90 % de la surface agricole sont occupés par l'herbe. Face au déclin de la filière viande bovine, les acteurs locaux ont obtenu en 2006 le classement en AOC. Le « Fin Gras du Mézenc » est une viande de bœuf issue d'animaux élevés au foin et à l'herbe et engraissés durant le dernier hiver avec du foin naturel de montagne produit localement. Une fête annuelle accompagne la fin de la saison lorsque les animaux sortent de l'étable pour monter au pâturage.

Analyser les enjeux d'aménagement

1. Quels sont les handicaps de la Montagne ardéchoise dans un espace français métropolisé **(1)** ?

2. Quels sont les atouts valorisés pour son développement touristique **(1, 3, 4, 5)** ?

3. Quels sont les défis démographiques de cet espace **(1, 2)** ? Comment y répond-t-on **(4, 6)** ?

4. Quels acteurs sont impliqués dans les Pôles d'excellence rurale **(3, 4, 6)** ?

GÉRER LES TERRITOIRES

La politique de la ville pour réduire les fractures sociales et spatiales

L'exemple de la ville d'Argenteuil

- La commune d'Argenteuil (Val-d'Oise) est marquée par d'importants contrastes socio-spatiaux. 30 000 habitants sur 104 000 vivent en zone urbaine sensible (ZUS*).
- Pour réduire la fragmentation urbaine, la politique de la ville cible son action sur les ZUS, dont certaines sont classées en Zone franche urbaine (ZFU*) comme le Val-d'Argent.

1 Quelles sont les caractéristiques des quartiers en difficulté ?

Les problèmes que rencontrent les habitants des zones urbaines sensibles s'analysent aussi bien en termes de logement, d'emploi que d'accessibilité et de sous-équipement de leur quartier.

1 La Zone franche urbaine* (ZFU) du Val-d'Argent-Nord d'Argenteuil

Le Val-d'Argent est un quartier populaire de plus de 10 000 logements construits entre 1965 et 1975 avec une proportion de logements sociaux voisine de 55 %.

2 Argenteuil, du bourg viticole aux grands ensembles

Depuis la fin du XIXe siècle, villégiatures, maisons vigneronnes, ateliers et petites industries constituaient des caractéristiques traditionnelles d'Argenteuil, un catalogue d'architecture, que les peintres impressionnistes, en leur temps, ont su représenter.

Mais, dans les années 1960, comme les autres villes françaises, Argenteuil a un besoin criant de logements (environ 5 000 demandes déposées à Argenteuil en 1961) ; la ville est sous-équipée, mal desservie, fortement déséquilibrée.

Le ministère de la Reconstruction rattache alors la création du nouveau quartier d'Argenteuil aux opérations de « Grands Ensembles ». La nécessité de remodeler la vieille ville dont le nombre d'immeubles vétustes et de taudis est très élevé s'impose pour reloger les habitants et satisfaire les besoins de la population. En rupture avec l'urbanisme traditionnel, la construction accélérée de grands ensembles transforme radicalement le paysage et provoquent une dilatation des zones d'habitat et une accentuation des contrastes dans la ville.

www.ville-argenteuil.fr

3 Les territoires de la politique urbaine à Argenteuil (Zones franches urbaines* du Val d'Argent)

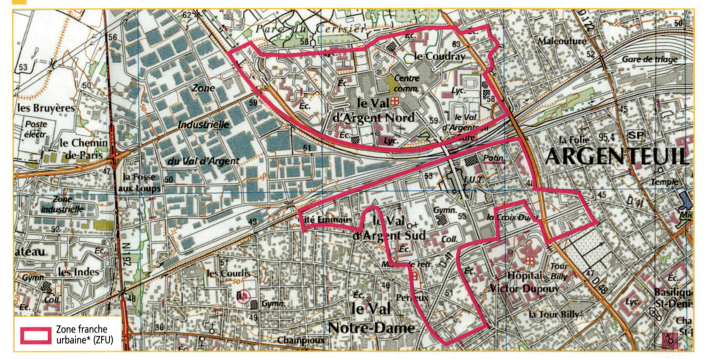

Zone franche urbaine* (ZFU)

4 Profil sociologique des zones urbaines sensibles d'Argenteuil

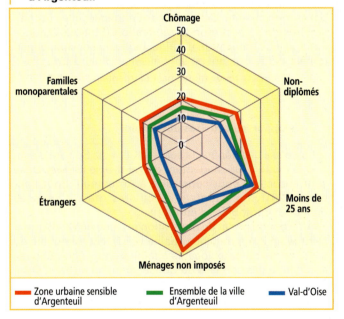

— Zone urbaine sensible d'Argenteuil
— Ensemble de la ville d'Argenteuil
— Val-d'Oise

5 Ils passent leurs vacances chez eux

Écouteurs sur les oreilles, casquettes vissées sur la tête, un petit groupe de cinq adolescents, environ 15-16 ans, s'assoie en silence sur une rampe. D'ici, ils surplombent un des accès qui monte sur l'esplanade Salvador Allende. La « dalle » d'Argenteuil est plutôt calme en ce moment. Les habitants du quartier expliquent cette tranquillité par une phrase, qui revient presque dans toutes les bouches : « C'est le business ». Selon eux, personne n'aurait intérêt à s'agiter, à cause des trafics en tout genre, cigarettes, drogues et armes dans le pire des cas.

Un peu plus au Nord d'Argenteuil, les enfants, de 8 à 12 ans sont plus nombreux. Ils jouent dans le square ou aux alentours des bâtiments. « Non, non, non… Nous on ne part pas en vacances ! », lance Aïcha, 32 ans, sur un ton presque moqueur adressé à ceux qui ont eu la chance de retourner quelques semaines au pays. « Mais on va plusieurs fois dans la semaine à Paris, dans les parcs ou bien dans les bases de loisirs »

20 minutes, 5 août 2009.

L'esplanade Salvador Allende à Argenteuil.

Analyser les enjeux d'aménagement

1. Quel type d'habitat constitue les quartiers aujourd'hui qualifiés de sensibles à Argenteuil (1, 2) ? Pourquoi ont-ils été construits ?

2. Ces quartiers sont-ils bien intégrés au reste de l'espace urbain (1, 3) ?

3. Comment les difficultés sociales des habitants se manifestent-elles (4, 5) ?

GÉRER LES TERRITOIRES

2 Comment relever les défis de la rénovation urbaine ?

Le projet de rénovation urbaine, initié depuis 2005, a pour objet de restructurer en profondeur le quartier du Val-d'Argent : désenclavement, diversification des fonctions et offre de logements.

6 Destruction des deux tours Mondor (décembre 2010)

Un des éléments du projet de rénovation urbaine de 2005 prévoyait la construction de 450 logements et la réhabilitation de 2 670 logements.

7 La rénovation du Val-d'Argent Sud

À la place des deux tours Mondor 3 et 4 démolies le 12 décembre 2010, 110 logements, répondant aux normes actuelles de développement durable, sortiront de terre : appartements avec balcon ou terrasse en logement social et une dizaine de maisons de ville en accession aidée à la propriété, ouvrant sur des espaces verts tout proches.

D'autres opérations seront lancées. Il s'agit de la réhabilitation de résidences : réseau électrique, isolation thermique, salles de bain et halls d'entrée rénovés, avec accès aux personnes à mobilité réduite ; détecteurs de fumée installés ; stationnement et espaces verts repensés... Beaucoup est fait pour redonner à l'habitat un vrai confort pour en faire un lieu de vie agréable, bien intégré au quartier, qui sera doté d'un bel espace vert.

La construction d'une nouvelle maison de quartier est programmée. Point administratif, salles de réunions, point-lecture en constitueront les services pratiques pour la population du quartier, où vivent plus de 9 000 personnes.

Informés des projets, les habitants du secteur sont régulièrement tenus au courant de l'avancement des travaux par la municipalité. Celle-ci s'y est engagée, avec les partenaires de cette profonde rénovation (État via l'Agence nationale de rénovation urbaine, bailleurs sociaux, département et région), qui en sont aussi les financeurs.

D'après la revue municipale *L'Argenteuillais,* n° 95, 2010.

9 Développer les activités et l'emploi

La Caisse des dépôts, la société Kilic et la Société d'économie mixte d'aménagement du Val-d'Oise (SEMAVO) se sont associées pour construire à Argenteuil, pour l'automne 2011, un bâtiment d'activités mêlant services publics et immobilier d'entreprise.

Au cœur du projet de rénovation urbaine du Val-d'Argent et situé en Zone franche urbaine (ZFU), cet immeuble de 3 293 m² de bureaux locatifs à faibles coûts énergétiques accueillera des services du Conseil général du Val-d'Oise, un poste de police et des bureaux d'entreprises.

Caisse des Dépôts, janvier 2011.

8 Sauver le parc d'activités du Val-d'Argent

Le parc d'activités du Val-d'Argent meurt à petit feu. Étendu sur 125 hectares, il accueille près de 300 entreprises où travaillent 4 000 personnes. Mais plus personne ne vient s'y installer : il souffre d'infrastructures inadaptées. Dès le mois de septembre, une nouvelle navette sillonnera la zone d'activités.

Le Parisien.fr, rubrique Argenteuil, 6 juillet 2009.

Analyser les enjeux d'aménagement

1. Quelles sont les différentes actions menées dans le cadre de la rénovation urbaine (6, 7) ?

2. Quels sont les acteurs impliqués (7, 9) ?

3. Quels sont les objectifs des initiatives dans le domaine économique à Argenteuil (8, 9) ? En quoi est-ce important pour les quartiers sensibles de la ville (4, 8, 9) ?

MÉTHODES & PRÉPA BAC — CAHIER 2

THÈME 2
Aménager et développer le territoire français

MÉTHODES & ENTRAÎNEMENT BAC

- **Composition** ▶ Aptitudes et contraintes du territoire français *(p. 118-119)*
- **Réaliser un croquis** ▶ Répartition et évolution spatiale de la population de la France métropolitaine *(p. 120-121)*

LES SITES UTILES

- **Ministère "du développement durable"**
  ▶ Observation et statistiques de l'environnement *(p. 122-123)*

RÉVISER

- **Chapitre 3**
  ▶ Les connaissances *(p. 124)*
  ▶ Des localisations *(p. 125)*
  ▶ Des notions, des expressions clés *(p. 125)*
- **Chapitre 4**
  ▶ Les connaissances *(p. 126)*
  ▶ Des localisations, des notions, des expressions clés *(p. 127)*

MÉTHODES & ENTRAÎNEMENT — BAC 4

COMPOSITION
ANALYSE DE DOCUMENT
RÉALISER UN CROQUIS
RÉALISER UN SCHÉMA

Sujet ▶ Aptitudes et contraintes du territoire français.

Pour réussir la composition, vous devez adopter une démarche en 4 étapes.

1 Lire le sujet de la composition

Méthode
- Afin **d'éviter le hors-sujet,** délimiter le sujet dans l'espace.
- Chercher **les mots importants** du sujet et les implications des **mots de liaison** :
  – « et » : peut suggérer une comparaison, une mise en relation :
    Exemple : Grandes **et** petites villes en France ;
  – « ou » peut indiquer une opposition entre deux phénomènes géographiques :
    Exemple : Les aménagements touristiques : valorisation **ou** dégradation de l'environnement ?
- Identifier **les mots clés** du sujet pour en préciser le sens et éclairer le sujet :
  Exemple : aménagement, territoire…

Application
▶ À quel territoire s'applique le sujet ? Les territoires ultramarins entrent-ils dans le sujet ?
▶ Quels sont les mots importants du sujet ? Donnez la définition d'« aptitude », de « contrainte ». Par quels mots peut-on les remplacer ?
▶ Comment interpréter ici le mot de liaison « et » ?

2 Poser la problématique du sujet

Méthode
- **Se demander** quelles sont les questions clés que le libellé du sujet recouvre :
  – quel problème géographique pose-t-il ?
  – à quel thème le sujet fait-il référence : naturel, économique, démographique…
- **Vérifier** si le sujet invite à :
  – traiter un phénomène qui se traduit dans l'espace :
    Exemple : Les espaces de la ville en France ;
  – évoquer des facteurs explicatifs :
    Exemple : Localisation des activités de production en France ;
  – envisager une typologie :
    Exemple : Les contrastes de richesse dans l'Union européenne.
- **Se demander** quels éléments permettent de nuancer, de limiter la question ou l'affirmation du sujet.
- **Rédiger la problématique du sujet** en formulant la ou les questions qui seront le fil directeur du devoir.

Application
▶ Quels éléments constitutifs du territoire français facilitent son occupation, sa mise en valeur et son aménagement par les hommes ?
▶ Des éléments naturels (relief, climat…) peuvent-ils constituer un handicap à son occupation, à sa mise en valeur ?
▶ Les hommes peuvent-ils surmonter certaines contraintes ?
▶ Les atouts et les contraintes sont-elles identiques en France métropolitaine et dans les territoires ultramarins ?

3 Élaborer le plan

Méthode
- **Faire le point au brouillon** des arguments, des exemples à partir desquels la démonstration sera conduite en relation avec la problématique.
- **Réunir les informations** retenues en **deux ou trois grands thèmes** qui formeront les deux ou trois paragraphes de la composition.

Conseil : pour beaucoup de sujets, on peut :
– **commencer par le constat descriptif** ;
– puis **présenter les explications** ;
– terminer soit **par les nuances, les limites** à apporter à la réponse au problème posé, soit par **une typologie**.

Application

▶ **En fonction de la problématique, rassemblez au brouillon, les informations suivantes :**
– superficie du territoire français ; localisation des territoires ultramarins (**Carte enjeux p. 84** et **Cours p. 86**) ;
– position du pays en Europe et dans le monde ;
– variété des climats, des reliefs : des atouts, des ressources ;
– des milieux contraignants : espaces plus ou moins fermés (montagnes), des aléas, des risques (**Cours p. 88**) ;
– des milieux et des paysages à protéger (**Cours p. 90**).

▶ **Classez les informations afin de répondre au sujet.**
Reproduisez le tableau ci-dessous et complétez-le avec les informations que vous avez sélectionnées ;

Le territoire français : de multiples atouts	Le territoire français : des contraintes, des risques	Un fort potentiel naturel à valoriser et à ménager

4 Rédiger la composition

Méthode

La composition doit comporter :
- Une **introduction**, en une ou deux phrases, qui doit :
  – montrer l'intérêt du sujet ;
  – mettre en évidence la ou les problématiques ;
  – annoncer le plan.
- Un **développement** organisé en **deux ou trois paragraphes** :
  – débuter chaque **paragraphe** par une courte phrase annonçant les idées développées ;
  – rédiger une **phrase de transition** entre les paragraphes.

Conseil : vous pouvez introduire un schéma pour illustrer, renforcer les arguments utilisés dans le devoir (Méthode p. 62).
- Une ou deux phrases de **conclusion** présentent le bilan du devoir.

Application

▶ **Rédigez l'introduction** en utilisant la problématique du sujet.
▶ **Rédigez le développement** en l'organisant en trois **paragraphes** : utilisez les informations regroupées dans le tableau ci-dessus.

Exemple : pistes pour rédiger le 1er paragraphe.
Le territoire français est doté de nombreux atouts naturels. La France est un vaste pays, largement ouvert sur l'Océan Atlantique et les mers qui le prolongent.
La France offre une grande variété de climats : tempéré en métropole, tropicaux chauds dans un certain nombre de territoires ultramarins (Antilles, La Réunion…).
Des plaines, des plateaux, de grandes vallées offrent à la fois des potentialités à l'agriculture (bons sols), à la fourniture d'énergie (fleuves aménagés) et à la circulation.
Les montagnes et des littoraux aujourd'hui convoités et aménagés sont des atouts importants.

Schéma – Aptitudes du territoire français métropolitain

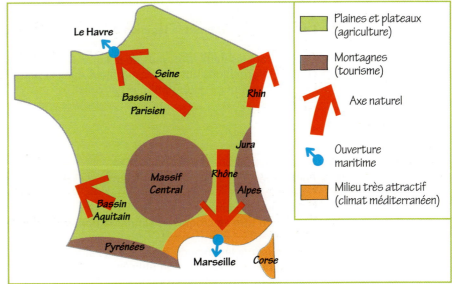

▶ **Rédigez la conclusion.**

MÉTHODES & ENTRAÎNEMENT — BAC 5

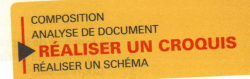

COMPOSITION
ANALYSE DE DOCUMENT
▶ **RÉALISER UN CROQUIS**
RÉALISER UN SCHÉMA

Sujet ▶ **Répartition** et **évolution spatiale** de la population de la France métropolitaine.

Pour réaliser un croquis, vous devez procéder en 4 étapes.

1 Analyser le sujet du croquis

Méthode
- **S'interroger** sur ce que doit montrer le croquis. Lire attentivement le sujet afin :
  – de cerner **l'espace géographique concerné** par le sujet ;
  – d'identifier **sa problématique** ;
  – de relever **les mots importants**.

Application
- ▶ À quel territoire le sujet s'applique-t-il ?
- ▶ Les territoires ultramarins entrent-ils dans le sujet ?
- ▶ Pourquoi a-t-on surligné des mots dans le sujet ?
- ▶ Quels sont les traits majeurs de la répartition spatiale de la population française ?
- ▶ Quelles sont ses dynamiques spatiales ?

2 Lister les informations à cartographier

Méthode
- **Rechercher** quelles sont les **informations indispensables** au traitement du sujet et à la conception du croquis ; au brouillon, **établir la liste de ces informations**.
  À noter : un trop grand nombre d'informations peut nuire à la réalisation et à la lisibilité du croquis.

Application
- ▶ Quelles informations de la liste suivante peut-on retenir pour traiter le sujet ?

▪ Grands aéroports	▪ Densité de la population	▪ Grandes aires urbaines
▪ Étalement urbain	▪ Régions de montagne	▪ Littoraux attractifs
▪ Trafic autoroutier	▪ Montagnes dynamiques	▪ Régions attractives
▪ Régions peu peuplées	▪ Stations balnéaires	

3 Organiser la légende du croquis

Méthode
- **Classer les informations** en relation avec la problématique du sujet en les regroupant en **deux rubriques**.
- **Les rubriques formeront la légende du croquis** : donner à chacune un sous-titre.

Application
- ▶ Quelles sont les deux rubriques de la légende du **croquis 1** ?
- ▶ Quelles informations ont été rassemblées dans la première rubrique ? Dans la seconde ?
- ▶ Ces deux rubriques répondent-elles au sujet ?

4 Construire le croquis

Méthode
- Pour représenter chacune des informations, **choisir des figurés adaptés**. (Utilisez le **Langage cartographique p. 324-325**)
- **Dessiner** le croquis sur le fond de carte.
- Donner un **titre** au croquis et ajouter la **nomenclature** nécessaire.

Application
- ▶ Reproduisez la légende du **croquis 1**. À l'aide du **tableau 2**, complétez la légende.
- ▶ Quels types de figurés a-t-on utilisés ? Pourquoi a-t-on utilisé des hachures ?
- ▶ Proposez un titre pour le croquis. À quoi correspond le **tableau 3** ?
- ▶ Vérifiez si le croquis réunit tous les critères d'un bon croquis. Utilisez le **Conseils Bac**.

Croquis 1 : ....

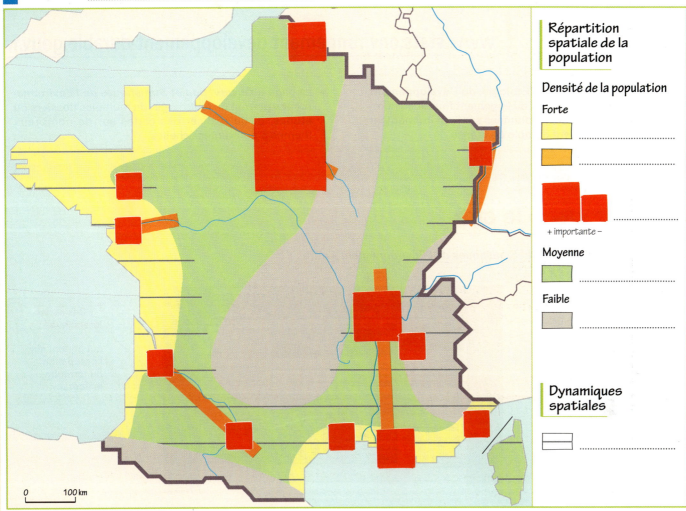

Répartition spatiale de la population

Densité de la population

Forte
- ▭ (jaune) ....
- ▭ (orange) ....
- ■ ■ (rouge, + importante –) ....

Moyenne
- ▭ (vert) ....

Faible
- ▭ (gris) ....

Dynamiques spatiales
- ▭ ....

0   100 km

2 Tableau

Littoral attractif	Grande vallée, axe de circulation
Grande région urbaine et/ou industrielle	Espace à dominante agricole
Espace peu peuplé (montagnes, plateaux)	Forte croissance démographique : solde migratoire positif

3 Tableau

■ Seine	■ Rhône
■ Garonne	■ Loire

■ ALPES	■ PYRÉNÉES
■ MASSIF CENTRAL	■ CORSE

■ Paris	■ Lille	■ Lyon
■ Marseille	■ Toulouse	■ Bordeaux
■ Nice	■ Strasbourg	■ Nantes
■ Rennes	■ Grenoble	

■ Manche	■ Méditerranée	■ Océan Atlantique

Conseils Bac

Un bon croquis de géographie doit comporter :

- Un **titre** correspondant au sujet.

- Une **légende organisée en rubriques annoncées par des sous-titres** : si possible, les sous-titres doivent former en eux-mêmes une réponse au sujet.

- Des **figurés et des couleurs adaptés** : afin de soigner la réalisation du croquis, utilisez des crayons de couleur pour les figurés de surface et des feutres pour ajouter les figurés ponctuels et les traits ou flèches.

- Une **nomenclature complète** : l'écriture des noms doit être horizontale *(sauf pour les fleuves)* et la taille des noms identique pour un même type d'information.

Thème 2 Aménager et développer le territoire français

LE SITE UTILE CHAPITRE 3

www.stats.environnement.developpement-durable.gouv.fr

▶ **Le site du Ministère de l'Écologie, du Développement durable, des Transports et du Logement** fournit de nombreuses informations et données sur l'environnement et le développement durable en France.

▶ La page **« Observation et Statistiques de l'Environnement »** permet de télécharger de multiples **dossiers ou études,** et de réaliser des cartes sur de nombreux thèmes à différentes échelles.

1 Entrer dans le site

La page « *Observation et Statistiques de l'Environnement* » offre :

1 Des études, des documents, des indicateurs et un accès thématique
sur toutes les questions d'environnement

2 Des cartes interactives
qui portent sur l'occupation du territoire, le littoral…

Intérêt du site

• Le site possède un **outil de cartographie interactive** *Géoïdd* (*Géographie et indicateurs du développement durable*) autorisant la cartographie de nombreux indicateurs, liés au développement durable, sur l'ensemble du territoire français.

• *Géoïdd* permet de visualiser à **toutes les échelles du territoire :**
– des indicateurs statistiques *(Outil de visualisation statistique)* ;
– des données sur l'occupation du sol, les risques… *(Outil de visualisation géographique).*

2 Naviguer dans le site

● **Exemple :** utiliser l'outil de visualisation statistique

L'outil de visualisation statistique GEOIDD cartographie une large gamme d'informations sur le territoire de la France dans une perspective de développement durable : population, agriculture, risques, qualité de l'air, de l'eau… Avec GEOIDD, on peut croiser sur une même carte certaines de ces informations.

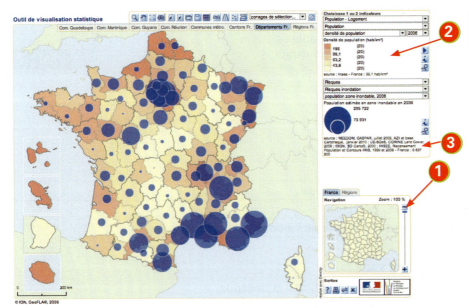

▶ **Pour réaliser une carte avec l'outil de visualisation statistique**

Choisir :

❶ *L'échelle de la carte.*

❷ Un *domaine,* puis un *thème* et un *indicateur* (ici densité de la population des départements en 2006).

▶ **Pour afficher une seconde information sur la carte**

❸ *Choisir un autre domaine,* un autre *thème* et un autre *indicateur* (ici population en zone inondable en 2006).

● **Exemple :** utiliser l'outil de visualisation géographique

L'outil de visualisation géographique GEOIDD donne une vision détaillée et précise de l'occupation du territoire français : espaces urbanisés, agricoles, zones protégées… On peut zoomer sur un territoire précis, faire varier le nombre d'informations cartographiées.

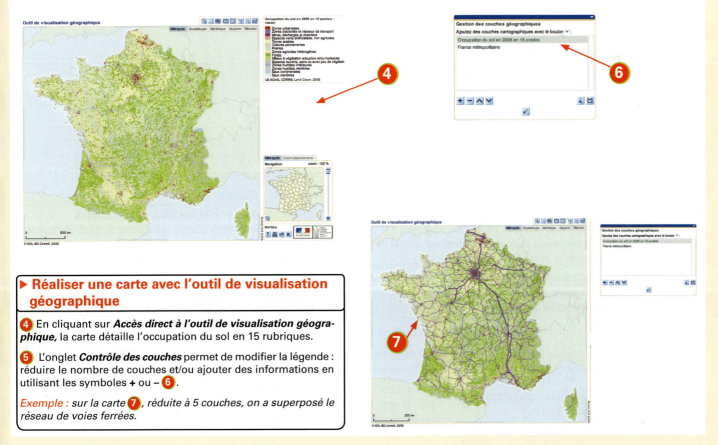

▶ **Réaliser une carte avec l'outil de visualisation géographique**

❹ En cliquant sur *Accès direct à l'outil de visualisation géographique,* la carte détaille l'occupation du sol en 15 rubriques.

❺ L'onglet *Contrôle des couches* permet de modifier la légende : réduire le nombre de couches et/ou ajouter des informations en utilisant les symboles **+** ou **–** ❻.

Exemple : sur la carte ❼, réduite à 5 couches, on a superposé le réseau de voies ferrées.

RÉVISER CHAPITRE 3

> VALORISER ET MÉNAGER LES MILIEUX

1 Les connaissances

1 La France un territoire privilégié ?

▶ Indiquez quelles affirmations du tableau sont vraies ou fausses.
Lorsqu'une affirmation vous paraît être fausse, indiquez pourquoi.

	VRAI	FAUX
La France est située aux latitudes moyennes		
Par sa superficie, la France est le second pays d'Europe occidentale		
La France a un climat tempéré		
La France ne possède pas de grandes chaînes de montagnes		
Kourou fait partie du territoire français		
La France d'outre-mer est constituée par les DROM		
Une partie du territoire français est située dans le domaine intertropical		
La France n'a pas de Zone économique exclusive (ZEE) importante		
Le potentiel en ressources renouvelables de la France est relativement important		

2 Un territoire fragile fortement transformé et vulnérable

▶ Pour réaliser l'évaluation, reproduisez et complétez le tableau ci-dessous.
Indiquez les arguments qui attestent ou infirment chacune des affirmations.

AFFIRMATIONS	VRAI	FAUX	ARGUMENTS
Le littoral français est en grande partie artificialisé			
Les aléas naturels ne concernent que les DROM			
L'imperméabilisation des sols aggrave le risque d'inondation			
Lorsqu'un danger potentiel peut affecter une population, on parle d'« aléa »			
Les risques technologiques sont surtout localisés dans les villes et les espaces industrialo-portuaires			
Par « environnement », on désigne ce qui environne une société et qui comprend des éléments physiques (eau, sol, air, relief), la faune, la flore ; ces composantes ayant été modifiées par les activités humaines passées ou actuelles			

3 Gérer durablement le territoire

▶ Quelle expression clé, indiquée ci-dessous, correspond à chacune des définitions du tableau ?

Agenda 21 / Charte de l'environnement / Grenelle de l'environnement / Gestion durable

■ Ensemble des dispositifs réglementaires censé assurer la durabilité d'un espace, ou mode de gestion destiné à valoriser les avantages économiques et environnementaux d'un espace tout en le ménageant pour les générations futures	■ Négociations entre l'État, les ONG, les entreprises, les syndicats et les collectivités locales qui se sont déroulées en France, en 2007, dans le but d'intégrer le développement durable aux politiques d'aménagement
■ Ensemble de recommandations, proposé lors de la Conférence de Rio pour le XXIe siècle en 1992, destiné à promouvoir le développement durable à l'échelle planétaire	■ Faisant partie de la Constitution de la Ve République par la loi constitutionnelle de 2005, texte qui affirme le droit de chacun à un environnement sain et le devoir de protéger ce patrimoine

▶ Vérifiez si les sigles du tableau ci-dessous correspondent aux définitions qui conviennent.

		OUI	NON
DREAL (Direction régionale de l'environnement, de l'aménagement et du logement)	Administration qui s'occupe des impacts des risques industriels sur l'environnement, les biens et les personnes		
DTADD (Directive territoriale d'aménagement et de développement durable)	Document de planification, d'aménagement et d'urbanisme, élaboré sous la responsabilité de l'État, des collectivités territoriales et des groupements de communes concernés		

2 Des localisations

Schéma 1 : ....

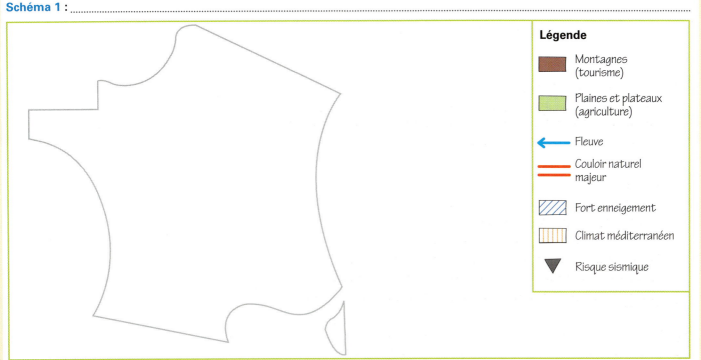

▶ Reproduisez le schéma 1 et complétez-le à l'aide des informations fournies par la légende. Donnez-lui un titre.

3 Des notions, des expressions clés

▶ Lequel des documents 2, 3 ou 4 utiliseriez-vous pour illustrer les affirmations suivantes :

La protection des milieux naturels sensibles contribue à gérer durablement le territoire	Tous les milieux portent la marque passée ou présente de l'homme	Plusieurs massifs montagneux français possèdent un Parc naturel national ou régional	La faune, la flore, les reliefs... font partie de l'environnement	Une grande partie du littoral français est protégée	Les parcs naturels sont un atout touristique important

2 Affiche du Parc national des Pyrénées

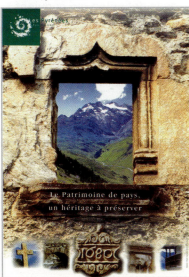

3 Revue *Rivage* du Conservatoire du littoral (2009)

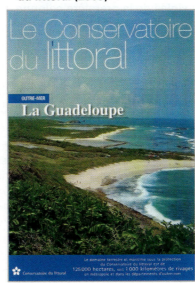

4 Brochure du Parc naturel régional du Verdon

RÉVISER CHAPITRE 4

> LA FRANCE EN VILLES

1 Les connaissances

1 Une population de plus en plus urbaine

▶ Indiquez quelles affirmations du tableau sont vraies ou fausses.
Lorsqu'une affirmation vous paraît être fausse, indiquez pourquoi.

	VRAI	FAUX
La France compte un peu plus de 65 millions d'habitants		
Le territoire français compte moins de 100 habitants/km²		
Plus de la moitié de la population se concentre sur moins de 10 % du territoire		
La population des centres-villes croît aussi vite que celle installée en périphérie		
2 Français sur 10 habitent dans l'agglomération parisienne		

▶ Reproduisez et complétez le tableau en donnant les définitions des mots clés.

MOTS CLÉS	DÉFINITIONS
Périurbanisation	
Banlieue	
Espace à dominante urbaine	

2 L'inégale métropolisation du territoire

▶ Pour réaliser l'évaluation, reproduisez et complétez le tableau ci-dessous.
Indiquez les arguments qui attestent ou infirment chacune des affirmations.

AFFIRMATIONS	VRAI	FAUX	ARGUMENTS
La métropolisation est la concentration des hommes et des activités de décision, de conception, de direction... dans les grandes villes			
La mondialisation a renforcé la puissance de Paris			
Plusieurs métropoles françaises ont un poids important aux échelles européenne et mondiale			
Les métropoles régionales sont des acteurs importants			
L'espace à dominante rurale couvre moins de 25 % de la superficie de la France métropolitaine			

3 Aménager les villes : réduire les fractures

▶ Attribuez, à chacun des mots clés ou sigles de la première colonne, le numéro de la définition qui convient.

Gentrification	**1** - Loi Solidarité et renouvellement urbain qui vise à améliorer la gestion des territoires urbains avec trois volets : urbanisme, déplacements et habitat (mixité sociale pour les communes de plus de 3 500 habitants)
Loi SRU	**2** - Plan de déplacements urbains
Scot	**3** - Processus de retour des catégories aisées dans les centres des villes après réhabilitation urbaine
PDU	**4** - Projet commun de communes pour l'aménagement et le développement durable de leur territoire

4 Les mutations des espaces ruraux

▶ Pour réaliser l'évaluation, reproduisez et complétez le tableau ci-dessous.
Indiquez les arguments qui attestent ou infirment chacune des affirmations.

AFFIRMATIONS	VRAI	FAUX	ARGUMENTS
La population des espaces à dominante rurale croît			
Les espaces ruraux sont essentiellement agricoles			
Les zones de revitalisation rurale et les pôles d'excellence rurale sont destinés aux espaces ruraux isolés et en difficulté			

2 Des localisations, des notions, des expressions clés

▶ Comparez les cartes 1 et 2, puis relevez les informations permettant de justifiez l'affirmation : « Aux portes des villes, un nouveau paysage rural. »

1 Caen, extrait de la carte à 1/25 000 de 1969 (Institut géographique national)

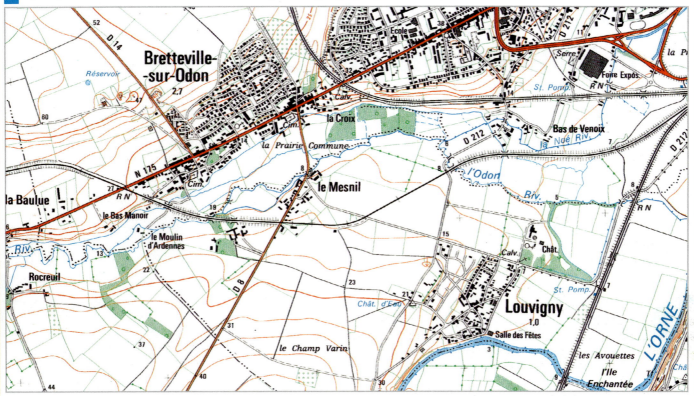

2 Caen, extrait de la carte à 1/25 000 de 2008 (Institut géographique national)

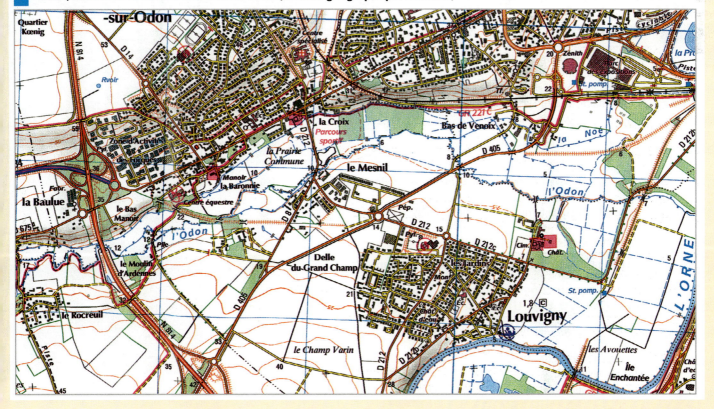

Thème 2   Aménager et développer le territoire français

CHAPITRE 5

Les dynamiques des espaces productifs dans la mondialisation

- L'insertion de la France dans la mondialisation constitue une nouvelle donne à laquelle le pays doit s'adapter.
▶ **Dans ce contexte, quel est aujourd'hui le poids de la France ?**

- Les activités de production sont désormais confrontées à une forte concurrence internationale.
▶ **Sur quelles activités la France peut-elle encore compter ?**

- Tous les espaces productifs connaissent de fortes transformations.
▶ **Quelles sont les dynamiques spatiales des espaces productifs ?**

Cartes enjeux
- L'espace industriel : vers une nouvelle donne spatiale — 130
- L'atout des espaces agricoles et touristiques — 132

Étude de cas
Un territoire de l'innovation : Grenoble — 134

Ce qu'il faut savoir
1. Les espaces productifs dans la logique de la mondialisation — 138
2. L'industrie, entre reconversion et nouvelles dynamiques — 140
3. La France, géant vert dans la mondialisation agricole — 142
4. Le tertiaire, atout de la France dans la mondialisation ? — 144

Stratégies d'acteurs
- Le vignoble français face au défi de la mondialisation – *Le vignoble de Bordeaux* — 146
- Des pôles de compétitivité pour revitaliser le territoire – *Cosmetic Valley* — 148

Question en débat
Les délocalisations, une désindustrialisation de la France ? — 150

Méthodes et sujets Bac
- Méthodes et entraînement Bac — 174 et 176
- Réviser — 180
- Composition — **sujets 9 et 11** — 300 et 302
- Réaliser un croquis — **sujet 12** — 303
- Analyser des documents — **sujets 13 et 14** — 304 et 305

TEMIS INNOVATION aux portes de l'agglomération du Grand Besançon (Doubs-Franche-Comté)
Installée au cœur du du pôle de compétitivité* des microtechnologies, TEMIS, TEMIS INNOVATION est une vitrine des savoir-faire dans les domaines des microtechniques (monétique, connectique, robotique, optique, biomédical…). TEMIS Microtechnologie et TEMIS Santé situé à proximité, font cohabiter laboratoires de recherche publics et privés, entreprises, université… avec un même objectif, l'innovation au service du développement économique du territoire.

CARTES ENJEUX

L'espace industriel : vers une nouvelle donne spatiale

1 Organisation et dynamiques spatiales de l'espace industriel

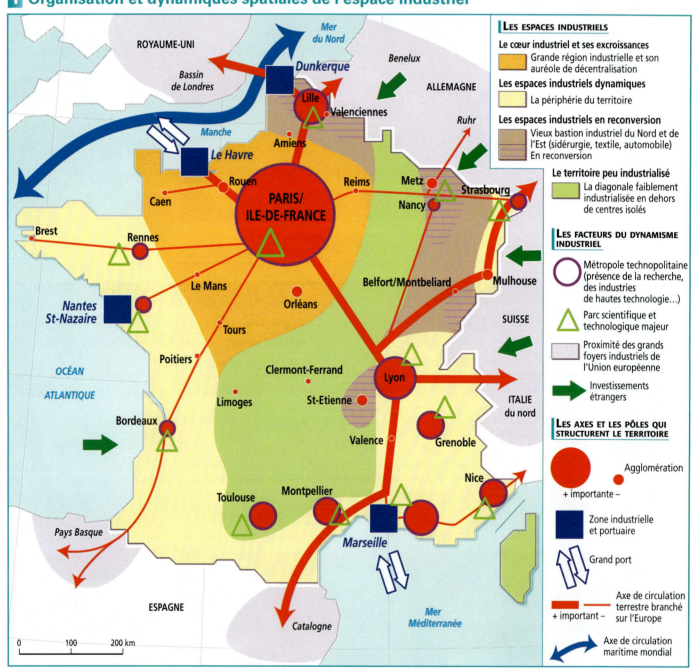

Clés de lecture

- Immergé dans la mondialisation de l'économie, l'espace industriel français connaît de **fortes mutations de ses activités et de leur localisation**.
- Au regard des investisseurs internationaux, la France apparaît toujours comme **très attractive**.
- **L'innovation industrielle**, qui passe par la recherche-développement* (R & D), constitue un atout face à la concurrence.

2 L'industrie : un poids inégal

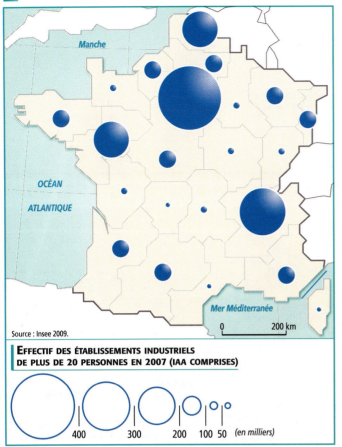

Source : Insee 2009.

EFFECTIF DES ÉTABLISSEMENTS INDUSTRIELS DE PLUS DE 20 PERSONNES EN 2007 (IAA COMPRISES)

400 — 300 — 200 — 100 — 50 (en milliers)

3 L'évolution de l'emploi industriel

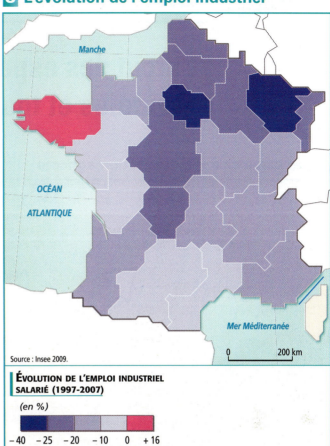

Source : Insee 2009.

ÉVOLUTION DE L'EMPLOI INDUSTRIEL SALARIÉ (1997-2007)
(en %)

− 40 − 25 − 20 − 10 0 + 16

4 L'importance des investissements étrangers

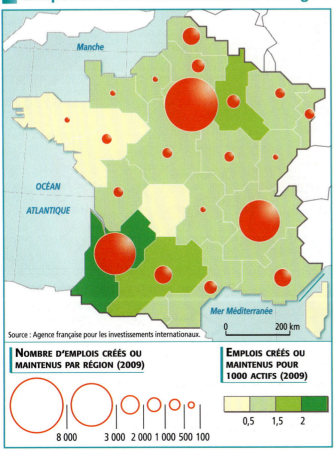

Source : Agence française pour les investissements internationaux.

NOMBRE D'EMPLOIS CRÉÉS OU MAINTENUS PAR RÉGION (2009)

8 000 — 3 000 — 2 000 — 1 000 — 500 — 100

EMPLOIS CRÉÉS OU MAINTENUS POUR 1000 ACTIFS (2009)

0,5   1,5   2

5 La géographie de la recherche

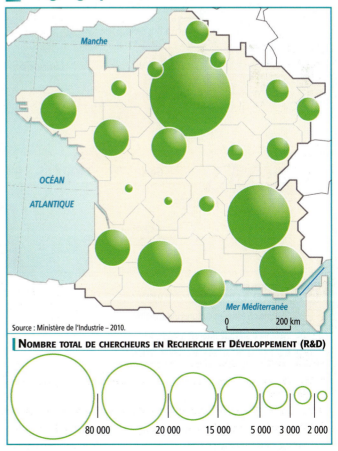

Source : Ministère de l'Industrie – 2010.

NOMBRE TOTAL DE CHERCHEURS EN RECHERCHE ET DÉVELOPPEMENT (R&D)

80 000 — 20 000 — 15 000 — 5 000 — 3 000 — 2 000

Chapitre 5 Les dynamiques des espaces productifs dans la mondialisation

CARTES ENJEUX

L'atout des espaces agricoles et touristiques

1 Les espaces de la production agricole

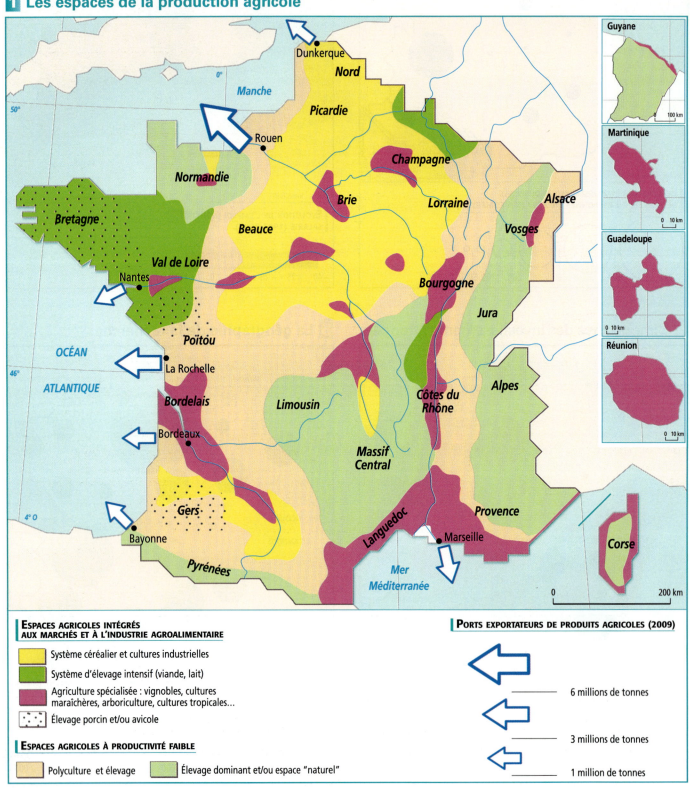

2 Les espaces du tourisme

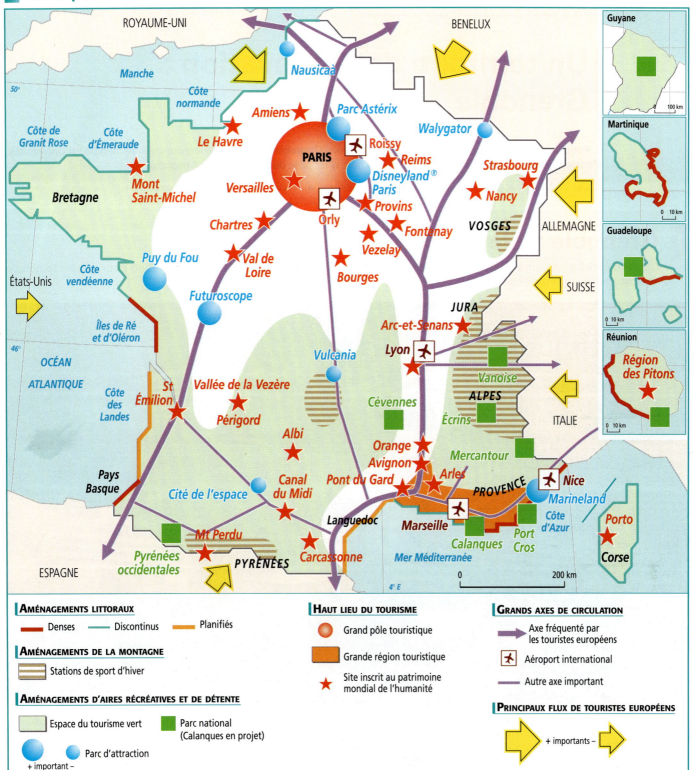

Clés de lecture

- L'espace agricole français est l'un des plus performants au monde. Cependant, le territoire agricole français est affecté par **de fortes disparités** qui juxtaposent **des espaces bien intégrés aux marchés mondiaux** et d'autres qui sont plus **en marge**.

- L'histoire et la géographie ont doté le territoire français d'un riche patrimoine naturel et culturel. La France est un **pôle majeur du tourisme mondial**.

ÉTUDE DE CAS

Un territoire de l'innovation : Grenoble

- Pour faire face à la concurrence internationale, Grenoble dispose de centres de recherche, d'universités, d'entreprises de haute technologie et, depuis peu, d'un pôle de compétitivité* mondial.
- L'industrie se rapproche désormais de la ville, créant ainsi des paysages spécifiques.

1 Grenoble : relever le défi de l'innovation

Confrontée à l'émergence de nouvelles puissances industrielles, la France mise sur l'innovation pour relever le défi de la concurrence internationale.

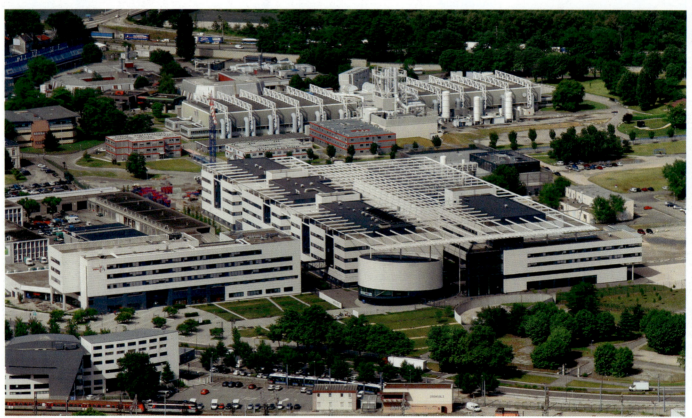

1 Le campus *Minatec*

Inauguré en 2006, *Minatec* est le premier centre européen dédié aux micro et aux nanotechnologies (techniques de miniaturisation extrême) et le troisième au niveau mondial. Là, cohabitent recherche fondamentale et développement de produits industriels nouveaux.

2 Grenoble, en pôle position

Grenoble est l'un des territoires les plus innovants de France grâce à son « modèle » de développement basé sur un partenariat historique entre l'université, la recherche et l'industrie ; ce « modèle », qui a débuté au XIXe siècle avec l'hydroélectricité des Alpes, est organisé aujourd'hui autour de trois secteurs : les micro-nanotechnologies et les logiciels, les biotechnologies et les sciences du vivant, les nouvelles technologies de l'énergie.

L'attractivité et la compétitivité de « l'écosystème » grenoblois reposent sur l'excellence de son pôle scientifique, sur le regroupement en une seule et même place de grands instruments de recherche européens et sur la très forte synergie entre les entreprises et les acteurs de la recherche.

www.grenoble.fr

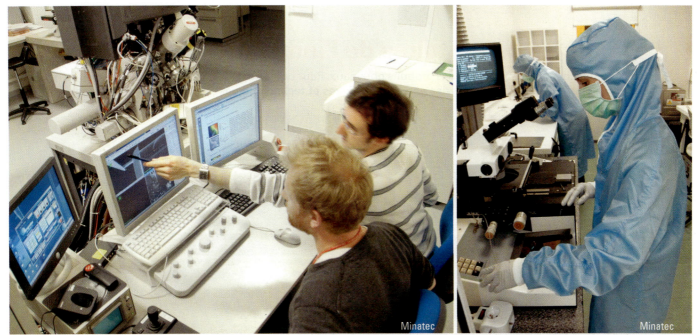

3 L'industrie nouvelle naît dans les laboratoires

Grenoble est le deuxième pôle de recherche français après celui de Paris-Île-de-France.

4 Minalogic, pôle de compétitivité* mondial

Dans une économie mondiale de plus en plus concurrentielle, la France a lancé en 2004 une nouvelle politique industrielle qui mobilise les facteurs clés de la compétitivité, au premier rang desquels figure la capacité d'innovation. Les pôles de compétitivité s'inscrivent dans ce projet.

À Grenoble, le pôle de compétitivité *Minalogic* a pour ambitions, d'une part, d'imaginer, de concevoir et de fabriquer des puces miniaturisées et intelligentes sans cesse plus performantes ; d'autre part, de valoriser ces avancées technologiques dans les filières industrielles qui peuvent tirer un avantage compétitif des solutions miniaturisées intelligentes.

Minalogic s'adresse à tous les secteurs d'activités, en recherchant de nouvelles valeurs ajoutées dans les domaines de la santé, de l'environnement, de la mobilité, du textile…

La stratégie est de déplacer la compétition industrielle du terrain exclusif des coûts de production, source de délocalisations d'entreprises, vers le terrain beaucoup plus favorable de l'innovation dans les produits, de la rapidité de leur mise sur le marché et de la fréquence de renouvellement des services offerts.

www.minatec.com

5 Minalogic : le partenariat au service de la compétitivité

Minalogic rassemble plus de 145 partenaires, acteurs de l'industrie, de la recherche et de l'enseignement supérieur autour de projets de recherche et développement (R&D) labellisés par le pôle de compétitivité et soutenus par l'État et les collectivités locales.

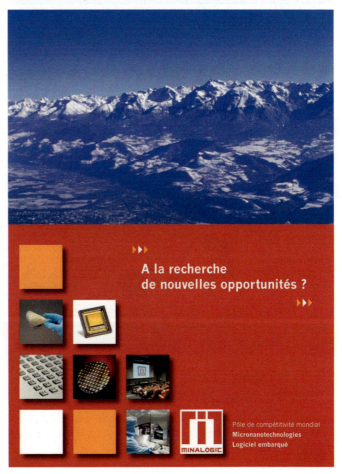

Questions

1. Pourquoi l'innovation est-elle importante pour l'avenir de l'activité industrielle en France **(4)** ? Quels sont les atouts de Grenoble **(2, 3)** ?

2. Dans quels domaines s'exerce la recherche à Grenoble **(1, 2, 3, 4)** ?

3. Qu'est-ce qu'un « pôle de compétitivité » *(voir lexique)* ? Quel est l'impact du pôle de compétitivité *Minalogic* **(4, 5)** ?

ÉTUDE DE CAS

2 Les nouveaux territoires de l'industrie

L'industrie doit innover pour proposer des produits nouveaux. Pour cela, elle doit se rapprocher des centres de recherche et des universités situés souvent dans des **parcs scientifiques et technologiques*** proches des métropoles.

6 *Inovallée* à Meylan, aux portes de Grenoble

L'ancienne ZIRST (Zone pour l'innovation et les réalisations scientifiques et techniques), rebaptisée *Inovallée*, située au cœur des Alpes, est devenue un parc scientifique et technologique qui rassemble maintenant plus de 300 entreprises et 10 000 emplois.

7 L'industrie de haute technologie autour de Grenoble

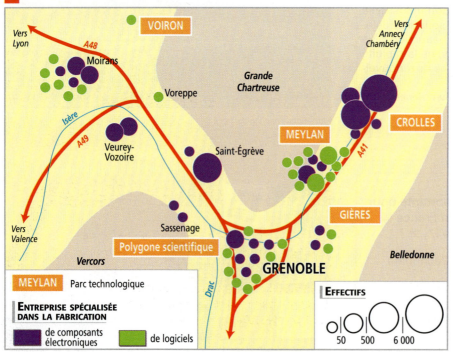

8 Des secteurs d'activités innovants

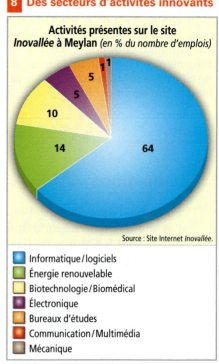

9 Le projet GIANT[1] : un campus d'innovation de rang mondial

Les acteurs scientifiques et universitaires grenoblois – CEA[1], CNRS, EMBL, ESRF, Grenoble École de Management, Grenoble INP, ILL, UJF – ont conçu, avec le soutien des collectivités locales, le projet GIANT. L'objectif est de répondre aux trois enjeux sociétaux majeurs que sont l'information, la santé et l'énergie.

Pour ce faire, GIANT se concentre sur trois centres d'excellence : *Minatec* (information), *GreEn* (énergie), *NanoBio* (santé), favorisant ainsi les synergies entre recherche, plate-formes technologiques, enseignement supérieur et industrie.

GIANT permettra de positionner Grenoble durablement sur des domaines clés pour l'avenir, de conforter la dynamique économique, et d'accélérer le processus d'innovation afin de favoriser la création d'emplois durables.

CEA Grenoble – DRT – GIANT

1. CEA : Commissariat à l'énergie atomique.
CNRS : Centre national de la recherche scientifique.
EMBL : *European Molecular Biology Laboratory.*
ESRF : *European Synchrotron Radiation Facility.*
GIANT : *Grenoble Innovation for Advanced New Technology.*
INP : Écoles d'ingénieurs de Grenoble.
ILL : Institut Laue-Langevin.
UJF : Université Joseph-Fourier.

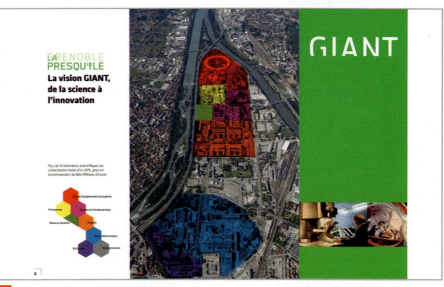

10 Le projet GIANT à Grenoble

Le projet vise à donner un nouveau visage au Polygone Scientifique situé sur la presqu'île entre Isère et Drac pour en faire un « MIT* à la française », en aménageant de nouveaux bâtiments scientifiques et universitaires (en couleurs sur le document).
L'enjeu est de conforter l'activité économique et l'innovation au cœur de l'agglomération grenobloise. Toute la presqu'île fera l'objet d'une rénovation et d'une requalification urbaine.
Dans l'avenir, c'est 10 000 chercheurs, autant d'emplois, d'étudiants et aussi d'habitants qui se côtoieront sur la presqu'île.

11 Schéma d'un parc scientifique et technologique*

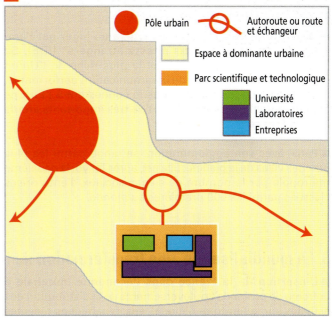

Questions

1. Décrivez les paysages industriels à Grenoble et autour de Grenoble **(1, 6)**.
2. Quelles sont les industries présentes dans la région **(7, 8, 9)** ?
3. Pourquoi l'industrie se localise-t-elle à Grenoble ou près de Grenoble **(9, 10, 11)** ?
4. Définissez « parc scientifique et technologique » *(voir lexique)*.

De l'étude de cas…

▶ Dans le contexte de la mondialisation, la recherche et l'innovation sont susceptibles de fournir des atouts économiques majeurs à la France.

…à la mise en perspective

▶ Quel bilan peut-on dresser des espaces productifs français dans la logique de la mondialisation ? **Cours p. 138**
▶ Par quelles dynamiques spatiales les espaces productifs de la France sont-ils affectés ? **Cours p. 140, p. 142, p. 144**

CE QU'IL FAUT SAVOIR

Cours 1 — Les espaces productifs dans la logique de la mondialisation

1. La France, un des cinq plus grands espaces productifs au monde

■ **La France est la cinquième économie mondiale,** la deuxième en Europe derrière l'Allemagne et devant le Royaume-Uni. Ce rang mondial reste à peu près inchangé depuis 1900. Certes, il est à terme menacé avec la montée des **puissances émergentes***.

■ **La France a de très grandes firmes transnationales (FTN*).** Certaines sont leader mondial dans leur secteur d'activité : Axa, Vinci, Alstom, L'Oréal, LVMH… Dans plusieurs domaines (énergies renouvelables, aéronautique, travaux publics, grande distribution, luxe, transports…), les entreprises françaises tiennent des positions fortes (2).

■ **Ce palmarès doit être nuancé.** Le capital de ces firmes peut être majoritairement détenu par des intérêts étrangers ; certains secteurs sont dépourvus de firmes de rang mondial (électronique grand public, machines-outils, logiciels…) ; enfin, une bonne partie de l'activité de certaines de ces firmes françaises se déroule à l'extérieur des frontières nationales. Le pays manque, par ailleurs, d'entreprises de taille moyenne ayant des capacités à innover et à exporter.

■ **Mais la puissance économique de la France** repose aussi sur l'agriculture (1er producteur de l'UE) et sur les **services (1)**.
▶ Stratégies d'acteurs p. 146

2. Un territoire très attractif

■ **Le territoire français est attractif,** à en juger par l'ampleur des **investissements directs étrangers*** (IDE). Sa position centrale dans la partie la plus riche de l'Union européenne, ses réseaux de communication performants, dont les aménagements récents le connectent à l'Europe et au monde (LGV, ports…), sont de très importants atouts pour la France.

■ **Paris, avec son agglomération,** se range parmi les plus grandes villes de la planète. Elle est, après Tokyo, la deuxième métropole par le nombre de sièges sociaux d'entreprises classées parmi les 500 premières au monde.

■ **Les grandes agglomérations,** d'une manière générale, sont les espaces victorieux du redéploiement géographique du système productif dans la mondialisation. Métropoles et entreprises sont dans un jeu « gagnant-gagnant » : elles s'enrichissent mutuellement.

■ **Ces grandes villes** concentrent en effet les activités de direction, de conception et de recherche, soit les **fonctions périproductives** les plus stratégiques et les plus porteuses de valeur. Aujourd'hui, les villes sont les **centres d'impulsion** du dynamisme économique aux échelles nationale et régionale.
▶ Étude de cas p. 134

3. La mondialisation, une transformation de la carte des espaces productifs

■ **L'insertion de la France dans l'économie mondiale** a entraîné de profonds bouleversements de la distribution des activités sur le territoire national. Les dynamiques récentes se traduisent par une mosaïque de situations régionales (4). **Désindustrialisation*** de certains bassins d'emplois (Nord, Lorraine…) ; **reconversions industrielles*** (Valenciennes, Nancy…) ; **délocalisations*** ; concentration des activités agricoles dans quelques régions (Bretagne, Bassin parisien…), **déprise agricole*** ailleurs ; essor des activités récréatives…

■ **Ces mutations de l'espace productif,** modifient lentement **la carte de la géographie des activités :**
– l'opposition entre une France agricole, située à l'Ouest d'une ligne Le Havre-Marseille, et d'une France industrielle, à l'Est de cette ligne, tend à s'effacer (3) ;
– les activités se concentrent dans les villes bien reliées aux communications rapides (LGV, aéroports, autoroutes, télécommunications…).
▶ Cartes enjeux p. 130, p. 132, p. 133

Mots clés

• **Fonctions périproductives :** fonctions correspondant aux activités nécessaires au fonctionnement des entreprises (assurances, banques, gestion, publicité, transport…).

• **Services :** ensemble des activités relevant du secteur tertiaire*. Les services offrent un savoir et un travail (banques, publicité, transport, enseignement, santé…).

* Voir lexique p. 312

1 Les échanges commerciaux, mesure des forces et des faiblesses de la France

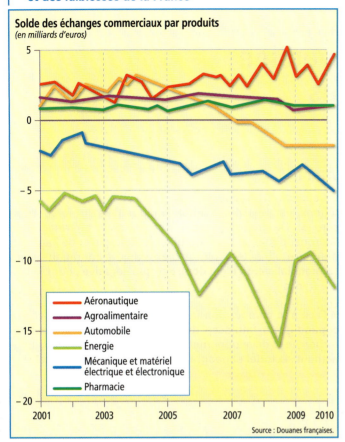

Solde des échanges commerciaux par produits (en milliards d'euros)

Légende : Aéronautique, Agroalimentaire, Automobile, Énergie, Mécanique et matériel électrique et électronique, Pharmacie.

Source : Douanes françaises.

2 Les investissements des entreprises françaises au Brésil

FTN* françaises, ruée sur le Brésil

Des grands groupes jusqu'aux PME, la ruée vers l'immense marché brésilien ne fait que commencer. En 2009, *Sanofi-Aventis* a acquis le n° 1 brésilien des médicaments génériques. *Alstom, GDFSuez, Casino, Vallourec* ou *Bonduelle* s'activent aussi.

Nos géants du luxe ne sont pas en reste : *Hermès* a ouvert une boutique à São Paulo, comme la marque de maillots *Villebrequin*.

Louis Vuitton a ouvert une 5e boutique à Brasilia.

C.-E. Haquet, *L'Expansion*, n° 751, avril 2010.

Couverture du magazine *L'Expansion*, n° 751, avril 2010.

3 Les régions, un poids inégal dans l'emploi industriel

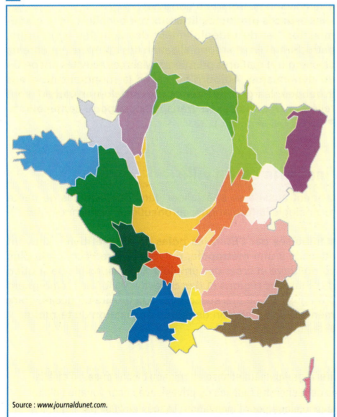

Source : www.journaldunet.com.

La superficie des régions est proportionnelle au nombre d'emplois dans l'industrie en 2005 (nombre moyen d'emplois industriels par région : 175 200).

4 Regain de forme dans les régions

La région Rhône-Alpes est à la pointe des recherches sur l'énergie solaire grâce à l'installation de l'Institut national de l'énergie solaire (INES) au Bourget-du-Lac. La région ambitionne de faire de sa filière solaire photovoltaïque et thermique une référence mondiale.

En Alsace, les promoteurs du pôle de compétitivité* *Energivie*, qui doit développer des solutions à énergie positive pour le bâtiment, prévoient la création de 10 000 emplois en dix ans.

En Île-de-France, de nouvelles filières, comme celle des activités numériques (jeux vidéo, robots intelligents...), voient le jour.

Demeure toujours le poids des secteurs exportateurs comme l'aéronautique et l'espace, les deux moteurs surpuissants de la métropole toulousaine et de Midi-Pyrénées dont on ressent les effets jusqu'en Auvergne, à Nantes-Saint-Nazaire et en Picardie.

À la bonne santé de l'industrie du parfum, des cosmétiques et de la pharmacie, il faut ajouter celle de l'agroalimentaire.

Bien qu'elle affronte une concurrence sévère des entreprises allemandes, néerlandaises et brésiliennes, l'industrie agroalimentaire investit à un rythme soutenu en Poitou-Charentes et en Bretagne, première région agroalimentaire européenne. Le groupe *Even* prévoit d'investir 30 millions d'euros dans les usines laitières de sa filiale *Laïta*.

P. Gateaud, *L'Usine nouvelle*, juillet 2010.

CE QU'IL FAUT SAVOIR

Cours 2 — L'industrie, entre reconversion et nouvelles dynamiques

1. À l'échelle mondiale, une activité encore importante

■ **L'industrie a fortement reculé** depuis le milieu des années 1970 en termes d'emplois et de part dans le **PIB***. Mais on doit relativiser cette **désindustrialisation***. Dans l'absolu, la production industrielle continue de croître et bon nombre d'emplois et d'activités, jadis recensés dans l'industrie, ont été déplacés vers des sociétés de services (**emplois périproductifs***).

■ **La question des délocalisations*** est souvent posée. Les économistes tendent à minimiser leur portée sur l'emploi, tandis que le monde du travail les perçoit comme les principales responsables des destructions d'emplois industriels en France.

■ **Cependant, la mondialisation,** du fait des **IDE*** et des exportations, est **créatrice d'emplois industriels** sur le sol français **(5)**. De grands groupes français de la pharmacie, de l'aéronautique, de l'automobile, de l'énergie et de l'agroalimentaire s'insèrent plutôt bien dans la mondialisation. **La mondialisation n'est donc pas que négative** pour l'industrie française.

■ **Face à la compétition industrielle mondiale,** on invoque cependant la faiblesse des investissements, surtout en recherche et développement (R & D), et le mauvais positionnement sectoriel et géographique de l'industrie française.
▶ Question en débat p. 150

2. Des espaces productifs en mutation

■ Les **politiques d'aménagement du territoire** et de **décentralisation industrielle*** ont eu pour effet d'atténuer la coupure traditionnelle entre la France de l'Est industrielle et urbaine et la France de l'Ouest agricole et rurale **(7)**. L'industrie a ainsi gagné l'Ouest du territoire : vallée de la Seine, Pays de la Loire, Centre, Bretagne...

■ **Confronté à la mondialisation,** l'espace industriel français se transforme :
– les **régions d'industries anciennes du Nord et du Nord-Est** oscillent entre déclin et renaissance de leurs industries. Le Nord et la Lorraine sont moins désavantagés que des régions d'industries en crise et plus isolées. Bien situées au cœur de l'Europe, elles participent à des coopérations transfrontalières, et accueillent des investissements étrangers (Toyota à Valenciennes, Smart en Lorraine) ;
– les **espaces productifs littoraux** ont bénéficié de la **maritimisation*** et du redéploiement des activités (sidérurgie, pétrochimie) lié à la mondialisation des approvisionnements en énergie et matières premières. Mais ces activités ont perdu du dynamisme. Aujourd'hui, avec la mondialisation des échanges, les grandes **zones industrialo-portuaires*** sont reliées au monde par les transports par **porte-conteneurs***.
▶ Cartes enjeux p. 130, p. 131

3. Face au défi de la mondialisation, l'avenir de l'industrie est en ville

■ **L'innovation* est indispensable** pour relever le défi de la concurrence internationale et conquérir des marchés nouveaux **(6)**. Les territoires de l'innovation correspondent aux **technopôles***. Proches des villes, ils disposent d'une main-d'œuvre qualifiée, d'un encadrement scientifique, de réseaux de communication rapides et d'un cadre de vie de qualité.

■ **La métropolisation des activités industrielles** renforce la place de Paris et de l'Île-de-France, première région industrielle devant la région lyonnaise. Les métropoles régionales tendent aussi à se spécialiser dans des activités de haute technologie (informatique, aéronautique, biotechnologies...).

■ **Impulsés par l'État,** les **pôles de compétitivité,** souvent attachés à une **métropole,** doivent rendre l'économie plus compétitive et créer des emplois. Ces dispositifs de soutien de l'État, des régions et des collectivités locales témoignent d'un désir de ne pas succomber à la fatalité du déclin, voire même d'une ambition de **réindustrialisation** du territoire.
▶ Étude de cas p. 134   ▶ Stratégies d'acteurs p. 148

Mots clés
- **Pôle de compétitivité :** sur un même territoire, regroupement et mise en relation d'entreprises, d'établissements d'enseignement supérieur, d'organismes de recherche (publics ou privés), avec pour vocation d'élaborer ensemble des projets de développement économique pour l'innovation. Lancés en 2004 par l'État, les pôles de compétitivité peuvent bénéficier de subventions publiques.

* Voir lexique p. 312

5 **Usine Smart France à Hambach, en Moselle**

Le constructeur allemand a choisi la France pour produire le véhicule électrique *Smart Ed* et assembler la 3e génération de son modèle historique le *Fortwo*. Après l'installation de Toyota à Onnaing, près de Valenciennes dans le Nord, le choix d'Hambach montre que le territoire français n'est pas condamné à la désindustrialisation.

6 **L'innovation, clé de la réussite**

À Sainte-Sigolène (Haute-Loire), des vaches qui paissent une herbe grasse. En arrière-plan, des usines, beaucoup d'usines. À deux heures de Clermont-Ferrand et une demi-heure de Saint-Étienne, dans un périmètre d'une vingtaine de kilomètres, composé de villages épars, est né le premier pôle de production de plastique souple.

Des usines ultramodernes tournent à plein régime pour produire 40 % de la production nationale. Une soixantaine d'entreprises et 3 000 personnes vivent du plastique, auxquelles s'ajoutent 5 000 à 6 000 emplois induits.

En quelques années, l'offensive contre les sacs d'emballage en plastique distribués par les magasins et les nouvelles contraintes environnementales a forcé les fabricants à réorienter leur production. « L'avenir est au recyclage et à l'innovation », précise le responsable du syndicat ELIPSO regroupant 130 entreprises de la plasturgie.

Les industriels se sont lancés dans des productions de films bioplastiques recyclables ou biodégradables.

Le secteur investirait entre 4 % et 6 % du chiffre d'affaires dans la recherche et développement.

À force d'acharnement et d'inventivité, le pôle plastique de la Haute-Loire a retrouvé des couleurs, le cataclysme de la fin des sacs en plastique semble digéré. Les effectifs salariés sont plus hauts de 5 % qu'en 2009 et 17 % des entreprises envisagent d'embaucher.

G. Colonna d'Istria, *L'Usine Nouvelle,* décembre 2010.

7 **L'Ouest, un espace attractif pour les hommes comme pour les activités**
Publicité du Comité d'expansion de l'Anjou, 2010.

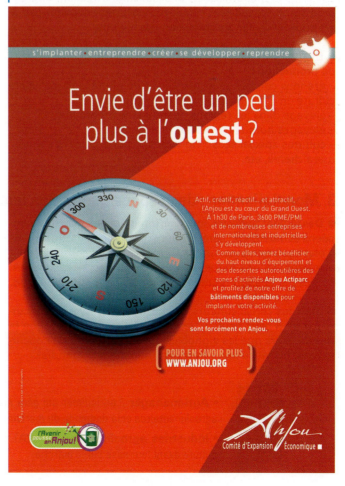

CE QU'IL FAUT SAVOIR

Cours 3 : La France, géant vert dans la mondialisation agricole

1. La France, grande puissance agricole

■ **La France est le 1er producteur agricole de l'Union européenne.** Cette puissance, la France la doit d'abord à ses agriculteurs : 500 000 exploitants, autant d'aides familiaux et salariés agricoles (au total moins de 3 % de l'ensemble des actifs) travaillent sur les 27 millions d'hectares de la plus vaste Surface agricole utile (SAU) d'Europe.

■ **Le nombre d'exploitations et d'agriculteurs baisse** depuis plusieurs décennies (8). Les grandes exploitations sont toujours plus nombreuses et assurent l'essentiel de la production agricole. Les céréales, la viande et le sucre, ainsi que les produits bénéficiant d'un label européen d'**appellation d'origine protégée* (AOP)**, sont les points forts de l'agriculture française.

■ L'agriculture s'appuie sur une puissante **industrie agroalimentaire (IAA)** dominée par quelques grandes **firmes transnationales***. Les IAA sont le **premier secteur industriel français** : elles valorisent 70 % de la production agricole et occupent plus de 500 000 emplois.

■ **Les exportations agroalimentaires** contribuent de façon positive au solde de la balance commerciale. Longtemps au 2e rang mondial des pays exportateurs, la France se place, depuis 2008, au **4e rang** derrière les États-Unis, les Pays-Bas et l'Allemagne.
▶ Carte enjeux p. 132

2. Un espace agricole entre spécialisation et mutation

■ **La PAC** (Politique agricole commune) **et la mondialisation** ont conduit le monde agricole à rechercher une plus grande efficacité dans la modernisation (machinisme, irrigation, engrais, produits phytosanitaires, etc.), la recherche agronomique (variétés nouvelles) et la **spécialisation des régions**.

■ **Désormais, l'espace agricole s'organise en grands bassins de production :**
– grandes cultures mécanisées sur de grandes parcelles de culture en céréales et plantes industrielles ;
– élevage dans les régions de moyenne montagne ;
– élevages hors-sol : volailles, porcs, etc. ;
– cultures spécialisées : vignobles, arboriculture et cultures maraîchères, etc.

■ À l'opposé, les régions moins adaptées à l'**agriculture intensive*** et mécanisée, sont victimes de la **déprise agricole** : **friches*** et forêts progressent.

■ Mais l'**agriculture productiviste** est loin d'être inoffensive à l'égard de l'environnement : pollution des nappes souterraines, forte consommation d'eau, risques sanitaires... La **nouvelle PAC** tend donc à déplacer ses aides vers un développement écologique et sociétal équilibré des espaces ruraux. L'introduction de critères du **développement durable** invite de plus en plus à la recherche d'une **agriculture raisonnée*** ou d'une **agriculture biologique*** certifiées par des labels français ou européens (10).
▶ Carte enjeux p. 132   ▶ Stratégies d'acteurs p. 146

3. Mondialisation : des espaces agricoles intégrés, des espaces en marge

■ **Des régions agricoles sont bien intégrées aux marchés européens et mondiaux** : céréaliculture du Bassin parisien, régions d'élevage bretonnes, grands vignobles... qui correspondent aux exploitations modernisées, spécialisées, liées aux IAA, gérées par des agri-managers ; leurs revenus sont élevés (9).

■ Mais les céréaliculteurs doivent compter avec la concurrence de « pays neufs » (les **Cairns***), de l'Ukraine et de la Russie, alors que les vignobles du Nouveau Monde concurrencent les viticulteurs français sur le marché mondial.

■ **Près de la moitié des exploitations françaises n'ont pas de revenus suffisants (11).** Ce sont des régions aux exploitations de faible superficie, souvent restées dans des **systèmes polyculturaux***.

■ Ces agricultures marginalisées, notamment celles de moyenne montagne, « perfusées » de subventions, placent leur espoir dans le développement rural et le **tourisme vert***.
▶ Carte enjeux p. 133
▶ Stratégies d'acteurs p. 146

Mots clés
- **Agri-manager** : agriculteur qui gère son exploitation comme une entreprise, en liaison avec les firmes agroalimentaires et la demande du marché.
- **Industries agroalimentaires (IAA)** : ensemble des industries qui transforment les produits de l'agriculture avant leur mise sur le marché.

* Voir lexique p. 312

8 Évolution des exploitations agricoles françaises

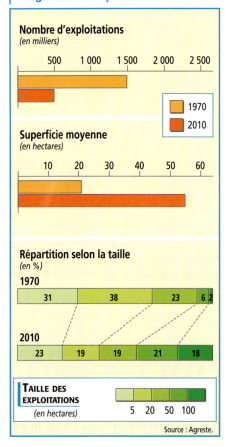

9 Une agriculture à plusieurs vitesses

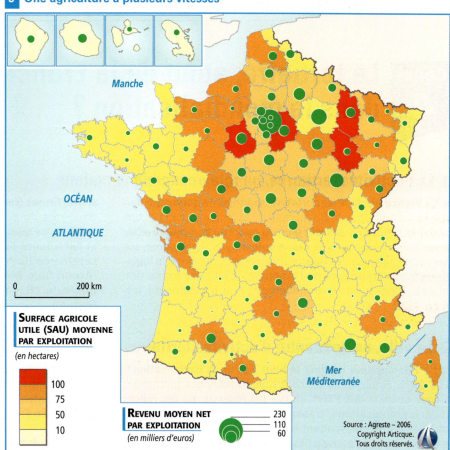

10 Les labels, atouts de l'agriculture de demain ?

11 Le nombre de paysans ne cesse de diminuer dans une agriculture toujours plus productive
Couverture du magazine *Télérama*, n° 3144, avril 2010.

CE QU'IL FAUT SAVOIR

Cours 4 : Le tertiaire, atout de la France dans la mondialisation ?

1. Les activités tertiaires, un rôle économique majeur

■ **La France est le 4e exportateur mondial de services*** derrière les États-Unis, le Royaume-Uni et l'Allemagne **(12)**. Les activités **tertiaires** assurent plus du **quart du commerce extérieur** et fournissent **75 % des emplois** dans le tourisme, les services financiers, les télécommunications, la santé, la **logistique***... La croissance de l'emploi au cours des trente dernières années est essentiellement due à l'essor du tertiaire **(13)**.

■ **Des firmes françaises au rayonnement mondial** s'activent dans des domaines aussi variés que les transports (Air France), les télécommunications (FranceTelecom), la banque et l'assurance (Société Générale, Crédit Agricole, Axa...), le commerce (Carrefour, Auchan...), l'hôtellerie et les loisirs (Accor, Club Méditerranée), les services aux entreprises : publicité (Havas, Publicis), gestion informatique (Cap Gemini)...

2. La ville, un concentré d'activités tertiaires

■ **La ville apparaît comme le haut lieu de la tertiarisation***. Les activités tertiaires de haut niveau (services financiers, sièges sociaux des **FTN***...), par les réseaux qui les relient (télécommunications, transports...) et les flux d'échanges qu'elles stimulent, mettent en relation les métropoles françaises entre elles et avec l'espace européen et mondial.

■ **Le rayonnement international des villes** est assuré par les **emplois métropolitains supérieurs** ; ils sont le facteur essentiel de la métropolisation* **(14)**. Ces fonctions dites « métropolitaines » recouvrent les emplois de la culture et des loisirs, de la gestion (cadres des entreprises, banquiers, assureurs...), de la recherche et de la conception, du commerce interentreprises... En France, ils occupent un emploi sur dix.

■ **Géographiquement, ils se concentrent** dans l'agglomération parisienne et dans les métropoles régionales ; Grenoble, Toulouse, Lyon, Strasbourg, Nantes ou Aix-Marseille jouent ainsi un rôle majeur dans le dynamisme des espaces productifs.

3. Les espaces du tourisme, le règne du tertiaire

■ **Dans la dynamique de la mondialisation,** le tourisme est pour la France **un atout économique majeur.** Il assure près de **1 million d'emplois du secteur tertiaire** dans 200 000 entreprises : transports, hébergement, restauration...

■ **La France dispose d'un vaste espace touristique** qui forme un « croissant périphérique » de la Manche aux Alpes en passant par la Méditerranée :
– sur le **littoral**, les **stations balnéaires** fournissent hébergement et loisirs à proximité du patrimoine naturel ou culturel de l'arrière-pays. Les littoraux des **DROM*** (Antilles, La Réunion) appartiennent à ce type d'espace ;
– dans **les Alpes du Nord**, trois générations de **stations de sports d'hiver** ont été édifiées : d'abord dans les vallées (Megève, Chamonix...) ; puis vers 1 800 mètres d'altitude (l'Alpe-d'Huez, Val d'Isère...) ; et enfin au-dessus de 1 800 mètres, les **stations intégrées*** (Les Arcs, Tignes...) **(15)**. Ce modèle s'est moins répandu dans les Pyrénées ou les autres massifs (Jura, Vosges).

■ **À l'intérieur du territoire, les aménagements touristiques sont plus ponctuels :**
– le tourisme culturel et de loisirs est en forte progression : découverte de sites historiques et patrimoniaux (vallée de la Loire...), musées, parcs naturels régionaux ou nationaux, parcs de loisirs (parcs nautiques, parcs d'attractions à thème...) **(16)** ;
– le **tourisme vert*** concerne les espaces ruraux : il peut constituer une activité essentielle (fermes auberges, gîtes ruraux...) pour eux.

■ **Paris est au premier rang des villes touristiques du monde.** Son riche patrimoine et son équipement commercial (magasins de luxe) polarisent les flux des visiteurs étrangers.

▶ Carte enjeux p. 133
▶ Cours p. 270
▶ Gérer les territoires p. 92

Mots clés

- **Emplois métropolitains supérieurs** : emplois d'un haut niveau de qualification (ingénieurs, chercheurs, experts, cadres...) et dont le pouvoir décisionnel est important.
- **Tertiaire** : secteur d'activité qui englobe le commerce, le transport et les services*. Il s'oppose aux secteurs primaire (agriculture, pêche) et secondaire (industrie).

Voir lexique p. 312

12 Les exportations françaises de services (2009)

13 Emploi, l'envol des services

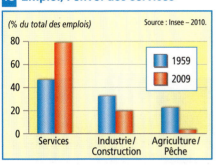

14 Emplois « métropolitains » supérieurs

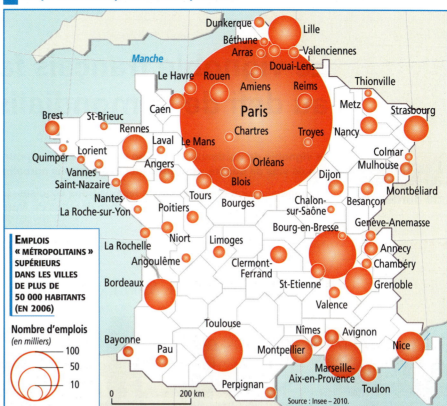

15 Schéma : organisation d'une station de sports d'hiver

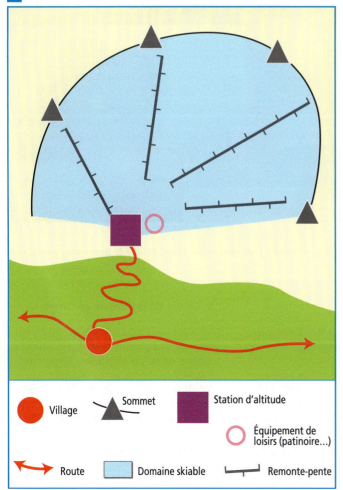

16 Les régions et les villes investissent le domaine de la culture pour communiquer

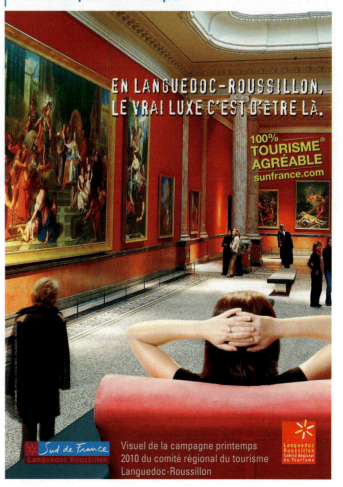

Visuel de la campagne printemps 2010 du comité régional du tourisme Languedoc-Roussillon

Chapitre 5 Les dynamiques des espaces productifs dans la mondialisation

STRATÉGIES D'ACTEURS

Le vignoble français face au défi de la mondialisation

L'exemple du vignoble de Bordeaux

- Le vignoble de Bordeaux, 1ʳᵉ région viticole française pour la production et l'exportation de vins de qualité, contribue aux exportations agroalimentaires de la France.
- La mondialisation remet en cause les positions acquises. Le vignoble bordelais doit notamment relever le défi de la concurrence des vins du Nouveau Monde.

▶ **Comment le vignoble de Bordeaux peut-il faire face à la concurrence mondiale ?**

1 Le vignoble de Bordeaux à l'honneur en Chine
Les exportations vers la Chine n'ont jamais cessé de progresser depuis 2000. La Chine est le 4ᵉ pays importateur de vins de Bordeaux ; une édition du *Guide des vins de Bordeaux* a été publiée en chinois.

2 Un marché mondial qui se rétracte

On peut déjà se demander si le vignoble bordelais n'est pas entré dans une phase de vaches maigres : les exportations ont continué leur dégringolade en volume en 2009.

« De quoi se poser des questions sur la stratégie de notre vignoble », notait un négociant lors du Conseil interprofessionnel du vin de Bordeaux (CIVB). Une instance où se dessinent les orientations stratégiques pour un vignoble qui fait vivre un Girondin sur six.

Avec 1,5 million d'hectolitres exportés en 2009 (– 14 % par rapport à 2008), c'est une bouteille vendue sur trois qui est partie hors de l'hexagone, dont une grosse moitié en Europe où la clientèle historique pique du nez.

www.terredevins.com (2010).

3 Le vin de Bordeaux en Chine

Avec une croissance de 36 % du marché attendue d'ici trois ans, la Chine offre de sérieuses opportunités. L'Aquitaine vient d'implanter à Wuhan, mégapole de 8 millions d'habitants au centre du pays, une représentation permanente dédiée à la filière viticole. La coopérative de Saint-Émilion y vend déjà 200 000 bouteilles par an.

C. Goinère, *L'Usine Nouvelle,* juin 2009.

4 Les concurrents du Nouveau Monde

Aujourd'hui, les vins du Nouveau Monde recouvrent 15 % du vignoble mondial, assurent 22 % de la production mondiale de vin et représentent 25 % des exportations.

Associez un véritable savoir-faire, des conditions climatiques favorables et d'une grande régularité, de faibles coûts de production sur des surfaces viticoles gigantesques, une réglementation plus souple, et voici qu'explosent leurs exportations sur fond d'une mondialisation croissante.

L'Australie a ainsi progressé de 125 % entre 1995 et 2000, puis de 15 % à 20 % chaque année jusqu'à aujourd'hui ; progression forte aussi depuis 2000 pour les vins d'Afrique du Sud, d'Argentine (+ 73 %), du Chili (+ 160 %), des États-Unis (+ 96 %). Des chiffres à faire pâlir et réfléchir les producteurs traditionnels qui connaissent des courbes d'exportation en dents de scie.

www.lefigaro.fr (2007).

5 Le Château Latour, premier grand cru classé de Pauillac (Médoc)

Les grands crus classés du Bordelais sont épargnés par la crise et continuent à bien s'exporter ; mais ce n'est pas le cas de centaines de petits producteurs.

6 Un plan pour relancer le vignoble

« La filière bordelaise a la volonté légitime de se développer et de créer de la valeur. Une mutation est nécessaire au prix de grands efforts pour une nouvelle croissance durable et rentable », indique le CIVB (Conseil interprofessionnel des vins de Bordeaux).

Pour ce faire, le CIVB propose le plan *« Bordeaux Demain »*, afin de repositionner la marque Bordeaux comme *« les plus beaux vins du monde »*. Devront être supprimés les produits dont les niveaux de qualité sont incohérents avec l'image de marque ; la lutte contre la contrefaçon (une centaine de cas sont recensés) doit aussi être accrue.

Tout cela devrait contribuer à redynamiser la marque Bordeaux, à rendre l'offre plus lisible pour le consommateur, à renforcer le niveau de qualité perçue.

Des mesures pour renforcer la compétitivité des producteurs seront prises avec, notamment, la promotion des modèles performants (vignerons et coopératives), l'aide à la reconversion des exploitations non viables, le regroupement des coopératives…

www.pleinchamp.com (2010).

7 L'œnotourisme* gagne du terrain

En France, cette forme de tourisme attire chaque année 7,5 millions de visiteurs, dont beaucoup d'étrangers.

L'inscription de la grande commune viticole de Saint-Émilion au Patrimoine mondial de l'humanité constitue un atout majeur pour faire connaître les produits du vignoble bordelais.

De son côté, la Chambre de commerce de Bordeaux décerne depuis cinq ans ses *Best of Wine Tourism*, un label qui récompense les propriétés qui valorisent le mieux leurs atouts touristiques.

Analyser les stratégies d'acteurs

1. À quels défis le vignoble de Bordeaux est-il confronté (2, 4) ? Quelles en sont les conséquences ?

2. Quelle stratégie les acteurs du vignoble déploient-ils (1, 3, 6) ?

3. Sur quels atouts le vignoble de Bordeaux peut-il compter (1, 5, 6, 7) ?

STRATÉGIES D'ACTEURS

Des pôles de compétitivité pour revitaliser le territoire

Le pôle *Cosmetic Valley*

■ L'État a créé, en 2004, les pôles de compétitivité* pour valoriser les activités industrielles et la recherche afin de favoriser l'innovation.

■ Le pôle de compétitivité *Cosmetic Valley* réunit tous les moyens pour dynamiser le secteur de la beauté. Il se déploie sur huit départements et trois régions.

▶ **Le pôle *Cosmetic Valley* peut-il favoriser l'innovation et créer des emplois ?**

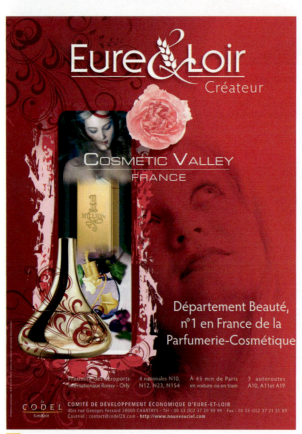

1 Le département de l'Eure-et-Loir, cœur du pôle de compétitivité *Cosmetic Valley*

2 Les marques du luxe ont choisi la *Cosmetic Valley* (Dior, Yves Saint Laurent, Calvin Klein...)

3 La *Cosmetic Valley*, pôle de la beauté

> La *Cosmetic Valley*, labellisée pôle de compétitivité* en 2005, a l'ambition de porter les valeurs du « made in France » par le développement de la filière cosmétique et parfumerie en France.
>
> Géographiquement, le pôle englobe l'Eure-et-Loir, l'Indre-et-Loire, le Loiret, le Loir-et-Cher, l'Eure, la Seine-Maritime, le Val-d'Oise et les Yvelines. Il rassemble des entreprises spécialisées dans les différents métiers de la parfumerie-cosmétique : ingrédients et matières premières, recherche, conditionnement, packaging...
>
> On y trouve les marques du luxe : Guerlain et Dior, Shiseido, Hermès, Nina Ricci et Paco Rabanne, Lolita Lempicka, Calvin Klein, Gemey-Maybelline, Yves Saint Laurent Beauté, Clarins, Chanel...
>
> www.cosmetic-valley.com

4 La *Cosmetic Valley* en chiffres

- 550 entreprises, dont 80 % de PME.
- 47 000 emplois.
- 200 laboratoires de recherche publics, 7 700 chercheurs, 6 universités.
- 136 établissements de formation.
- 50 projets de recherche collaboratifs labellisés.
- 60 % du chiffre d'affaires global de l'industrie française de la beauté.

www.cosmetic-valley.com

5 Innovation et développement durable, au cœur des projets

La cosmétique de demain passe par l'innovation. Leader mondial sur le marché de la beauté, la France est le pays qui investit le plus dans l'innovation au niveau européen.

La *Cosmetic Valley* a lancé des projets de recherche pour répondre aux besoins de la parfumerie-cosmétique en matière de nouveauté.

Une cinquantaine de programmes collaboratifs associant universités et entreprises sont en cours. Ces projets portent sur la découverte de nouveaux ingrédients d'origine végétale, minérale, marine ou issus des biotechnologies et de la chimie verte.

Mobilisée en faveur du développement durable, la *Cosmetic Valley* vient de lancer une charte « Pour une *Cosmetic Valley* éco-responsable » et a noué des partenariats à l'international orientés vers la valorisation de la biodiversité, source d'innovation pour les industriels du pôle.

Grandes entreprises, PME et laboratoires de recherche se sont engagés dans une démarche ambitieuse afin d'assurer la qualité et la sécurité des produits dans le respect des hommes et de la planète.

www.cosmetic-valley.com

Analyser les stratégies d'acteurs

1. • Situez la *Cosmetic Valley* en France (3, 6).
   • Sur quels territoires s'étend-elle (1, 3, 6) ?
   • Quelle est son activité principale (1, 2, 3) ?

2. Analysez les arguments promotionnels développés sur le site du pôle (3, 5). Quelles images du pôle véhiculent-ils ?

3. À l'aide du **doc. 4** et du lexique, précisez ce qu'est un pôle de compétitivité.

4. En utilisant l'exemple de la *Cosmetic Valley*, montrez comment les pôles de compétitivité peuvent favoriser la création d'emplois en France (4, 5, 6, 7).

6 Le territoire du pôle de compétitivité

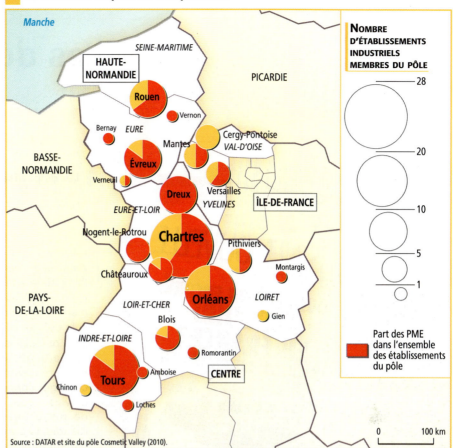

7 Les pôles de compétitivité

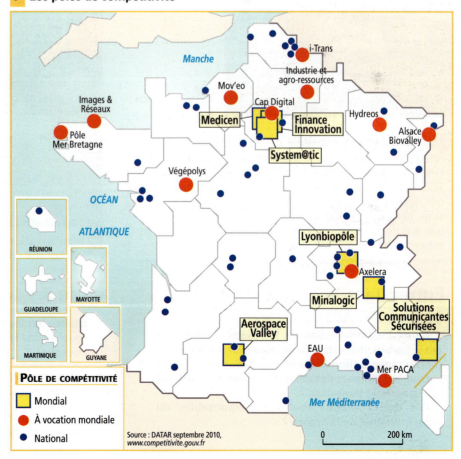

Chapitre 5 Les dynamiques des espaces productifs dans la mondialisation

QUESTION EN DÉBAT

Les délocalisations,

Vers une destruction de l'industrie française

Couverture du magazine *L'usine nouvelle*, 18-24 février 2010.

Usine Majorette en Thaïlande.

1 La fin de l'emploi industriel ?

Les emplois industriels sont passés de 5 millions en 1975 à moins de 3 millions aujourd'hui. Des fabrications ont déserté la France : textile, habillement, cuir, chaussure, électronique de loisir, jouet, une partie de l'industrie automobile… La production des jouets Majorette est entièrement réalisée en Thaïlande.

2 Les délocalisations, un impact régional fort

Les délocalisations ont des conséquences fortes à l'échelle locale, notamment pour les individus qui perdent leur emploi, surtout lorsque la perspective d'en retrouver un est faible.

Ainsi la fermeture de l'usine d'Arena, à Libourne en 2007, suite au transfert en Chine et en Grèce de la fabrication des maillots de bain de la marque, a entraîné la disparition de près de 170 emplois dans une région viticole déjà sinistrée.

Les délocalisations, qu'elles émanent d'entreprises françaises ou étrangères, ne touchent pas le territoire de manière identique. Les espaces concernés sont surtout ceux qui concentrent les productions de masse et les services répétitifs, ce qui recouvre largement les zones de restructurations industrielles. Ainsi, la Basse-Normandie, la Lorraine et la Champagne-Ardenne sont fortement affectées par les délocalisations vers les pays à bas salaires.

F. Smits, *Géographie de la France,* Hatier, 2007.

3 Manifestation des employés de la firme Arena à Libourne (2007)

Entrer dans le débat

▶ La désindustrialisation de la France est souvent associée aux délocalisations, elles-mêmes mises en rapport avec la mondialisation de l'économie.
▶ Quel est l'impact des délocalisations sur la société et l'économie françaises ?
▶ Les délocalisations sont-elles responsables du recul industriel de la France ?

Contre les délocalisations

1. Quels sont les secteurs industriels les plus touchés par les délocalisations industrielles (1, 2) ? Pourquoi ?

2. Quelles sont les conséquences sociales des fermetures d'usines (2, 3) ?

3. Quelles régions sont davantage gagnées par la désindustrialisation liée aux délocalisations (2) ?

une désindustrialisation de la France ?

La désindustrialisation, un rôle à relativiser

4 Un phénomène limité

La restructuration géographique des entreprises multinationales, en rapport avec la mondialisation, induit des délocalisations vers les pays à main-d'œuvre moins chère.

Cependant, il serait excessif de conclure que cela devrait à terme mener à la délocalisation de l'ensemble de l'industrie. Des économistes défendent l'idée que le phénomène serait d'ampleur limitée et l'effet sur le nombre d'emplois détruits faible.

En effet, pour une entreprise, s'implanter à l'étranger a un coût et y produire peut être coûteux du fait de l'éloignement des pays à bas salaires.

D'autre part, l'émergence des pays à bas salaires représenterait aussi de nouveaux débouchés pour les entreprises des pays développés. L'implantation d'unités de production relèverait en partie d'une logique de conquête de marché, et pas seulement d'une diminution des coûts de production. La production y serait avant tout destinée à ces nouveaux marchés et non à être réimportée vers les pays développés.

Délocalisations et réductions d'effectifs dans l'industrie française, INSEE, 2005.

5 La logique de la mondialisation

La mondialisation implique une nouvelle géographie industrielle à l'échelle de la planète, dont les « vieux » pays industriels ne sont pas forcément les perdants.

6 Évolution de l'emploi "industriel"

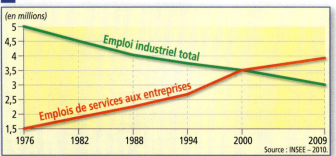

Source : INSEE – 2010.

7 Une redistribution des emplois industriels

Certes, le nombre d'emplois industriels a fortement baissé en trente ans, mais pas tant sous l'effet des délocalisations que du fait des gains de productivité et de l'essor des services aux entreprises qui occupent près de 4 millions d'emplois.

Il ne faut donc pas assimiler trop vite la chute de l'emploi industriel à un déclin de l'industrie française.

Alternatives économiques, n° 42, janvier 2010.

Pour les délocalisations

1. Pour quelles raisons les entreprises délocalisent-elles (2, 4, 5) ?
2. Les délocalisations ont-elles uniquement des effets négatifs sur l'emploi et l'économie (4) ?
3. Quels arguments sont développés pour relativiser le déclin de l'industrie française (6, 7) ?

Prolonger le débat

▶ Dans un monde ouvert aux échanges à l'échelle mondiale et aux délocalisations, à quels défis la société et l'économie françaises sont-elles confrontées ?

CHAPITRE 6

Mobilités, flux et réseaux de communication dans la mondialisation

- Une puissante montée des flux et des mobilités caractérise la mondialisation.
▶ **Comment l'Europe et la France y participent-elles ?**

- Par sa situation géographique entre les principales économies européennes, la France a une vocation de carrefour.
▶ **Comment cette position de carrefour s'est-elle renforcée ? Avec quelles conséquences spatiales ?**

- Le développement de transports durables et des nouveaux réseaux numériques est devenu une priorité pour les territoires.
▶ **Comment évoluer vers des modes de transport plus durables ? Comment éviter une fracture numérique ?**

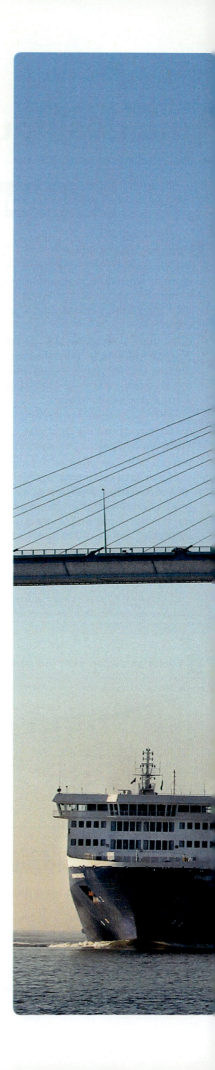

Cartes enjeux
- Quelle place pour la France dans les réseaux de communication européens et mondiaux ? 154
- Quels réseaux à l'heure du développement durable, du numérique et de l'Europe ? 156

Étude de cas
Roissy : plate-forme multimodale et *hub* mondial 158

Ce qu'il faut savoir
1 L'Europe, au cœur des mobilités et des flux 162
2 La France, grand carrefour européen 164
3 La France, aménagements et développement durable 166

Stratégies d'acteurs
Relever le défi de l'aménagement numérique – *La région Auvergne* 168

Gérer les territoires
Connecter le territoire à l'espace mondial – *Le Havre « porte océane »* 170

Méthodes et sujets Bac
- Méthodes et entraînement Bac 177
- Réviser 182
- Composition et réalisation d'un schéma **sujet 10** 301

Mieux utiliser les ressources de transport européennes : l'autoroute de la mer Montoir - Gijon inaugurée le 16 septembre 2010
Le transport intérieur de fret au sein de l'UE à 15 devrait s'accroître de 70 % entre 2005 et 2020 et jusqu'à 95 % pour les nouveaux États membres, aggravant les problèmes d'encombrements routiers et de pollution. En combinaison avec d'autres modes, les autoroutes de la mer représentent une alternative efficace au transport exclusivement routier et à ses nuisances, notamment pour la France en position de carrefour routier européen.

CARTES ENJEUX

Quelle place pour la France dans les réseaux de communication européens et mondiaux ?

1 Un espace de transit entre Europe rhénane et méditerranéenne

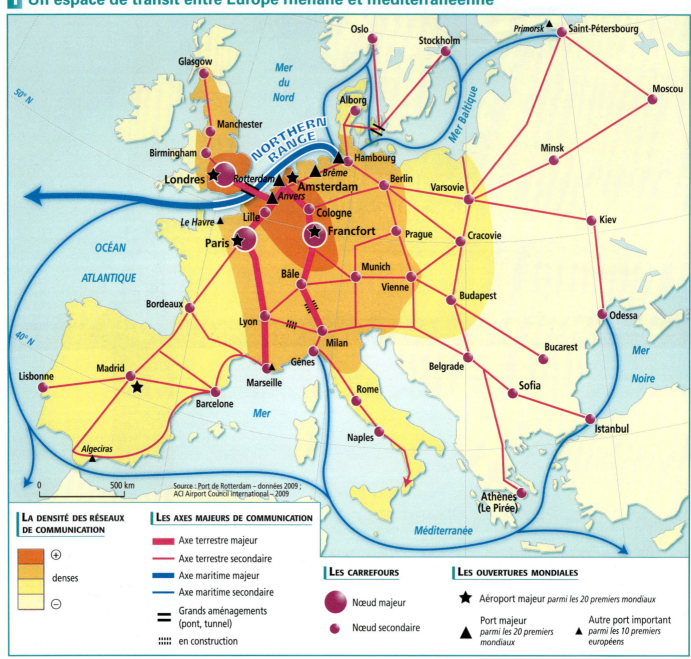

Clés de lecture

- **Le réseau de transport européen apparaît fortement contrasté.** Un vaste espace central survalorisé, encombré, rassemblé par la grande vitesse ferroviaire, s'oppose à des périphéries plus ou moins bien intégrées. La façade maritime de la *Northern Range* et les trois métropoles de Londres, Paris et Francfort sont au cœur du dispositif. Par le développement des grands réseaux de transport transeuropéens, l'Union européenne veut faciliter l'intégration des périphéries.

- **La France et la Suisse sont des espaces de transit privilégiés** entre l'Europe rhénane et l'Europe méditerranéenne.

2 La stratégie de l'Union européenne en faveur du réseau de transports trans-européens « RTE »

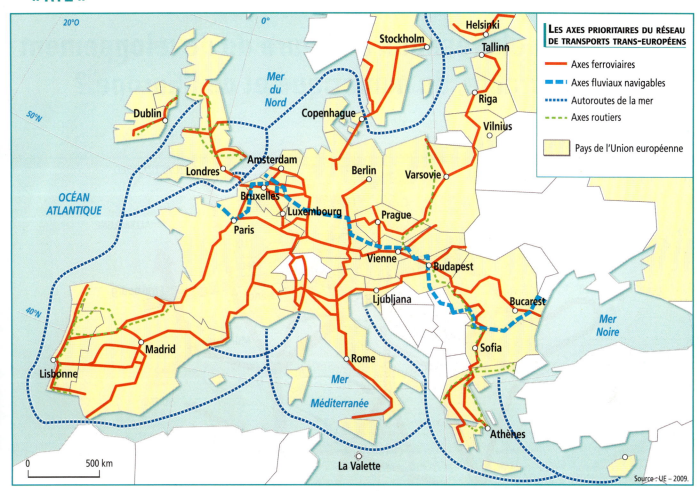

LES AXES PRIORITAIRES DU RÉSEAU DE TRANSPORTS TRANS-EUROPÉENS
- Axes ferroviaires
- Axes fluviaux navigables
- Autoroutes de la mer
- Axes routiers
- Pays de l'Union européenne

Source : UE – 2009.

3 L'Europe redessinée par le réseau TGV à l'horizon 2015

Chaque carré représente une heure de parcours

Europe non déformée

Source : CNRS Strasbourg.

4 L'inégal encombrement du ciel européen

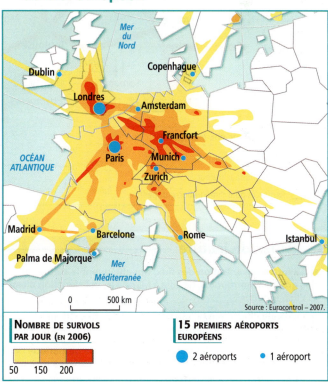

Source : Eurocontrol – 2007.

NOMBRE DE SURVOLS PAR JOUR (EN 2006)
50 150 200

15 PREMIERS AÉROPORTS EUROPÉENS
- 2 aéroports
- 1 aéroport

Chapitre 6 Mobilités, flux et réseaux de communication dans la mondialisation

CARTES ENJEUX

Quels réseaux à l'heure du développement durable, du numérique et de l'Europe ?

1 Une forte concentration de flux

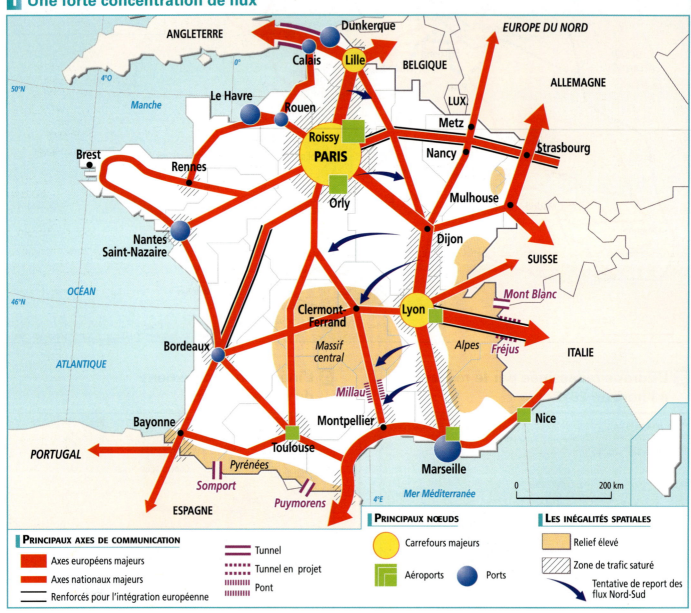

Clés de lecture

- **La forte concentration des flux,** qui atteignent la saturation malgré les tentatives de report, souligne la **polarisation parisienne, l'axe des grandes métropoles,** de Lille à Marseille, et la fonction **d'espace de transit** du territoire français entre le Nord-Ouest européen, l'Italie et l'Espagne.

- **Les nouvelles priorités,** mises en avant par le « Grenelle Environnement* », en faveur des **transports durables,** privilégient les modes de transport « doux » : ferroviaires, maritimes et fluviaux. Elles s'intègrent dans les priorités des réseaux européens.

- Le très haut débit relance le défi de la **fracture numérique** entre des territoires très inégalement attractifs pour les opérateurs. L'enjeu est vital, notamment pour les collectivités des espaces ruraux.

2 Horizon 2030 : nouvelles priorités après le « Grenelle Environnement »

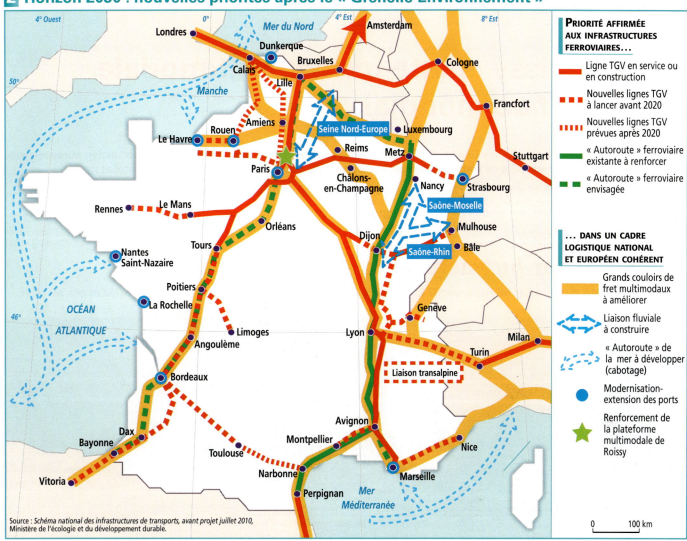

3 Relever le défi de la fracture numérique pour le très haut débit

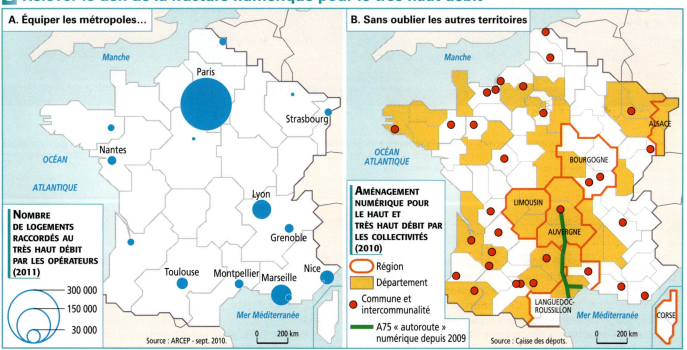

ÉTUDE DE CAS

Roissy : plate-forme multimodale et *hub* mondial

- L'aéroport de Roissy-Charles de Gaulle, 6ᵉ aéroport mondial en 2009, est le premier *hub** aérien européen avec la plus grande offre de correspondances, le second trafic passagers et le premier trafic postal et de fret.
- Son activité s'appuie sur le premier carrefour multimodal* d'Europe depuis l'ouverture de la gare TGV en 1994.
- Cependant, ses ambitions dans la compétition internationale sont confrontées aux doléances des riverains.

1 Le premier *hub* aéroportuaire européen

Situé à 30 km au Nord-Est de Paris, sur 32 km², l'aéroport ne cesse de développer ses infrastructures et ses activités.

1 Le nouveau *hub* Air France-KLM

En 2009, l'aéroport a vu passer 59 millions de passagers et traité 2 millions de tonnes de trafic de fret et postal. Les aménagements et les extensions récentes de l'aérogare 2 (T2E, Satellite 3, T2G interrégional) ont porté ses capacités d'accueil à 72 millions de passagers par an en 2010, en attendant l'ouverture du « Satellite 4 » en 2012 (8 millions supplémentaires).

Image virtuelle, Aéroport de Paris, 2010.

2 Un triple *hub* : Air France-KLM, FedEx et La Poste

Grâce à sa capacité technique et opérationnelle, Paris-Charles-de-Gaulle est le *hub* le plus performant d'Europe par le nombre de correspondances possibles entre vols moyen et long-courriers. L'aéroport accueille près de 200 compagnies aériennes par an. Le nombre et la qualité des pistes, l'importance des terrains disponibles ont permis à la plate-forme de développer ce triple *hub* unique en Europe. Il combine et interconnecte les réseaux passagers et cargo des compagnies aériennes, le réseau de FedEx et celui de La Poste, offrant 447 destinations au départ de Paris.

Hubstar Paris, *www.hubstar-paris-blog.com,* septembre 2009.

3 Une croissance forte du transport aérien à l'international

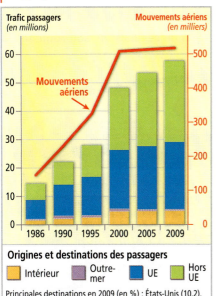

Principales destinations en 2009 (en %) : États-Unis (10,2), Italie (8,4), France métropolitaine (8,4), Royaume-Uni (6,7), Allemagne (6,6), Espagne (5,2).

Source : Observatoire de l'aviation civile – 2010.

4 Le plus grand *hub* de FedEx en dehors des États-Unis

Leader américain du transport express international, FedEx centralise à Roissy le transit et la redistribution des colis à travers l'Europe, l'Afrique, le Moyen-Orient et l'Asie (300 vols hebdomadaires depuis ou vers Roissy-Charles de Gaulle).

5 L'atout du hub parisien : les opportunités de correspondances hebdomadaires

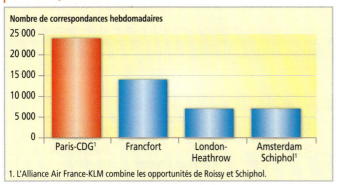

1. L'Alliance Air France-KLM combine les opportunités de Roissy et Schiphol.

6 Le nouveau terminal « T2G » : le hub renforcé pour les vols de proximité

Pour les passagers en provenance d'aéroports de province ou européens sur des avions de petite capacité, le nouveau terminal T2G, réservé aux filiales d'Air France, facilite la correspondance avec les vols long-courriers internationaux. Il dessert une vingtaine de destinations (30% du trafic vers la métropole et 70% vers l'espace Schengen).

7 « S4 » : renforcer le *hub* pour les long-courriers

Air France disposera fin 2012, à Roissy-Charles de Gaulle, d'un outil aéroportuaire d'une efficacité redoutable. C'est à cet horizon qu'Aéroport de Paris entend ouvrir le satellite 4 (S4) du terminal 2, une salle d'embarquement pouvant accueillir 7,8 millions de passagers par an.

Réservé à Air France-KLM et à ses partenaires de l'alliance SkyTeam[1], il permettra d'optimiser les correspondances du groupe grâce à la concentration des opérations dans les terminaux 2F et 2E et leurs deux ramifications accessibles en « métro », le satellite S3 et son frère jumeau le S4. Ce dernier pourra accueillir en même temps seize avions gros-porteurs, dont six A380.

Ce bâtiment sera la dernière étape de toute la stratégie de hub d'Air France pour les quinze prochaines années.

Fabrice Gliszczynski, *La Tribune*, 4 juin 2010.

1. Skyteam : alliance de 13 compagnies aériennes dont Aeroflot, AeroMexico, Delta Air Lines, Korean Air. En 2009, plus de 62 % des passagers de Roissy-Charles de Gaulle ont voyagé sur des compagnies de SkyTeam ; plus de la moitié des passagers d'Air France-KLM étaient en correspondance.

Questions

1. Quels éléments font la puissance du *hub* de Roissy **(1, 2, 4, 5 et image satellite p. 70-71)** ?
2. Comment le *hub* assure-t-il l'ouverture du territoire sur l'Europe et le monde **(3, 4, 6, 7)** ?
3. En quoi Air France-KLM est-il un acteur majeur et privilégié de Roissy **(1, 2, 6, 7)** ?

ÉTUDE DE CAS

2 Atouts et contraintes de la plateforme multimodale

À l'échelle nationale, Roissy est le premier carrefour multimodal* grâce à la densité de ses liaisons autoroutières et ferroviaires, depuis l'ouverture des gares TGV en 1994 et de transport régional (RER).

8 QatarAirways, l'une des huit compagnies partenaires de « tgvair » avec la SNCF

Tgvair permet de combiner un voyage train-avion depuis 20 gares du réseau TGV en France grâce à la correspondance assurée à Roissy. En 2008, 70 % des 3,4 millions de passagers de la gare TGV de Roissy ont utilisé l'intermodalité TGV-avion.

9 Une nouvelle donne pour la Picardie à l'horizon 2020 ?

Amiens, la capitale régionale, attend du raccordement ferroviaire Creil-Roissy un accès direct au réseau grande vitesse, à l'aéroport international et à sa zone d'activités.

10 Un nœud ferroviaire majeur

Saturation en perspective ! Inaugurée en 1994 au cœur du terminal 2 de l'aéroport, la gare Roissy-TGV est en passe de devenir l'un des nœuds ferroviaires majeurs du Nord de la France.

D'ici à dix ans, son trafic voyageurs devrait passer de 3,5 millions à… 6 millions par an ! Outre les rames du RER B, près de 50 TGV par jour s'y arrêtent déjà, permettant aux usagers de l'aéroport de rejoindre la province sans passer par Paris. À ce flux déjà substantiel devraient s'ajouter progressivement ceux des TGV et des TER empruntant le barreau Roissy-Picardie, mais aussi – si le projet voit le jour – les trains de la liaison Charles-de-Gaulle Express, reliant l'aéroport à la capitale. À plus long terme, elle devrait être desservie par le métro automatique prévu dans le cadre du Grand Paris et par la ligne à grande vitesse reliant la Normandie à l'Île-de-France. Largement de quoi surcharger ses six voies.

Benjamin Peyrel, *L'Express*, 29 septembre 2010.

11 L'organisation spatiale de la plate-forme multimodale

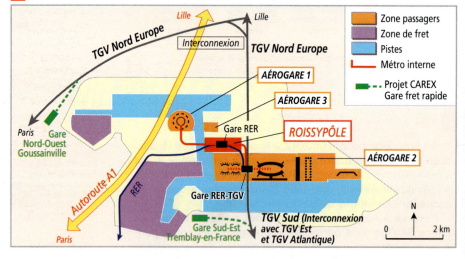

Questions

1. Quels transports sont interconnectés à Roissy **(8, 10, 11)** ?
2. Quels rôles la gare joue-t-elle pour l'aéroport **(8, 10, 11)** ?
3. Quel est l'impact de la plate-forme multimodale sur l'organisation des territoires **(8, 9, 10)** ?

3. Comment assurer le développement durable de Roissy ?

Inauguré en 1974, l'aéroport est aujourd'hui rattrapé par l'urbanisation. Dans sa compétition avec Heathrow, Francfort ou Milan, Roissy doit aussi prendre en compte les revendications de plus en plus pressantes des riverains.

12 Alléger le trafic aérien de Roissy

Depuis trente ans, le trafic aérien explose et se concentre sur la plate-forme de Roissy.

Il existe d'autres solutions que ce détour obligé par une région dont le ciel, comme les autres axes de communication, est saturé :
– encourager l'utilisation du TGV pour remplacer les vols court-courriers, voire moyen-courriers ; Londres, par exemple, ou Strasbourg ;
– transférer le fret cargo sur un aéroport dédié, tel que Vatry dans le département de la Marne, associé à une interconnexion TGV fret. C'est une mesure indispensable, si l'on veut un véritable couvre-feu nocturne à Roissy. 60 % du fret de Roissy ne fait que transiter. La plupart des mouvements cargo de nuit s'opèrent sur des distances inférieures à 800 km. Vatry est dans une région avec 7 habitants au km^2 ;
– assouplir la logique du *hub* à Roissy-CDG et restituer le trafic intercontinental à des aéroports régionaux, avec une bonne desserte ferroviaire TGV ;
– promouvoir le train en général, par le développement de lignes à grande vitesse. Le train peut prendre beaucoup de trafic passagers et fret pour les trajets de moins de 1 000 km (plus de 50 % du trafic).

ADVOCNAR[1], *Roissy Charles de Gaulle et Le Bourget, point sur les nuisances aériennes*, novembre 2007.

1. ADVOCNAR : L'Association de défense du Val-d'Oise contre les nuisances aériennes est la principale association de riverains, agréée « protection de l'environnement ».

13 Des associations de riverains de Roissy manifestent contre les nuisances aériennes

Questions

1. Quelles sont les nuisances dénoncées par les riverains **(12, 13)** ?

2. Quels changements souhaitent-ils dans le fonctionnement de l'aéroport ? Quelles en seraient les conséquences pour l'activité de Roissy et le territoire national **(12, 13)** ?

3. En quoi le projet Euro Carex peut-il être une réponse **(12, 14)** ?

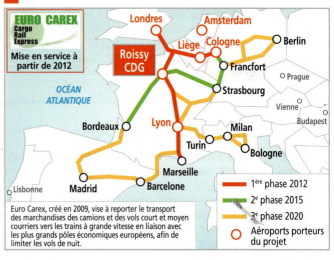

14 Un projet de développement durable pour Roissy ?

Euro Carex, créé en 2009, vise à reporter le transport des marchandises des camions et des vols court et moyen courriers vers les trains à grande vitesse en liaison avec les plus grands pôles économiques européens, afin de limiter les vols de nuit.

De l'étude de cas...

▶ Le *hub* multimodal de Roissy, outil majeur de connexion du territoire français à l'Europe et au monde, doit répondre aux défis de la mondialisation et du développement durable.

...à la mise en perspective

▶ Comment les réseaux de transport et le numérique connectent-ils le territoire français à l'Europe et au monde ?
Cours p. 162 et p. 164

▶ Comment les nouvelles politiques de transport entendent-elles assurer le développement durable du territoire ?
Cours p. 166

CE QU'IL FAUT SAVOIR

Cours 1 — L'Europe, au cœur des mobilités et des flux

1. L'Europe et la France, une large ouverture sur l'espace mondial

■ **L'Europe polarise 42 % des échanges commerciaux mondiaux** et plus de la moitié des flux touristiques internationaux. Elle est le continent à la fois le plus largement ouvert sur le monde et le plus intégré. L'Union européenne connaît un essor des **mobilités** et des **flux** : en quinze ans, les déplacements de personnes ont augmenté de 25 % et les flux de marchandises de 35 % **(1)**.

■ **Le transport maritime extra-européen** joue un rôle majeur en réalisant 73 % des importations et des exportations. De même, 40 % des **flux aériens** sont mondiaux et 60 % intra-communautaires.

■ **L'axe rhénan polarise 85 % de la navigation fluviale**. Il draine la France du Nord-Est, mais le reste de la France fluviale demeure éclaté et mal intégré à l'Europe rhénane **(2)**.

■ **70 % du transport routier** européen sont réalisés dans un cadre national et 30 % dans un cadre continental. Les **gazoducs** s'étendent jusqu'en Sibérie ou en Asie centrale.

2. De profonds déséquilibres en débat

■ **La libéralisation des transports**, socle de la politique européenne, a largement favorisé les transports routiers aux dépens des transports ferroviaires et fluviaux **(1)**.

■ **Dans le transport terrestre de marchandises**, la route est passée de 67 % à 72 % des flux en quinze ans. La voie d'eau (6 %) et le **cabotage*** maritime demeurent sous-utilisés ; le transport ferroviaire est passé de 20 % à 17 % des flux. En vingt ans, le réseau autoroutier a augmenté de moitié et le parc automobile de 44 % pour atteindre 235 millions de voitures et 34 millions de poids lourds.

■ **Dans le transport de passagers, l'automobile demeure écrasante** avec 73 % des flux, malgré les progrès du transport aérien. Cette stratégie du « tout-routier », à la fois européenne et française, est aujourd'hui l'objet d'un débat dans le cadre de la promotion d'un **développement durable***.

■ **La politique européenne des transports** est un levier d'intégration continentale. Les réseaux transeuropéens de transport (RTE-T), présentés par l'UE dans le schéma de 2001, traversent la France du Nord-Est au Sud-Ouest.
▶ Cartes enjeux p. 155

3. Des territoires différenciés : grands pôles et marges

■ **À l'échelle continentale, deux ensembles s'opposent nettement**. L'Europe du Nord-Ouest, à laquelle appartient la France, est bien équipée et bénéficie d'un maillage dense. Cet espace fonctionne comme le **centre logistique*** du continent, alors que les périphéries scandinaves, méditerranéennes et centre-orientales sont encore sous-équipées et sous-intégrées.

■ **Un processus cumulatif concentre les grands axes et principaux nœuds*** sur les grands pôles métropolitains et portuaires nord-atlantiques (Le Havre) et méditerranéens (Marseille) qui desservent de vastes arrière-pays. Sur les 35 grands ports de l'UE, les huit premiers polarisent plus de 50 % des échanges. Londres, Paris, Francfort et Madrid sont les **hubs*** de compagnies aériennes mondiales.

■ **Mais ces espaces centraux sont de plus en plus saturés**. Ainsi, seulement 9 % de l'espace aérien du continent (Allemagne, Benelux, France) polarisent 55 % du trafic, qui devrait encore augmenter de 50 % d'ici 2020. Face à l'écrasante prépondérance du transport routier, l'accent est mis sur les transports en commun (bus, tram, métro), le développement ferroviaire (TGV, **ferroutage***) et les « autoroutes de la mer » **(3, 4)**.
▶ Cartes enjeux p. 154, p. 155   ▶ Gérer les territoires p. 170
▶ Photographie p. 152-153   ▶ Étude de cas p. 158

Mots clés

- **Mobilité** : pour la population, capacité de se déplacer ou déplacement dans un cadre local, national ou international.
- **Flux** : déplacement d'objets matériels (marchandises, personnes) ou immatériels (informations, capitaux) entre deux lieux.

Voir lexique p. 312

1 Les transports de marchandises et de voyageurs dans l'Union européenne à 27

Évolution du transport de marchandises (en milliards de tonnes/km)

	Route	Rail	Fleuves	Pipelines	Air	Total
1995	1289	386	122	115	2	1914
2008	1878	443	145	124	2,7	2593

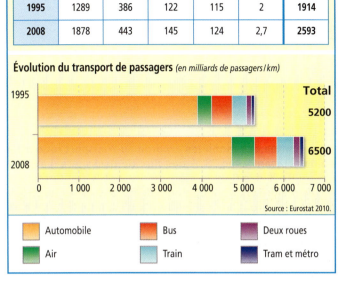

Évolution du transport de passagers (en milliards de passagers/km)

Source : Eurostat 2010.

Légende : Automobile – Bus – Deux roues – Air – Train – Tram et métro

3 Un bon démarrage pour « l'autoroute » de la mer Saint-Nazaire–Gijón (sur la côte Nord de l'Espagne)

Temps du trajet : **14h** par l'autoroute de la mer ; **24h** par voie terrestre. Ouverture d'une 2ᵉ autoroute de la mer en 2011.

Source : Nantes passion, déc. 2010.

Deux mois après le lancement de la ligne, le groupe Louis Dreyfus Armateurs affiche un taux de remplissage de 35 remorques par traversée. Cette autoroute de la mer, principalement destinée au fret, a pour objectif de désengorger les axes routiers français et espagnols. L'armateur s'est donné quatre ans pour rentabiliser la ligne. Dès lors, les rotations, actuellement fixées à trois par semaine, atteindraient un rythme quotidien.

Communiqué de presse Louis Dreyfus Armateurs – 30 novembre 2010.

2 La fin de l'impasse fluviale : vers l'Europe rhénane en 2015 ?

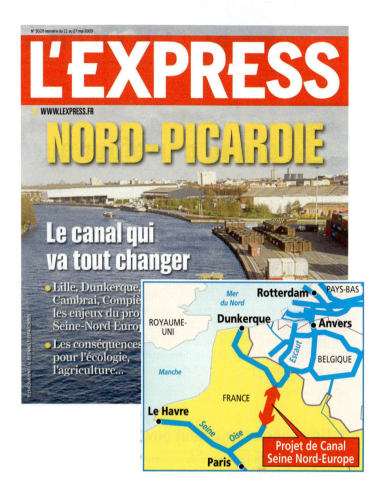

Couverture du magazine *l'Express*, 21-27 mai 2010.

4 La France dans la construction de l'Europe de la grande vitesse

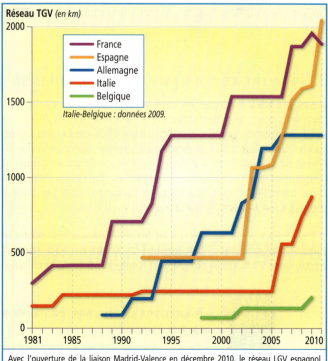

Réseau TGV (en km) – France, Espagne, Allemagne, Italie, Belgique. Italie-Belgique : données 2009.

Avec l'ouverture de la liaison Madrid-Valence en décembre 2010, le réseau LGV espagnol devient le premier en Europe mais sans être encore connecté au réseau européen.

CE QU'IL FAUT SAVOIR

Cours 2 — La France, grand carrefour européen

1. La France : une forte montée des mobilités

■ **En France, les transports sont un secteur dynamique**, représentant 4 % du PIB et 1,3 million d'emplois. Les ménages y consacrent 15 % de leur budget, dépense qui a augmenté d'un tiers en dix ans. En trente ans, le nombre de véhicules est passé de 16 millions à 38 millions, alors que le nombre de passagers aériens a augmenté de 46 millions à 145 millions par an. En vingt ans, la circulation routière a progressé de 28 % (et notamment de 130 % pour les autoroutes).

■ **La montée des mobilités accorde au transport routier un poids écrasant** avec 83 % des flux de passagers. La route assure 87 % des flux de marchandises et le fret ferroviaire recule malgré le développement du **ferroutage**. Cette stratégie du « tout-routier » est aujourd'hui incompatible avec un développement équilibré et durable des territoires (5, 6).

2. Un espace largement ouvert à toutes les échelles

■ **L'échelle locale joue un rôle majeur.** Près de la totalité des déplacements (98 %) sont réalisés dans un rayon inférieur à 50 kilomètres, du fait surtout des trajets domicile/travail. Ces **migrations alternantes** ne cessent de s'allonger avec la croissance périurbaine et **rurbaine***, ce qui amène 50 % des ménages ruraux à posséder au moins deux voitures, contre 18 % des ménages franciliens.

■ **Mais la France est aussi un pays largement ouvert.** Elle réalise 70 % de ses échanges avec l'UE. La moitié du trafic fluvial est ainsi tournée vers le Benelux, l'Allemagne et la Suisse. Le TVG, avec 60 % du trafic voyageurs de la SNCF, joue un rôle croissant dans le trafic entre grandes métropoles françaises et européennes (7). Le trafic transmanche représente 42 millions de personnes par an, dont beaucoup de touristes.

■ **Du fait de sa position de carrefour,** la France est aussi un pays de **transit**. 45 % des vols aériens sont du trafic de simple survol de l'espace hexagonal. De même, 17 % des flux de transport terrestres de marchandises sont du transit, pour l'essentiel entre l'Espagne, l'Italie et le Nord de l'Europe, via des cols et tunnels alpins ou pyrénéens aujourd'hui saturés.

▶ Cartes enjeux p. 154, p. 155   ▶ Gérer les territoires p. 170

3. Un territoire contrasté, inégal et polarisé

■ **Les grandes métropoles sont les nœuds* essentiels** d'organisation et de polarisation des réseaux et des flux. Les agglomérations urbaines concentrent 25 % de la circulation totale. Dans le trafic aéroportuaire, quatre métropoles polarisent 82 % des flux de passagers, l'Île-de-France dominant largement (65 %), devant Nice, Lyon et Marseille. Roissy et Orly, avec 84 % du fret aérien en tonnage, sont les portes d'entrée sur le marché national (9).

■ **De grands axes nationaux et internationaux** concentrent l'essentiel des flux. Seulement 2 % du réseau routier accueillent 25 % de la circulation totale et 50 % de la circulation de poids lourds. Dans le transport fluvial, la basse Seine et le Rhin captent l'essentiel du trafic. Pour les oléoducs, deux axes polarisent 85 % des flux : la basse Seine entre Le Havre et Paris pour 45 %, l'axe Marseille–Rhône–Rhin pour 40 %.

■ **Ces différentes mobilités débouchent sur de profonds contrastes territoriaux.** Ils opposent les grandes métropoles et les grands axes nationaux et internationaux souvent saturés (du fait de la superposition de puissants flux locaux, régionaux, nationaux et mondiaux) à une large partie du territoire national qui demeure en position marginale (8).

▶ Carte enjeux p. 156   ▶ Gérer les territoires p. 170

Mots clés

- **Migrations alternantes (ou navettes) :** déplacements quotidiens de population entre le lieu d'habitation et le lieu de travail.
- **Ferroutage :** technique de transport combiné rail-route. Elle consiste à faire circuler des véhicules routiers (camions ou remorques de camions) sur des wagons de chemin de fer conçus à cet effet.

* Voir lexique p. 312

5 Le triomphe du fret routier en France

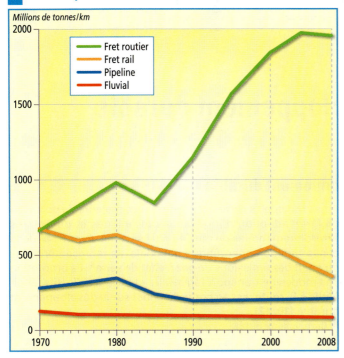

6 La voiture, mode de déplacement préféré malgré le développement des transports en commun

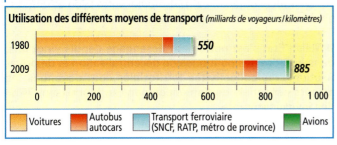

8 Lille, un exemple des problèmes de mobilité dans les grandes agglomérations françaises

La région est située au cœur d'un territoire où vivent plus de 100 millions de personnes dans un rayon de 300 kilomètres. La région est ainsi traversée par des flux nationaux et internationaux considérables. Alors que la métropole joue un rôle très important dans le développement du territoire régional, force est de constater qu'il est quasiment impossible d'y accéder par la route à certaines heures de la journée. Ce problème de congestion est un frein évident pour le développement de l'ensemble du territoire régional. Certes, il est possible pour la population de voyager par le TER pour se rendre à Lille, mais l'utilisation de la voiture est dans certaines circonstances indispensable. La congestion routière récurrente autour de Lille crée un certain sentiment d'exclusion pour la population qui n'habite pas la métropole et qui connaît des difficultés pour y accéder. Le risque est que la métropole ne parvienne pas à jouer son rôle de moteur pour le territoire régional.

Lionel Garbe, « L'accessibilité de la métropole lilloise et des grandes agglomérations de la région Nord-Pas-de-Calais », Conseil économique, social et environnemental régional du Nord-Pas-de-Calais, 6 mai 2010..

7 Paris de plus en plus proche des métropoles européennes grâce aux TGV internationaux

Comme Eurostar depuis 1994 (Londres), Thalys depuis 1999 (Bruxelles, Amsterdam, Cologne), Alléo depuis 2007 (Francfort, Stuttgart) avec d'autres partenaires européens, TGV Lyria est une filiale de la SNCF (74 %) et des Chemins de fer fédéraux suisses (CFF 24 %). Elle dessert Genève, Lausanne, Bâle, Zurich depuis 2005, Berne et Neuchâtel.

9 Les très fortes disparités régionales du transport aérien

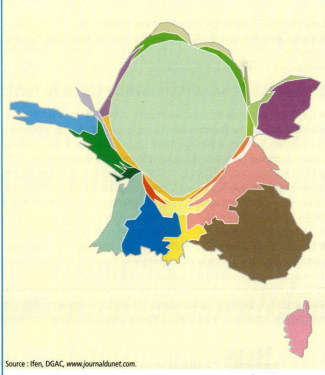

Source : Ifen, DGAC, www.journaldunet.com.

L'activité commerciale aérienne bénéficie essentiellement à l'Île-de-France, très loin devant Provence-Alpes-Côte d'Azur (Nice, Marseille) et Rhône-Alpes (Lyon).

Anamorphose construite à partir du nombre de décollages et d'atterrissages d'avions commerciaux en 2005.

CE QU'IL FAUT SAVOIR

Cours 3 — La France, aménagements et développement durable

1. Transports et mobilités : les enjeux d'un développement durable

■ **Malgré d'importants investissements, la mobilité demeure entravée** par l'augmentation des flux et le poids de la route. Le temps perdu dans les embouteillages a augmenté d'un quart en dix ans. Si l'Île-de-France en polarise 70 %, ils se sont multipliés par 2,5 en province en dix ans. Les périodes de congestion sont très variables dans l'espace (métropoles et périphéries ; grands axes saturés comme la vallée du Rhône) et dans le temps (heures de pointe de 7 à 9 heures et de 16 à 19 heures, week-end, périodes des fêtes et de vacances).

■ **Les transports demeurent une source majeure de pollution** malgré l'adoption d'innovations techniques et de normes environnementales de plus en plus sévères. Avec 31 % de la consommation énergétique nationale, ils représentent plus du quart des émissions de **gaz à effet de serre***. La promotion des modes de transport ferroviaire et urbain collectifs, alternatifs à la route, est au cœur du débat sur le développement durable **(10, 12)**.
▶ Carte enjeux p. 156

2. Grands aménagements et nouvelles infrastructures

■ **En 2009, l'État a adopté le Schéma National des Infrastructures de Transport** dans le cadre du **Grenelle Environnement***. Son objectif est, aux échelles européenne et nationale, de renforcer un réseau **multimodal*** efficace, de développer les pôles régionaux face à la polarisation traditionnelle des réseaux sur Paris, d'améliorer les déplacements dans les aires métropolitaines en y soutenant le développement des transports en commun comme le tramway **(11)**.

■ **La modernisation des grands axes européens et nationaux est une priorité.** Après le succès du tunnel sous la Manche, ouvert en 1994, l'amélioration des transits alpin et pyrénéen est un nouvel objectif. La *Transalpine,* entre Lyon et Turin est en cours de réalisation pour une ouverture vers 2020.

■ **Mais l'État s'est nettement désengagé depuis vingt ans,** dans le cadre des politiques de décentralisation et de privatisation ; les collectivités territoriales sont devenues les acteurs essentiels de l'aménagement en fournissant 76 % des investissements.
▶ Cartes enjeux p. 157

3. Le numérique : une nouvelle fracture territoriale ?

■ **La France a connu une véritable révolution numérique, cependant encore inachevée.** Après la généralisation du téléphone fixe, le taux d'équipement des ménages entre 1998 et 2009 est passé de 4 % à 82 % en téléphones mobiles, de 23 % à 74 % en ordinateurs et de 4 % à 67 % pour l'Internet bas et moyen débits. Mais l'essor spectaculaire de nouveaux services exige de nouvelles infrastructures à **très haut débit** (fibre optique).

■ **Le développement du numérique se traduit par une nouvelle fracture numérique des territoires.** En téléphonie mobile de troisième génération, seulement 87 % de la population et 47 % du territoire sont couverts. Les opérateurs (Orange, SFR, Numéricable, Bouygues Telecom…) privilégient les territoires les plus rentables ; avec 80 % de la population concentrés sur 20 % de l'espace, on observe pour l'hexagone une couverture « en peau de léopard » qui juxtapose zones « blanches », enclavées, et zones bien desservies **(13)**.

■ **Face au marché, l'intervention des collectivités territoriales est donc décisive,** en particulier dans les zones non-rentables et peu denses (rural profond, moyenne et haute montagne…). L'objectif de couverture en très haut débit de l'ensemble du territoire en 2025, nécessitera 24 milliards d'euros d'investissements et 1,1 million de kilomètres de fibre optique. Afin d'éviter de fortes disparités, l'État favorise l'adoption de schémas directeurs d'aménagement numérique par les collectivités territoriales.
▶ Cartes enjeux p. 157
▶ Stratégies d'acteurs p. 168

Mots clés
- **Révolution numérique :** généralisation des nouvelles technologies d'information et de communication (TIC) qui font circuler très rapidement les connaissances et l'information (ex. : Internet).
- **Très haut débit :** le « débit » mesure la vitesse de transmission des données numérisées. La fibre optique permet des débits jusqu'à mille fois supérieurs au débit obtenu par le fil traditionnel en cuivre.

* Voir lexique p. 312

10 Pour l'État : priorité au fret ferroviaire

Terminal de l'« autoroute » Luxembourg-Perpignan, à Bettembourg (Luxembourg), inaugurée en 2007.
Objectif 2014 : 10 allers-retours quotidiens (300 000 remorques par an) ; réduction de 10 % de la circulation des poids lourds sur les routes correspondant au même itinéraire.

11 « Semaine de la mobilité »

Organisée chaque année par le ministère du Développement durable, cette « semaine de la mobilité » vise à sensibiliser le public aux modes de transport alternatifs à la voiture. Comme beaucoup d'autres agglomérations, le Grand Dijon construit un tramway (2010-2013).

13 Les territoires ruraux oubliés ?

C'est l'avenir numérique des territoires ruraux qui est soulevé par le choix de l'iconographie du magazine de l'Association des maires de France en avril 2010.

12 Pour la FNTR[1] : priorité au développement durable du transport routier

La FNTR répond à un communiqué de l'association France Nature Environnement (FNE) en date du 22 octobre 2009.

La FNTR entend rétablir la vérité des faits et des chiffres.
– Extrait du communiqué de FNE : *« Le report modal de la route vers des modes de transport alternatif est possible ».*
Les faits : compte tenu du fait que 80 % des volumes transportés le sont dans un rayon de moins de 150 kilomètres, le report modal ne peut concerner qu'une part relative des trafics (estimée à environ 5 %).
– Extrait du communiqué de FNE : *« Est-il normal de payer à bas prix des tomates trimballées aux quatre coins de l'Europe ? »*
Les faits : l'exemple est peu pertinent. Les trafics de plus de 1 000 kilomètres représentent moins de 1 % des trafics en Europe. Il est particulièrement regrettable que FNE n'apporte aucun soutien à la demande de la profession des transporteurs de création d'un fonds d'aide au développement durable du transport routier. Si les objectifs annoncés par les pouvoirs publics en matière de report modal devaient être atteints (la part des modes non-routiers passant de 15 % à 25 %), cela voudrait dire que le transport routier représenterait demain encore 75 % des volumes transportés. C'est donc là que se situent les enjeux environnementaux de demain.

Extraits du communiqué de la FNTR, 23 octobre 2009.

1. FNTR : Fédération nationale des transports routiers, principale organisation professionnelle de ce secteur.

STRATÉGIES D'ACTEURS

Relever le défi de l'aménagement numérique

L'exemple de la région Auvergne

■ Au centre de la France, en moyenne montagne, avec une faible densité de population, l'Auvergne cumule les obstacles à l'aménagement numérique des territoires.

■ Grâce à la mobilisation des collectivités locales, l'Auvergne est cependant la 1re région française « 100 % haut-débit » en 2009, réussite reconnue par l'UE.

▶ **Comment assurer l'égale connexion des territoires en France ?**

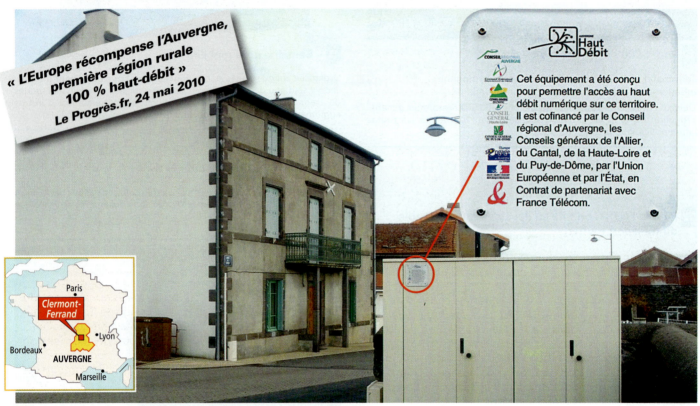

1 « Très petit site technique » dans une ancienne « zone d'ombre »

À Argnat (650 habitants), commune de Sayat à proximité de Volvic (Puy-de-Dôme), l'une des 289 installations financées par le programme « Auvergne Haut-Débit ».

2 Partenaires et répartition du financement public du programme « Auvergne Haut-Débit » (2007-2009)
(en millions d'euros hors taxes)

10	4,8	11,8	11,8
FEDER	Contrat de Projets État-Région	Conseil régional Auvergne	Répartis entre les 4 départements en fonction du nombre de lignes effectivement concernées sur leur territoire.

« L'Europe récompense l'Auvergne, première région rurale 100 % haut-débit »
Le Progrès.fr, 24 mai 2010

3 Du haut au très haut débit, un partenariat public-privé pour connecter tous les territoires

■ Le programme « Auvergne Haut-Débit »

Lancé en octobre 2007, le programme s'est terminé fin mars 2009. Ce partenariat conclu avec France Telecom permet à 99,6 % de la population d'être connectée à l'ADSL (512 kbits/s minimum) sur sa ligne téléphonique.

Il concerne 298 communes, soit presque 14 000 lignes rendues éligibles[1] et 35 000 lignes bénéficiant d'une montée en débit grâce à plus de 860 km de fibre optique.

Pour les 0,4 % restants de la population (moins de 3 000 lignes), des solutions individuelles par satellite sont proposées avec une aide cofinancée par la région et le département.

Lettre d'informations du Conseil régional d'Auvergne, *Territoires d'Auvergne en Actions*, n° 2, avril 2009.

■ Le schéma directeur du très haut débit

Le haut et le très haut débit sont devenus les conditions indispensables de l'attractivité, de la compétitivité et du développement des territoires. La Région s'est appuyée sur les enseignements de la réussite du plan haut débit : en premier lieu, la nécessité de réunir les principaux acteurs territoriaux, afin de partager les enjeux et les objectifs de l'aménagement numérique de l'Auvergne ! Depuis juillet 2008, le schéma directeur du très haut débit compte donc 12 membres : le Conseil régional d'Auvergne ; l'État ; les quatre Conseils généraux ; les six agglomérations : Clermont Communauté, les communautés d'agglomération du bassin d'Aurillac, de Montluçon, de Moulins, du Puy-en-Velay et de Vichy Val d'Allier.

Cette démarche partenariale est la clé d'une meilleure péréquation[2], d'un aménagement équitable du territoire, d'une prise en compte des zones denses et des zones moins rentables pour les opérateurs.

Au total, l'impact sur le territoire est considérable : près de 90 zones d'activité, soit 2 300 à 2 700 entreprises concernées, 200 à 250 sites d'enseignement, 50 à 80 établissements de santé, 115 à 130 sites administratifs. Quant aux particuliers, entre 87,5 % et 90,3 % des lignes auvergnates deviendraient éligibles au très haut débit dont est privée près d'une ligne sur quatre aujourd'hui.

Équiper le territoire, Développement numérique, *www.auvergne.org*, 2010.

1. Raccordement en haut débit possible.
2. Mécanisme de redistribution pour réduire les inégalités.

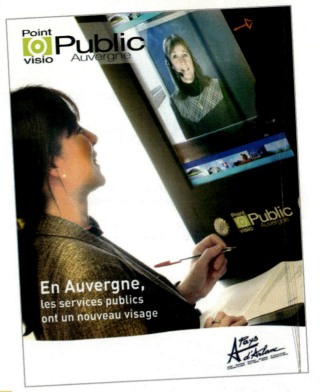

4 Le retour des services publics en milieu rural

Plaquette Point Visio Public, Communauté de communes du pays d'Arlanc (Puy-de-Dôme).

Les Points Visio Public sont un système de visioconférence permettant à un usager de dialoguer en direct et d'échanger des documents (scanner, imprimante) avec les services publics. Fin 2010, plus de 60 « bornes usagers » installées dans les villages et plus de 40 services publics partenaires (CAF, Pôle emploi, URSSAF, Banque de France…) ont vu le jour.

5 Le Cantal, pionnier du télétravail

La Communauté de communes du pays de Murat a décidé, en 2006, d'accompagner le développement du télétravail dans son territoire. Avec l'aide du Conseil général du Cantal et de l'État, le premier télécentre cantalien a ouvert ses portes au sein de la maison des services de Murat. Utilisé par 30 télétravailleurs, ce centre est aujourd'hui membre d'un réseau de 7 télécentres développés pour promouvoir le télétravail à travers le Cantal. Il contribue efficacement au maintien de la population et au développement économique d'un territoire considéré comme rural (13 communes et 6 000 habitants).

Observatoire des territoires numériques, 30 août 2010.

6 La vitrine numérique du pays de Murat (Cantal)

Analyser les stratégies d'acteurs

1. Quels sont les points forts de la stratégie de la Région **(1, 2, 3)** ?
2. Pourquoi la Région l'a-t-elle mise en œuvre **(3, 4)** ?
3. En quoi les stratégies des autres acteurs complètent-elles la stratégie régionale **(5, 6)** ?
4. Quels sont les résultats actuels et attendus **(1, 3, 4, 5)** ?

GÉRER LES TERRITOIRES

Connecter le territoire à l'espace mondial

Le Havre « porte océane »

■ Le Havre, 1er port français pour le trafic de conteneurs, dispose, à côté d'anciennes installations, d'un aménagement spécifique récent : Port 2000.

■ L'accessibilité et la connexion de ce port à un vaste hinterland national et européen sont un enjeu majeur dans un contexte de vive concurrence des modes de transport.

1 Port 2000 : un aménagement portuaire majeur

Capable d'accueillir des porte-conteneurs géants, Port 2000 est un outil compétitif, mais des interrogations demeurent sur les dessertes terrestres qui lient le port à son hinterland.

1 Port 2000, le nouvel ensemble portuaire du Havre pour l'accueil des porte-conteneurs de 13 000 « boîtes »

2 Un outil portuaire en constante évolution

À l'entrée de la Manche, Le Havre est d'abord le port de Paris et d'un grand Ouest français. Il bat au rythme de l'économie mondiale.

Inauguré en 2006, Port 2000 offre six kilomètres de quais et de vastes terminaux, accessibles aux plus grands navires porte-conteneurs. Il permettra à terme de traiter au moins six millions de conteneurs par an. Les trois plus grands armements mondiaux *Maersk, MSC, CMA-CGM* y disposent de terminaux dédiés où ils concentrent les escales de leurs navires. Les terminaux sont désormais privés. Les grutiers et les portiqueurs, auparavant salariés du port, sont employés désormais par des entreprises de manutention, comme les dockers le sont depuis 1992.

Situé à l'extrémité de la rangée Nord-Europe, Le Havre ne peut sans doute pas prétendre aux volumes considérables traités par Anvers, Rotterdam ou Hambourg mais cherche à s'affirmer comme une porte d'entrée possible de l'Europe sur le monde.

Armand Frémont, *Documentation Photographique*, n° 8066, 2008

3 Le Havre, un grand port européen

Trafic des ports en millions de conteneurs (2009)					
1	Rotterdam (Pays-Bas)	9,6	11	Zeebrugge (Belgique)	1,5
2	Hambourg (Allemagne)	7	12	Southampton (R-U)	1,4
3	Anvers (Belgique)	7	13	Gênes (Italie)	1,3
4	Brême (Allemagne)	4,6	14	Las Palmas (Espagne)	1
5	Valence (Espagne)	3,7	15	Marseille (France)	0,9
6	Felixstowe (R-U)	3	16	La Spezia (Italie)	0,8
7	Algesiras (Espagne)	3	17	Göteborg (Suède)	0,8
8	Gioia Tauro (Italie)	2,7	18	Le Pirée (Grèce)	0,7
9	**Le Havre (France)**	**2,3**	19	Londres (R-U)	0,6
10	Barcelone (Espagne)	1,8	20	Constantza (Roumanie)	0,6

Source : *Eurostat*, 2010.

4 La domination du transport routier (2009)

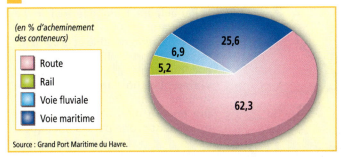

(en % d'acheminement des conteneurs)
- Route : 62,3
- Rail : 5,2
- Voie fluviale : 6,9
- Voie maritime : 25,6

Source : Grand Port Maritime du Havre.

5 Le port du Havre s'affiche comme la « porte océane »

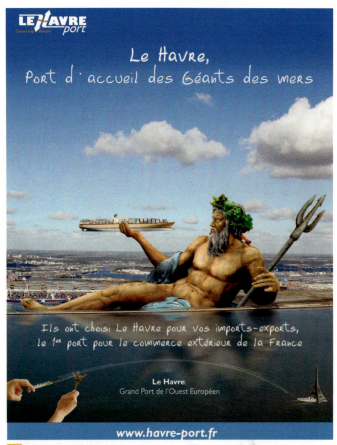

6 Le fret ferroviaire

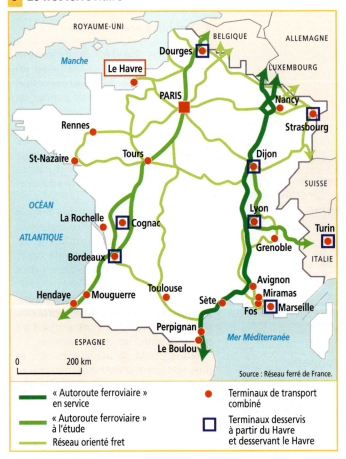

Source : Réseau ferré de France.

Légende :
- « Autoroute ferroviaire » en service
- « Autoroute ferroviaire » à l'étude
- Réseau orienté fret
- Terminaux de transport combiné
- Terminaux desservis à partir du Havre et desservant le Havre

7 D'autres pistes d'aménagement à explorer ?

L'aménagement d'un terminal fret ferroviaire et fluvial pourrait être envisagé pour simplifier les mouvements de marchandises dans le port. Si le projet du port du Havre de doubler le canal de Tancarville en prolongeant le Grand Canal existant s'est heurté à une forte hostilité des associations écologiques, compte tenu de son tracé en zone sensible, les responsables portuaires ont acquis une expérience de la gestion environnementale avec les mesures compensatoires de Port 2000.

D'autres visions moins territorialisées des ports, comme l'incitation à la mise en place de plateformes logistiques le long de la Seine ou la mise en œuvre de lignes de cabotage maritime permettant au Havre de redistribuer des trafics de conteneurs le long de l'Atlantique et de la Manche, permettraient aussi de relayer les grandes activités plus traditionnelles.

Madeleine Brocard, « Le positionnement des grands ports normands en 2009 », *Études Normandes,* n°4, 2010.

Analyser les enjeux d'aménagement

1. Quels aménagements importants accompagnent la création de Port 2000 (1, 2) ?
2. Dans quels buts (2, 4, 5) ?
3. Quelles interrogations et difficultés provoquent ces aménagements (2, 3, 6, 7) ?

GÉRER LES TERRITOIRES

2 Le canal Seine-Nord : atout ou risque pour Le Havre ?

Ce projet mettra en relation la Seine et le réseau de canaux à grand gabarit du Nord de l'Europe. Cette perspective d'ouverture fluviale suscite espoir et inquiétudes pour Le Havre.

8 Le canal Seine Nord : se connecter au réseau nord-européen

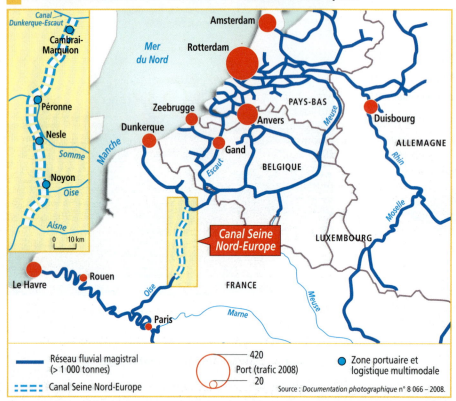

9 Une politique des transports cohérente nécessaire

La FGTE-CFDT considère que ce projet d'infrastructure fluviale s'inscrit pleinement dans la lutte contre les rejets de CO_2 et plus généralement dans le rééquilibrage durable des modes de transport, mais elle demande d'abord une mise en œuvre rapide du projet de rocade ferroviaire Le Havre-Amiens-Reims, afin de favoriser une desserte optimum de l'hinterland de Port 2000.

Par ailleurs, la ligne ferroviaire Le Havre-Paris n'a fait l'objet d'aucune modernisation notable et la configuration de Port 2000 ne favorise en aucune manière le transport ferroviaire. La liaison autoroutière Amiens - Lille - Belgique (A24) rendra encore plus difficile le report modal tant prôné par les politiques.

Enquête publique canal Seine-Nord-Europe, www.fgte-cfdt.org, 12 mars 2007.

10 L'essor du transport fluvial de conteneurs

Fluviofeeder (groupe *Marfret*), transporteur fluvial sur la Seine, convoie depuis 2007 du papier recyclé pour *UPM-Kymmene*, entre son usine de recyclage à Chapelle Darblay (région rouennaise) et ses clients imprimeurs en région parisienne. Une alternative à la route entre Le Havre-Rouen et Paris et une piste d'avenir pour Le Havre. Les conteneurs sont munis d'un rideau latéral pour un chargement rapide semblable à celui d'une semi-remorque.

11 Optimiste mais vigilant

Pour Le Havre, évidemment Seine-Nord-Europe n'était pas un équipement prioritaire, au contraire, puisque ce canal pourrait donner un avantage à nos deux grands concurrents : Anvers et Rotterdam.

Alors que 85 % du trafic mondial de marchandises s'effectue par voie maritime, la France ne peut pas se permettre d'affaiblir un grand port comme le nôtre.

Mais, parce qu'il semble acquis que ce canal va bien être creusé et que réactiver le transport fluvial est une bonne chose, au lieu de nous plaindre, nous allons saisir notre chance.

Nous gardons l'avantage géographique, car nous sommes proches de l'Atlantique, d'où viennent et d'où partent toutes les marchandises.

Nous pouvons aussi accueillir le plus fort tirant d'eau – 16 mètres – et aucun estuaire ou écluse à franchir, ce qui facilite la rapidité des rotations.

Antoine Rufenacht, L'Express, 21 mai 2009.

Analyser les enjeux d'aménagement

1. En quoi ce projet ouvre-t-il des perspectives de développement pour le port du Havre (8, 11) ?
2. Quels avantages la voie fluviale présente-t-elle (9, 10) ?
3. Quelles réserves peut-on faire concernant ce projet (9, 11) ?

MÉTHODES & PRÉPA BAC — CAHIER 3

THÈME 2
Aménager et développer le territoire français

MÉTHODES & ENTRAÎNEMENT BAC

- **Composition** ▸ L'organisation du territoire français, dans la dynamique de la mondialisation *(p.174-175)*
- **Réaliser un croquis** ▸ L'organisation du territoire français dans la dynamique de mondialisation *(p. 176)*
- **Analyse de documents** ▸ Réseaux et flux *(p. 177)*

LES SITES UTILES

- **Réseau Ferré de France (RFF)** ▸ Réseau et projet ferroviaire en Aquitaine *(p.178-179)*

RÉVISER

- **Chapitre 5**
  - ▸ Les connaissances *(p. 180)*
  - ▸ Des localisations *(p. 181)*
  - ▸ Des notions, des expressions clés *(p. 181)*
- **Chapitre 6**
  - ▸ Les connaissances *(p. 182)*
  - ▸ Des localisations, des notions *(p. 183)*
  - ▸ Des expressions clés *(p. 183)*

MÉTHODES & ENTRAÎNEMENT — BAC 6

COMPOSITION
ANALYSE DE DOCUMENT
RÉALISER UN CROQUIS
RÉALISER UN SCHÉMA

Sujet ▸ L'organisation du territoire français dans la dynamique de la mondialisation.

Méthode p. 118

La démarche pour traiter le sujet

Le sujet

1. Lisez attentivement le sujet et demandez-vous :
- Quelles sont les limites géographiques du sujet ?
- Quelle partie du sujet surlignée en jaune ou en rose évoque :
  – « l'intégration de la France dans la mondialisation » ;
  – « la distribution des hommes et des activités sur le territoire ».

La problématique

2. Recherchez les questions induites par le sujet
- Quels sont les traits majeurs de l'organisation du territoire français ?
  – Qu'est ce qui caractérise la répartition de la population, des grandes villes, des réseaux, des activités sur le territoire ? ▸ **Cartes enjeux p. 72-73 et p. 100-101**
  – Quelle est la région centrale, dominante ? Où sont situées les régions périphériques, en marge ? ▸ **Cours p. 104-105**
- L'intégration de la France dans la mondialisation modifie-t-elle cette organisation ?
  – Quelles parties du territoire ont le plus d'atouts face à la mondialisation ? ▸ **Cartes enjeux p. 130-133**
  – Quelles activités assurent à la France un poids encore important dans la mondialisation ?
  – Y a-t-il des régions ou des activités qui restent en marge de la mondialisation ? ▸ **Cours p. 138-145**

▸ Rédigez la problématique en utilisant notamment les expressions suivantes :
Organisation du territoire – Contrastes spatiaux – Mondialisation – Transformation des activités et du territoire – Nouvelles dynamiques spatiales

Le plan

3. Mobilisez les connaissances nécessaires pour répondre au sujet
- Reproduisez le tableau 1 et illustrez les idées (de A à I) qui y sont présentées, à l'aide d'exemples tirés du manuel.

Tableau 1

A. Une région centrale Exemples :	**F.** Dans la mondialisation, un territoire attractif Exemples : ....
B. Des espaces périphériques dynamiques Exemples :	**G.** Un rôle nouveau pour les métropoles Exemples : ....
C. Des espaces en marge Exemples :	**H.** Les technopôles, territoires de l'innovation Exemples : ....
D. Des espaces en reconversion Exemples :	**I.** Des secteurs d'activité encore puissants face à la mondialisation Exemples : ....
E. Des réseaux et des infrastructures de transport ouverts sur le monde Exemples :	

▸ **Stratégies d'acteurs p. 148-149**
▸ **Gérer les territoires p. 112-113**
▸ **Études de cas p. 134-137 et p. 158-161**
▸ **Gérer les territoires p. 170-172**
▸ **Cartes enjeux p. 262-263**
▸ **Cours p.164-165 et p. 264-271**

Les paragraphes

4. Classez les informations et organisez le plan en paragraphes
- En fonction du sujet, reportez les titres (de A à I) du tableau 1 dans les colonnes du tableau 2.

Tableau 2

1ᵉʳ thème	2ᵉ thème
L'organisation du territoire français : de forts contrastes spatiaux	Des transformations du territoire liées à la mondialisation

- Les deux thèmes retenus dans le tableau 2 peuvent-ils former les deux paragraphes de la composition ? Répondent-ils à la problématique du sujet ?

Application : rédiger la composition

Introduction

1 ▶ Rédigez l'introduction
- Montrez l'intérêt du sujet.
- Mettez en évidence la problématique.
- Annoncez le plan.

**Développement
1er paragraphe**

2 ▶ Rédigez le premier paragraphe
- Utilisez les informations et les exemples du **tableau 1** que vous avez rassemblés dans le **thème 1** du **tableau 2**.
- Utilisez aussi le **schéma 1**.

Légende du **schéma 1**
Région
Centrale
Périphérique
En reconversion
À dominante rurale
Ville mondiale

Conseil : lors de la rédaction insérez le schéma dans le paragraphe ; renvoyez-y en utilisant l'expression « on observe sur le schéma » ou « voir schéma ».

3 ▶ Rédigez le second paragraphe
- Utilisez les informations et les exemples du **tableau 1** que vous avez rassemblés dans le **thème 2** du **tableau 2**.
- Utilisez aussi les **schémas 2** et **3**.

Légende du **schéma 2**
Grand axe européen
Aéroport international (+ important -)
Grand port
Espace bien relié à l'Europe

Légende du **schéma 3**
Région transfrontalière active
Région transfrontalière en cours de réalisation
Investissements étrangers
Principaux technopôles

2e paragraphe

Conclusion

4 ▶ Rédigez la conclusion
- Dressez le bilan de la composition en résumant les réponses apportées à la question posée par le sujet.
- Annoncez les perspectives du sujet.

Schéma 1 – L'organisation du territoire

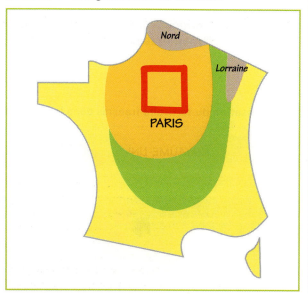

Schéma 2 – Un territoire ouvert sur le monde

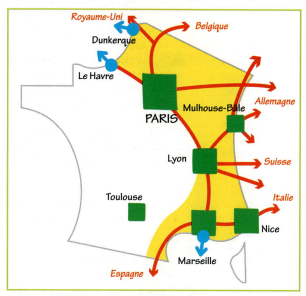

Schéma 3 – Des dynamiques nouvelles

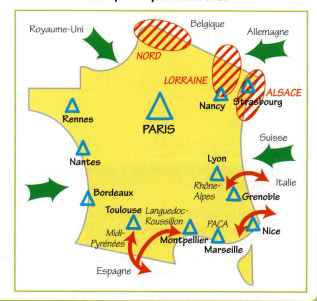

Thème 2 Aménager et développer le territoire français

MÉTHODES & ENTRAÎNEMENT — BAC 7

COMPOSITION
ANALYSE DE DOCUMENT
▶ **RÉALISER UN CROQUIS**
RÉALISER UN SCHÉMA

Sujet ▶ L'organisation du territoire français dans la dynamique de la mondialisation

Méthode p. 120

1 L'organisation du territoire français dans la dynamique de la mondialisation

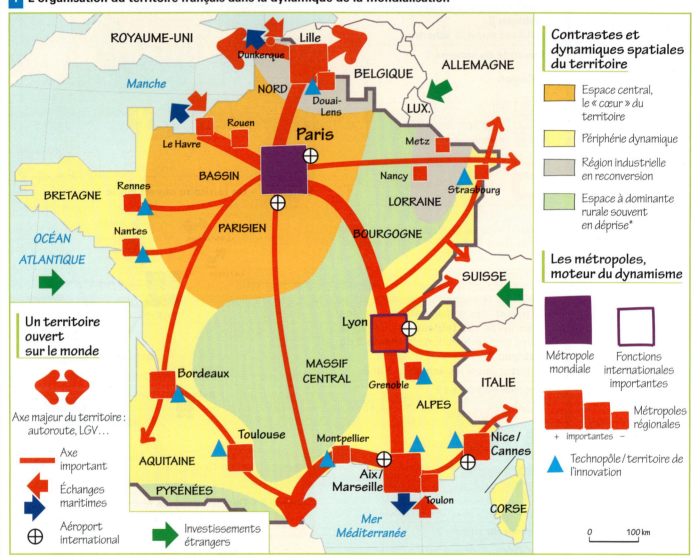

Entraînement Bac

1 ▶ **Le sujet**
- Quelles sont les deux expressions importantes du sujet ?
- Que faut-il comprendre par « *dynamique de la mondialisation* » ?

2 ▶ **Les informations cartographiées**
- Pourquoi a-t-on cartographié : les différents types d'espace du territoire français ? Les technopôles ? Les investissements étrangers ? Les réseaux ouverts sur l'Europe et le monde ?

3 ▶ **La légende du croquis**
- Quelle(s) rubrique(s) de la légende répond(ent) à :
  – « *l'organisation du territoire français* » ?
  – « *la dynamique dans la mondialisation* » ?

4 ▶ **La réalisation du croquis**
- Quels types de figurés a-t-on utilisés pour représenter les contrastes du territoire ? Les métropoles ? Les réseaux ?
- Le croquis et les titres des rubriques de la légende forment-ils une réponse au sujet ? Justifiez votre réponse.

MÉTHODES & ENTRAÎNEMENT — BAC 8

COMPOSITION
ANALYSE DE DOCUMENTS
RÉALISER UN CROQUIS
RÉALISER UN SCHÉMA

Sujet ▶ Analysez le document 1 : expliquez les inégalités spatiales et les aménagements réalisés ou projetés pour mieux connecter la France à l'espace européen.

Conseils Bac

Connaître les principaux types de cartes thématiques

▶ Voir le **Langage cartographique** p. 324-325.

- **Les cartes par figurés ponctuels.** Les informations sont représentées par des figurés géométriques (cercles, carrés...) proportionnels aux valeurs retenues dans la légende.

- **Les cartes par plages colorées.** La surface de chaque unité (région, État...) est colorée selon le type ou la valeur de l'information représentée.

- **Les cartes de flux.** Des traits ou des flèches, d'épaisseur différente, traduisent l'importance des flux de population, de circulation terrestre, maritime...

- **Les cartes par anamorphose.** L'information (population, PIB des régions...) est représentée par des rectangles de surface proportionnelle à l'importance de l'information.
Exemples : p. 73

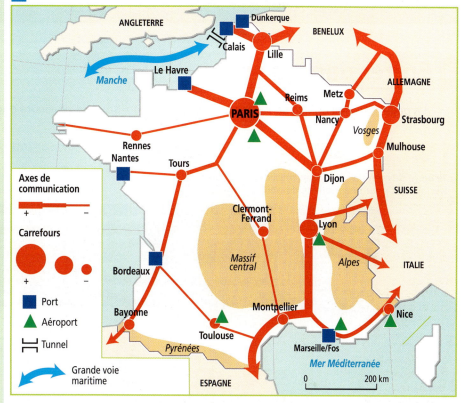

1 Axes et grands carrefours du réseau de communication (2011)

Méthode

Pour analyser une carte thématique, vous devez procéder en 3 étapes

1 • **Présenter la carte**
- Identifier **le type de la carte**, sa **date**, **l'information** représentée.

2 • **Faire une analyse générale de la carte**
- Distinguer et décrire les **ensembles géographiques** ayant des caractéristiques communes.
- **Expliquer** les observations en utilisant ses connaissances.

3 • **Faire une analyse détaillée de la carte**
- **Observer** si, à l'intérieur des grands ensembles, il y a des **situations géographiques particulières**.

Application

1 ▶ **Présentez la carte**
- Quelles sont les informations cartographiées et la date de la **carte 1** ?
- Quels types de figurés trouve-t-on sur la carte ?

2 ▶ **Faites une analyse générale de la carte**
- Où les axes et les carrefours de communication sont-ils importants ? Moins importants ?
- Quels éléments peut-on avancer pour expliquer ces constats ?
- Peut-on dire que la France est un carrefour européen ?

3 ▶ **Faites une analyse détaillée de la carte**
- Quel est l'axe majeur du territoire français ? Par quels carrefours, ports, aéroports est-il structuré ? Quels pays, régions, océans ou mers cet axe relie-t-il ?
- Quels aménagement sont en cours pour mieux relier le réseau de communication à l'espace européen ? (**Cours p. 164 à 167**)

Thème 2 Aménager et développer le territoire français

LE SITE UTILE CHAPITRE 6

www.rff.fr/fr

▶ **Réseau Ferré de France (RFF)** gère, depuis 1997, le réseau ferroviaire français. RFF a pour mission l'entretien de plus de 30 000 km de voies ferrées et l'aménagement de nouvelles lignes dans la perspective européenne et mondiale.

▶ Le site de « **Réseau Ferré de France** » donne des informations sur l'entreprise, le réseau, les projets... Les **ressources cartographiques** sont nombreuses : cartes interactives, cartes du réseau français et européen, projet de nouvelles lignes.

1 Entrer dans le site

La page d'accueil du site de « *Réseau Ferré de France* » propose plusieurs onglets pour :

1 S'informer sur l'entreprise RFF :
la barre de menu présente ses missions, son réseau, ses actions pour une mobilité durable, ses métiers...

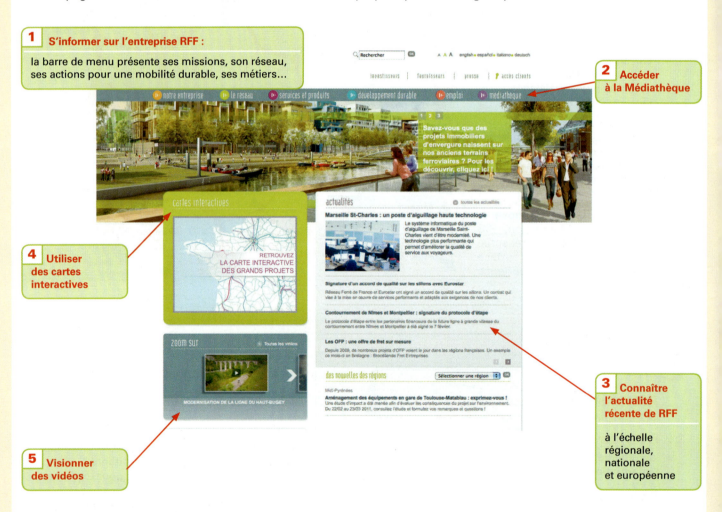

2 Accéder à la Médiathèque

4 Utiliser des cartes interactives

3 Connaître l'actualité récente de RFF
à l'échelle régionale, nationale et européenne

5 Visionner des vidéos

Intérêt du site

• En cliquant sur « **le réseau** » dans la barre du menu, on ouvre une page qui donne accès aux ressources cartographiques du site.

• On peut visualiser et enregistrer les cartes :
– du **réseau français** ;
– des **grands projets** ferroviaires ;
– du **réseau et des aménagements en projet** dans chaque région ;
– de l'**Europe ferroviaire** actuelle et future.

2 Naviguer dans le site

■ **Exemple :** réseau et projet ferroviaire en région Aquitaine

Les ressources cartographiques du site de RFF permettent à la fois d'analyser le réseau ferroviaire actuel de la région Aquitaine, de le situer dans l'espace européen et de découvrir le projet de ligne à grande vitesse en direction de l'Espagne.

▶ **Pour afficher la carte à l'échelle européenne**

❶ Cliquer sur *Les cartes*

❷ Choisir *Les cartes européennes* puis *Le réseau grande vitesse européen supérieur à 250 km/h*

▶ **Pour afficher la carte à l'échelle nationale**

❸ Sélectionner *Les cartes nationales* puis *La carte du réseau existant*

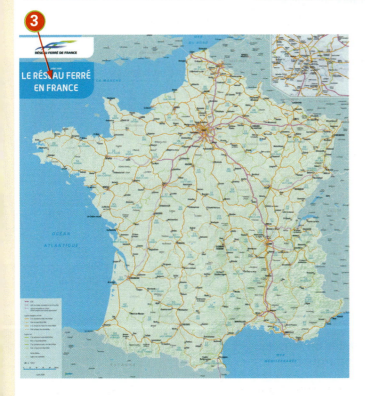

▶ **Pour afficher la carte à l'échelle régionale**

❹ Choisir les *Régions Aquitaine-Poitou-Charente* puis *Le réseau ferré en Aquitaine*

Thème 2 Aménager et développer le territoire français

RÉVISER CHAPITRE 5

LES DYNAMIQUES DES ESPACES PRODUCTIFS DANS LA MONDIALISATION

1 Les connaissances

1 Les espaces productifs dans la logique de la mondialisation

▶ Pour réaliser l'évaluation, reproduisez et complétez le tableau ci-dessous.
Indiquez les arguments qui attestent ou infirment chacune des affirmations.

AFFIRMATIONS	VRAI	FAUX	ARGUMENTS
La France est la 3e puissance économique mondiale			
Axa, Vinci, l'Oréal… sont des firmes transnationales françaises			
Les fonctions périproductives désignent uniquement les activités de production industrielle			
La désindustrialisation touche surtout les vieux bassins industriels			
Aujourd'hui, les grandes métropoles sont les centres d'impulsion de l'activité économique française			
L'agriculture française occupe une place mineure dans la mondialisation agricole			

2 L'industrie, entre reconversion et nouvelles dynamiques

▶ Indiquez lesquelles des affirmations du tableau sont vraies ou fausses.
Lorsqu'une affirmation vous paraît être fausse, indiquez pourquoi.

	VRAI	FAUX
Depuis une trentaine d'années, l'industrie a une part de plus en plus réduite dans la réalisation du PIB de la France		
La délocalisation est le transfert d'activités du territoire national vers des pays étrangers		
La mondialisation et les investissements directs étrangers en France ne sont pas créateurs d'emplois dans le pays		
La géographie industrielle de la France est marquée par un glissement des activités vers l'Ouest et le Sud du territoire		
Un technopôle est souvent proche d'une grande ville et associe la recherche et les industries de haute technologie		
Les pôles de compétitivité sont des lieux d'innovation industrielle		

3 La France, géant vert dans la mondialisation agricole

▶ À quels mots clés correspondent les définitions suivantes ?

• Agriculture qui obtient de hauts rendements à l'hectare par l'utilisation de techniques modernes de production	• Recul de la mise en valeur agricole d'un territoire
• Ensemble des industries qui transforment les produits agricoles avant leur mise sur le marché	• Ensemble de loisirs pratiqués en pleine nature ou en milieu rural : randonnées, découverte du patrimoine rural…
• Agriculteur qui gère son exploitation comme une entreprise en liaison avec les firmes agroalimentaires et le marché	• Tourisme dans les régions viticoles, qui a pour but de faire découvrir les paysages et les produits liés à la culture de la vigne, ainsi que le patrimoine culturel et monumental

4 Le tertiaire, atout de la France dans la mondialisation ?

▶ Indiquez lesquelles des affirmations du tableau sont vraies ou fausses.
Lorsqu'une affirmation vous paraît être fausse, indiquez pourquoi.

	VRAI	FAUX
La France est le 1er exportateur mondial de services		
Les activités tertiaires contribuent aux trois quarts du commerce extérieur		
La tertiarisation désigne la montée des activités tertiaires en France		
Le tourisme a généré des aménagements uniquement en montagne		
Les chercheurs, les ingénieurs, les cadres des grandes entreprises… exercent des emplois métropolitains supérieurs		

2 Des localisations

1 L'espace industriel français (schéma)

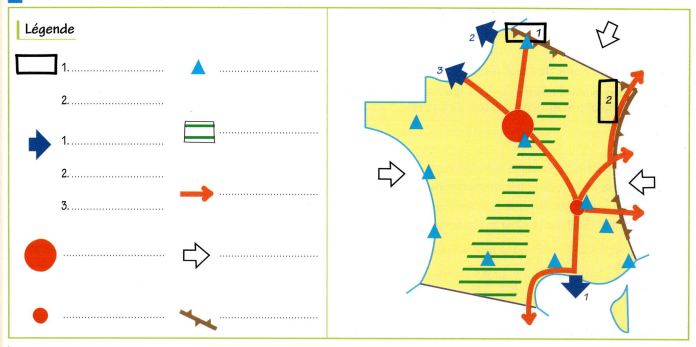

Légende

☐ 1. ....
   2. ....

➤ 1. ....
   2. ....
   3. ....

● ....

• ....

▲ ....

▭ (vert hachuré) ....

→ (orange) ....

⇨ (blanc) ....

⌐⌐⌐ (marron) ....

▶ Reproduisez la légende du schéma 1 et indiquez, à l'aide de la liste ci-dessous, l'information qui convient à chacun des figurés.

■ Bassin industriel du Nord en reconversion	■ Investissements étrangers	■ Grande région industrielle Île-de-France	■ Bassin industriel en reconversion de la Lorraine
■ Technopôle	■ Grand axe ouvert sur l'Europe et le monde	■ Grand port (ZIP*) du Havre	■ Grand port (ZIP) de Marseille
■ Espace peu industrialisé	■ Région transfrontalière active	■ Grand port (ZIP) de Dunkerque	■ Grande région industrielle Rhône-Alpes

3 Des notions, des expressions clés

▶ Quelles notions ou expressions de cette liste pouvez-vous utiliser pour commenter la photo 2 ?

| Industrie agroalimentaire |
| Technopôle |
| Agriculture intensive |
| Réseau de communication |
| Agri-manager |
| Système de polyculture |
| Friche agricole |
| Pôle de compétitivité |
| Exportations agricoles |
| Silo* |
| Station balnéaire |
| Céréaliculture |
| Grandes exploitations agricoles |

2 Silos à céréales dans les plaines agricoles du Bassin parisien

Thème 2   Aménager et développer le territoire français

RÉVISER CHAPITRE 6

> MOBILITÉS, FLUX, RÉSEAUX DE COMMUNICATION DANS LA MONDIALISATION

1 Les connaissances

1 L'Europe, au cœur des mobilités et des flux

▶ Indiquez quelles affirmations du tableau sont vraies ou fausses. Lorsqu'une affirmation vous paraît être fausse, indiquez pourquoi.

	VRAI	FAUX
L'Europe est l'un des plus grands pôles des échanges commerciaux mondiaux		
L'Europe est l'un des plus grands pôles du tourisme mondial		
Le transport maritime assure 25 % des échanges extra-européens		
L'axe rhénan est l'axe de communication majeur de l'Union européenne		
En Europe, le transport ferroviaire est supérieur au transport routier		
L'Europe du Nord-Ouest possède un réseau de communication dense		

▶ Donnez les définitions des mots clés suivants : mobilité, flux, ferroutage, logistique, nœud de communication, cabotage.

2 La France : grand carrefour européen

▶ Pour réaliser l'évaluation, reproduisez et complétez le tableau ci-dessous. Indiquez les arguments qui attestent ou infirment chacune des affirmations.

AFFIRMATIONS	VRAI	FAUX	ARGUMENTS
L'activité transport contribue à 4 % du PIB français			
En France, il y a plus de 37 millions de véhicules			
En France, le fret ferroviaire augmente plus vite que le fret routier			
50 % des déplacements de personnes sont réalisés dans un rayon de 50 kilomètres			
Le TGV assure la majorité du trafic voyageurs de la SNCF			
Les grands aéroports français sont situés dans la région parisienne, à Lyon, à Nice et à Marseille			

▶ Donnez les définitions des mots clés suivants : migrations alternantes, flux de transit.

3 La France : aménagements et développement durable

▶ Pour réaliser l'évaluation, reproduisez et complétez le tableau ci-dessous. Indiquez les arguments qui attestent ou infirment chacune des affirmations.

AFFIRMATIONS	VRAI	FAUX	ARGUMENTS
Les transports sont un responsable majeur de la pollution			
Les transports absorbent plus de la moitié de la consommation énergétique nationale			
Le Grenelle Environnement a permis l'adoption d'un Schéma national des infrastructures de transport			
Le très haut débit concerne la transmission des données numériques			
La fracture numérique des territoires est un mauvais fonctionnement du réseau téléphonique			

▶ Donnez les définitions des mots clés suivants : multimodal ; révolution numérique.

2 Des localisations, des notions

1 Extrait de la carte IGN Top100 Avignon-Nîmes (1/100 000)

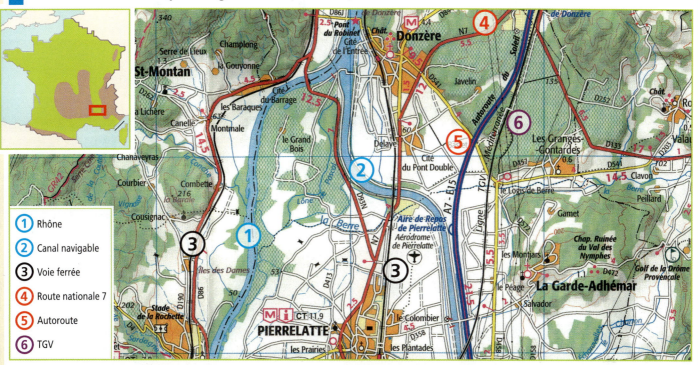

① Rhône
② Canal navigable
③ Voie ferrée
④ Route nationale 7
⑤ Autoroute
⑥ TGV

▶ À l'aide des informations figurant sur la carte 1, justifiez l'affirmation suivante :
« La vallée du Rhône est un grand axe de communication ; elle concentre plusieurs modes de transport ; elle est une structure forte de l'organisation du territoire français et européen. »

3 Des expressions clés

▶ Quelles expressions de la liste ci-dessous pouvez-vous utiliser pour commenter la carte 2 ?

| Axe européen |
| Industrie de haute technologie |
| Nœud de communication |
| Métropole |
| Agriculture intensive |
| Tunnel alpin |
| Ferroutage |
| Ligne à grande vitesse |
| La France au cœur des réseaux de transport |
| Flux de voyageurs |
| Stations de sports d'hiver |
| Développement durable |
| Révolution numérique |
| Fret ferroviaire |

2. La Transalpine : projet de liaison ferroviaire fret et voyageurs Lyon-Turin par un nouveau tunnel sous les Alpes

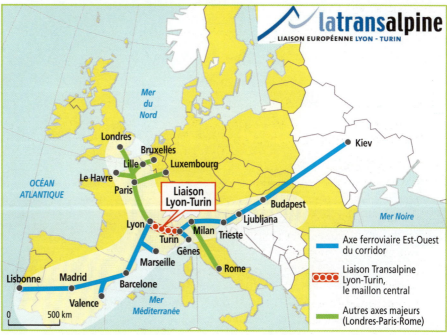

Thème 2 Aménager et développer le territoire français 183

THÈME 3 — L'Union européenne : dynamiques de

développement des territoires

Le grand télescope des Canaries (inauguré en 2009)
Ce télescope astronomique, à la recherche des planètes inconnues ou de lointaines galaxies, est le plus grand et le plus moderne télescope infrarouge du monde. Installé dans l'île de Palma, il a été financé à 90 % par l'État espagnol avec des fonds européens (Fonds européen de développement régional-Feder). Le reste des capitaux a été apporté par le Mexique et l'Université de Floride.

QUESTIONS POUR COMPRENDRE

L'UE : dynamiques de développement des territoires

Qu'est-ce que les dynamiques de développement d'un territoire ?

▶ Le terme « **dynamique** » exprime un jeu de forces et le changement résultant de ce jeu de forces. Associé à « **développement des territoires** », il s'agit d'étudier **les projets** qui sont à l'œuvre pour aménager et développer les territoires (enjeux, logiques et stratégies d'acteurs, moyens…), mais aussi **les impacts** de ces politiques.

1 Quels sont aujourd'hui les grands défis de la construction européenne ?

● Un demi-siècle après le traité de Rome*, l'Union européenne est devenue un espace de paix, de démocratie et une aire de puissance économique. Mais, au gré des élargissements, les inégalités de richesses et les disparités spatiales subsistent et parfois s'accroissent.

● L'Union est donc confrontée, au-delà des grands problèmes mondiaux (crise économique, changement climatique, dépendance énergétique), à **deux défis majeurs** : viser un développement plus équilibré, plus solidaire, plus durable des territoires ; aménager ensemble, à 27, l'espace européen.

● Le **Schéma de développement de l'espace communautaire*** (SDEC), la **Stratégie dite de Lisbonne-Göteborg*** (2005), et le **Livre Vert sur la cohésion territoriale*** (2008), confirment la politique volontariste de l'Union européenne pour développer l'économie européenne et promouvoir les régions en marge.

1 L'UE affiche ses ambitions

2 — En quoi l'UE est-elle un acteur majeur de l'aménagement des territoires ?

● **Afin de lutter contre le développement d'une Europe à plusieurs vitesses**, les États membres ont souhaité mettre en œuvre une **politique de cohésion*** afin de réduire les écarts de niveaux de développement entre les États et les régions de l'Union. **La politique régionale européenne, née en 1989, est fondée sur la solidarité financière** pour aider les régions les plus défavorisées.

● **Les années 1990** voient l'introduction de nouveaux programmes européens : Interreg*, Urban*, Leader* et les partenariats avec les voisins de l'Union.

● **L'Union européenne encadre** aussi les politiques nationales et régionales d'aménagement : orientations stratégiques communautaires négociées avec chaque État membre ; programmes opérationnels régionaux établis entre l'UE et chaque Région.

2 Programme Interreg IV : France (Manche)-Angleterre.

3 Les fonds structurels, principaux instruments financiers de la politique régionale.

Mai 2010 – Préfecture de Paris et d'Île-de-France.

3 — Quels sont les impacts des politiques communautaires sur le développement des territoires ?

● **La conception de l'aménagement** de l'Union européenne repose sur l'élaboration de normes (telles que la promotion de l'échelon régional), et de principes (le partenariat, le cofinancement), mais aussi de concepts originaux : la **cohésion territoriale*** ou le **polycentrisme***.

● **Les financements européens** contribuent à l'équipement et au développement des régions, à la réhabilitation des villes et des quartiers en crise... L'Union européenne facilite aussi les démarches de coopération entre les territoires, à l'exemple des **eurorégions***.

● **L'évaluation de l'efficacité** globale de ces politiques est délicate. Il est difficile de faire la part entre leurs effets et ceux des politiques des États qui mobilisent des budgets vingt à trente fois plus élevés, sans parler des mutations économiques plus générales du système productif liées à la mondialisation.

4 Une nouvelle forme de coopération entre États, membres ou non de l'UE, pour le développement durable de la Baltique.

Thème 3 L'Union européenne : dynamiques de développement des territoires

CHAPITRE 7

De l'espace européen aux territoires de l'UE

- L'Europe est une partie du monde sans limites claires, dont la définition est l'objet de débats.
▶ **Qu'est-ce que l'Europe ?**

- Fruit d'un projet politique, l'Union européenne (UE) est un acteur original et incontournable du monde.
▶ **Quelles sont les spécificités de l'Union européenne ?**

- Les élargissements successifs ont entraîné de forts contrastes entre les régions de l'Union européenne.
▶ **Comment l'UE tente-t-elle de réduire les disparités au sein de son territoire ?**

- Transformée par le traité de Lisbonne*, l'UE doit affronter d'importants défis.
▶ **Quels enjeux ? Quelles perspectives pour l'Union européenne ?**

Cartes enjeux

- Europe, Europes 190
- Les territoires de l'Union européenne 192

Ce qu'il faut savoir

1. L'Europe, un continent entre unité et diversité 194
2. L'Union européenne, un espace à géométrie variable 196
3. L'Union européenne, acteur essentiel du développement des territoires .. 198
4. Des défis majeurs pour une Union européenne élargie 200

Gérer les territoires

- Le développement des territoires de l'Union européenne – *La Hongrie* .. 202
- Un territoire de coopération transfrontalière
  – *La frontière franco-espagnole* 204

Question en débat

Quelles limites pour l'Union européenne ? 206

Méthodes et sujets Bac

- Méthodes et entraînement Bac .... 228 et 229
- Réviser 234
- Composition   sujet 15   306
- Réaliser un croquis   sujet 16   307

Image satellite de l'Europe en été
Les données enregistrées par le satellite ont été traitées en couleurs naturelles pour mettre en évidence les différentes formes de relief et d'occupation du sol : l'eau apparaît en bleu, les glaciers en blanc ; les espaces les plus cultivés et les villes dans un dégradé de gris, de vert et de jaune ; les zones les plus sèches en jaune blanchâtre.

CARTES ENJEUX

Europe, Europes

1 Une géopolitique de l'Europe

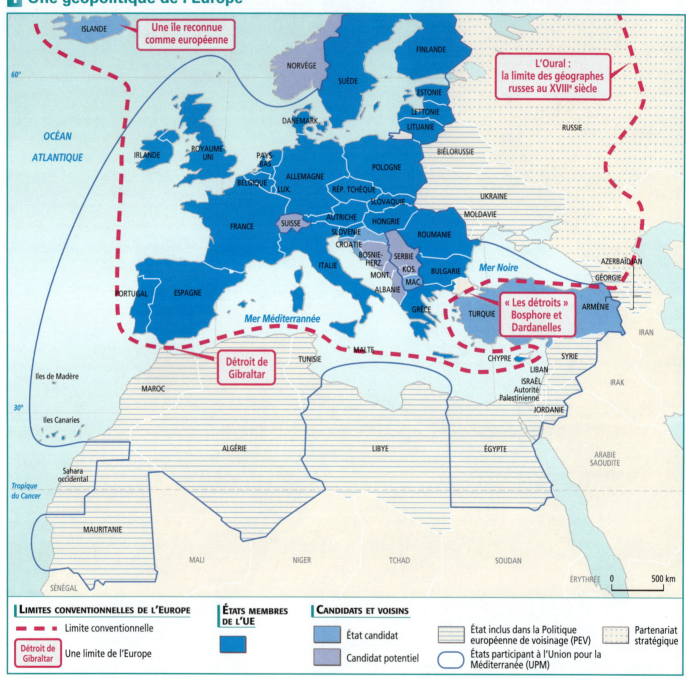

Clés de lecture

- **Europe, Europe(s)** – le singulier et le pluriel – expriment la tension entre **unité et diversité au sein de cette partie du monde**, mais aussi la **multiplicité des espaces** qui s'emboîtent : un espace conventionnel (le continent) ; des espaces institués (le Conseil de l'Europe, l'Union européenne, l'Europe de l'euro, l'Europe de Schengen...).

- **L'Union européenne**, qui s'est progressivement élargie, regroupe **27 États**, soit **500 millions d'habitants**. Elle constitue le pôle d'attraction et l'acteur de l'organisation de la majeure partie du continent et de ses marges.

2 De la Communauté à 6 à l'Union européenne à 27

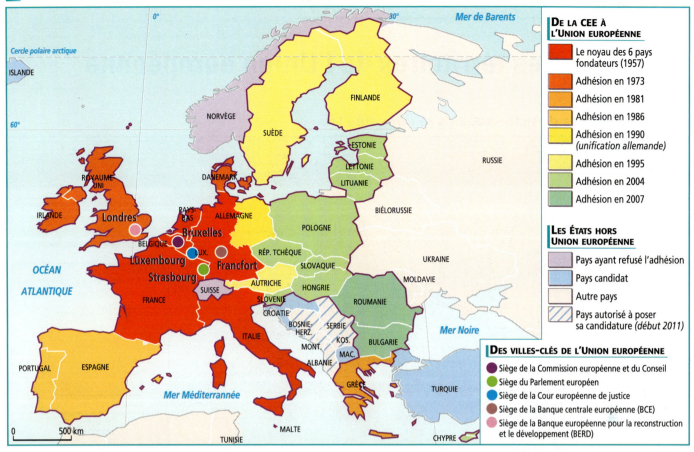

3 L'Union européenne à géométrie variable

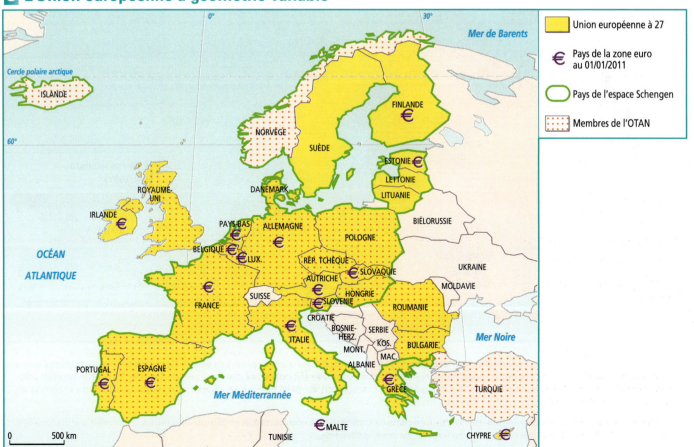

CARTES ENJEUX

Les territoires de l'Union européenne

1 Les contrastes de richesses des régions de l'UE

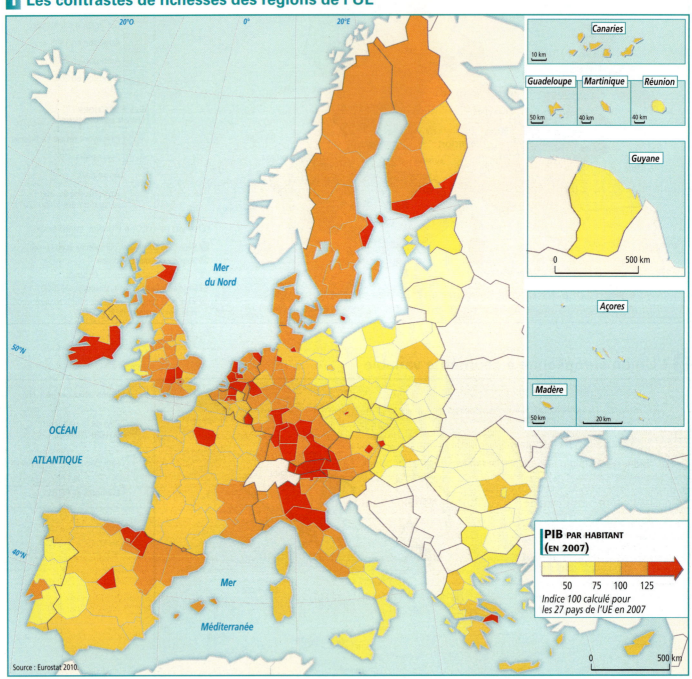

Clés de lecture

- Au gré des élargissements, la **diversité économique** de l'Union européenne s'est accrue. Les **écarts de richesse** sont importants entre les États et entre les régions. Le groupe des pays très développés et riches est constitué par les États de l'ex-UE à 15, et le produit intérieur brut (PIB) par habitant dans 10 % des régions en tête de classement est près de cinq fois supérieur à celui des 10 % des régions en queue de peloton.

- **La puissance de l'Union européenne** est concentrée dans des **métropoles** concurrentes et complémentaires, dominées par deux villes mondiales Londres et Paris, bien reliées entre elles et au reste du monde.

2 L'UE : les disparités économiques

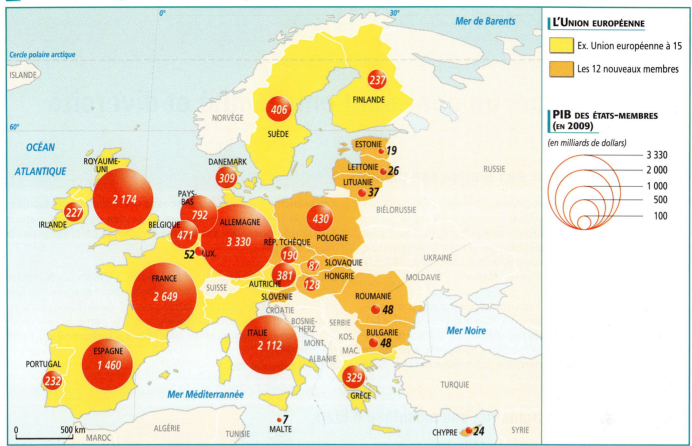

3 L'UE : un espace métropolitain

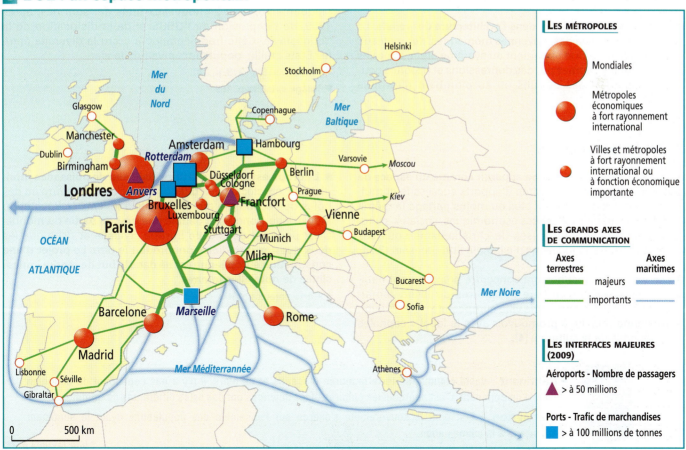

CE QU'IL FAUT SAVOIR

Cours 1 — L'Europe, un continent entre unité et diversité

1. L'Europe, un espace aux limites non définies

■ **L'Europe n'a pas de limites physiques claires.** Elle n'est pas un **continent** aisément identifiable comme l'Afrique ou les Amériques. Ses limites géographiques (Oural, détroits) sont conventionnelles. Le terme d'Europe **(1)** est polysémique, recouvrant tantôt un des plus petits des continents (10 millions de km²), tantôt l'Union européenne.

■ **L'espace européen, dont l'environnement a été profondément transformé** par une mise en valeur multiséculaire **(2)**, est **une des concentrations de population** de la planète (environ 750 millions d'habitants) modeste comparée à celles de l'Asie, mais avec de fortes densités (95 habitants/km²). Si la croissance naturelle des Européens est faible, voire négative, l'Europe de l'Ouest et du Sud attire des migrants, depuis plusieurs décennies, venus des anciennes colonies puis du monde entier.

■ **L'identité européenne est plurielle,** l'Union européenne elle-même l'affirme : « *Le terme "européen" associe des éléments géographiques, historiques et culturels qui, tous, contribuent à l'identité européenne. Un tel partage… est redéfini par chaque génération successive* » (article 49 du traité de Rome*).

▶ Carte enjeux p. 190

2. Un « continent » fragmenté, une mosaïque d'États

■ **L'Europe est largement ouverte** sur l'Atlantique et les mers qui la prolongent. Son ouverture, associée à sa position aux latitudes moyennes et à la disposition de ses reliefs, lui permet d'avoir une **variété de climats tempérés**.

■ **Cette variété se retrouve dans l'architecture des reliefs.** Le Nord est le domaine des moyennes montagnes, des plateaux et des plaines ; le Sud appartient au système alpin, avec ses grandes chaînes aérées par des dépressions et de longs couloirs, encadrant des bassins ou surplombant d'étroites plaines littorales. Ces espaces ont été très aménagés pour répondre aux besoins des sociétés citadines **(2)**.

■ **L'Europe est une mosaïque d'États-nations,** près d'une cinquantaine, dont 24 nouveaux États qui sont nés, après 1989, de l'implosion de l'URSS et de la dislocation de la Yougoslavie. Cette fragmentation a accru la diversité entre les États : taille, population, niveaux de vie…

▶ Atlas p. 316, p. 318, p. 321
▶ Image satellite p. 189

3. Un espace unique

■ **Vue de l'extérieur, l'Europe apparaît comme un espace de civilisation homogène,** héritée d'apports successifs et multiples. Tous ses peuples ont plus ou moins partagé la même histoire, les mêmes influences économiques, sociales, culturelles, artistiques, religieuses (le christianisme sous ses diverses formes, le judaïsme, l'islam, la libre-pensée) **(3)**.

■ **Les villes européennes** ont concentré précocement habitants, richesses, savoir-faire et cultures de façon remarquable : il y a bel et bien **« une ville européenne »** que l'Union européenne cherche à promouvoir avec le label « capitales européennes de la culture » **(4)**.

■ **L'Europe est devenue la principale aire de puissance mondiale** du XVIᵉ siècle au début du XXᵉ siècle, et demeure un des pôles de l'économie mondiale. Elle a inventé la Révolution industrielle, conquis et peuplé une grande partie du monde. C'est pourtant dans cette Europe civilisée et riche que les deux guerres mondiales ont produit le pire. **Le projet d'une construction européenne est né dans le but de rendre impossibles de nouvelles guerres.**

▶ Carte enjeux p. 190

Mots clés

- **Continent** : vaste étendue de terre entourée d'océans et de mers. Il n'y a pas cependant de définition unique d'un continent. C'est pourquoi les cultures et les sciences ont des listes différentes de continents.
- **État-nation** : État dont la souveraineté s'exerce sur l'ensemble des populations ayant le sentiment d'appartenir à la même nation.

* Voir lexique p. 312

1 Un 2 euros grec, côté « enlèvement d'Europe »

Pour son euro, la Grèce a choisi d'illustrer, sur le côté face de la pièce, le mythe fondateur « l'enlèvement d'Europe » (princesse phénicienne) par un taureau blanc (Zeus) qui l'aurait transportée sur l'île de Crète. Europe, mère de Minos, roi de Crète, fut considérée comme génitrice de la plus ancienne des civilisations de la Méditerranée.

2 Un paysage européen

Un environnement patiemment transformé et aménagé. Château de Landshut, sur la Moselle, entre Bonn et Sarrebruck, en Allemagne.

3 Une Europe, des identités multiples

L'Europe est le résultat d'un long processus de peuplement d'un espace caractérisé par une mosaïque d'unités de petite et de moyenne tailles. La fragmentation territoriale correspond à des espaces de confrontation de peuples et de systèmes culturels d'une grande diversité.

Ils ont un héritage commun, lié à l'histoire au cours de laquelle ils ont partagé les mêmes situations, vécu les mêmes évènements :
– l'influence gréco-romaine et la diffusion du christianisme ;
– le développement d'une Europe des villes et des marchands ;
– une expansion planétaire par les Grandes Découvertes et une civilisation intellectuelle stimulée à la Renaissance, relancée au siècle des Lumières, qui a entraîné un élargissement et une accélération de la maîtrise et de la diffusion des connaissances scientifiques, techniques, philosophiques, politiques et économiques ;
– la mise en place d'une civilisation industrielle et urbaine, qui connaît son apogée au XXe siècle.

L'identité européenne est à la fois une identité de démocratie, une identité de liberté, et une identité de modernité et de cultures partagées.

Sources diverses

4 Pécs, capitale européenne de la culture 2010

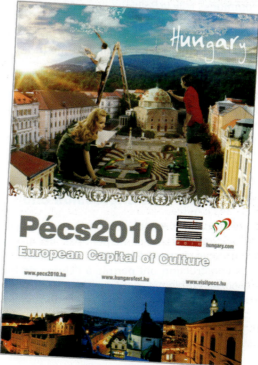

La ville de Pécs, dans le Sud de la Hongrie, a été choisie comme « capitale européenne de la culture 2010 », avec Essen (Allemagne) et Istanbul (Turquie), pour représenter les influences qui ont façonné l'Europe au cours de son histoire et la diversité culturelle qui en résulte.

www.gotohungary.com/site/upload/2009/12/pecs_2010_en.jpg

CE QU'IL FAUT SAVOIR

Cours 2 — L'Union européenne, un espace à géométrie variable

1. Des frontières en expansion

■ **Le projet européen est, par ses origines, profondément politique et volontariste.** Il est né de l'association de **six États** appartenant à l'Europe de l'Ouest « libre », en opposition aux pays au-delà du rideau de fer sous domination de l'URSS.

■ **Créée en 1957** dans le prolongement de la **CECA***, la Communauté économique européenne **(CEE) s'est progressivement élargie** et approfondie. Transformée en **Union européenne (1993)**, elle regroupe **27 États depuis 2007**, dont tous les anciens « satellites » de l'ex-URSS en Europe centrale et orientale.

■ **Avec l'intégration des « pays du retour* »,** aux sociétés et aux économies totalement différentes, l'enjeu est considérable. L'Union européenne (plus de **4,3 millions de km² et 500 millions d'habitants**) change profondément de nature et de puissance. Elle reste dans une logique d'extension, avec plusieurs États candidats à l'adhésion.

▶ Cartes enjeux p. 190-191

2. Une aire de puissance originale

■ **L'Union européenne est un des espaces dominants de l'économie mondiale.** Elle s'est d'abord instituée comme une construction économique centrée sur un marché unique, intégrant progressivement les économies grâce aux politiques communes telle la Politique agricole commune **(PAC*)**. Cet espace commun de libre circulation depuis 1986 s'est renforcé, à partir de 2000, avec la construction monétaire : création d'une Banque centrale européenne **(BCE)** et d'une monnaie unique : l'**euro (8)**.

■ **Construction supranationale unique au monde,** l'Union européenne est une communauté d'États et de citoyens organisée en un triangle institutionnel : les États agissent au sein du Conseil européen ; les citoyens et les partis au Parlement européen ; la Commission européenne représente l'intérêt général européen. Quelques innovations y ont été apportées par le **traité de Lisbonne*** pour améliorer le fonctionnement des institutions **(7)**.

■ **Toutefois l'UE, devenue incontournable dans les affaires mondiales, montre un certain nombre de limites.** Elle ne parvient ni à afficher une cohérence d'ensemble, ni à acquérir une autonomie par rapport aux États-Unis et à l'**OTAN***, bien qu'elle ait initié une **Politique européenne de sécurité et de défense (PESD)** qui prévoit des projets industriels d'armement et des coopérations policières et militaires et un embryon d'armée avec l'**Eurocorps***.

▶ Cours p. 244

3. Un espace de libre expression citoyenne

■ **Bien que l'espace européen soit à géométrie variable,** car tous les États membres ne participent pas aux mêmes politiques communes **(espace Schengen, zone euro),** soixante années de construction ont permis à l'Union de bâtir une identité avec des emblèmes, des lieux du pouvoir, des valeurs partagées opposables à tout candidat à l'adhésion, un droit communautaire, une citoyenneté européenne **(5, 6)**.

■ **La disparition des frontières a permis la création d'un espace de libre circulation** des citoyens impliquant une coopération des polices (Europol) et des justices (Eurojust). L'harmonisation des diplômes et des programmes européens tel **Erasmus*** favorisent les échanges interuniversitaires. Le citoyen européen apprécie les **acquis communautaires*** tout en manifestant une certaine défiance, voire un rejet, à l'égard des instances européennes.

▶ Carte enjeux p. 191

Mots clés

- **Espace Schengen :** espace à l'intérieur duquel la circulation des personnes est libre. L'abolition des contrôles entre les pays adhérents s'accompagne de contrôles plus stricts aux limites extérieures **(carte p. 191)**.

- **Zone euro :** partie de l'Europe où a été adopté l'euro ; elle regroupe, depuis 2011, dix-sept États membres de l'Union européenne.

* Voir lexique p. 312

5 Les critères de Copenhague

En 1993, lors du Conseil européen de Copenhague, l'Union a défini les critères d'adhésion pour les pays candidats, complétés à Madrid en 1995.

Domaines	Critères
Politique	• Démocratie et État de droit • Droits de l'homme • Respect et protection des minorités
Économique	• Économie de marché viable • Capacité à faire face à la concurrence
Communautaire	• Accepter les objectifs et les obligations de l'Union • Incorporer les lois et les règles communautaires dans les législations nationales • Participer à l'Union économique et monétaire

6 Symboles de l'Union européenne

Depuis 1986, le drapeau sert de symbole à toutes les institutions européennes. Le bleu est la couleur de l'Europe depuis le Moyen Âge, et c'est l'anneau bleu qui représente l'Europe sur le drapeau olympique. Les douze étoiles ne représentent pas des pays, mais symbolisent l'union et la perfection. Le nombre 12 est privilégié depuis l'Antiquité : il évoque les douze travaux d'Hercule, les douze apôtres, les douze heures du jour…
L'idée d'une Europe unie a été lancée le 9 mai 1950 par Robert Schuman, ministre français des Affaires étrangères. C'est pourquoi le 9 mai est célébré comme « journée anniversaire » de l'Union européenne.

7 Le fonctionnement de l'UE selon le traité de Lisbonne

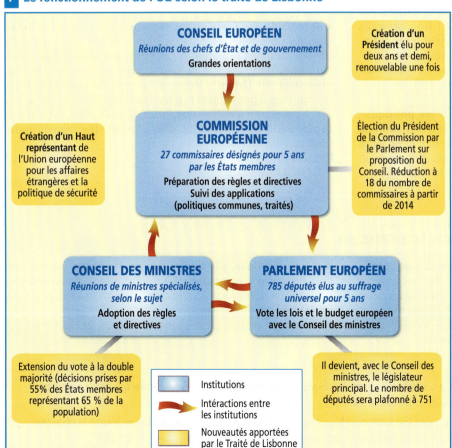

8 Banque centrale européenne et euro

Symboles de l'Union économique et monétaire, la BCE, dont le siège est à Francfort, et l'euro, mis en circulation le 1er janvier 2002, ont marqué une étape majeure dans la construction européenne.

CE QU'IL FAUT SAVOIR

Cours 3 : L'Union européenne, acteur essentiel du développement des territoires

1. Un territoire à plusieurs vitesses

■ **L'espace communautaire offre de profondes inégalités économiques et sociales** entre les États et entre les régions : les écarts de développement sont de un à vingt, environ, entre les Carpates roumaines et l'Allemagne du Sud ou l'Île-de-France. À partir de 2004, l'arrivée des pays de l'Europe centrale et orientale (**PECO***), affectés de handicaps structurels lourds et d'un niveau de vie inférieur à la moyenne européenne, a mis en évidence la nécessité de renforcer la politique de solidarité en y intégrant le concept de **cohésion territoriale**.

■ **L'Union doit aussi faire face à des déséquilibres territoriaux** à différentes échelles : **entre une zone centrale** polycentrique attractive regroupant 25 régions urbaines de plus de 5 millions d'habitants qui créent 50 % de la richesse européenne **et des zones de faiblesse économique** qui correspondent à des espaces ruraux isolés, montagneux, insulaires, ou à des bassins industriels en reconversion ; d'une manière plus générale, elle doit faire face aussi à des déséquilibres **entre villes et campagnes,** entre centres-villes et banlieues.
▶ Cartes enjeux p. 192-193

2. Des compétences accrues sur les territoires

■ **L'Union européenne a progressivement mis en place des politiques communautaires** qui concernent de nombreux domaines économiques et sociaux, l'environnement ou les transports **(9)** ; certaines ont de forts impacts territoriaux comme la Politique agricole commune (**PAC***). Trois objectifs ont été assignés à ces politiques : **convergence*, compétitivité* et coopération des territoires**. Les **fonds européens*** sont débloqués sur des critères précis : libre-concurrence, respect de l'environnement, évaluation finale **(10)**.

■ **L'UE bénéficie d'un pouvoir croissant sur les politiques nationales** grâce à ses transferts financiers et à l'édiction de normes et de directives que les États transcrivent dans leurs législations respectives **(11)**. Par exemple, les directives en faveur de l'environnement interviennent dans trois domaines : prévention des risques (**Seveso***), qualité et traitement des eaux, protection des espèces et des espaces naturels (**Natura 2000***).

■ **Aux côtés des États et des régions, l'Union s'est affirmée comme un acteur** de plus en plus influent **en matière de développement régional.** À cet effet, elle s'est dotée d'instruments baptisés **fonds structurels,** ou encore de **programmes** tels Urban*. Même si ce sont les nouveaux États membres qui bénéficient le plus des fonds structurels, toutes les régions sont éligibles aux fonds. Depuis 2008, la politique régionale a connu une accélération et des succès indéniables **(12)**.
▶ Cours p. 216, p. 218
▶ Gérer les territoires p. 202

3. Un moteur pour les coopérations territoriales

■ **L'Union européenne a impulsé différents modes de coopération** qui favorisent tous types de projets. Par exemple, à grande échelle, elle aide à la mise en réseau d'acteurs locaux au sein des groupes d'action locale dans le cadre des programmes de développement tel **Leader***(Liaison entre les actions de développement de l'économie rurale).

■ **À petite échelle, elle facilite des programmes** transfrontaliers (**Interreg*, eurorégion***) qui permettent d'appréhender des enjeux communs à plusieurs États-membres pour des projets de développement.
▶ Gérer les territoires p. 202, p. 204

Mots clés

- **Cohésion territoriale :** solidarité entre les États membres de l'Union européenne qui se donnent pour objectif de réduire les écarts entre les régions.
- **Fonds structurels :** crédits qui financent la politique économique et sociale de l'Union visant la réduction des inégalités régionales. Ils se décomposent en quatre ensembles : Feder*, Feader*, FSE*, FEP*.

* Voir lexique p. 312

9 Le budget 2011 de l'UE

(en % du budget)

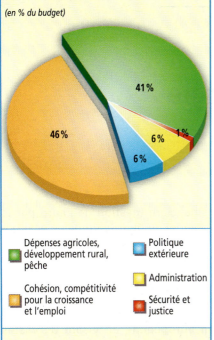

- Dépenses agricoles, développement rural, pêche : 46 %
- Cohésion, compétitivité pour la croissance et l'emploi : 41 %
- Politique extérieure : 6 %
- Administration : 6 %
- Sécurité et justice : 1 %

Le budget de l'Union (1 % du PNB communautaire) s'élève à 142 milliards d'euros en 2011. Il est, en grande partie, constitué des versements de contributions par les États membres au prorata de leur richesse économique.

Source : Commission européenne.

10 Deux domaines d'intervention de l'Union européenne

11 Fonds alloués par l'UE à ses États membres au titre de la politique de cohésion* (2007-2013)

Pays	Objectif « Convergence »	Objectif « Compétitivité régionale et emploi »
Pologne	66 500	0
Espagne	26 900	8 500
Italie	21 600	6 300
Rép. tchèque	25 900	400
Allemagne	16 100	9 400
Hongrie	22 900	2 000
Portugal	20 500	950
Grèce	19 600	650
Roumanie	19 200	0
France	3 200	10 300
Slovaquie	10 900	500
Royaume-Uni	2 900	7 000
Lituanie	6 800	0
Bulgarie	6 700	0
Lettonie	4 500	0
Slovénie	4 100	0
Estonie	3 400	0
Belgique	650	1 400
Pays-Bas	0	1 700
Suède	0	1 600
Finlande	0	1 600
Autriche	180	1 000
Irlande	0	750
Malte	850	0
Chypre	210	400
Danemark	0	500
Luxembourg	0	50

Le montant des aides est en partie proportionnel au nombre d'habitants des États.
Source : Commission européenne, *Politique régionale*, 2008.

12 Répartition des objectifs de l'UE au titre de la politique de cohésion* (2007-2013)

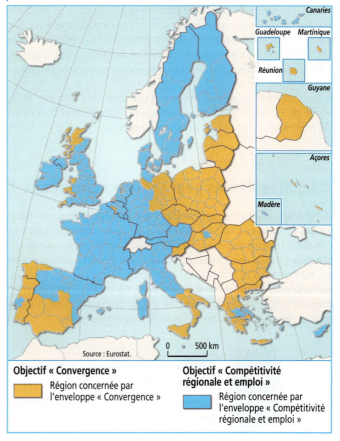

Source : Eurostat.

Objectif « Convergence » — Région concernée par l'enveloppe « Convergence »

Objectif « Compétitivité régionale et emploi » — Région concernée par l'enveloppe « Compétitivité régionale et emploi »

CE QU'IL FAUT SAVOIR

Cours 4 — Des défis majeurs pour une Union européenne élargie

1. Quels degrés d'intégration ?

■ **Dans l'état actuel, l'Union est à géométrie variable :** l'espace monétaire a été difficile à mettre en place. Les Britanniques, les Danois, les Suédois n'ont pas voulu de la monnaie commune. D'autres États n'ont pu réunir les critères nécessaires. Aujourd'hui, les difficultés économiques fragilisent l'euro et l'euroscepticisme se développe. Quant à **l'espace Schengen*,** il n'a pas simplifié la gestion des flux migratoires.

■ **Beaucoup de programmes se heurtent à des problèmes d'application** car ils lèsent des intérêts puissants auxquels sont sensibles les autorités nationales. C'est le cas, par exemple, en matière financière (gestion de l'euro par la Banque centrale européenne) ou dans le domaine environnemental (extension des espaces protégés ; limitation des droits de pêche et de chasse).

■ **Deux visions continuent de s'affronter :** soit **construire une zone de libre-échange** en se limitant au domaine économique et en améliorant le fonctionnement du marché interne ; soit **renforcer l'intégration européenne** en visant de vastes domaines : droits sociaux, politiques étrangère, fiscale, environnementale… **(15).**

2. Quelle Union européenne pour l'avenir ?

■ **Les grandes politiques communes (PAC, politique régionale) font l'objet de débats et de critiques** en raison de leur poids dans le budget européen. Beaucoup de voix se font entendre pour les faire évoluer et pour en construire de nouvelles, notamment dans le domaine sensible de la protection sociale, parent pauvre de la construction européenne. En effet, les différences de salaires, de charges sociales, de protection sociale d'un pays à un autre génèrent des disparités qui provoquent des délocalisations et des mécontentements **(14).**

■ Depuis 1999, le **développement durable** est l'une des missions de l'Union. Il est intégré dans la définition et à la mise en œuvre des politiques communautaires.

■ **Beaucoup d'autres chantiers sont ouverts pour créer plus de cohérence, même s'ils sont loin de faire l'unanimité :** l'Union n'a pas de politique fiscale ni économique commune, alors qu'elle a une monnaie unique ; elle n'a pas de politique extérieure commune alors que, depuis peu, elle a un Haut Responsable de la politique étrangère ; elle n'a pas de politique d'aménagement du territoire mais elle a un Schéma de développement de l'espace communautaire. L'Union européenne essaie de penser son avenir : **cohésion ou compétitivité, comment concilier les deux (11, 12, 13, 15) ?**

3. Quelles limites pour l'Union européenne ?

■ **L'Union pourrait compter dans les années à venir de nouveaux membres ;** quatre pays ont le statut de candidat : la Croatie, la Turquie, l'ancienne république yougoslave de Macédoine (ARYM), l'Islande ; cinq États balkaniques se sont vu reconnaître la vocation de devenir membres : la Bosnie, la Serbie, le Monténégro, le Kosovo, l'Albanie. Les négociations n'ont débuté qu'avec les deux premiers. Les débats autour de l'adhésion de la Turquie se poursuivent.

■ **Le cas de la Turquie pose la question des limites de l'Europe instituée :** l'Union doit-elle se limiter à un espace défini en termes géographiques et historiques, ou doit-elle s'ouvrir sur un espace plus vaste fondé sur la volonté des peuples à vivre ensemble ? Une position médiane opte pour une pause de l'élargissement de l'UE et pour le renforcement de la **politique de voisinage.**

▶ Cartes enjeux p. 190-191   ▶ Question en débat p. 206

Mots clés
- **Politique de voisinage :** politique qui vise, pour un État, à se rapprocher de l'UE (démocratie, État de droit, ouverture réciproque) sans offrir de perspective d'adhésion.
- **Zone de libre-échange :** espace dans lequel les échanges de biens et de services ne sont soumis à aucune restriction.

* Voir lexique p. 312

13 Des objectifs ambitieux pour l'Union européenne

L'Union offre à ses citoyens un espace de liberté, de sécurité et de justice sans frontières intérieures.

Elle œuvre pour le développement durable de l'Europe, fondé sur une croissance économique équilibrée et sur la stabilité des prix, une économie sociale de marché hautement compétitive, qui tend au plein emploi et au progrès social, et un niveau élevé de protection et d'amélioration de la qualité de l'environnement.

Elle promeut le progrès scientifique et technique.

Elle combat l'exclusion sociale et les discriminations, et promeut la justice et la protection sociales, l'égalité entre les femmes et les hommes.

Extraits de l'article 2 du traité de Lisbonne entré en vigueur le 1er décembre 2009.

14 Un défi européen : gérer les disparités sociales Ouest/Est

Manifestation des salariés roumains de Dacia, à Pitesti, mars 2008.
« Grève à Dacia. Nous voulons du soleil pour tous ! Roumanie, réveille-toi ! »

15 Deux scénarios pour le devenir du territoire européen : cohésion ou compétitivité ?

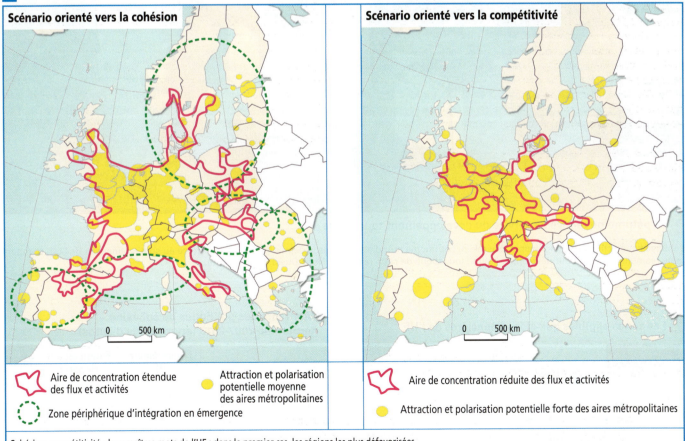

Cohésion, compétitivité, deux maîtres-mots de l'UE : dans le premier cas, les régions les plus défavorisées, ultrapériphériques, insulaires, rurales se développent grâce aux fonds structurels ; dans le second, les aides sont orientées vers les régions dynamiques pour renforcer leur compétitivité. Dans le contexte de crise et de mondialisation, quel scénario sera privilégié ?

Source : Documentation photographique - Europe, Europes n° 8074 – 2010.

GÉRER LES TERRITOIRES

Le développement des territoires de l'Union européenne

▶ **L'exemple de la Hongrie**

■ La Hongrie a entrepris de profondes transformations après plus de 40 années de communisme. Elle cherche un nouvel essor depuis son adhésion à l'UE en 2004.

■ La politique de cohésion* et les transferts financiers de l'UE vers la Hongrie contribuent au développement du pays et à la coopération transfrontalière.

▶ **Comment la Hongrie se transforme-t-elle grâce à l'Union européenne ?**

1 Le patrimoine rénové au service du développement touristique

L'abbaye bénédictine de Pannonhalma, classée au patrimoine mondial de l'Unesco depuis 1976, a connu, grâce au soutien financier de l'UE, d'importants réaménagements pour développer l'attrait touristique de cette région du Nord-Ouest de la Hongrie.

2 Les zones éligibles aux aides financières de l'UE

3 Montants des politiques de cohésion territoriale 2007-2013 (en milliards d'euros)

	Financement UE	Financement Hongrie	Total
Objectif de convergence*	23	4	27
Compétitivité régionale et emploi*	2	0,4	2,4
Coopération transfrontalière	0,4	–	0,4
Total	25,4	4,4	29,8

Source : *Union européenne*

4 Le dynamisme d'une eurorégion, Ister-Granum

Le pont Maria Valeria, trait d'union entre Hongrie et Slovaquie (vue prise depuis Esztergom).

Sur le Danube, Esztergom (rive hongroise) et Štúrovo (rive slovaque) forment une agglomération transfrontalière de 90 000 habitants ; celle-ci est le centre de l'eurorégion Ister-Granum qui compte 218 000 habitants (dont 69 % de Hongrois).

La réouverture, en 2001, du pont Maria Valeria, détruit pendant la Seconde Guerre mondiale, a été soutenue à 50 % par l'UE au titre du programme PHARE d'aide aux futurs entrants de l'Europe de l'Est.

L'entrée dans l'espace Schengen, en 2007, a été déterminante : 2 500 Slovaques vont chaque jour travailler en Hongrie.

www.istergranum.hu

5 La modernisation des transports

Le 1er août 2007, la Commission européenne a approuvé le programme opérationnel « Transports de la Hongrie » pour la période 2007-2013. Ce programme s'inscrit dans le cadre de l'objectif « Convergence », doté d'un budget total d'environ 7,3 milliards d'euros.

Il vise à développer diverses infrastructures, dont :
– la construction d'environ 330 kilomètres de nouvelles voies express (19 % du financement total) ;
– la modernisation de 500 kilomètres de voies ferrées, et le développement du Danube en tant que couloir navigable intérieur européen (28 % du financement total) ;
– l'amélioration de l'accessibilité des centres régionaux hongrois par la construction d'environ 1 100 kilomètres de routes (24 % du financement total) ;
– l'aménagement de nouveaux systèmes de transport urbain (voie ferrée reliant Budapest et sa périphérie, trams, trolleybus, ligne de métro à Budapest : 25 % du financement total).

Source : *Union européenne*

Le projet « Green Arrow Miskolc Tramway »

Grâce aux financements européens, un tramway, parmi les plus modernes du monde, doit être mis en service en mars 2013 à Miskolc, au Nord-Est de la Hongrie.

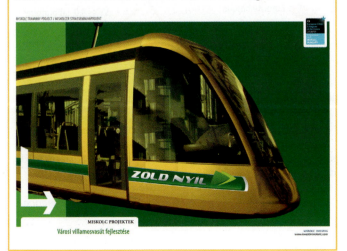

6 Les régions de coopération transfrontalière

Les rayures horizontales distinguent des régions concernées par deux programmes avec deux pays distincts.

Analyser les enjeux d'aménagement

1. Présentez la Hongrie dans son cadre européen (1, 6).

2. Quels espaces sont concernés par les aides européennes ? Dans le cadre de quels programmes s'inscrivent ces aides (1, 2, 3, 4, 5, 6) ?

3. Quels sont les différents types de projets financés par l'Union européenne pour soutenir le développement de la Hongrie (1, 4, 5, 6) ?

4. Avec quels pays la Hongrie développe-t-elle des projets de coopération transfrontalière ? Quels sont les objectifs et les effets de cette coopération (4, 6) ?

GÉRER LES TERRITOIRES

Un territoire de coopération transfrontalière

La frontière franco-espagnole

- La frontière, qui suit la ligne de crête des Pyrénées, présente trois ouvertures : une à la hauteur d'Andorre, deux vers les côtes basque et catalane.
- Dans le cadre de l'UE, ces portes sur l'Europe sont l'objet de projets de coopération transfrontalière, points d'appui d'un développement régional plus large.

▶ France-Espagne : de la frontière à un espace de coopération transfrontalier ?

1 Parc naturel régional transfrontalier des Pyrénées

Projet de coopération transfrontalière démarré en 1998, ce parc s'inscrit dans la dynamique de coopération entre la France, l'Espagne et Andorre, visant à mettre en valeur et à protéger le patrimoine naturel.

2 Le territoire du programme de coopération transfrontalière Espagne-France-Andorre

- ▪▪▪▪ Frontière

COMMUNAUTÉ DE TRAVAIL DES PYRÉNÉES, CADRE DU PROGRAMME EUROPÉEN INTERREG IV 2007-2013

- Zones éligibles
- Zones adjacentes

LES PRINCIPALES STRUCTURES DE COOPÉRATION TRANSFRONTALIÈRES

- Eurorégion Pyrénées-Méditerranée
- Parc Naturel Régional tranfrontalier (PNR)
- Eurocité basque
- Villes 3.0, laboratoire des cités futures

3 Les objectifs du programme de coopération frontalière Espagne-France-Andorre

Le programme de coopération Espagne-France-Andorre 2007-2013, dans le cadre d'Interreg IV, est doté de 168 millions d'euros. Il se décline en quatre axes prioritaires :
– renforcer l'intégration transfrontalière en valorisant les complémentarités sur le plan des activités économiques, de l'innovation et du capital humain ;
– valoriser les territoires, le patrimoine naturel et culturel dans une logique durable ;
– protéger et gérer les ressources environnementales ;
– améliorer la qualité de vie des populations à travers des stratégies communes de structuration territoriale et de développement durable ;
– renforcer l'assistance technique.

Union européenne

L'eurocité est une agglomération multipolaire qui rassemble 600 000 habitants et s'étale sur une quarantaine de kilomètres.

Afin de structurer cette conurbation et de satisfaire aux déplacements de la population et des acteurs économiques locaux, un « livre blanc » a été réalisé pour définir les moyens d'assurer un développement durable de la conurbation.

Cette étude propose un concept de développement de l'eurocité sur des thématiques comme l'urbanisme, l'économie et les transports.

Sur le chapitre des transports, la création d'un système de train-tram reliant les différentes villes de l'eurocité afin d'alléger le réseau routier est à l'étude. Il permettrait de réduire les temps de transport et de limiter la pollution liée à un usage massif de l'automobile. Il représente un projet prioritaire pour l'eurocité et son développement économique.

D'après le site de l'eurocité : www.eurocite.org

L'eurocité développe aussi un partenariat éducatif sur le thème du développement durable dans le cadre d'un programme trilingue.

4 Une coopération transfrontalière en construction : l'eurocité basque Bayonne - San Sebastiàn

5 Un projet de coopération culturel transfrontalier : VILLES 3.0

« Villes 3.0, laboratoire des cités futures » est un projet collectif unissant Huesca (Aragon), Olot (Catalogne) et Tournefeuille (Midi-Pyrénées) qui met en place un programme d'action élaboré en commun. Il invite les créateurs, artistes, architectes et urbanistes à s'engager pour vivre la ville autrement, en développant la créativité et le sens critique de tous les citoyens, en privilégiant la place de l'art dans la cité et dans l'espace public.

L'objectif est double :
– renforcer le rôle de pôles culturels décentralisés et de laboratoires que peuvent jouer les villes moyennes dans l'aire d'influence des capitales régionales (Barcelone, Toulouse, Saragosse...) ;
– créer un rapport de proximité et de complicité entre l'art et les citoyens, notamment en investissant l'espace public.

Villes 3.0 est un programme Interreg IV de l'Union européenne. Il prend appui sur « l'Agenda 21 de la culture », publié à Barcelone en mai 2004 par l'association internationale « Cités et Gouvernements Locaux Unis », et sur les principes de la déclaration de l'Unesco sur la diversité culturelle.

www.ciutats3-0.eu

6 L'hôpital transfrontalier de la Cerdagne

Dans le cadre de l'euro-région Pyrénées-Méditerranée, l'hôpital (ouverture en 2012) est conçu comme un élément de cohésion entre la Cerdagne française et espagnole.

Analyser les enjeux d'aménagement

1. Présentez la frontière franco-espagnole : cadre naturel, situation en Europe **(2)**.

2. Dans quel cadre européen se définit ce programme de coopération transfrontalière ? Quels sont ses objectifs **(3)** ?

3. Quels types de projets sont mis en œuvre **(1, 2, 4, 5, 6)** ? Quelles sont les conséquences sur le développement régional ?

QUESTION EN DÉBAT

Quelles limites

Le cas de la Turquie

L'Europe est géographique et culturelle

1 Les questions posées par la candidature de la Turquie à l'Union européenne.
Dessin de P. Schrank, *The Economist*, 14 mai 2005.

3 Une représentation de la Turquie
Dessin de Plantu, *Le Monde*, 9 novembre 2002.

2 L'Europe territoriale : un triangle

Sur le plan géographique, l'Europe territoriale s'identifie comme un triangle dont les trois sommets se situent au voisinage du détroit de Gibraltar, du Cap Nord, et du Bosphore. On la repère aisément sur une carte. Et elle est entourée de trois grands voisins : la Russie à l'Est, la Turquie au Sud-Est, et le rivage méditerranéen du continent africain au Sud.

C'est sans doute l'élément historico-culturel qui donne la définition essentielle de l'identité européenne, et donc de ses limites. L'héritage culturel a pour origine la civilisation gréco-romaine. L'héritage religieux se fonde principalement sur les racines chrétiennes, catholiques, protestantes et orthodoxes, ainsi que sur la référence juive tirée de la Bible. Quant à l'héritage humaniste il résulte du bouillonnement des idées philosophiques et de l'approche rationnelle du XVIIIe au XXe siècles. Ces héritages ne sont pas exclusifs les uns des autres, mais se combinent de manière à donner une perception relativement homogène de l'identité culturelle européenne. Il est nécessaire d'en partager au moins deux pour ressentir son appartenance à l'Europe !

Nous voici placés devant les frontières géographiques et culturelles de « l'Europe européenne ». On constate qu'elles s'appliquent effectivement à l'Europe actuelle. Elles ont vocation à englober les États des Balkans. La Norvège et la Suisse se trouvent placées à l'intérieur de ces limites. Au-delà de ces frontières, l'Europe européenne s'arrête, et commence l'espace du voisinage européen.

Valéry Giscard d'Estaing,
Le Figaro, 5-6 mars 2005.

Ancien président de la République, Valéry Giscard d'Estaing a présidé la *Convention pour l'avenir de l'Europe* qui a rédigé le projet de Traité constitutionnel, repoussé en France lors du référendum de 2005.

Entrer dans le débat

▶ La question des frontières de l'Europe fait l'objet d'un vif débat géopolitique qui influence les décisions quant à l'élargissement de l'Union européenne.
▶ Le débat se focalise notamment sur le cas de la Turquie, candidate à l'entrée dans l'UE depuis 1987.
▶ Les dirigeants européens sont très divisés sur cette question. Avec quels arguments ?

Contre l'entrée de la Turquie dans l'UE

1. Selon Valéry Giscard d'Estaing, sur quels critères repose l'identité européenne (2) ?
2. Sur quel critère s'appuie fondamentalement VGE pour écarter la candidature de la Turquie (2, 3) ?
3. Quelles sont les points en débat sur le cas de la Turquie dans les négociations d'adhésion qui sont engagées depuis octobre 2005 (1) ?

pour l'Union européenne ?

L'Europe est la communauté des Européens

4 Sur quoi repose l'identité européenne ?

Sur quoi repose l'identité européenne ? En aucun cas sur la religion. En réalité, une communauté humaine se définit par deux éléments : d'une part, un élément passé, son histoire, le *« riche legs de souvenirs »*, selon la formule d'Ernest Renan ; d'autre part, un élément d'avenir, la volonté de vivre ensemble. De ces deux points de vue, la Turquie est pleinement européenne.

L'histoire tout d'abord. La Turquie a été la dépositaire pendant mille ans, de la chute de Rome en 476 à la prise de Byzance en 1453, de la civilisation européenne antique : l'Empire romain d'Orient. Quant à la Turquie contemporaine, depuis les réformes ottomanes du XIXe siècle jusqu'au kémalisme, elle s'est mise en conformité progressive avec l'évolution de l'Europe occidentale.

Les Turcs, par leur histoire, sont européens. Ils le sont aussi par leur volonté de vivre en Européens. Depuis la reconnaissance de la Turquie comme pays candidat à l'adhésion, en 1999, Ankara opère une métamorphose impressionnante pour se mettre au niveau européen. Un tiers de la Constitution a été amendé et huit trains de réformes ont déjà été votés pour harmoniser la législation turque avec « l'acquis communautaire » ! L'identité européenne de la Turquie est bien réelle. Son adhésion ne marquerait pas un changement de nature de la construction européenne.

La Turquie apportera de nouveaux atouts à l'Europe : puissance démographique, puissance stratégique, puissance économique.

Michel Rocard, Olivier Ferrand,
Libération, 13 novembre 2009.

Michel Rocard est ancien Premier ministre. Olivier Ferrand est un haut fonctionnaire, président de Terra Nova, un groupe de réflexion *(think tank)* proche du Parti socialiste.

5 Le Royaume-Uni, soutien de la Turquie

Hassan Bleibel est un dessinateur libanais d'origine irakienne qui publie ses caricatures dans des journaux du Moyen-Orient ou de France.

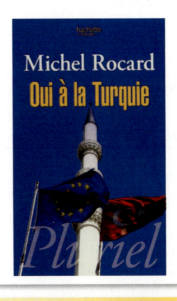

6 *Oui à la Turquie*
Michel Rocard, Hachette, 2009.

Pour l'entrée de la Turquie dans l'UE

1. Quels arguments Michel Rocard met-il en avant pour justifier une intégration de la Turquie à l'UE (4, 6) ?
2. Citez un point commun entre les textes de Valéry Giscard d'Estaing et de Michel Rocard (2, 4).
3. D'après le dessin 5, identifiez le point de vue de trois grands pays européens sur l'entrée de la Turquie dans l'UE.

Prolonger le débat

▶ Rechercher des informations sur d'autres pays pour lesquels l'adhésion à l'Union européenne fait l'objet d'un débat.

CHAPITRE 8

Les territoires ultramarins de l'UE et leur développement

- Plusieurs États de l'Union européenne possèdent des territoires outre-mer dont le statut est différent.
▶ **Comment l'UE reconnaît-elle la spécificité des territoires d'outre-mer ?**

- Les régions ultrapériphériques sont intégrées à l'UE qui prend en compte leurs handicaps.
▶ **Quelle est l'action communautaire à l'égard de ces régions ? Quels sont les impacts sur leur développement ?**

- Les pays et territoires d'outre-mer ne sont qu'associés à l'UE qui se préoccupe toutefois de leur développement.
▶ **Quels sont les objectifs et les effets de cette association ?**

Étude de cas
Une région ultrapériphérique de l'UE : la Guadeloupe	210

Ce qu'il faut savoir
1 Les périphéries lointaines de l'Union européenne	214
2 Intégrer les régions ultrapériphériques	216
3 L'UE et les pays et territoires d'outre-mer : une coopération renforcée	218

Stratégies d'acteurs
La nouvelle stratégie de l'UE pour les régions ultrapériphériques – *Les Açores*	220

Gérer les territoires
• Un territoire ultramarin français en recomposition – *Mayotte*	222
• Les relations de l'UE avec les pays et territoires d'outre-mer – *La Nouvelle-Calédonie*	224

Méthodes et sujets Bac
• Méthodes et entraînement Bac	230 et 231
• Réviser	236

Paysage touristique du Sud de la Martinique (la Baie du Marin)
Située dans l'archipel des Antilles, la Martinique est une destination touristique, surtout pour les ressortissants de l'Union européenne. Pour aider au développement de l'île, la politique de défiscalisation a permis de multiplier les investissements en faveur de la plaisance et du nautisme. L'activité touristique est cependant fragile en raison de la concurrence des îles voisines et des aléas naturels.

ÉTUDE DE CAS

Une région ultrapériphérique de l'UE : la Guadeloupe

■ La Guadeloupe, un des DROM* français, cumule des handicaps structurels qui lui valent d'être reconnue comme une région ultrapériphérique par l'Union européenne.

■ Les politiques nationales et européennes cherchent à favoriser le développement de l'île. Toutefois, les difficultés subsistent et l'intégration de la Guadeloupe dans son environnement régional reste limitée.

1 Des spécificités insulaires

Située dans l'arc antillais, à 7 000 kilomètres de l'hexagone, la Guadeloupe est un archipel d'une superficie de 1 700 km² regroupant cinq îles. Cette composition en archipel renforce les caractéristiques insulaires.

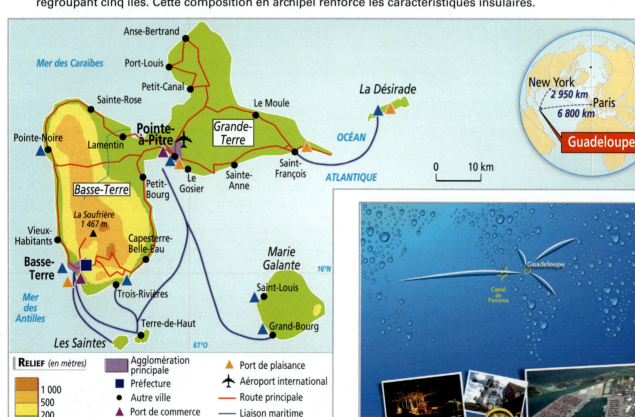

1 La Guadeloupe, composer avec l'insularité

2 Dépasser l'insularité grâce aux aménagements

Port et aéroport constituent les poumons de l'île. Leur aménagement permet de rompre l'éloignement, mais nécessite des investissements lourds. Le projet du nouveau terminal à conteneurs, à Jarry, doit se faire avec la construction d'un poste à quai supplémentaire de 700 mètres et d'un terre-plein de 45 hectares. Cette nouvelle configuration du terminal, d'un coût de 250 millions d'euros, offrira au port guadeloupéen un potentiel de trafic d'1 million de conteneurs.

3 Les échanges commerciaux de la Guadeloupe

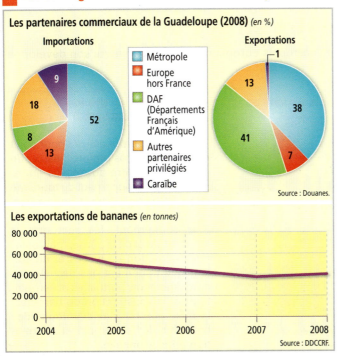

5 Une économie fragile

Les économies insulaires, longtemps basées sur l'exploitation et l'exportation de quelques produits agricoles (bananes, filière canne-sucre-rhum, ananas…), subissent de plein fouet la concurrence internationale.

En Guadeloupe, le nombre de producteurs de bananes est passé de 3 077 en 2000 à 218 en 2007. La surface agricole utile allouée à la canne à sucre a chuté de 13 % pour la même période. Le secteur touristique, longtemps perçu comme une alternative à la crise agricole, traverse également de graves difficultés : depuis 2005, 16 hôtels ont fermé.

Michel Desse, *Les DFA,* L'Harmattan, 2008.

6 Un chômage persistant

Questions

1. Localisez la Guadeloupe **(1 et atlas p. 322)** Quelles sont les îles qui constituent cet archipel ?

2. À quelles difficultés la région est-elle confrontée **(1, 3, 4, 6, 7)** ? Pourquoi son économie est-elle fragile **(5)** ?

3. Comment la Guadeloupe s'efforce-t-elle de dépasser son insularité **(2)** ?

4 Des aléas variés et récurrents qui pénalisent l'économie

Le cyclone *Dean* (17 août 2007) a détruit 70 % des bananeraies. Il a aussi directement affecté l'hôtellerie qui a dû faire face à la diminution de sa clientèle durant plusieurs semaines.

7 Manifestation contre la vie chère

Le 18 février 2009 à Pointe-à-Pitre, Élie Domota, leader du Collectif contre l'exploitation (LKP : Liyannaj Kont Pwofitasyon), conduit une marche en mémoire du représentant de l'Union Jacques Bino abattu au cours de la nuit à un barrage tenu par des jeunes armés. La situation est alors très tendue en Guadeloupe après un mois de grève générale contre l'augmentation du coût de la vie.

ÉTUDE DE CAS

2 Quand l'Union européenne entre en scène

En raison de ses handicaps, la Guadeloupe bénéficie des financements européens afin de poursuivre son développement et s'ouvrir à son environnement proche.

8 L'environnement régional de la Guadeloupe : des situations juridiques variées

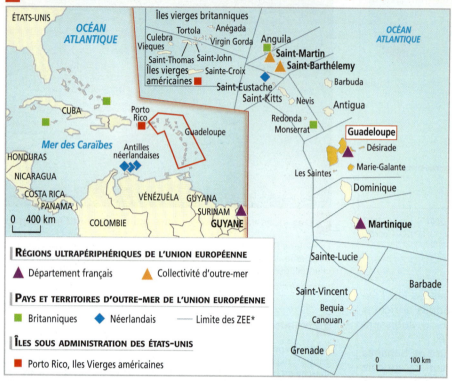

9 La mobilisation des fonds européens (2007-2013)

Les fonds européens ont pour objet de cofinancer des projets locaux afin de soutenir, entre autres, les entreprises, le développement du tourisme et des TIC, la recherche et l'innovation, la rénovation urbaine, le transport, l'environnement, les secteurs de l'agriculture et de la pêche, mais aussi la construction de lycées et de collèges, le traitement des déchets, les aménagements portuaires et aéroportuaires, la construction de barrages, la mise aux normes sismiques des bâtiments, le fret, l'emploi et la formation professionnelle.

www.cr-guadeloupe.fr/europe/

Programmes opérationnels 2007-2013 (en millions d'euros)	
FEDER (Fonds européen de développement régional)	543
FSE (Fonds social européen)	185
FEADER (Fonds européen agricole pour le développement rural)	138
FEP (Fonds européen pour la pêche)	5
Total 2007-2013	871
Total du programme 2000-2006	*833*

10 L'UE soutient la filière agricole

Pour faire face à la crise aiguë qui touche le secteur de la banane (les surfaces plantées et la production ont diminué de moitié environ entre 2000 et 2006), l'Union des groupements de producteurs de bananes et l'UE ont cofinancé une campagne de promotion.

11 De très nombreux contrastes régionaux

États et territoires	PIB/hab. en dollars (en 2007)	IDH (en 2008) (*2000)	Rang mondial (en 2008)
Bahamas	21 728	0,856	40e
Trinité et Tobago	17 586	0,837	50e
Martinique	15 519	0,880*	-
Barbade	13 003	0,889	30e
Guadeloupe	**14 037**	**0,858***	-
Saint-Kitts-et-Nevis	10 121	0,838	49e
Antigua et Barbuda	13 872	0,868	37e
Grenade	6 630	0,813	58e
République Dominicaine	4 952	0,777	70e
Dominique	5 239	0,814	57e
Sainte-Lucie	5 777	0,821	54e
Jamaïque	4 397	0,766	76e
Haïti	772	0,532	118e
Cuba	3 415	0,855	41e

12 Une ouverture limitée sur la Caraïbe

La frilosité des entrepreneurs, le protectionnisme, les difficultés liées aux transports, le faible pouvoir d'achat des clients potentiels, les barrières linguistiques, les difficultés d'accès aux circuits de distribution sont autant d'obstacles au développement des échanges entre la Guadeloupe et son environnement régional.

En dépit de ces obstacles, la mission de coopération du Conseil régional de la Guadeloupe vise à contribuer à un rapprochement des peuples au travers d'échanges.

Michel Desse, op. cit.

13 Programme européen Interreg IV : des projets de coopération régionale

- **Eau :** traitement de l'eau et apport d'eau potable dans les sites isolés de la Caraïbe.
- **Énergie :** deux vastes projets en discussion ; construction d'un gazoduc reliant Trinidad à la Floride afin d'exporter du gaz vers l'arc antillais et les États-Unis ; production d'énergie géothermique à la Dominique, à Sainte-Lucie et à Saint-Kitts-et-Nevis, en partenariat avec la Guadeloupe et la Martinique, et sa distribution en réseau par interconnexions sous-marines.
- **Risques naturels :** projet de mise en place de normes de construction pour prévenir les risques naturels dans la Caraïbe.
- Développement d'un logiciel pour **l'agriculture**.
- Réalisation et diffusion de reportages sur les **femmes** de la Caraïbe.

Questions

1. Comparez la situation de la Guadeloupe et de la Martinique avec celle de leurs proches voisins (8, 11) ?

2. Analysez l'action de l'Union européenne pour le développement de la Guadeloupe : objectifs, moyens, secteurs concernés, résultats (9, 10, 14).

3. Pourquoi la Guadeloupe est-elle faiblement intégrée dans la Caraïbe (12) ? Comment l'UE tente-t-elle d'y remédier (13, 14) ?

14 Des aides européennes pour développer les territoires de la Caraïbe

Soutien à des projets de coopération régionale ; parc éolien de Marie-Galante.

De l'étude de cas...

▶ La Guadeloupe, DROM français, est une région ultrapériphérique de l'Union européenne qui cumule des difficultés structurelles. À ce titre, elle bénéficie des programmes européens destinés à favoriser son développement et son intégration régionale.

...à la mise en perspective

▶ Quelles sont les spécificités des collectivités d'outre-mer ?   Cours p. 214

▶ Quelles sont les actions de l'UE à l'égard des territoires ultramarins ?
Cours p. 216, 218

Chapitre 8   Les territoires ultramarins de l'UE et leur développement

CE QU'IL FAUT SAVOIR

Cours 1 — Les périphéries lointaines de l'Union européenne

1. Des territoires « insulaires » outre-mer

■ **Plusieurs États de l'Union européenne** (Danemark, Espagne, France, Royaume-Uni, Pays-Bas) possèdent des territoires outre-mer. Deux critères se combinent pour définir l'outre-mer : d'une part le grand éloignement par rapport au territoire national de référence, d'autre part le degré d'autonomie vis-à-vis de la Métropole.

■ **Si les départements et régions français d'outre-mer** sont des collectivités territoriales au même titre que les collectivités métropolitaines, les autres territoires insulaires bénéficient d'une large autonomie dans la gestion des affaires intérieures (économie, lois sociales, santé, éducation) à l'exception des affaires de défense, de justice ou de relations diplomatiques qui sont gérées par les Métropoles.

■ **Héritages de l'expansion coloniale européenne**, ces possessions assurent encore aujourd'hui aux États membres de l'Union européenne le contrôle de ressources, de vastes espaces maritimes (9,6 millions de km² pour la ZEE* de la France), ainsi qu'une présence géostratégique mondiale **(1)**.
▶ Atlas p. 323

2. Quelles sont leurs spécificités ?

■ **Bien que ces territoires soient différents en taille et en poids démographique**, ils possèdent un certain nombre de caractères communs qui contribuent à leur reconnaître une situation spécifique au sein de l'UE.

■ **L'éloignement géographique, la fragmentation territoriale, l'étroitesse du marché** sont générateurs d'isolement et de surcoûts en matière de transports et d'aménagements. À cela s'ajoutent, pour certains, **des problèmes économiques et sociaux** (taux de chômage élevé, revenu moyen par habitant inférieur à la moyenne européenne, économie fragile, grande vulnérabilité aux risques naturels, dépendance envers la Métropole) qui font de ces territoires des **périphéries** en raison de leur retard de développement.

■ **Ils ont aussi en commun de constituer des territoires attrayants** pour leurs Métropoles, car ils sont souvent des destinations touristiques en raison de leurs potentialités naturelles et culturelles, ou d'être des terres d'immigration pour les pays voisins en raison de leur statut envié **(2, 3)**.
▶ Gérer les territoires p. 222

3. Deux statuts distincts pour l'outre-mer

■ **Les régions ultrapériphériques (RUP) font partie intégrante de l'Union européenne** ; le droit communautaire leur est pleinement applicable, mais avec des dérogations (par exemple, en matière d'aides de l'État, d'agriculture, de pêche, de fiscalité).

■ **Les RUP sont au nombre de neuf** depuis l'entrée en vigueur du traité de Lisbonne : **les quatre départements et régions français d'outre-mer** (Guadeloupe, Guyane, La Réunion, Martinique) ; **deux collectivités d'outre-mer françaises** (Saint-Barthélemy et Saint-Martin) ; **les régions autonomes portugaises** (les Açores et Madère) et **la Communauté autonome espagnole** (Canaries). Mayotte, au terme de son processus d'intégration, deviendra une région ultrapériphérique en 2014.

■ **Les pays et territoires d'outre-mer (PTOM), au nombre de vingt et un**, dépendent de quatre États membres : douze britanniques, six français, deux néerlandais et un danois. La France est le seul État membre de l'Union qui dispose à la fois de RUP et de PTOM. **Bien qu'ils dépendent d'un État membre de l'Union européenne, les PTOM sont simplement associés à l'UE** ; le droit communautaire ne leur est pas applicable, à l'exception d'un régime spécifique d'association **(4)**.
▶ Gérer les territoires p. 222

Mots clés

• **Régions ultrapériphériques (RUP)** : régions d'outre-mer intégrées à l'UE, qui bénéficient de mesures spécifiques pour favoriser leur développement depuis le traité d'Amsterdam, signé en 1997 et entré en vigueur en 1999.

• **Pays et territoires d'outre-mer (PTOM)** : territoires d'outre-mer bénéficiant d'un statut d'association à l'UE.

Voir lexique p. 312

1 Insularités d'Europe

L'insularité dans l'espace européen se décline à travers différentes réalités et donne lieu à des lectures variées : territoire tantôt favorisé, protégé, marginalisé, enclavé, recherché ou fui, lieu synonyme de privilège ou de retard de développement...

Bases avancées ou de repli lors des guerres et expansions coloniales, parfois ponts vers d'autres continents ou régions, les îles ont constitué des éléments clés pour le contrôle et la sécurité des territoires. L'actualité des arrivées de migrants en Méditerranée et aux Canaries le rappelle.

Quelles relations chaque île peut-elle avoir avec une Union européenne continentale de 500 millions d'habitants ? La diversité des réalités insulaires fait de l'Europe un condensé de modèles et de statuts.

D'après Michel Foucher (dir.), *Europe, Europes,* Documentation photographique, n° 8074, La Documentation Française, mars-avril 2010.

2 Les attraits touristiques des territoires d'outre-mer de l'UE

3 Conséquences de l'insularité

Les territoires insulaires sont éloignés de l'Europe et cela génère une augmentation des prix du transport des personnes et des marchandises. La composition archipélagique induit aussi un accroissement des coûts puisque les produits subissent une rupture de charge dans le port principal de l'archipel avant d'être acheminés dans les autres îles.

Cette composition en archipel nécessite enfin de multiplier les aménagements (ports, aéroport, services de santé et services scolaires) dans chaque île. Ces aménagements demandent des investissements publics lourds.

Améliorer l'accessibilité est la grande problématique de l'aménagement insulaire.

L'éloignement, voire l'isolement, les marchés réduits ne permettent pas toujours de rentabiliser les productions et les aménagements nécessaires afin de désenclaver ces territoires et de réduire les inégalités socio-spatiales.

Rapport IEDOM, *Guyane,* 2009.

4 Une hiérarchie de statuts au sein de l'Union européenne

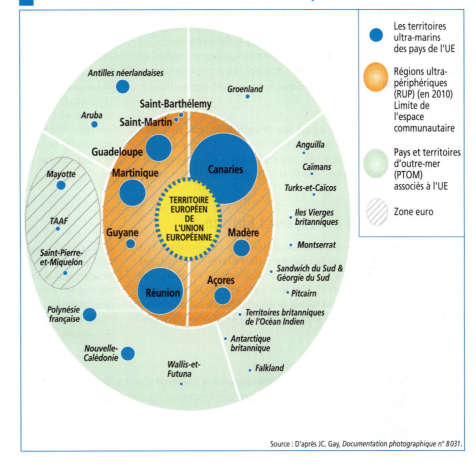

Source : D'après JC. Gay, *Documentation photographique n° 8031.*

CE QU'IL FAUT SAVOIR

Cours 2 — Intégrer les régions ultrapériphériques

1. Des espaces en marge

■ **La notion d'ultra-périphéricité,** consacrée par le traité d'Amsterdam et confirmée par le traité de Lisbonne (2007), est le fruit d'une longue évolution amorcée par le traité de Maastricht (1993). Elle fait référence aux handicaps structurels auxquels les régions ultrapériphériques (RUP) sont confrontées : éloignement, isolement, faible superficie, relief et climat difficiles (cyclones, séismes…), dépendance économique vis-à-vis d'un petit nombre de produits (banane, canne à sucre, tourisme…), autant de facteurs dont la permanence et la combinaison nuisent gravement à leur développement. La diversité des situations des RUP impliquent qu'ils bénéficient d'un statut d'intégration différenciée dans l'Union européenne (7).

■ **Les quatre RUP françaises et les Açores sont classées dans l'objectif « convergence »** (régions dont le PIB/habitant est inférieur à 75 % de la moyenne communautaire) et bénéficient des plus fortes aides. **Les Canaries et Madère relèvent de l'objectif « compétitivité régionale et emploi ».** Les RUP sont aussi éligibles aux autres initiatives communautaires (programmes Equal*, Leader*, Urban*…). Par les **programmes Interreg,** devenus « coopération européenne », ils peuvent développer des accords de coopération avec les États voisins dans les domaines du développement durable, de la diffusion de l'information et du savoir.

■ **Le principe de différenciation leur permet d'adapter le droit communautaire** dans des secteurs sensibles pour les RUP, telles les politiques douanières, commerciales, fiscales, agricoles et régionales (6).

▶ Étude de cas p. 212

2. Une politique de développement très volontariste

■ **Les financements européens (FSE*, Feder*),** associés à ceux des États, des collectivités territoriales et parfois des particuliers, permettent de soutenir les différents secteurs économiques par des aménagements structurants dans les domaines des transports (modernisation des infrastructures), et aussi de l'agriculture (installation de jeunes agriculteurs, irrigation…) (5).

■ **Ces fonds bénéficient aussi au développement durable** (énergies nouvelles, gestion des déchets, constructions parasismiques) et à l'amélioration des conditions de vie (désenclavement de petites îles, adaptation des services de santé ou d'éducation). L'Union européenne intervient également dans la formation professionnelle afin de mieux répondre aux nouveaux emplois dans les secteurs du tourisme ou du développement durable.

■ **Le programme Interreg** encourage les projets de coopération et de transfert de technologies avec les États voisins : traitement de l'eau, énergies renouvelables, gestion des risques. Cette coopération technique peut être également culturelle et universitaire.

▶ Étude de cas p. 212

3. Les RUP : « un atout pour l'Europe »

■ **Les investissements massifs** ont permis un développement incontestable mais, dans le contexte de l'élargissement, du développement durable et de la mondialisation, la Commission européenne a présenté une **nouvelle stratégie en faveur des RUP** visant à valoriser leurs potentialités, à les inciter à jouer de leur complémentarité et à explorer leur environnement proche (8).

■ **De nombreux projets soutenus par l'UE illustrent ce tournant,** tels ceux en faveur des énergies renouvelables : géothermique, solaire, éolienne (aux Açores, à La Réunion, à Madère, en Guadeloupe) ; en faveur de la protection de l'environnement : gestion intégrée des littoraux et des mers, surveillance de l'environnement amazonien par satellite en Guyane.

▶ Stratégies d'acteurs p. 220

Mots clés

• **Objectif « convergence » :** objectif visant à réduire les disparités entre les RUP et les autres régions de l'UE grâce à des transferts financiers (Fonds européen de développement régional, Feder, et Fond social européen, FSE).

• **Programme Interreg :** programme visant à favoriser le développement régional par la coopération transfrontalière (Interreg A) et transnationale (Interreg B).

* Voir lexique p. 312

5 Les fonds européens financent de grands aménagements

6 Les adaptations du droit communautaire

Les quatre DROM français, tout comme les autres RUP font, en raison de leur ultrapériphéricité, l'objet de « mesures spécifiques » qui adaptent le droit communautaire.

L'Union européenne tolère, par exemple, un régime fiscal particulier comme l'octroi de mer* dans les DROM (imposition intérieure qui frappe à la fois les marchandises introduites et les productions locales). Elle autorise la création de zones franches et d'entrepôts francs, des modulations par rapport à certaines politiques européennes comme celles des aides d'État, avec notamment les aides aux investissements.

Par ailleurs, l'UE octroie des aides spécifiques à ces régions : aides concernant la banane, la filière de la canne à sucre, les produits d'élevage, la compensation des surcoûts entraînés par l'insularité.

Rapport IEDOM, *Guyane*, 2009.

7 La grande diversité des situations et des compositions territoriales (en 2010)

	Canaries (7 îles)	Guadeloupe (6 îles)	Guyane française	Martinique	La Réunion	Açores (9 îles)	Madère (2 îles)
Localisation	Océan Atlantique	Mer des Caraïbes	Amérique du Sud	Mer des Caraïbes	Océan Indien	Océan Atlantique	Océan Atlantique
Distance de Bruxelles (en km)	3 054	6 945	7 254	7 050	10 000	2 870	2 566
Superficie totale (en km²)	7 447	1 702	83 534	1 128	2 504	2 322	828
Population (en milliers d'habitants)	1 973	436	209	397	783	243	246
Densité de population (habitants au km²)	265	256	3	352	313	104	296
PIB par habitant (UE=100)	94	71	51	76	60	67	95
Taux de chômage (en %)	10,4	25	21	22,1	25,2	4,3	6,8
Programmes opérationnels 2007-2013 (en millions d'euros)	1 289	865	479	615	1 850	1 430	620

8 La nouvelle stratégie communautaire

La Commission européenne a adopté, en 2008, une communication intitulée « *les Régions ultrapériphériques : un atout pour l'Europe* ». Elle y propose une stratégie renouvelée vis-à-vis des RUP sur lesquelles elle jette un regard neuf. Celles-ci sont considérées non plus seulement dans une optique de solidarité de la part de l'Union, mais aussi dans une optique de laboratoire privilégié pour l'Europe, renfermant de riches potentialités à développer.

En effet, les RUP occupent des positions géostratégiques importantes, en relation avec la dimension maritime et la politique de voisinage. Du fait de leurs caractéristiques géographiques, elles constituent des laboratoires privilégiés pour l'expérimentation dans plusieurs domaines, par exemple le changement climatique. Leur biodiversité et leurs écosystèmes marins exceptionnels permettent des innovations dans les domaines pharmaceutiques ou agronomiques. Elles fournissent également des produits agricoles de qualité (thés, vins, rhum, fromages, fruits, fleurs...).

D'après la *Revue de l'Union européenne*, janvier 2010.

CE QU'IL FAUT SAVOIR

Cours 3 — L'UE et les pays et territoires d'outre-mer : une coopération renforcée

1. Une diversité de niveaux de développement

■ **Les pays et territoires d'outre-mer (PTOM) constituent une mosaïque de territoires** entre l'immense Groenland qui s'étend sur 2,1 millions de km² et la petite île de Pitcairn d'une superficie de 29 km². Le peuplement est aussi très variable entre les terres inhabitées des Kerguelen **(10)** ou des territoires Antarctiques britanniques et les îles densément peuplées de la Caraïbe (Anguilla, Caïmans, îles Vierges britanniques).

■ **Dans certaines îles isolées** (Pitcairn, Falkland, Wallis-et-Futuna), les populations peu nombreuses dominent encore mal leur espace, et l'économie demeure largement auto-subsistante ; l'aide extérieure est nécessaire afin d'aménager les territoires.

■ **D'autres îles présentent des niveaux de développement plus complexes** reposant sur l'extraction minière, l'agriculture, le tourisme et les activités tertiaires (Tahiti, Nouvelle-Calédonie), sur le tourisme et l'activité financière off-shore (îles Vierges britanniques, Caïmans). Elles sont ouvertes aux grands courants de la mondialisation et offrent des niveaux de vie qui sont parfois supérieurs à la moyenne européenne.

2. Un régime d'association

■ **Malgré cette grande diversité, l'UE ne prévoit qu'un régime général d'association unique.** L'association poursuit trois objectifs principaux : promouvoir des relations économiques étroites entre les PTOM et l'Union dans son ensemble ; encourager l'intégration régionale entre les PTOM ainsi qu'entre PTOM et pays en développement ; accélérer le développement économique et social des PTOM.

■ **Dans les échanges entre les PTOM et l'UE, un régime préférentiel prévaut** ; il n'est pas réciproque afin de protéger le développement des PTOM. En revanche, entre PTOM et avec les RUP, le régime d'association prévoit la libre circulation des biens, des services, des populations…

■ **Pour aider au développement,** un système d'aide, le **Fonds européen de développement (FED),** financé par les contributions des États membres pour une période d'environ cinq ans, est alloué par la Commission européenne sous forme de subventions aux PTOM (à l'exception du Groenland) en fonction des niveaux de développement **(9, 11)**.

3. Une aide au développement

■ **Le Fonds européen de développement (FED) est l'instrument principal de l'aide communautaire** à la coopération et au développement à destination des PTOM et des États Afrique, Caraïbes et Pacifique (ACP). Les PTOM, comme les États ACP, ont aussi droit à l'aide de la Banque européenne d'investissement (BEI). Ils bénéficient d'accords et participent à certains programmes communautaires dans de multiples domaines : éducation, environnement, santé, économie, transports.

■ **Le Fonds européen de développement s'adapte aux réalités de chaque PTOM.** Les îles Caïmans qui présentent un PNB par habitant élevé, ne reçoivent pas d'aide du FED, sauf en cas de destructions importantes (par exemple, après le passage du cyclone *Yvan*). En Nouvelle-Calédonie, le FED permet d'améliorer la formation professionnelle, mais aussi d'entreprendre la construction de routes, d'entrepôts frigorifiques et de l'aquarium de Nouméa.

■ **Le FED constitue une des principales ressources financières** pour les territoires qui connaissent des difficultés plus importantes. À Wallis-et-Futuna, le FED permet les aménagements structurants de base : construction de routes et de pistes, modernisation des infrastructures portuaires, électrification, installation de réseaux d'assainissement, rénovation des établissements scolaires **(12)**.

▶ Gérer les territoires p. 224

Mot clé
- **Régime préférentiel :** statut qui prévoit le libre accès des produits des PTOM au marché communautaire. Il n'est pas réciproque : les produits de l'UE sont taxés afin de protéger le développement des PTOM.

* Voir lexique p. 312

9 Les effets du régime d'association

Le régime d'association des PTOM à l'Union européenne entraîne, de façon concrète, les dispositions suivantes :
– l'UE contribue aux investissements que nécessite leur développement progressif par le FED (Fonds européen de développement) ou la BEI (Banque européenne d'investissement) ;
– les États membres de l'UE appliquent à leurs échanges commerciaux avec les PTOM le régime qu'ils s'accordent entre eux (libre circulation des marchandises, des capitaux, etc.) ; il en est de même pour le droit d'établissement des ressortissants et des sociétés. Cependant, les autorités locales des PTOM peuvent prendre en la matière, après accord de la Commission européenne, des mesures de protection en faveur de leurs habitants et des activités locales, à condition que ces mesures ne soient pas discriminatoires ;
– les PTOM ont le droit d'avoir leur propre régime douanier compte tenu de leur niveau de développement et de leurs impératifs budgétaires ;
– enfin, est instauré un partenariat entre la Commission européenne, l'État membre et les autorités de chaque PTOM ; il s'applique à la préparation, au financement, au suivi et à l'évaluation des actions menées par l'Union européenne.

D'après Luc Steinmetz, « L'Outre-mer français et l'Union européenne, RUP et PTOM, le cas particulier de la Nouvelle-Calédonie », www.ac-noumea.nc/histoire-geo/spip, 17 juillet 2010.

10 Les îles Kerguelen : des terres isolées et inhabitées appartenant aux Terres australes et antarctiques françaises, au Sud de l'Océan Indien

11 La nécessaire aide financière de l'UE au Groenland

Jusqu'au 31 décembre 2006, toute l'aide financière communautaire au Groenland (43 millions d'euros par an) était accordée dans le cadre de l'accord de pêche entre la Communauté européenne et le territoire, qui accepte les flottilles des pays membres de l'Union européenne.

En dehors de la pêche, l'aide financière de la Communauté au Groenland s'élève à 25 millions d'euros par an pour la période 2007 à 2013 (soit un total de 175 millions d'euros sur sept ans). Cette somme est destinée à financer le « programme d'éducation au Groenland » qui prévoit une réforme complète du secteur de l'enseignement et de la formation, établie dans le « document de programmation concernant le développement durable au Groenland », adopté par la Commission en juin 2007.

Étant donné que l'assistance financière au Groenland provient du budget général de l'UE (et non du FED), des accords de financement doivent être conclus chaque année. Le Gouvernement autonome du Groenland cherche également à renforcer la coopération dans d'autres domaines, en particulier l'environnement, la recherche et la sécurité alimentaire. Une telle coopération est possible sur la base du statut de « pays et territoire d'outre-mer » associé à la Communauté, dont jouit le territoire.

D'après le *Rapport de la Commission européenne*, 2010.

12 L'aide de l'Union européenne aux pays et territoires d'outre-mer

Forum UE – PTOM – Bruxelles 2010.

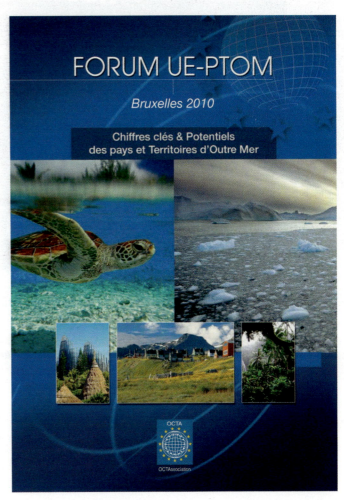

STRATÉGIES D'ACTEURS

La nouvelle stratégie de l'UE pour les régions ultrapériphériques

L'exemple des Açores

- Région ultrapériphérique (RUP), l'archipel portugais des Açores, très isolé géographiquement, a bénéficié d'importantes aides européennes pour son développement.
- Afin de poursuivre le développement des régions ultrapériphériques, l'Union européenne cherche à tirer un meilleur parti de leurs atouts et potentialités.

▶ **Comment renforcer le potentiel des régions ultrapériphériques ?**

1 Promouvoir le tourisme durable aux Açores, archipel portugais composé de neuf petites îles dans l'Océan Atlantique

2 Attirer des entreprises et des capitaux en devenant une enclave financière et fiscale

Les Açores et Madère sont deux régions autonomes extracontinentales situées dans l'Atlantique Nord, comptant chacune quelque 200 000 habitants. Elles accueillent des « zones franches » offrant un régime fiscal particulier aux entreprises.

Conçues en tant que programmes de développement régional avec le plein accord et le soutien de l'État portugais et de l'UE et relevant des systèmes juridiques portugais et européen, ces zones franches ont été constituées pour attirer les entreprises en informatique en vue de diversifier et de moderniser l'économie de ces îles.

D'après le *Rapport sur l'application de la Convention sur la lutte contre la corruption d'agents publics étrangers dans les transactions commerciales internationales*, 2010.

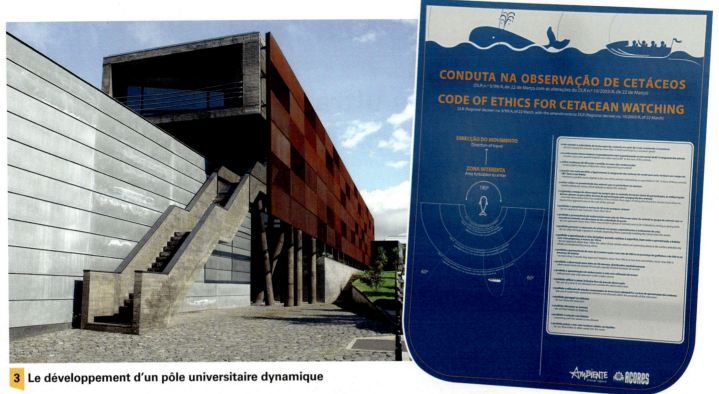

3 Le développement d'un pôle universitaire dynamique

Un exemple de programme initié par l'université et la nouvelle bibliothèque de l'université des Açores.
Les atouts du territoire des Açores ont permis l'émergence de thèmes de recherche articulés autour de quelques pôles majeurs : connaissances des ressources de la mer et de son potentiel économique ; conservation de la biodiversité ; prévention des risques naturels liés aux volcans et aux séismes ; étude des effets du changement climatique, science de l'atmosphère ; agronomie et sciences vétérinaires, biotechnologies ; ressources renouvelables (marines).

5 Un archipel laboratoire

L'exploitation d'une énergie propre et renouvelable venue de la mer constitue une solution très concrète au *Wave Energy Centre*. Le *WavEC* est un projet pionnier pour l'étude et le développement de l'énergie marémotrice dans la centrale électrique expérimentale installée à Pico, une île des Açores.

Ce centre constitue un laboratoire scientifique de la première importance. Le projet européen *Equimar* bénéficie ainsi de l'expertise de *WavEC* pour tester ses équipements d'extraction d'énergie marine. De même, le projet *Wavetrain2* propose un programme de réseaux de formation dans l'UE qui est coordonné par le Centre.

De plus, cette installation a des effets secondaires bénéfiques car elle suscite un attrait touristique indéniable dans l'île.

D'après *Politique régionale,* Inforégio, 2010.

4 Rechercher l'indépendance énergétique avec l'énergie géothermique

Les deux centrales géothermiques, dont celle de Ribeira Grande sur l'île de Sao Miguel, ont été construites avec l'aide du Feder*. Elles ont fait la preuve que les volcans sont, pour les Açores, une source d'énergie locale, sûre et propre, capable de pallier leur situation ultrapériphérique.

Analyser les stratégies d'acteurs

1. Localiser les Açores **(1 et atlas p. 323)**. Quels sont les atouts de l'archipel **(1, 2)** ?

2. D'après l'ensemble des documents, quels sont les objectifs de la politique européenne de développement des Açores ?

3. Quels sont les domaines de recherche et d'innovation qui sont au cœur de cette stratégie **(3, 4, 5)** ?

GÉRER LES TERRITOIRES

Un territoire ultramarin français en recomposition

▶ **L'exemple de Mayotte**

■ Mayotte appartient à l'archipel des Comores. Territoire d'outre-mer depuis 1974, elle a acquis le statut de Drom* en 2011.

■ Devenue le dernier département français, Mayotte présente des retards de développement, tout en constituant un îlot de richesse dans son environnement régional.

▶ **Comment ce territoire ultramarin français évolue-t-il ?**

1 Mayotte dans son environnement local et régional

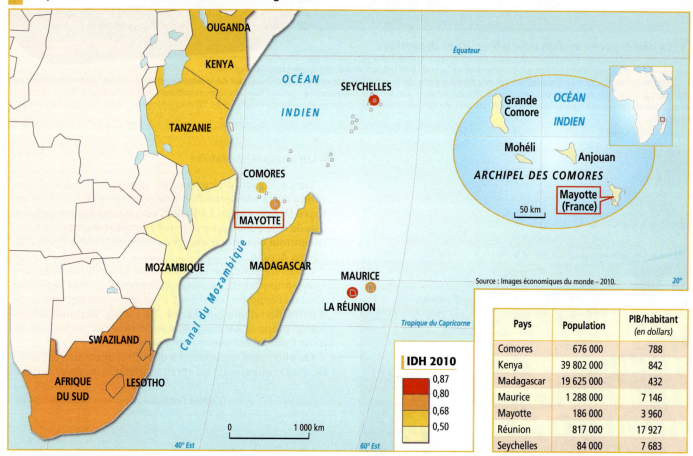

Pays	Population	PIB/habitant (en dollars)
Comores	676 000	788
Kenya	39 802 000	842
Madagascar	19 625 000	432
Maurice	1 288 000	7 146
Mayotte	186 000	3 960
Réunion	817 000	17 927
Seychelles	84 000	7 683

2 Une marche progressive vers le statut de région ultrapériphérique

Mayotte possédait le statut français de pays et territoires d'outre-mer (PTOM). En devenant un DROM en 2011, elle ne bénéficie pas automatiquement du statut européen de région ultrapériphérique. L'acquisition de ce statut nécessite au préalable une décision à l'unanimité des 27 États membres de l'UE.

Pour cela, Mayotte doit être en mesure de faire face à l'ensemble de ses obligations communautaires (notamment dans les domaines de l'environnement, de la libre circulation des biens et des services, de la santé, de la sécurité, des transports…).

Si le changement de statut a lieu avant 2014, Mayotte pourra bénéficier de la prochaine session des fonds structurels européens (la session actuelle couvre la période 2007-2013), et disposer ainsi de financements et d'investissements non négligeables.

Rapport IEDOM, 2009.

3 Mayotte, une terre d'immigration

À Mayotte, 40 % de la population est de nationalité étrangère en particulier des Anjouanais qui représentent 28 % de la population résidente. Cela s'explique par la proximité géographique de l'archipel (situé à 70 km seulement de Mayotte) et par les liens historiques, culturels et familiaux qui relient Mayotte aux Comores.

Près d'un tiers des 75 000 étrangers recensés en 2007 sont nés sur le territoire mahorais. Bien que nées à Mayotte, ces personnes sont de nationalité étrangère parce que leurs parents sont immigrés.

La recherche d'une sécurité économique, sociale et sanitaire, ainsi que l'espoir d'acquérir la nationalité française sont les moteurs de l'immigration clandestine. Par ailleurs, cette immigration est entretenue par le recours au travail clandestin : le nombre d'étrangers en situation irrégulière employés clandestinement sur l'île était estimé entre 10 000 et 15 000 en 2006 (la plupart étant employées dans l'agriculture, comme personnel de maison, ou dans le bâtiment). La détérioration de la situation économique, sanitaire et politique à Anjouan pousse nombre de Comoriens à tenter de rejoindre Mayotte.

Rapport IEDOM, 2009.

4 Immigrants clandestins arrivant à Mayotte

C'est à bord d'un kwassa-kwassa, une barque traditionnelle, que les émigrants tentent souvent de rejoindre Mayotte.

5 Projets financées par le Fonds européen de développement (1975-2013)

Période	Programmes principaux
4ᵉ FED (1975-1980)	Adduction d'eau
5ᵉ FED (1981-1985)	Adduction d'eau
6ᵉ FED (1986-1990)	Électrification rurale Renforcement de la centrale électrique
7ᵉ FED (1991-1995)	Adduction d'eau
8ᵉ FED (1996-2000)	Assainissement des eaux usées Traitement des déchets
9ᵉ FED (2001-2007)	Gestion des eaux pluviales Traitement des déchets Financement du centre de traitement des déchets Financement de l'Unité technique de gestion
10ᵉ FED (2008-2013)	Transport, environnement, tourisme Études et recherche sur la biodiversité

7 Des aides de l'Union européenne souvent mal utilisées

Sur les 10 millions d'euros prévus par le 8ᵉ Fonds européen de développement (1995-2000), seulement 1,8 million d'euros ont été utilisés en 2000. Ainsi, le montant du 9ᵉ FED s'élève à 15 millions, auxquels se rajoute le reliquat de 8,2 millions d'euros restant du 8ᵉ FED.

Ce FED donne la priorité à la gestion des eaux pluviales (maîtrise des sols, reboisement) au cœur du développement durable de Mayotte.

En mars 2010, la consommation des fonds du 9ᵉ FED ayant du retard, l'Union européenne accorde une prorogation de trois ans. Le 10ᵉ FED interviendra dans les domaines du transport aérien, maritime et terrestre. À titre de comparaison, entre 2007 et 2013, La Réunion recevra 1,85 milliard de l'Union européenne.

Document Unique de programmation à Mayotte (9ᵉ FED), Collectivités départementales de Mayotte et Conseil général, 2010.

6 La nouvelle centrale électrique de Longoni, construite avec l'aide du Fonds européen de développement

Analyser les enjeux d'aménagement

1. Situez et caractérisez Mayotte dans son environnement local et régional **(1)**.
2. Pourquoi Mayotte est-elle attractive pour les émigrants **(1, 3, 4)** ?
3. Quel changement de statut Mayotte connaît-elle **(2)** ?
4. Quelles sont les aides européennes **(5, 6)** ? Comment sont-elles utilisées **(7)** ?

GÉRER LES TERRITOIRES

Les relations de l'UE avec les pays et territoires d'outre-mer

L'exemple de la Nouvelle-Calédonie

- La Nouvelle-Calédonie a un statut de « collectivité spécifique ». Vers 2014, un référendum local décidera de son indépendance ou de son maintien au sein de la France.
- Pays et territoire d'outre-mer au regard de l'UE, la Nouvelle-Calédonie bénéficie des aides européennes pour accélérer son développement, basé avant tout sur le nickel.

1 L'enjeu : un partenariat renforcé avec l'Union européenne

Les aides du Fonds européen de développement (FED), votées environ tous les cinq ans par Bruxelles, servent à aménager la Nouvelle-Calédonie qui constitue un relais pour la France et l'Europe dans le Pacifique.

1 La Nouvelle-Calédonie, un archipel en développement

Source : *Atlas d'outre-mer*, Scéren, Nathan, 2006

L'AGRICULTURE
- Agriculture vivrière
- Céréales et élevage
- Agriculture de marché
- Aquaculture

TRANSPORT ET FLUX
- Port international
- Aéroport international
- Route financée grâce au FED
- Échanges commerciaux

LES ACTIVITÉS MINIÈRES, INDUSTRIELLES ET TOURISTIQUES
- Grand pôle d'activité
- Mines de nickel et terminal portuaire
- Usine de transformation de nickel
- Stations balnéaires et plages fréquentées

2 L'aquarium de Nouméa financé par le FED

3 Des aménagements financés grâce aux aides du FED

Lieux	Équipements
Nouméa	– Quai dit « quai FED » du port – Construction d'un nouvel aquarium – Construction d'un centre de formation des apprentis – Extension de la maison des apprentis
Côte Est	– Ponts
Îles Loyauté	– Constructions scolaires – Base de pêche
Magenta	– Amélioration de l'aérodrome
Autres lieux dans l'île	– Une partie de la route transversale Koné-Tiwaka – Route Hienghène-Pouébo

4 L'Union européenne célébrée en Nouvelle-Calédonie

« Journée de l'Europe » du 9 mai 2010 et « Semaine de l'Europe » du 23 au 27 novembre 2010.

5 Les différentes aides allouées à la Nouvelle-Calédonie depuis 1959

Investissements financiers	Période	Montant (en millions d'euros)
1er–5e FED	1959-1985	23
6e FED	1986-1990	8
7e FED	1991-1995	12
8e FED	1996-2000	16
9e FED	2001-2007	22
10e FED	2008-2013	20
Sysmin		6
BEI		15

Pour faciliter la lecture, les montants ont été exprimés en euros bien que la mise en place de l'euro ne soit intervenue qu'en 2002.

Source : Commission européenne

7 La Nouvelle-Calédonie réaffirme son attachement au régime d'association à l'UE

En tant que collectivité d'outre-mer associée à l'Union européenne, la Nouvelle-Calédonie bénéficie de crédits européens indispensables à son développement. Ces dernières années, le Fonds européen de développement a ainsi apporté sa pierre à divers projets d'édification d'infrastructures et de préservation de l'environnement (revégétalisation de sites miniers).

À l'occasion de la journée de l'Europe (le 9 mai), le gouvernement de la Nouvelle-Calédonie rappelle « son attachement à la coopération européenne et au développement de ses relations avec l'Union européenne ». La Nouvelle-Calédonie veut « jouer un rôle actif dans la définition d'une relation fondée sur des valeurs partagées et une coopération mutuelle bénéfique ».

www.ac-noumea.nc/histoire-geo/spip/

6 Les instruments financiers de l'aide européenne à la Nouvelle-Calédonie

– Les interventions du Fonds européen de développement (FED).
– Les prêts de la Banque européenne d'investissement (BEI).
– Des programmes régionaux comme le *Procfish* (programme de pêche hauturière).
– Des programmes de soutien à la recherche, à l'environnement ou à la santé.
– Le programme *Erasmus* (coopération transnationale entre les universités).
– Les instruments *Stabex* et *Sysmin*, visant à aider respectivement les secteurs agricoles et miniers, ont bénéficié à la Nouvelle-Calédonie jusqu'en 2000, année où ils ont été supprimés.

www.ac-noumea.nc/histoire-geo/spip/

Analyser les enjeux d'aménagement

1. Situez la Nouvelle-Calédonie **(1 et atlas p. 322)**. Quelle est la principale activité de l'archipel ?
2. Quelles sont les relations entre l'Union européenne et la Nouvelle-Calédonie **(4, 7)** ?
3. Analysez les actions de l'Union européenne en Nouvelle-Calédonie : objectifs, moyens, résultats **(2, 3, 5, 6)**.

GÉRER LES TERRITOIRES

2 Une volonté politique d'ancrage fort dans le Pacifique Sud

La Nouvelle-Calédonie s'affirme comme un espace développé dans sa région et cherche à renforcer son insertion régionale par le développement des échanges.

8 La coopération entre la Nouvelle-Calédonie et le Vanuatu

En octobre 2010, à Port Vila, les représentants du Vanuatu, de l'État français et du gouvernement de la Nouvelle-Calédonie ont adopté un programme annuel de coopération : 640 000 euros permettront le financement de projets consacrés en priorité à l'éducation et à la formation des jeunes.

10 Un environnement inégalement développé

Pays	PIB/habitants en dollars (en 2009)
Nouvelle-Calédonie	34 500
Îles Fidji	3 450
Vanuatu	2 300
Papouasie Nouvelle-Guinée	1 290
Australie	41 980
Nouvelle-Zélande	25 350

11 Les échanges commerciaux de la Nouvelle-Calédonie (en 2010)

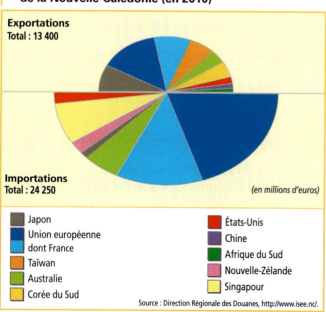

Exportations Total : 13 400
Importations Total : 24 250
(en millions d'euros)

- Japon
- Union européenne dont France
- Taïwan
- Australie
- Corée du Sud
- États-Unis
- Chine
- Afrique du Sud
- Nouvelle-Zélande
- Singapour

Source : Direction Régionale des Douanes, http://www.isee.nc/.

9 Une intégration régionale qui se développe

La Nouvelle-Calédonie a les moyens d'affirmer sa présence dans le Pacifique d'abord par le réseau aérien. La compagnie aérienne locale a tissé une toile mettant la Nouvelle-Calédonie à portée d'avion de tous les pays importants de la région et avec les territoires français du Pacifique.

La Nouvelle-Calédonie participe à différentes organisations régionales comme la Commission du Pacifique Sud dont le siège est à Nouméa ; elle est aussi le relais de la francophonie, faisant figure de vitrine du français dans un espace essentiellement anglophone.

Le rayonnement est aussi militaire et géopolitique puisque les forces militaires françaises sont utilisées à des fins sécuritaires ou d'entraide en cas de catastrophes naturelles. Ces forces peuvent participer dans le même temps à des exercices militaires conjoints avec les forces australiennes ou néo-zélandaises, permettant ainsi à la France d'avoir un rôle géopolitique dans le Pacifique.

La Nouvelle-Calédonie est aussi, par ses équipements, structures et formations sportives, un des espaces qui organisent de façon régulière des rencontres sportives de rayonnement régional important comme les Jeux du Pacifique ou les Océania.

www.ac-noumea.nc/histoire-geo/spip/, juillet 2010.

12 L'Université de Nouvelle-Calédonie bien insérée dans son espace régional

L'Université de Nouvelle-Calédonie poursuit trois objectifs stratégiques :
– atteindre un niveau d'excellence en recherche, en particulier grâce à des partenariats étroits avec les organismes de recherche implantés sur le territoire et en s'appuyant sur des liens avec les universités métropolitaines, européennes et de la zone Asie-Pacifique ;
– développer et faciliter l'émergence des thématiques scientifiques répondant aux objectifs définis par l'État et la Nouvelle-Calédonie ;
– rendre lisible le rayonnement scientifique de l'Université dans la zone Asie-Pacifique.

Site de l'université de Nouvelle-Calédonie.

Analyser les enjeux d'aménagement

1. Analysez les relations entre la Nouvelle-Calédonie et son environnement régional (8, 9, 10, 11, 12).

2. Quels sont les moyens dont dispose la Nouvelle-Calédonie pour renforcer son ancrage régional (9, 12) ?

MÉTHODES & PRÉPA BAC — CAHIER 4

THÈME 3
L'Union européenne : dynamiques de développement des territoires

MÉTHODES & ENTRAÎNEMENT BAC

- **Composition**
  - Les inégalités socio-spatiales au sein de l'Union européenne *(p. 228)*
  - Les territoires ultramarins de l'UE : des territoires en marge de l'Europe ? *(p. 230)*
- **Analyse de documents**
  - La politique régionale de l'Union européenne *(p. 229)*
  - L'Union européenne et les régions ultrapériphériques *(p. 231)*

LES SITES UTILES

- **Toute l'Europe** ▸ Les actions de l'Union européenne en Alsace *(p. 232-233)*

RÉVISER

- **Chapitre 7**
  - Les connaissances *(p. 234)*
  - Des localisations *(p. 235)*
  - Des expressions clés *(p. 235)*
- **Chapitre 8**
  - Les connaissances *(p. 236)*
  - Des localisations *(p. 237)*
  - Des expressions clés *(p. 237)*

MÉTHODES & ENTRAÎNEMENT

BAC 9

COMPOSITION
ANALYSE DE DOCUMENT
RÉALISER UN CROQUIS
RÉALISER UN SCHÉMA

Sujet ▶ Les inégalités socio-spatiales au sein de l'Union européenne.

Méthode p. 118

La démarche pour traiter le sujet

Le sujet
1. Lisez attentivement le sujet et demandez-vous :
- Que faut-il comprendre par « inégalités socio-spatiales » ?
- Le sujet doit-il évoquer les disparités sociales au sein de l'Union européenne ?
- Faut-il préciser et localiser les inégalités entre les régions de l'UE ?

La problématique
2. Recherchez les questions induites par le sujet :
- Quels sont les contrastes de richesse et de développement sur le territoire de l'UE ?
- Ces inégalités sont-elles visibles à l'échelle de l'Union, des États, des régions, des villes ?
- L'UE met-elle en œuvre des politiques visant à réduire ces inégalités ?
▶ Rédigez la problématique en utilisant les réponses aux questions précédentes.

Le plan
3. Mobilisez les connaissances nécessaires pour répondre au sujet
- Sélectionnez des informations afin de montrer que l'UE :
  – présente d'importantes disparités sociales ;
  – possède des espaces nettement différenciés ;
  – s'est donné comme objectif de réduire les inégalités socio-spatiales.
▶ Pour réunir ces informations et rédiger la composition, utilisez le chapitre 7.

Les paragraphes
4. Classez les informations et organisez le plan en paragraphes
- Regroupez les informations en trois paragraphes afin de répondre à la problématique du sujet.

Application : rédiger la composition

Introduction
1 ▶ Rédigez l'introduction
- Utilisez le travail sur le sujet et la problématique.

Développement 1er paragraphe
2 ▶ L'UE, d'importantes disparités
- Quelles sont les principaux écarts de richesse et de développement de l'UE ?
- Ces disparités sont-elles lisibles à l'échelle de l'ensemble du territoire de l'UE ?
- Quelle est la situation des anciens membres de l'UE ? Des nouveaux venus dans l'UE à 27 ? Des territoires ultramarins ?
- Des inégalités socio-spatiales existent-elles au sein des États de l'UE ? Des grandes villes ?

2e paragraphe
3 ▶ L'UE, des espaces nettement différenciés
- Quel est l'espace central de l'UE ? Montrez qu'il s'agit d'un foyer de puissance et de richesse ?
- Y a-t-il des espaces périphériques qui restent intégrés au centre ?
- Localisez : les régions industrielles, agricoles ou touristiques dynamiques ; les régions motrices des nouveaux États de l'UE (métropoles, régions bénéficiant des investissements étrangers comme la délocalisation…).
- Quels sont les espaces fragiles (espaces industriels en reconversion, régions agricoles peu intégrées au marché) ?
- Décrivez les espaces enclavés, périphériques (régions peu peuplées, territoires ultramarins…).

3e paragraphe
4 ▶ Réduire les inégalités socio-spatiales, objectif majeur de l'UE
- Quelle a été la politique régionale de la CEE puis de l'UE ?
- Comment l'UE agit-elle auprès des territoires en difficulté ? Définissez « fonds structurels ».
- Précisez ce que sont les « Objectifs 1 et 2 ».
- Comment les programmes Interreg peuvent-ils réduire les inégalités socio-spatiales ?
- L'UE intervient-elle aussi à l'échelle urbaine ? Quel programme, décidé par l'UE, a pour but de favoriser la revitalisation économique et sociale des villes et banlieues en crise ?

Conclusion
5 ▶ Rappelez que les disparités socio-spatiales sont multiples en Europe
- Montrez que la réussite du projet européen passe par la réduction des inégalités.

MÉTHODES & ENTRAÎNEMENT BAC 10

COMPOSITION
ANALYSE DE DOCUMENT
RÉALISER UN CROQUIS
RÉALISER UN SCHÉMA

Sujet ▶ Analysez le document afin de montrer quelle est l'action de l'Union européenne sur les territoires.

Conseils Bac

Travail sur le texte

- **Pour relevez dans le texte les informations** indispensables à l'analyse, effectuez un travail sur le texte.
- **Surlignez les mots** importants ou les phrases qui contiennent des informations utiles pour répondre au sujet.
- **Utilisez des couleurs** différentes en fonction des informations que les phrases fournissent. Regroupez ensuite les informations qui relèvent d'un même thème.

1 La politique régionale de l'Union européenne

La politique régionale de l'Union européenne (UE), également appelée « *politique de cohésion* », cherche à réduire les écarts de développement entre les régions de l'Union.

Ces écarts se sont accrus avec le dernier élargissement ; une nouvelle politique régionale a donc été définie pour la période 2007-2013. En s'appuyant sur les principes de solidarité et de proximité, elle favorise la cohésion économique, sociale et territoriale de l'Union.

Pour réduire les inégalités de développement, la politique régionale consiste en un transfert de ressources des régions riches vers les plus démunies.

Pour rattraper le retard économique des régions en difficulté et renforcer la cohésion de l'Union, l'action communautaire régionale se concentre sur trois axes principaux :
– aider les régions en retard de développement (PIB inférieur à 75 % de la moyenne communautaire) ;
– renforcer la compétitivité et l'attractivité des régions, ainsi que l'emploi ;
– promouvoir un développement harmonieux et équilibré de l'Union.

Les fonds sont concentrés sur des objectifs prioritaires limités aux régions les moins favorisées et dans certains domaines. Pour les objectifs territorialisés, les aides sont attribuées selon une carte qui délimite les zones éligibles. L'aide de l'UE vient uniquement en complément des aides nationales, régionales et locales.

Aujourd'hui, les défis de la politique régionale sont particulièrement élevés : il s'agit pour l'Europe de répondre aux besoins significatifs des nouveaux membres, tout en continuant d'aider les régions les moins favorisées d'avant l'élargissement de mai 2004.

Les fonds européens aident les pays dont le PNB par habitant est inférieur à 90 % de la moyenne communautaire à investir dans les infrastructures de transport, dans la protection de l'environnement... Une aide particulière est accordée aux territoires spécifiques des États membres de l'UE, tels que les territoires d'outre-mer et les régions ultrapériphériques.

L'accord sur les perspectives financières de décembre 2005 a permis de donner à la politique régionale davantage les moyens de ses ambitions dans une Union qui comporte aujourd'hui 27 États membres. Ainsi, la politique de cohésion deviendra la première des politiques communes de l'UE dans les années à venir, avec plus du tiers du budget de l'Union.

www.touteleurope.eu, 2011.

Méthode

Pour analyser un texte, vous devez procéder en 4 étapes

1 • Lire attentivement le texte
- Noter la **date**, la **source**, le **thème** du texte.

2 • Analyser le texte
- **Relever**, en **fonction du sujet**, les **informations** contenues dans le texte (voir **Conseils Bac**).
- Identifier les **notions** ou **mots clés** étudiés en classe. Préciser leur définition (utiliser le **Lexique**).

3 • Classer les informations
- **Regrouper les informations** d'un même thème afin de **former les paragraphes de la réponse**.

4 • Compléter les informations du document
- À l'aide de ses connaissances, **nuancer, préciser, compléter les informations** du document ou bien celles qui peuvent en être déduites.
- **Signaler l'intérêt** ou les **limites** du texte.

Application

▶ Pour vous aider, reportez-vous au **Cours p. 198**.

1 ▶ Lisez le texte **1**.
- Quelle est sa date, sa source, son thème ?

2 ▶ Analysez le texte
- Indiquez quels sont les thèmes des phrases surlignées ; expliquez les phrases soulignées.
- Expliquez « *le dernier élargissement* ».
- Montrez que l'aide de l'UE en faveur du développement des territoires est une priorité.

3 ▶ Classez les informations
- Regroupez les informations en 3 paragraphes :
– les raisons de l'action de l'UE sur ses territoires ;
– les objectifs de l'UE ;
– les perspectives.

4 ▶ Complétez les informations du texte
- Rédigez la réponse ; complétez-la en précisant ce qu'est le Feder, le FSE.

Thème 3   L'Union européenne : dynamiques de développement des territoires

MÉTHODES & ENTRAÎNEMENT — BAC 11

COMPOSITION
ANALYSE DE DOCUMENT
RÉALISER UN CROQUIS
RÉALISER UN SCHÉMA

Sujet ▶ Les territoires ultramarins de l'Union européenne : des territoires en marge de l'Europe ?

La démarche pour traiter le sujet

Le sujet
1. Lisez attentivement le sujet et demandez-vous :
   - Qu'appelle-t-on « territoires ultramarins » ?
   - Que faut-il comprendre par « territoires en marge de l'Europe » ? Pourquoi y a-t-il un point d'interrogation ?
   - Le sujet doit-il évoquer : l'éloignement, les disparités, les atouts des territoires ultramarins ?
   - Faut-il préciser les actions de l'Union européenne (UE) ?

La problématique
2. Recherchez les questions induites par le sujet
   - En quoi les territoires ultramarins de l'Union européenne ont-ils des caractères spécifiques ?
   - Pourquoi l'Union européenne doit-elle agir dans ces territoires ?
   ▶ Rédigez la problématique en utilisant les réponses aux questions précédentes.

Le plan
3. Mobilisez les connaissances nécessaires pour répondre au sujet
   - Sélectionnez des informations :
     – des territoires en marge de l'espace européen ;
     – des politiques communautaires en direction des territoires ultramarins ;
     – les atouts des territoires ultramarins pour l'Union européenne.
   ▶ Pour réunir ces informations et rédiger la composition, utilisez le chapitre 8.

Les paragraphes
4. Classez les informations et organisez le plan en paragraphes
   - Regroupez les informations en trois paragraphes afin de répondre à la problématique du sujet.

Application

Introduction
1 ▶ Rédigez l'introduction
   - Utilisez le travail sur le sujet et la problématique.

Développement 1er paragraphe
2 ▶ Les territoires ultramarins : des périphéries de l'Union européenne ?
   - Des territoires majoritairement insulaires et morcelés (utilisez l'Atlas p. 322-323).
   - Des territoires géographiquement éloignés de l'Union européenne.
   - Des territoires qui présentent de très fortes inégalités socio-spatiales.
   - Des statuts différents :
     – les régions ultrapériphériques (RUP) intégrées à l'Union européenne (citez des exemples).
     – les pays et territoires d'outre-mer (PTOM) associés à l'Europe (citez des exemples).

2e paragraphe
3 ▶ L'UE en action : réduire les inégalités, favoriser le développement de ses territoires ultramarins
   - Des actions en direction des RUP : des financements nombreux au travers des aides (FSE*, Feder*) et autres initiatives européennes (programmes Equal*, Leader*, Interreg*, Urban*...)
   - Des actions vers les PTOM : une aide au développement via le FED*.

3e paragraphe
4 ▶ Les territoires ultramarins : atouts pour l'Union européenne
   - Des ressources importantes pour l'UE
     – ressources touristiques pour les territoires ultramarins des régions tropicales (DROM) ;
     – productions agricoles spécifiques : canne à sucre, rhum, banane, thé...
   - Une présence géostratégique de l'Europe : des RUP au cœur des grands océans (ressources sous-marines, contrôle des espaces maritimes...) ; un rôle à jouer dans les aires géographiques proches (bassin des Caraïbes).
   - Les territoires ultramarins, « laboratoires » de l'Union européenne :
     – projets en faveur des énergies renouvelables (géothermie, solaire, éolien) ;
     – programme de protection de l'environnement : gestion intégrée des littoraux et des mers.

Conclusion
5 ▶ Rappelez les spécificités des territoires ultramarins
   - Montrez que ces territoires et leur développement sont un enjeu majeur pour l'UE.

MÉTHODES & ENTRAÎNEMENT — BAC 12

COMPOSITION
ANALYSE DE DOCUMENTS
RÉALISER UN CROQUIS
RÉALISER UN SCHÉMA

Sujet ▶ Analysez les deux documents pour dégager les caractères spécifiques des territoires ultramarins et l'action de l'Union européenne envers ces territoires.

Méthode p. 60 et p. 229

1 L'Union européenne et les régions ultrapériphériques

L'Union européenne (UE) compte neuf régions ultrapériphériques (RUP). Il s'agit de territoires géographiquement éloignés du continent européen, mais qui font partie intégrante des États membres auxquels ils appartiennent.

Les obstacles au plein développement de ces régions sont l'éloignement, l'insularité, le relief, le climat difficile et la dépendance économique.

Toutefois leurs atouts sont nombreux.

Les RUP permettent à l'UE de détenir un territoire maritime très étendu et une économie diversifiée. Ces régions fournissent des produits agricoles, comme le rhum, le sucre de canne, les bananes et autres fruits et légumes tropicaux qui répondent à la demande des consommateurs européens.

<u>Les RUP offrent à l'UE de grandes possibilités de développement des relations avec leurs pays voisins. Pour la France, c'est le cas des DROM des Antilles et de la Guyane dans le bassin des Caraïbes ou de La Réunion dans le Sud-Ouest de l'Océan Indien.</u>

Elles abritent certaines activités de recherche et de haute technologie : Institut d'astrophysique des îles Canaries ; Agence spatiale européenne en Guyane ; département d'océanographie et de pêche de l'université des Açores…

Les RUP bénéficient, au total, de plus de 7 milliards d'euros d'investissement communautaire pour la période 2007-2013 (FEDER, FSE…).

www.ec.europa.eu, 2010.

▶ Pour réaliser l'exercice, utilisez le chapitre 8.

2 L'Union européenne et la Guadeloupe

Application

1 ▶ **Lisez attentivement les documents**
- **Document 1 :** Quel est son thème ? Quelle sa date ? La source est-elle précisée ?
- **Document 2 :** Quelle est la nature du document ? Quelle est sa source ?

2 ▶ **Analysez les documents**
- **Document 1 :**
  – Quelles sont les neuf régions ultrapériphériques (RUP) de l'UE ?
  – Quels sont les handicaps des RUP ?
  – Les RUP sont-ils des atouts pour l'UE ? Pourquoi ?
  – Expliquez la phrase soulignée.
- **Document 2 :**
  – Donnez la définition des sigles : Feder, FSE (utilisez le **Lexique**). Connaissez-vous d'autres initiatives communautaires en direction des RUP ?

3 ▶ **Classez les informations**
- Regroupez les informations en 4 thèmes :
  – les RUP : des handicaps structurels ;
  – les RUP : des ressources pour l'UE ;
  – les RUP : une présence de l'Europe dans les grandes régions du monde ;
  – L'UE, des actions en faveur du développement des RUP.

4 ▶ **Complétez les informations des documents**
- Rédigez la réponse à l'aide des 4 thèmes proposés.
- Utilisez vos connaissances et/ou des exemples tirés du cours pour rappeler que l'UE coopère aussi avec les pays et territoires d'outre-mer (PTOM).

LE SITE UTILE CHAPITRE 7

www.touteleurope.eu

▶ « Toute l'Europe » est un site français qui fournit des informations sur l'Union européenne (UE). Ces informations concernent l'histoire de l'Union mais aussi son organisation, ses actions…

▶ Le site « *Toute l'Europe* » offre également des dossiers, des cartes, des vidéos… sur de nombreux thèmes. Une revue de presse permet de s'informer sur l'actualité des États de l'Union.

1 Entrer dans le site

La page d'accueil du site présente plusieurs onglets pour :

1 S'informer sur l'UE
à partir de 3 thèmes :
– Histoire
– Organisation
– Actions

2 Connaître l'actualité de l'UE

3 Consulter
– des vidéos
– des cartes
– des photographies…

4 Suivre l'actualité de l'UE au jour le jour

5 Lire la revue de presse européenne

6 Consulter l'agenda de l'UE

7 Visiter le Twitter des eurodéputés

Intérêt du site

• Le site à l'avantage de montrer les divers aspects de l'Union européenne, notamment au travers de ses actions dans les domaines social, économique, culturel…

• En cliquant sur l'onglet **Actions,** on peut ainsi découvrir, à l'échelle des régions françaises, des projets soutenus, financés et réalisés avec l'aide des fonds de l'UE (**FSE***, **Feder***).

2 Naviguer dans le site

■ **Exemple :** les actions de l'Union européenne en Alsace

Les actions d'aide au développement des régions françaises sont nombreuses.
Pour la région Alsace, on relève six interventions de l'Union européenne pour le seul **domaine économique**.

▶ **Pour choisir une action**

Cliquer sur :

1 *ACTIONS*.

puis :

2 *Économie* et *Aide au développement des régions*.

puis :

3 *Réalisation en France*.

4 Ensuite *choisir une région*.

▶ **Pour s'informer sur les actions de l'UE en région**

5 Cliquer sur **une action de l'UE dans la région**.

6 Utilisez la fiche pour s'informer sur l'action réalisée.

▶ **Pour localiser les actions de l'UE dans la région Alsace**

7 Cliquer sur **la carte de France**.

8 Puis sur la **région Alsace**.

Départements

9

Communes

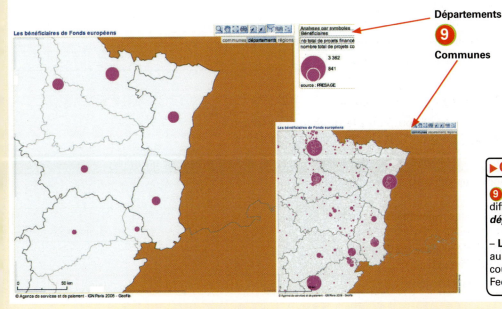

▶ **Choisir l'échelle de la carte**

9 On peut localiser les actions de l'UE à différentes échelles en cliquant sur *région*, *département* ou *communes*.

– La représentation cartographie affiche, au choix, les aides de l'UE : en nombre, coût ou montant financé par le FSE* et le Feder*.

Thème 3 L'Union européenne : dynamiques de développement des territoires

RÉVISER CHAPITRE 7

> DE L'ESPACE EUROPÉEN AUX TERRITOIRES DE L'UNION EUROPÉENNE

1 Les connaissances

1 L'Europe : un continent entre unité et diversité

▶ Indiquez quelles affirmations du tableau sont vraies ou fausses. Lorsqu'une affirmation vous paraît être fausse, indiquez pourquoi.

	VRAI	FAUX
L'Europe n'est pas véritablement un continent		
Les climats et reliefs de l'Europe sont variés		
L'Europe compte une centaine d'États		
Depuis la chute de l'URSS, il y a moins d'États en Europe		
Des éléments géographiques, historiques, culturels… contribuent à définir l'identité européenne		

2 L'Union européenne, un espace à géométrie variable

▶ Pour réaliser l'évaluation, reproduisez et complétez le tableau ci-dessous. Indiquez les arguments qui attestent ou infirment chacune des affirmations.

AFFIRMATIONS	VRAI	FAUX	ARGUMENTS
Les Européens ont créé d'abord la CEE, puis la CECA, puis l'UE			
Avec l'intégration des États de l'Europe de l'Est, l'UE compte environ 500 millions d'habitants			
L'UE est la seule construction supranationale au monde			

▶ Attribuez, à chacun des mots clés ou sigles suivants les définitions qui conviennent : espace Schengen, PESD, zone euro, traité constitutionnel de Lisbonne.

Seize États de l'Europe ayant la même monnaie	Politique européenne de sécurité et de défense
Texte entré en application en 2010, ayant pour objectif d'améliorer le fonctionnement des institutions européennes	Espace à l'intérieur duquel la circulation des personnes est libre

3 L'Union européenne, acteur essentiel du développement des territoires

▶ Indiquez quelles affirmations du tableau sont vraies ou fausses. Lorsqu'une affirmation vous paraît être fausse, indiquez pourquoi.

	VRAI	FAUX
Les déséquilibres territoriaux au sein de l'UE sont importants et croissants		
Les PECO désignent les pays d'Europe centrale et orientale		
Natura 2000 a pour objectif la rénovation des quartiers de villes européennes en difficulté		
L'UE favorise le développement des coopérations transfrontalières		

4 Des défis majeurs pour une Union européenne élargie

▶ Pour réaliser l'évaluation, reproduisez et complétez le tableau ci-dessous. Indiquez les arguments qui attestent ou infirment chacune des affirmations.

AFFIRMATIONS	VRAI	FAUX	ARGUMENTS
Aujourd'hui, on peut dire que l'Union européenne est à géométrie variable			
L'UE exerce un rôle politique et diplomatique majeur dans le monde actuel			
La mise en œuvre de la Politique agricole commune (PAC) fait l'objet de nombreux désaccords entre les États européens			
L'adhésion de la Turquie à l'UE est quasiment acquise			

2 Des localisations

1 Les étapes de la construction européenne

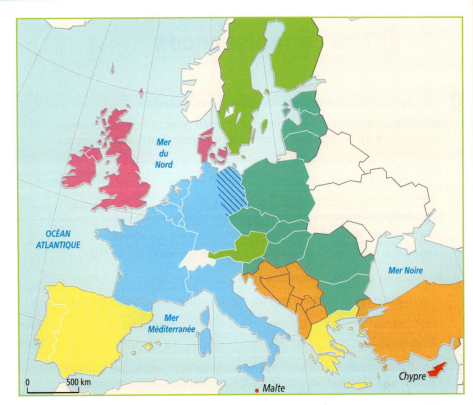

▶ Reproduisez le **tableau 2** et indiquez quelles couleurs sont employées sur la **carte 1** pour repérer les dates d'élargissement des États membres de l'UE.

▶ Pourquoi la partie Est du territoire de l'Allemagne est-elle indiquée en hachures ?

2 Tableau

États fondateurs couleur :	Adhésion durant les années 1970 couleur : ......
Adhésion des États « satellites de l'ex-URSS » couleur :	Adhésion durant les années 2000 ; Chypre/Malte
Adhésion durant les années 1980 couleur :	Adhésion durant les années 1990 couleur : ......
Pays candidats ou ayant vocation à devenir membres de l'UE couleur :	

3 Des expressions clés

▶ Observez le **dessin 3** et choisissez la légende qui paraît être la plus adaptée :
– L'UE, 27 États
– L'UE, une grande diversité culturelle
– L'UE, des difficultés pour faire l'unanimité
– Les institutions européennes

3 Dessin paru dans le *Courrier International*
(Dessin de Pierre Kroll, 1er juillet 2010)

Thème 3   L'Union européenne : dynamiques de développement des territoires   235

RÉVISER CHAPITRE 8

LES TERRITOIRES ULTRAMARINS DE L'UNION EUROPÉENNE ET LEUR DÉVELOPPEMENT

1 Les connaissances

1 Des périphéries lointaines de l'Union européenne

▶ Indiquez quelles affirmations du tableau sont vraies ou fausses. Lorsqu'une affirmation vous paraît être fausse, indiquez pourquoi.

	VRAI	FAUX
En Europe, seule la France possède des territoires d'outre-mer		
Une région ultrapériphérique est une région d'outre-mer intégrée à l'UE qui bénéficie de mesures spécifiques pour favoriser son développement		
L'insularité et l'éloignement ne sont pas des handicaps au développement des territoires ultramarins de l'UE		
Les territoires ultramarins de l'UE ont de nombreux atouts naturels		
Les pays et territoires d'outre-mer appartiennent à quatre États de l'UE		

▶ Indiquez la signification des sigles suivants : DROM, RUP, PTOM, ZEE.

▶ À quels pays appartiennent les régions ultrapériphériques suivantes :

Les Canaries	Guyane	Martinique	Saint-Martin	
Guadeloupe	Les Açores	La Réunion	Madère	Saint-Barthélémy

▶ Indiquez quelles affirmations du tableau sont vraies ou fausses. Lorsqu'une affirmation vous paraît être fausse, indiquez pourquoi.

Parmi les régions ultrapériphériques :	VRAI	FAUX
La Guyane est celle qui a la plus vaste superficie		
Madère et les Canaries ont les PIB par habitant les plus élevés		
La Réunion est la plus éloignée de l'UE		
Les Canaries sont la région la plus peuplée		

2 Intégrer les régions ultrapériphériques

▶ Pour réaliser l'évaluation, reproduisez et complétez le tableau ci-dessous. Indiquez les arguments qui attestent ou infirment chacune des affirmations.

AFFIRMATIONS	VRAI	FAUX	ARGUMENTS
Les régions ultrapériphériques peuvent bénéficier des programmes communautaires du type Leader, Urban...			
Les financements européens (FSE, Feder) ne s'appliquent pas aux régions ultrapériphériques			
Les régions ultrapériphériques peuvent engager des programmes Interreg			
Plusieurs régions ultrapériphériques peuvent exploiter des énergies renouvelables			

3 L'UE et les pays et territoires d'outre-mer : une coopération renforcée

▶ Indiquez quelles affirmations du tableau sont vraies ou fausses. Lorsqu'une affirmation vous paraît être fausse, indiquez pourquoi.

	VRAI	FAUX
Les pays et territoires d'outre-mer et les régions ultrapériphériques n'ont pas le même statut au sein de l'UE		
Le Groenland est un pays et territoire d'outre-mer de l'UE		
Les pays et territoires d'outre-mer reçoivent des aides du Fonds européen de développement (FED)		
Les pays et territoires d'outre-mer bénéficient d'un régime préférentiel dans le marché communautaire		

2 Des localisations

1 Les RUP de l'UE et les PTOM de la France

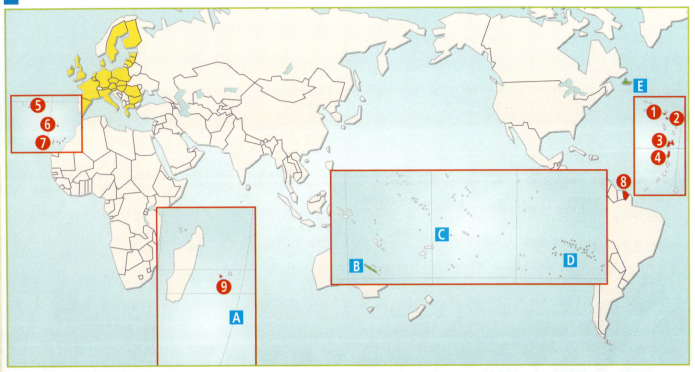

▶ Attribuez à chacune des régions ultrapériphériques (RUP) de l'UE les numéros de ①à ⑨ qui les localisent sur le planisphère 1, puis indiquez à quels pays et territoires d'outre-mer (PTOM) de la France les lettres A à E correspondent (utilisez l'Atlas p. 322).

3 Des expressions clés

▶ Dans le tableau 2, choisissez les expressions qui conviennent le mieux pour rédiger une légende au document 3.

2 Tableau

Les ressources des PTOM
Les paysages des îles tropicales
Les PTOM, une grande diversité de milieux
Les PTOM, un patrimoine naturel et culturel important
Les PTOM, des pays insulaires
Les PTOM, des pays situés sous toutes les latitudes
Les relations entre l'UE et les PTOM
Les PTOM, des pays et territoires éloignés de l'UE
L'agriculture des PTOM
Le Groenland, un PTOM
Union européenne-PTOM : une coopération renforcée

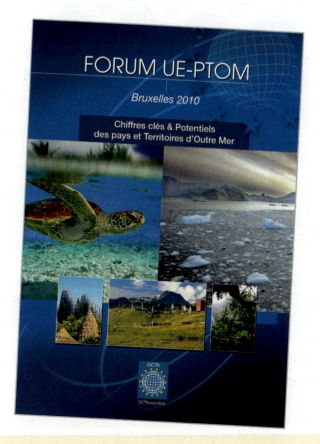

3 Rapport du forum Union européenne-PTOM 2010

Thème 3   L'Union européenne : dynamiques de développement des territoires

THÈME 4 France et Europe

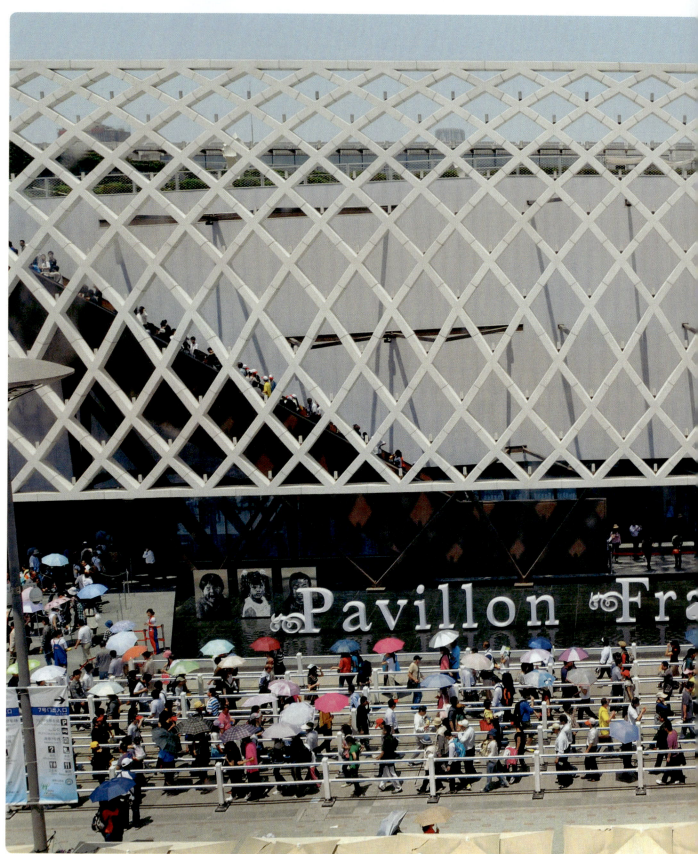

dans le monde

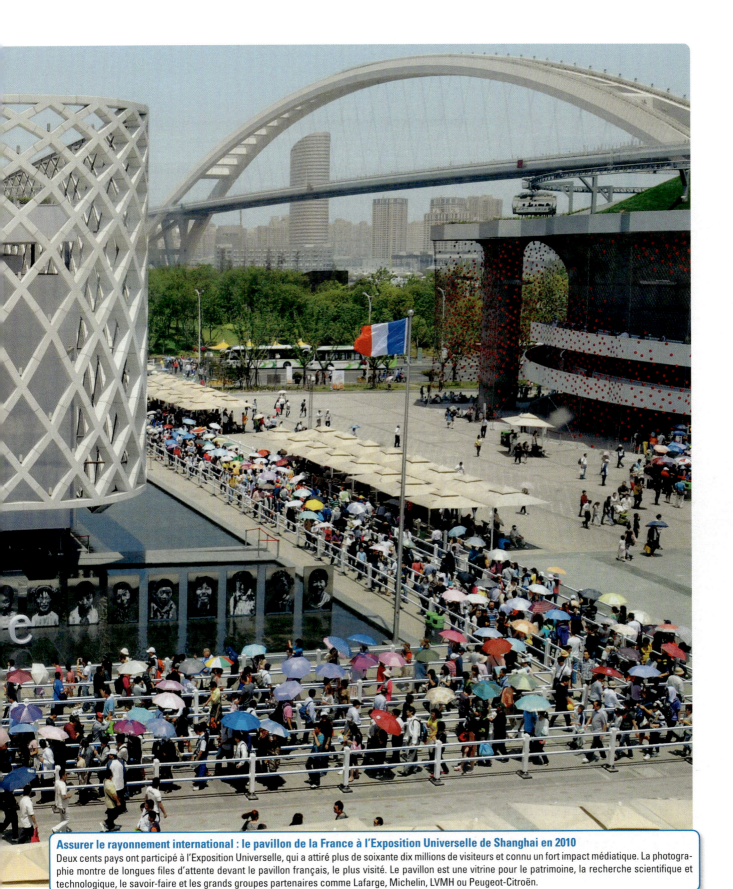

Assurer le rayonnement international : le pavillon de la France à l'Exposition Universelle de Shanghai en 2010
Deux cents pays ont participé à l'Exposition Universelle, qui a attiré plus de soixante dix millions de visiteurs et connu un fort impact médiatique. La photographie montre de longues files d'attente devant le pavillon français, le plus visité. Le pavillon est une vitrine pour le patrimoine, la recherche scientifique et technologique, le savoir-faire et les grands groupes partenaires comme Lafarge, Michelin, LVMH ou Peugeot-Citroën.

QUESTIONS POUR COMPRENDRE

La France et l'Europe dans le monde

Qu'est-ce que la mondialisation ?

▶ **La mondialisation connaît trois phases :** extension du capitalisme à l'ensemble des continents puis le passage d'une mondialisation marchande vers une mondialisation industrielle du début du XXe siècle jusqu'à la fin des années 1970 et enfin, une actuelle mondialisation financière.

▶ **L'internationalisation** de la production multiplie les flux de tous types (marchandises, financiers, humains, technologiques, culturels…).

1 Quelle est la place de la France et de l'Europe dans le monde ?

1 L'UE, fragilisée par la crise et la concurrence des pays émergents, alimente le doute sur son avenir

2 Conforter la « destination France »

● **L'Union européenne est la première puissance économique** et commerciale du monde. Elle est aussi le premier espace migratoire international et le premier bailleur de fonds d'aide au développement.

● **Sa puissance présente des forces et des faiblesses.** Elle s'appuie sur les services (finance-banque-assurance, grande distribution) et sur certains secteurs industriels (automobile, machines-outils, énergie, chimie-pharmacie). Par contre, elle est fortement déficitaire en énergie. Sa capacité d'influence internationale (soft power*) est relativement faible, limitée avant tout aux espaces proches.

● **Cinquième puissance mondiale,** la France est une économie principalement tertiaire. **Première destination touristique mondiale,** elle se caractérise par l'ouverture de son économie ainsi qu'un fort partenariat avec les autres pays européens : c'est le 5e pays pour les exportations de biens, essentiellement d'équipements et le troisième pour les produits agricoles et agroalimentaires.

2. Quel est le rôle de la France et de l'Europe dans la mondialisation ?

● **L'Union européenne est un des acteurs et moteurs majeurs de la mondialisation.** Les quatre premiers groupes européens figurent ainsi parmi les 8 premiers mondiaux. Zone très attractive, elle est une grande émettrice et réceptrice d'IDE*, en hausse constante.

● **L'agriculture et l'industrie sont les secteurs les plus ouverts** à la concurrence internationale. Cependant, les spécificités structurelles de chaque État demeurent : l'Allemagne exporte deux fois plus que le Royaume-Uni, surtout des biens d'équipement, tandis que le Royaume-Uni joue la carte du pétrole et des services financiers, alors que la France valorise ses potentiels agroindustriel, manufacturier et touristique.

3 Salon de l'agriculture, vitrine de la filière agroindustrielle française

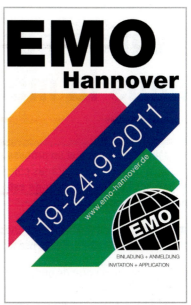

4 Salon de la machine outil à Hanovre, spécialité allemande mondialement reconnue

3. Quels sont les effets de la mondialisation sur les territoires ?

● **La mondialisation restructure** les systèmes économiques et productifs des États et favorisent un accroissement des disparités de développement au sein de l'Union européenne et de chaque État. Les dynamiques spatiales sont structurées par les grandes métropoles et les façades maritimes, dont la Northern Range. Les régions les plus concernées par un retard de développement sont les périphéries du Sud et de l'Est.

● **L'asymétrie de développement entre l'UE et ses voisins** de l'Europe orientale et du Sud de la Méditerranée détermine d'intenses flux commerciaux et humains. Par exemple, l'UE s'approvisionne en hydrocarbures et envoie d'importants flux de touristes vers les pays du Sud et de l'Est de la Méditerranée. Ces derniers réalisent 2/3 de leurs échanges avec l'Union européenne qui accueille les immigrants qui arrivent de ces pays.

5 L'action de la Banque européenne d'investissement (BEI)

La BEI est le principal partenaire financier de l'espace concerné par l'Union pour la Méditerranée, avec plus de 10 milliards d'euros investis depuis 2002 (brochure publiée en décembre 2010).

CHAPITRE 9
L'Union européenne dans la mondialisation

- La mondialisation est un processus d'intégration des différentes parties du monde, organisé par quelques grands pôles.
▶ **En quoi l'Union européenne est-elle un acteur essentiel et un pôle majeur de la mondialisation ?**

- L'explosion des flux de marchandises caractérise la mondialisation.
▶ **Comment la Northern Range assure-t-elle la connexion de l'UE au commerce mondial ?**

- La formation de grands ensembles régionaux Nord-Sud accompagne le processus de mondialisation.
▶ **La Méditerranée est-elle un espace ouvert sur l'avenir pour l'UE ?**

Cartes enjeux
- Quel rôle pour l'Union européenne dans la mondialisation ? 244
- L'Union européenne, des ouvertures sur le monde 246

Ce qu'il faut savoir
1. L'Union européenne, acteur majeur de la mondialisation 248
2. La Northern Range, l'UE connectée au commerce mondial 250
3. La Méditerranée, une ouverture de l'UE au Sud ? 252

Gérer les territoires
Gérer le territoire d'un grand port international – *Rotterdam* 254

Stratégies d'acteurs
Investir dans les pays du Sud et de l'Est de la Méditerranée – *Renault* 256

Question en débat
Quelle place pour l'Union européenne dans le monde de demain ? 258

Méthodes et sujets Bac
- Méthodes et entraînement Bac 280 et 281
- Réviser 284
- Analyse de documents **sujet 18** 309

Rester la principale ouverture (gateway) de l'Europe sur le monde : l'ECT Delta terminal à Rotterdam.
Le transport des marchandises par conteneurs a révolutionné le transport maritime. Pour rester le port majeur de la Northern Range, Rotterdam a aménagé un nouveau port en bord de Mer du Nord (Maasvlakte) capable d'accueillir les plus gros navires 24heures sur 24. La photographie montre le plus important terminal conteneurs de Rotterdam, installé sur 236 hectares (360 terrains de football) avec une capacité de 8 millions d'unités.

CARTES ENJEUX

Quel rôle pour l'Union européenne dans la mondialisation ?

1 L'Union européenne, premier pôle du commerce mondial

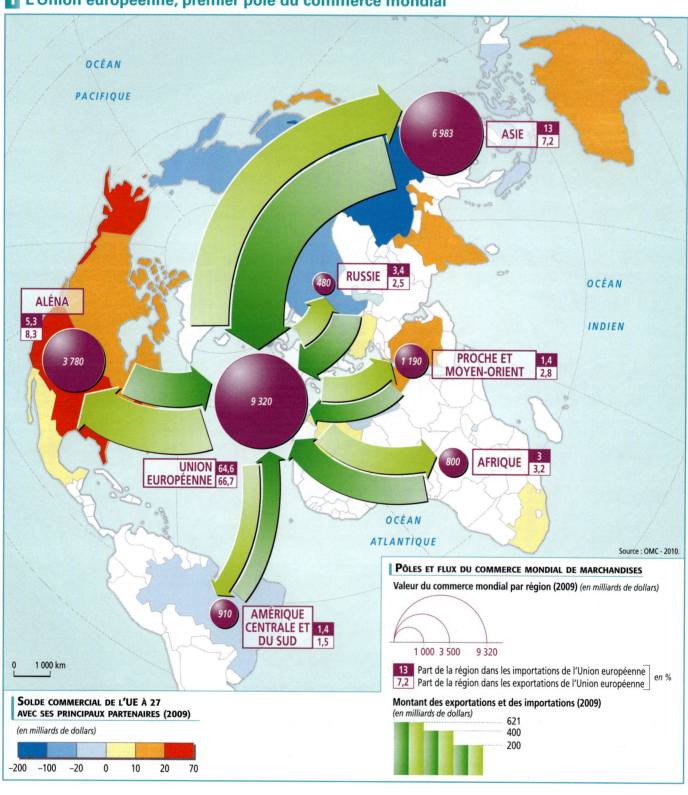

2 L'Union européenne, premier pôle mondial de l'investissement direct à l'étranger

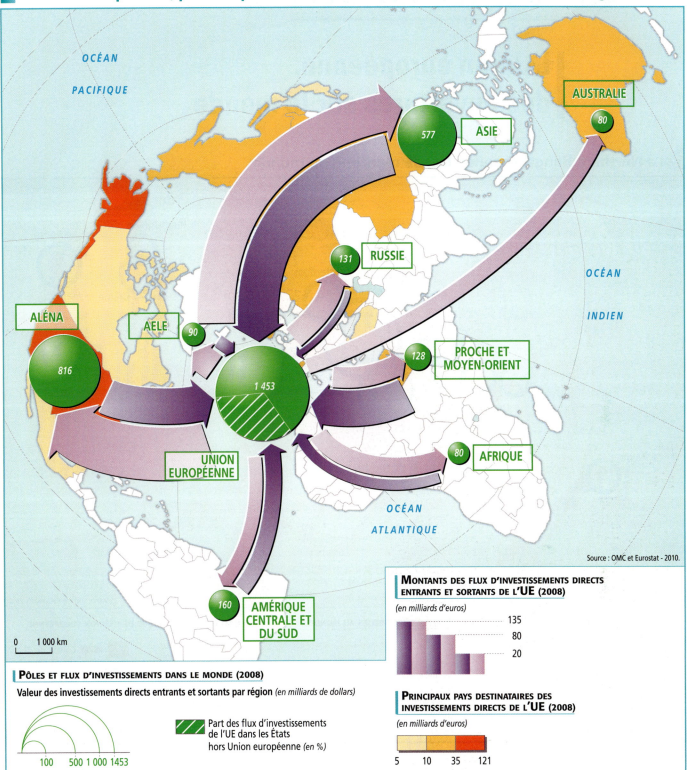

Clés de lecture

- **L'Union européenne est un acteur majeur** du commerce mondial et de l'investissement direct à l'étranger* (IDE) deux moteurs essentiels de la mondialisation depuis les années 1960-1980.

- **Avec près de 40 % des échanges de marchandises en 2009,** l'UE est le premier pôle du commerce mondial, même en tenant compte de l'importance des échanges intra-européens (70 %).

- **L'investissement direct à l'étranger** montre le développement des firmes européennes hors de leur territoire et l'attractivité de l'UE pour les firmes étrangères. **Avec près de 40 % des flux mondiaux en 2008,** l'UE est le premier pôle d'émission et d'accueil d'IDE (37 % hors UE).

Chapitre 9 L'Union européenne dans la mondialisation

CARTES ENJEUX

L'Union européenne, des ouvertures sur le monde

1 La Northern Range, seconde façade maritime du monde

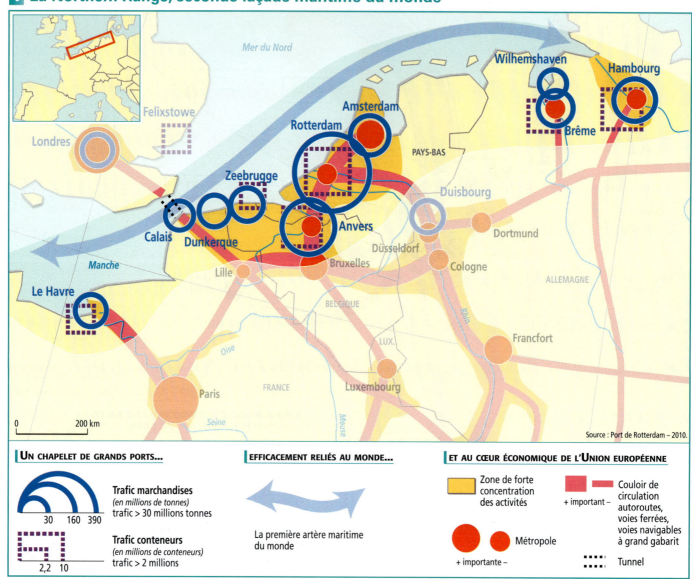

Source : Port de Rotterdam – 2010.

Un chapelet de grands ports...
- Trafic marchandises (en millions de tonnes) trafic > 30 millions tonnes : 30, 160, 390
- Trafic conteneurs (en millions de conteneurs) trafic > 2 millions : 2,2, 10

Efficacement reliés au monde...
- La première artère maritime du monde

Et au cœur économique de l'Union européenne
- Zone de forte concentration des activités
- Couloir de circulation + important – autoroutes, voies ferrées, voies navigables à grand gabarit
- Métropole + importante –
- Tunnel

Clés de lecture

● **La Northern Range** aligne, du Havre à Hambourg, l'une des plus fortes concentrations mondiale de ports maritimes, organisée autour de Rotterdam, 4e port mondial pour le trafic marchandises et 10e pour le trafic des conteneurs en 2009. Puissamment reliée à l'Europe rhénane, cette façade assure pleinement l'insertion de l'Union européenne dans la mondialisation des échanges.

● **Dans la perspective d'un nouvel ensemble régional Nord-Sud,** l'Union européenne cherche, depuis les années 1990, à renouveler ses relations avec les pays de l'Est et du Sud de la Méditerranée. Depuis 2008, 16 pays méditerranéens participent avec les 27 membres de l'UE à l'Union pour la Méditerranée* (UPM), dans le prolongement du processus de Barcelone*.

● **La question migratoire, les très fortes inégalités régionales et les tensions politiques internes,** notamment dans le conflit israélo-palestinien, ont cependant le plus souvent paralysé les initiatives de coopération et de création d'une zone de libre-échange.

2 Le partenariat EUROMED, pour un nouvel ensemble régional Nord-Sud demain ?

Chapitre 9 L'Union européenne dans la mondialisation

CE QU'IL FAUT SAVOIR

Cours 1 — L'Union européenne, acteur majeur de la mondialisation

1. Un des trois grands pôles du monde

■ **L'Europe est le principal espace économique** mondial (26 % du PIB mondial), d'un poids comparable à l'Amérique du Nord, supérieur à ceux du Japon et de la Chine réunis, ces trois pôles majeurs représentent 70 % du PIB mondial **(1).** Espace attractif, elle a bénéficié de 42 % des investissements directs* réalisés à ce jour dans le monde, et attire chaque année plus du tiers des nouveaux flux.

■ **Pôle important d'innovation technologique** et de production scientifique **(2),** elle compte des multinationales rivalisant avec les géants américains et japonais : Volkswagen talonne Toyota, Airbus devance Boeing depuis huit années consécutives, Arianespace a conquis 50 % du marché mondial des satellites de télécommunications.

■ **Géant commercial,** l'Union réalise 16 % des exportations mondiales de biens et 27 % de celles des services (commerce intra-UE exclu). Sa balance commerciale*, globalement positive notamment avec les États-Unis et le Moyen-Orient, est déficitaire avec la Chine, la Corée du Sud et la Russie.

■ **L'UE joue aussi un rôle majeur dans la finance internationale,** notamment avec la puissante place boursière londonienne qui reste incontournable. En 2009, les cinq premières banques mondiales par le chiffre d'affaires appartiennent à l'UE ainsi que trois des cinq premières compagnies d'assurances.

▶ Cartes enjeux p. 244
▶ Stratégies d'acteurs p. 256

2. Des fondements solides, de larges ouvertures sur le monde

■ **La mise en place d'un grand marché** économique unique protégé a permis à l'Union européenne de constituer un bloc commercial solide au sein de l'**OMC** face aux autres puissances. Sa population (500 millions d'habitants) bénéficie globalement d'un niveau de vie et de qualification élevé ; même si la pauvreté n'a pas été éradiquée, la protection sociale reste sans équivalent au monde.

■ **Des infrastructures performantes** irriguent l'Europe, articulant son territoire aux grands flux mondiaux : trains rapides, aéroports nombreux (Londres est la première place aéroportuaire mondiale) et, surtout, trois façades maritimes (mer du Nord, Atlantique, Méditerranée) équipées de ports modernes, véritables poumons du continent.

■ **L'euro (1999), adopté par 17 pays,** en 2011, est devenu la 2e monnaie de réserve internationale et de transaction. Il a résisté à la tempête financière de 2008 et la solidarité de l'Union a permis d'éviter la ruine de la Grèce et de l'Irlande.

▶ Cartes enjeux p. 154, p. 246   ▶ Gérer les territoires p. 170, p. 254

3. Un nouveau type d'acteur ?

■ **Fidèle aux objectifs de paix** et de prospérité de ses pères fondateurs, l'Europe exerce une influence morale sur le monde par les valeurs qu'elle défend (démocratie, droits de l'homme, coopération), par son exemplarité (lutte contre le réchauffement climatique), son action pour la paix (Liban, Afghanistan), son aide au développement **(3).** Elle est aussi engagée dans un bras de fer commercial avec la Chine (contre les contrefaçons, la sous-évaluation du yuan) et les États-Unis (contre les aides à Boeing, le monopole de Microsoft…).

■ **Mais l'Union européenne n'est pas un État fédéral.** Face aux grandes puissances mondiales, elle souffre d'un manque de visibilité internationale malgré les innovations du traité de Lisbonne introduisant une présidence plus durable et une représentation diplomatique de l'Union **(4).** Sans armée ni diplomatie communes, dotée d'un maigre budget (1,2 % du PIB de l'UE), elle peine à s'affirmer comme un bloc et à mener de nouveaux grands projets.

■ **Elle doit pourtant affronter de redoutables défis** internes (dette publique, vieillissement démographique, disparités économiques entre les États membres, dépendance énergétique) et externes (relations avec la Russie, intégration de la Turquie, concurrence des pays émergents, immigration clandestine).

▶ Question en débat p. 258

Mots clés

- **OMC – Organisation mondiale du commerce :** créée en 1995, elle constitue un cadre de négociation des règles régissant le commerce international et un lieu de règlement de différends.

- **État fédéral :** regroupement de plusieurs collectivités politiques (États fédérés) qui effectuent un transfert de compétences à l'État fédéral.

Voir lexique p. 312

1 L'UE dans la compétition économique mondiale

	U E	États-Unis	Japon	Chine
Puissance économique				
Population (2010)				
• en millions d'habitants	501	308	127	1 341
• en % du monde	7,2	4,4	1,8	19,4
PIB (2009, en milliards de dollars)	16 450	14 260	5 070	4 910 [1]
PIB / habitant (en dollars)	32 830	46 440	39 940	3 670 [1]
Exportations mondiales (2008, en %)				
• de marchandises	34	8	5	9 [1]
• de services	42	14	4	6,3
Stock IDE* (2009, en % du monde)	42	18	1	8 [1]
Nombre de multinationales parmi les 500 premières (chiffre d'affaires, 2010)	161	136	71	46
Émission de CO_2 (2009, en % du monde)	10	19	8	5
Dynamique économique				
PIB mondial (en %)				
• 1973	27,5	22	7,7	4,6
• 2009	28,4	24,6	8,7	8,5
Taux chômage (2010, en %)	9,6	9,6	5,2	4
Croissance du PIB (taux moyen annuel en %)				
• 2000-2007	2,4	2,6	1,7	9,6
• 2008-2009	– 4	– 1,3	– 3,2	9,5
Puissance scientifique				
Dépenses en R & D (2008-2009, en milliards de dollars)	310	390	170	75
Nombre de publications scientifiques (2006, en %)	33	26	8	7

(1) Hong Kong inclus. OMC ; Eurostat ; FMI ; CNUCED ; OCDE ; OST.

2 Au premier plan pour l'énergie de fusion

L'UE a créé « Fusion for Energy » pour renforcer son rôle au niveau mondial dans le développement de l'énergie de fusion et gérer sa participation au projet international ITER en cours de réalisation à Cadarache (France).

3 L'UE, première donatrice mondiale

L'Union européenne (États membres et institutions européennes confondus) fournit environ 55 % du total mondial de l'aide publique au développement, ce qui en fait de loin le premier bailleur de fonds aux pays en développement.

En 2008, le premier contributeur européen (et deuxième mondial) est l'Allemagne avec près de 14 milliards de dollars (soit 0,38 % de son revenu national brut), suivie par le Royaume-Uni (12 milliards, soit 0,43 % du RNB) et la France (11 milliards, soit 0,39 % du RNB). Le premier contributeur mondial reste les États-Unis (27 milliards de dollars), le cinquième est le Japon (10 milliards de dollars).

Inscrite dans le traité de Rome et initialement concentrée sur les anciennes colonies des États membres, l'aide de l'Union européenne s'est élargie mondialement.

Distribuée à plus de 160 pays, territoires ou organisations, cette aide œuvre à la réalisation des « Objectifs du Millénaire* » de l'ONU : promotion de la démocratie et de la sécurité, équité sociale, prospérité économique, défense de l'environnement. L'Autorité des territoires palestiniens, l'Éthiopie, la Turquie, l'Afghanistan et le Maroc sont les premiers bénéficiaires de l'aide européenne en 2008.

Toute l'Europe, www.touteleurope.eu, OCDE, 2010.

4 Un président pour l'Union européenne

« Avec Herman Van Rompuy, l'Europe a enfin un président capable de parler d'égal à égal avec Barack Obama et Hu Jintao. »

Dessin de Ruben dans *De Standaard* (Bruxelles), 25 novembre 2009.

L'ancien Premier ministre belge, peu connu sur la scène internationale, devient le premier président du Conseil européen, pour deux ans et demi renouvelables, avec l'entrée en vigueur du traité de Lisbonne le 1er décembre 2009.

CE QU'IL FAUT SAVOIR

Cours 2 : La Northern Range, l'UE connectée au commerce mondial

1. La deuxième façade maritime du monde

■ **Du Havre à Hambourg s'étire, sur 700 kilomètres, la Northern Range**, cœur maritime de l'Europe. Un chapelet de ports réalise près de 10 % du trafic mondial, **interface** entre la Manche, principale artère maritime du globe, et un arrière-pays, structuré par le Rhin, qui rassemble 250 millions d'habitants et l'essentiel du potentiel économique européen (5).

■ **La Northern Range est constituée de trois secteurs** : le delta rhéno-mosan (Anvers, Rotterdam, Amsterdam), véritable pivot central ; au Sud, Le Havre ; au Nord, Hambourg et Brême. Tous ces grands ports offrent la gamme complète des activités océaniques ; entre eux se glissent une trentaine de ports, parfois spécialisés : Boulogne (1er port de pêche d'Europe), Calais (port de voyageurs) et d'innombrables ports de plaisance.

■ **Le développement portuaire est ancien** : Hambourg et Brême font partie de la **Hanse** dès le XIIIe siècle ; la fortune de Bruges date du XIVe siècle, celle d'Anvers du XVIe siècle. Amsterdam a eu son siècle d'or au XVIIe siècle. L'essor de Rotterdam est lié à l'industrialisation de la Ruhr (XIXe siècle).

▶ Cartes enjeux p. 154, p. 246   ▶ Gérer les territoires p. 254

2. Une économie maritime compétitive

■ **La concurrence est âpre** entre ports et entre entreprises. Les ports rivalisent pour attirer les grands armateurs (Maersk, CMA-CGM) dont les porte-conteneurs, toujours plus gros, exigent des infrastructures gigantesques et efficaces. Rapidité (manutention, dédouanement…) et flexibilité (travail 24 heures sur 24, 7 jours sur 7, privatisation des quais, combinaison optimale des modes de transport) sont déterminantes pour préserver leur part de marché (6, 8, 9).

■ **Le trafic atteint 1,2 milliard de tonnes** en 2008 : importation de vrac (pétrole, charbon, minerais, céréales), exportation de produits industriels (chimie, automobiles). La Northern Range s'adapte à la conteneurisation, avec d'immenses terminaux (*Maasvlakte 2* à Rotterdam, *Deurganck Dok* à Anvers, *Port 2000* au Havre, *Altenwerder* à Hambourg) (6).

■ **Les ports sont des pôles économiques complets,** fixant des dizaines de milliers d'emplois (75 000 à Hambourg). Outre le transit, l'industrie (pétrochimie, automobile, transformation des produits agricoles) et les services (réparation navale, négoce, bourse des marchandises : tabac à Amsterdam, café au Havre, pétrole à Rotterdam), se développent et créent de la valeur ajoutée.

▶ Photographie p. 243
▶ Cartes enjeux p. 246
▶ Gérer les territoires p. 254

3. La rançon de la puissance

■ **Les accès à la mer sont un combat permanent pour les ports de fond d'estuaire** : Anvers, Brême, Hambourg sont à plus 70 kilomètres de la mer ; Amsterdam et Rotterdam ont dû creuser un canal pour faciliter leur accès. Il faut entretenir l'étroite passe navigable à grande profondeur (plus de 15 mètres) pour accueillir les navires géants (7).

■ **Le milieu maritime est dangereux** : tempêtes, courants violents, bancs de sable, épaves sont autant d'obstacles à une circulation intense. La Manche est la mer la plus congestionnée du globe. Deux routes parallèles, empruntées par des navires géants, voient transiter 310 millions de tonnes de produits dangereux (gaz, explosifs, pétrole) et sont recoupées par 22 lignes de ferries rejoignant l'Angleterre (70 000 passagers par jour). Au milieu, se déplacent des centaines de bateaux de pêche et des milliers de bateaux de plaisance.

■ **L'espace littoral,** très disputé, voit se multiplier les conflits d'usage entre industrie, zones de pêche, tourisme et protection des espaces naturels.

▶ Cartes enjeux p. 246   ▶ Gérer les territoires p. 254

Mots clés

- **Interface** : zone de contact entre deux ensembles géographiques différents par l'importance du peuplement, du niveau de développement… L'interface peut être un lieu de conflit ou d'enrichissement mutuel par des échanges de toutes natures.
- **Hanse** : du XIIe au XVIe siècles, association des villes marchandes riveraines de la mer du Nord et de la Baltique.

Voir lexique p. 312

5 La Northern Range dans la compétition mondiale

Rang	Ensemble portuaire	Trafic de marchandises et part du trafic mondial (en milliards de tonnes et en % du trafic mondial en 2008)	
		Trafic en Mds t	en %
1	Mer Jaune (Chine)	1,5	12,6
2	Northern Range (Europe)	1,2	9,6
3	Delta du Yangzi (Chine)	1	8
4	Delta de la Rivière des Perles (Chine)	0,8	6,6
5	Baie de Tokyo (Japon)	0,8	6,4
6	Singapour / Malacca	0,7	5,4

Rang (2008)	Ensemble portuaire	Trafic de conteneurs (en millions de conteneurs EVP)	
		Trafic	Rang (1985)
1	Delta de la Rivière des Perles (Chine)	57	4e
2	Singapour / Malacca	43	6e
3	Northern Range (Europe)	39	1er
4	Delta du Yangzi (Chine)	39	8e
5	Mer Jaune	25	non classé
6	Corée du Sud	17	7e
7	Baie de Tokyo	15	3e

Sources : Institute of Transport and Maritime Management Antwerp ; American Association of Port Authorities

6 Hambourg CTA *(Container Terminal Altenwerder)*, parmi les ports les plus performants dans le monde

Le terminal multimodal d'Altenwerder est presque entièrement automatisé. En 2008, avec ses quatre terminaux, Hambourg talonnait Rotterdam pour le trafic de conteneurs (10 millions de conteneurs environ).

7 De nouvelles perspectives pour Anvers[1]

Les navires d'un tirant d'eau de 13,1 mètres peuvent désormais desservir Anvers en toute indépendance des marées. Les très grands porte-conteneurs (ULCS) et vraquiers secs bénéficient désormais d'une fenêtre de navigation élargie pour accéder au port, ce qui bénéficie à la sécurité et à la flexibilité de la navigation.

Lloyd, 20 décembre 2010.

1. Anvers est le 2e port européen derrière Rotterdam pour le trafic de marchandises, le 3e pour les conteneurs.

8 Des ports concurrents

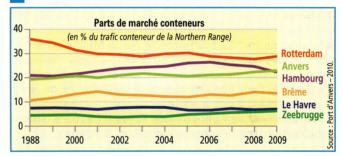

Parts de marché conteneurs (en % du trafic conteneur de la Northern Range) — Rotterdam, Anvers, Hambourg, Brême, Le Havre, Zeebrugge. Source : Port d'Anvers – 2010.

9 La Northern Range dans la stratégie de Maersk, 1er armateur mondial

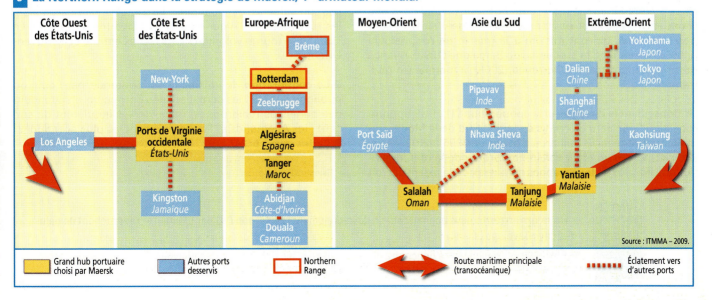

Source : ITMMA – 2009.

CE QU'IL FAUT SAVOIR

Cours 3 : La Méditerranée, une ouverture de l'UE au Sud ?

1. Du *mare nostrum* aux clivages actuels

■ **La Méditerranée a été le berceau de la civilisation occidentale.** Elle fut, dès la plus haute Antiquité, une aire de relations commerciales intenses où se sont mélangées les langues et les cultures.

■ **Le premier clivage,** politique et culturel, est intervenu avec la chute de Rome, et l'islamisation de la rive Sud (711). La seconde rupture a été plus tardive : à l'écart de la révolution industrielle, l'aire méditerranéenne a végété. Mais l'admission dans l'UE de la Grèce (1981), de l'Espagne et du Portugal (1986), puis de Malte et de Chypre (2004) a creusé l'écart entre les pays bénéficiant de l'appartenance à l'UE et les autres.

■ **Au Sud et à l'Est, la pauvreté et l'instabilité subsistent.** Submergés par une démographie galopante, les pays arabo-musulmans souffrent de la concurrence des pays industriels et des **pays émergents (12),** subissant des régimes autoritaires jusqu'aux mouvements qui ont secoué la rive Sud en 2011. Le conflit israélo-palestinien entretient un foyer de crise majeur.
▶ Cartes enjeux p. 247

2. Des relations intenses

■ **Les échanges des pays du Sud et de l'Est de la Méditerranée avec l'Europe sont inégaux.** Ils comptent peu pour l'UE, mais sont vitaux pour ces pays (42 % des échanges) **(13).** Bénéficiaire, l'Union se fournit en hydrocarbures (Libye, Algérie), en textiles, en produits miniers ou agricoles, et vend des machines.

■ **Le tiers du fret mondial** transite par la Méditerranée : le pétrole afflue du Moyen-Orient ou de Bakou. Les porte-conteneurs d'Asie arrivent à Gioia Tauro (Italie du Sud) et Algésiras (Espagne du Sud), ports d'éclatement vers l'Europe du Nord.

■ **Les mobilités* sont importantes.** Aujourd'hui, par exemple, 3 millions de Turcs vivent en Allemagne, 5 millions de Français sont d'origine maghrébine. Depuis 1973, l'Europe s'efforce d'endiguer le flot des clandestins affluant d'Afrique noire ou d'Asie **(14).** Le bassin méditerranéen est aussi le premier pôle touristique mondial. L'économie touristique est vitale pour la Grèce, l'Égypte, la Tunisie ou le Maroc.

■ **Les transferts financiers** des expatriés représentent une ressource essentielle pour la Jordanie, l'Égypte, le Liban, le Maroc (5 % à 40 % de leur PIB). Alors qu'il était inexistant en 1980, le stock d'IDE* croît peu à peu : investissements dans le pétrole, usines délocalisées, centres d'appel. Puissance émergente, la Turquie devient un marché attractif.
▶ Stratégies d'acteurs p. 256

3. Vers une communauté de destin euro-méditerranéenne ?

■ **La Méditerranée constitue, pour l'UE, une périphérie et une frontière,** où elle s'est longtemps peu engagée ; ainsi, ce sont les États-Unis qui ont mis fin à la guerre en Yougoslavie (1995). Cependant, le processus de Barcelone (1995), relancé par l'Union pour la Méditerranée (2008), a marqué un revirement **(10).**

■ **Conseillant le dialogue** et la coopération **(11),** l'UE apporte une aide financière aux pays de la rive Sud de la Méditerranée, qui ont reçu 13 milliards d'euros de 1995 à 2010. Mais, trop dispersée (énergie solaire, autoroute de la mer, dépollution, aide aux PME, échanges culturels), cette aide n'accroît pas son influence **géopolitique***. Le conflit israélo-palestinien, les réticences de l'Algérie ou de la Libye freinent l'élan. La Turquie se tourne volontiers vers l'Asie centrale et le Moyen-Orient.

■ **La coopération de voisinage** est soutenue par l'opinion publique de l'UE : les deux-tiers des Européens en attendent des bénéfices réciproques, mais 79 % s'inquiètent de son coût ; les Allemands et les Anglais sont les plus sceptiques.
▶ Cartes enjeux p. 247
▶ Gérer les territoires p. 254
▶ Méthodes et entraînement Bac p. 281

Mots clés

- **Pays émergent :** pays connaissant un développement rapide, son PIB par habitant le rapprochant de celui des pays développés.
- **Périphérie :** région qui ne concentre ni les activités, ni les richesses, ni les pouvoirs de décisions, par opposition à « centre ».

* Voir lexique p. 312

10 Reconnexion Nord / Sud

La mondialisation et les nouvelles concurrences poussent les États à se constituer en grands ensembles : c'est la « régionalisation du monde ». Plus précisément, les régions qui gagnent sont celles qui unissent des pays du Nord à des pays tropicaux ou équatoriaux du Sud, se constituant selon des « quartiers d'orange » (Nord / Sud) structurés par des économies méridiennes sur trois, quatre ou cinq fuseaux horaires. Le Canada s'appuie sur les États-Unis et s'associe au Mexique (ALENA) alors que dans le même temps les États Sud-américains s'organisent au sein du Mercosur.

L'Union européenne, après avoir « fait son plein » à l'Est sur le continent, n'a fait que la moitié du processus de régionalisation. Il lui faut faire sa reconnexion avec le Sud. Tel est le projet de l'Union pour la Méditerranée. Dans ce processus de régionalisation, la proximité géographique (les coûts de transport augmentant) et la complémentarité deviennent des atouts stratégiques pour les entreprises et le commerce mondial.

Il n'y a guère de doute que l'avenir du territoire européen et l'enjeu de son aménagement seront de plus en plus liés à l'insertion de l'Europe dans le monde en général et dans son environnement régional, en particulier au Sud méditerranéen. Il y a là un chantier gigantesque pour nos entreprises, nos universités, nos collectivités locales.

J.-L. Guigou, in Y. Jean (dir.), *La France, aménager les territoires*, Armand Colin, 2009.

11 Un projet prioritaire : l'Université Euro-Méditerranéenne (EMUNI)

Inaugurée en 2008 en Slovénie, l'EMUNI met en réseau des institutions, promeut l'échange d'étudiants, de chercheurs, d'académiciens et le développement de programmes d'études et de projets communs dans la région Euro-Méditerranéenne. Depuis 2010, 142 institutions d'enseignement supérieur et de recherche appartenant à 37 pays ont adhéré à l'EMUNI.

12 L'écart de développement[1] entre le Sud et le Nord de la Méditerranée

		Algérie	Maroc	Égypte	Turquie
France	1960	3,6	5,7	9,6	3
	1980	4,8	6,6	9,2	3,7
	2009	9,6	15,3	20,6	4,9
Europe	1960	3,3	5,2	8,8	2,7
	1980	4,2	5,8	8	3,2
	2009	7,4	11,7	15,8	3,7

1. Écart mesuré en fonction du PIB par habitant.
Lecture : en 1960, le PIB par habitant de la France est 3,6 fois plus élevé que celui de l'Algérie.

OCDE, Eurostat, World Bank.

13 La dépendance commerciale vis-à-vis de l'UE

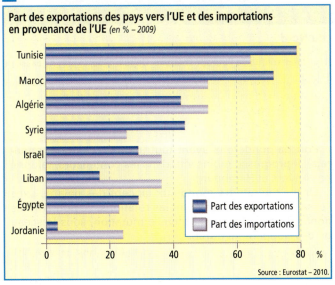

14 L'UE inquiète d'un renforcement des migrations

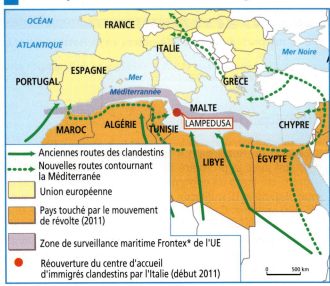

Chapitre 9 L'Union européenne dans la mondialisation

GÉRER LES TERRITOIRES

Gérer le territoire d'un grand port international

L'exemple du port de Rotterdam

- Quatrième port mondial, Rotterdam a établi de nouveaux records de trafic de marchandises (430 millions de tonnes) et de conteneurs (plus de 11 millions) en 2010.
- Pour résister à une concurrence européenne et mondiale de plus en plus vive, Rotterdam poursuit l'aménagement de son territoire en privilégiant le développement durable.

▶ **Comment assurer le développement durable du port de Rotterdam ?**

1 Une rue portuaire de 40 kilomètres entre Rotterdam et la Mer du Nord

Le canal du Nieuwe Waterweg (1872) a fait la fortune de Rotterdam comme débouché maritime de l'Europe rhénane. Depuis 1955, le port ne cesse de s'étendre, jusqu'en mer au début du XXIe siècle.

2 Une mutation permanente

Le port de Rotterdam s'est adapté en permanence en innovant avec la première ZIP* d'Europe (Botlek, 1957) et la première ligne de conteneurs (1966). Premier port d'Europe, il génère 15 milliards d'euros de valeur ajoutée, avec 145 000 emplois. Organisme public, il est géré comme une entreprise privée, efficace et flexible : fonctionnement en continu, accessibilité aux plus gros navires, équipements modernes, chaîne logistique efficace, hinterland bien desservi, main-d'œuvre qualifiée...

Port de pondéreux avant tout (pétrole, charbon, minerais), il progresse moins vite dans les conteneurs, talonné par Anvers et Hambourg.

Or les opérateurs mondiaux lancent des navires sans cesse plus gros et accélèrent les rotations. Le port amorce donc, depuis 2000, une nouvelle mutation, sous le sceau du développement durable.

Jean-Marc Holz, janvier 2011.

3 Priorité au rail et à la voie d'eau vers l'arrière-pays

Longeant l'autoroute A15, la nouvelle ligne ferroviaire Betuwe-Linie, qui relie Rotterdam au réseau allemand, connaît un essor spectaculaire. À moyen terme, 50 millions de tonnes de fret seront transférées de la route vers le rail. Un nouveau terminal fluvial a également été créé en 2010, à 60 kilomètres de Rotterdam, pour alléger les autoroutes surchargées.

5 Maasvlakte 2, compétitivité portuaire et développement durable

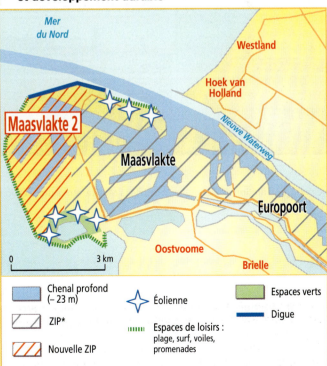

Congestionné, le port doit créer de nouveaux terminaux, comme ses rivaux. Lancé en 1991, le projet n'aboutit qu'en 2008, suite aux controverses environnementales. Limité à 1 000 ha (au lieu des 5 000 initialement prévus), ce nouveau port doit accueillir en 2013 des porte-conteneurs géants et de la pétrochimie. En compensation des terrains gagnés sur la mer, le port s'engage à créer 750 ha d'espaces de nature et de loisirs dans la ville.

4 Des friches portuaires au campus

RDM est l'abréviation de *Research, Design & Manufacturing*. Heijplaat accueille l'université et des start-up du développement durable (2008) dans d'anciens docks et chantiers navals.

6 La ville reconquiert le port

 Au fil du temps, le port, en se projetant vers la mer, s'est coupé de la ville de Rotterdam. Il faut les réconcilier.

Le programme d'aménagement prévoit, jusqu'en 2040, de construire sur des terrains industriels transférés ailleurs dans le port, plus de 10 000 logements, des tours ultramodernes, des bureaux, commerces, espaces récréatifs. *La volonté est d'attirer au cœur de la ville* les entreprises et la *population*.

De quoi faire mentir le vieux dicton hollandais : « Amsterdam a un port, mais Rotterdam est un port ». Peu à peu, Rotterdam devient une ville portuaire à part entière.

J.-M. Holz, – Janvier 2011.

Analyser les enjeux d'aménagement

1. Quelles sont les conséquences de la croissance des activités portuaires sur le territoire du port de Rotterdam **(1, photo p. 242)** ?

2. En quoi la compétitivité du port est-elle vitale pour Rotterdam **(2, 3, 5)** ? Est-elle assurée par les nouveaux aménagements ?

3. En quoi les aménagements récents marquent-ils un tournant en faveur d'un développement durable **(3, 4, 5, 6)** ?

STRATÉGIES D'ACTEURS

Investir dans les pays du Sud et de l'Est de la Méditerranée

L'exemple de Renault

■ Après le succès énorme de la Logan, Renault se recentre sur la production de modèles de petite taille dans les pays à faible coût de main-d'œuvre.

■ Implanté en Turquie depuis la fin des années 1960, présent à Casablanca, Renault investit à Tanger, et le Maroc ambitionne de devenir un pôle de l'industrie automobile.

▶ **L'investissement en Méditerranée peut-il créer un ensemble régional Nord-Sud ?**

1 Oyak-Renault à Bursa en Turquie

Avec 276 000 véhicules produits en 2009 et presque 6 000 emplois, c'est la principale implantation de Renault au bord de la Méditerranée (hors Union européenne), la septième usine du groupe dans le monde.

2 Bursa, l'Usine modèle de Renault

En 2009, Renault est en tête des ventes de véhicules de tourisme sur le marché turc, devant Ford, ainsi que le premier exportateur. Jusqu'à la fin des années 1990, les véhicules étaient essentiellement destinés au marché local. Mais, depuis l'entrée en vigueur en 1996 de l'accord d'union douanière avec l'Union européenne, la Turquie est devenue une plate-forme exportatrice, essentiellement vers l'Europe. Renault exporte les trois-quarts de sa production. Avec quinze constructeurs présents et un millier d'équipementiers, le secteur automobile est désormais un pilier de l'industrie turque.

Plusieurs atouts expliquent la montée en gamme de la Turquie. Sa position géographique facilite la distribution de la production. Si la main-d'œuvre est meilleur marché qu'au sein de l'Union européenne, on ne peut plus la qualifier de *low-cost** : le smic horaire turc est bien plus élevé que celui du Maroc.

C'est sa qualification, son faible taux d'absentéisme et sa productivité élevée qui attirent les fabricants automobiles.

L. Marchand, *Le Figaro,* 18 janvier 2010.

3 Pour Renault, l'avenir se dessine à Tanger

Pour Renault, qui construit à Tanger son nouveau site de production de véhicules *low-cost* (Dacia), il n'est pas question de retarder le lancement, prévu début 2012, l'usine roumaine étant saturée.

Fin 2007, le Premier ministre marocain rencontre le PDG de Renault, Carlos Ghosn. Objectif : le convaincre d'implanter une usine à Tanger. L'idée plaît d'emblée : Renault et Nissan prévoient de construire 400 000 voitures par an sur cette terre aride, vierge de toute industrie.

Il y a des avantages. D'abord, les coûts salariaux, à peine 5 euros l'heure ; encore moins que la Roumanie où les salaires risquent de grimper. Il y a les faveurs de l'État marocain : l'usine bénéficiera du statut de zone franche*. Grâce aux accords de libre-échange signés avec l'Union européenne, le groupe Renault ne paiera pas de droits de douane sur les exportations de véhicules. Il ne sera pas soumis non plus à l'impôt sur les bénéfices pendant cinq ans. L'État s'engage à construire une route et une ligne de chemin de fer pour acheminer les voitures au port de conteneurs où le constructeur disposera d'une zone d'entreposage de 13 hectares. Le Maroc finance également la création d'un institut de formation spécialisé dans les métiers de l'automobile.

« Nous leur avons taillé un costume sur mesure », résume le ministre marocain de l'Industrie. La formule est appropriée pour cette région, de tradition textile, qui fait sortir de terre un véritable pôle automobile. Derrière Renault, une kyrielle d'équipementiers s'engagent en effet dans l'aventure. Eux aussi construisent des usines – une quinzaine, en tout.

Ch. Haquet, *L'Expansion*, 30 septembre 2010.

4 Renault, acteur de la « grande plateforme industrielle »

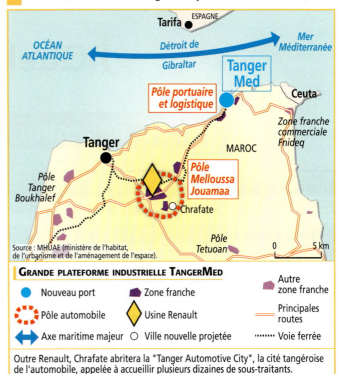

5 TangerMed, un port stratégique depuis 2007

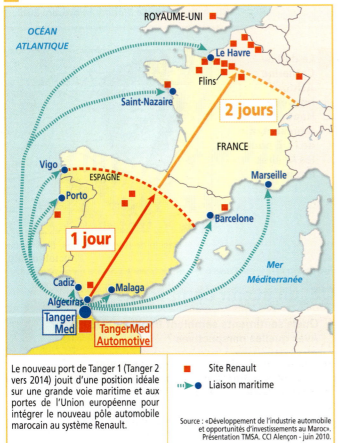

Le nouveau port de Tanger 1 (Tanger 2 vers 2014) jouit d'une position idéale sur une grande voie maritime et aux portes de l'Union européenne pour intégrer le nouveau pôle automobile marocain au système Renault.

Source : « Développement de l'industrie automobile et opportunités d'investissements au Maroc ». Présentation TMSA. CCI Alençon - juin 2010.

6 Clio IV (2013) ne sera pas totalement délocalisée

Annoncé à Bursa en Turquie, le nouveau modèle sera aussi produit à Flins en France, après intervention de l'État français, principal actionnaire du groupe, pour garantir l'activité en France.

Analyser les stratégies d'acteurs

1. Quelle est la stratégie de Renault en Turquie et au Maroc **(1, 2, 3, 5)** ? En quoi est-elle favorisée par la politique de voisinage de l'UE ?

2. Les investissements du constructeur européen répondent-ils aux stratégies de développement de la Turquie et du Maroc **(2, 4, 3, 5)** ?

3. Avec quelles limites de la part de l'investisseur européen **(3, 6)** ?

QUESTION EN DÉBAT

Quelle place pour l'Union

L'UE, un acteur en régression demain

1 Alors l'Europe…

Le déficit commercial de l'UE avec la Chine est passé de 49 à 170 milliards de dollars entre 2000 et 2008. (Dessin de Samson.)

2 Les égoïsmes nationaux contre l'Union

L'Union européenne est à l'agonie. Le déclin européen est en partie économique. De nombreux États membres de l'Union paient un lourd tribut à la crise financière, les dettes publiques colossales et la santé précaire des banques du continent ne laissent rien présager de bon. Pourtant, ces malheurs semblent bien bénins comparés à un mal plus grave encore : l'Europe subit une renationalisation de la vie politique et ses pays membres réclament la souveraineté qu'ils sacrifiaient jadis bien volontiers au nom d'un idéal collectif.

Pour beaucoup d'Européens, cet intérêt commun n'a manifestement plus aucune importance. À l'inverse, ils se demandent ce que fait l'Union pour eux, et si cela en vaut bien la peine. Si la tendance se confirme, ils pourraient compromettre l'une des réalisations les plus formidables et les plus improbables du XXe siècle : une Europe intégrée, en paix avec elle-même, désireuse d'afficher la puissance d'un ensemble uni. Elle céderait la place à des nations isolées devant se résoudre à l'inexistence géopolitique.

Ch. A. Kupchan, *Le Monde*, 14 octobre 2010.

3 L'enjeu démographique

La population de l'UE devrait passer de 495 millions d'habitants en 2008 à 521 en 2035, 506 en 2060. À partir de 2015, les décès devraient dépasser les naissances. À partir de 2035 la population devrait commencer à baisser : 5 % de la population mondiale en 2050 contre 13 % en 1960. La population devrait continuer à vieillir, la part des plus de 65 ans passant de 17 % en 2008 à 30 % en 2060. On compterait deux personnes en âge de travailler pour une personne de 65 ans ou plus en 2060, contre quatre pour une aujourd'hui.

Eurostat, 2008.

4 Le défi de Catherine Ashton, nouvelle Haute représentante de l'UE pour les Affaires étrangères

Dessin de Rita Mercedes, *Le Monde*, 27 octobre 2010.

Entrer dans le débat

▶ En 60 ans, l'Union européenne est devenue un acteur majeur sur la scène mondiale, avec des forces et des faiblesses.

▶ La succession des crises internes à propos de l'évolution des institutions et les répercussions de la crise mondiale ont surtout souligné ses faiblesses et relancé le débat sur son avenir.

▶ Quelle place pour l'Union européenne dans le monde du XXIe siècle ?

L'UE, un avenir compromis

1. Quels sentiments semblent fragiliser l'UE (1, 2) ? Avec quelles perspectives ?

2. En quoi les projections démographiques sont-elles inquiétantes pour la place de l'UE dans le monde (3) ?

3. L'UE semble-t-elle en mesure de parler d'une seule voix dans le monde demain (4) ?

européenne dans le monde de demain ?

L'UE, un acteur toujours majeur

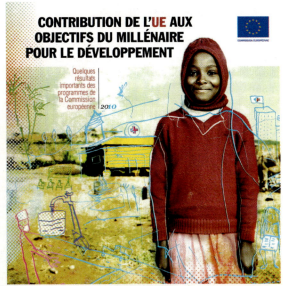

5 Un acteur majeur pour l'aide aux pays en développement

La Commission européenne y a consacré 12 milliards d'euros en 2009.

6 Un leader des industries aérospatiales

Airbus industrie a réalisé un score historique en 2010 en livrant 500 avions aux compagnies clientes, devant Boeing. Arianespace est le numéro 1 mondial des lancements commerciaux de satellites.

7 On la prétend en déclin, quels sont ses atouts ?

Fragilisée par la crise l'Europe ne peut pas être accablée de tous les maux. Car elle n'est pas plus mal placée que ses rivaux dans certains domaines. Elle n'est pas plus endettée que les États-Unis ou le Japon. L'Europe est à la recherche de leadership, mais elle a su prendre les décisions qui s'imposaient. Elle dispose de nombreux secteurs de pointe. Elle reste le principal acteur du commerce mondial. Le déficit commercial européen avec le reste du monde, dont la Chine, est deux fois plus faible que celui des États-Unis.

Avec de bonnes infrastructures et des systèmes d'éducation solides, les pays européens demeurent collectivement le principal bénéficiaire d'investissements directs étrangers, loin devant les États-Unis et la Chine. Même *The Economist* en convient : « *Il est trop tôt pour passer l'Europe par pertes et profits.* »

Philippe Ricard (Bruxelles, bureau européen *Le Monde,* 22 juillet 2010.

8 Un solide potentiel scientifique

Répartition mondiale des chercheurs en 2007 (en %)

- États-Unis : 20
- Union européenne : 20,1
- Chine : 19,7
- Japon : 9,8
- Russie : 6,5
- Reste du monde : 23,9

Source : *Le Monde* 12/11/2010.

L'UE, un avenir assuré

1. En quoi sa mobilisation pour le développement renforce-t-elle la place de l'UE dans le monde (5) ?
2. Quels atouts sont stratégiques pour assurer l'avenir de l'UE dans le monde (6, 8) ?
3. Pourquoi faut-il relativiser certaines faiblesses de l'UE (7) ?

Prolonger le débat

▶ Depuis ses origines, l'UE a souvent progressé en s'efforçant de dépasser ses crises.
▶ Au début du XXIe siècle, quels changements semblent nécessaires pour que l'UE puisse exploiter au mieux ses atouts dans le monde ?

CHAPITRE 10

La France dans la mondialisation

- La France demeure l'une des principales puissances productives et commerciales mondiales.
▶ **Quel est aujourd'hui le poids de la France dans l'économie mondiale ?**

- La place de la France sur l'échiquier mondial doit beaucoup à son histoire, à son passé de grande puissance.
▶ **Quel rang la France tient-elle encore dans le monde ?**

- La France bénéficie d'une fréquentation exceptionnelle qui en fait le premier pôle touristique mondial.
▶ **Quels sont les atouts de la destination « France » ? Ses faiblesses ?**

- Paris, comme Londres, a un rayonnement économique et culturel qui s'étend à toute la planète.
▶ **Quels éléments donnent à Paris un statut de ville mondiale ?**

Cartes enjeux
La France dans la mondialisation — 262

Ce qu'il faut savoir
1. La France, au cœur des flux de l'économie mondiale — 264
2. Un rang à tenir dans le monde — 266
3. La France, pôle touristique mondial — 268
4. Paris, ville mondiale — 270

Stratégies d'acteurs
Les entreprises françaises à l'assaut du monde – *Veolia Environnement* — 272

Question en débat
Y a-t-il un déclin de la France dans le monde ? — 274

Gérer les territoires
Paris, ville monde du XXIe siècle – *Le projet du Grand Paris* — 276

Méthodes et sujets Bac
- Méthodes et entraînement Bac — 282
- Réviser — 286
- Composition — sujet 17 — 308
- Analyse de documents — sujets 19 et 20 — 310-311

Carrefour, une grande entreprise française, n° 2 mondial dans le secteur de la grande distribution
En 2006, Carrefour inaugurait à Pékin son 1 000ᵉ hypermarché. Il en exploite aujourd'hui plus de 1 400 dans le monde dont 175 en Chine. Ce pays devance désormais l'Espagne et le Brésil par son nombre d'implantations. Le marché chinois et ses 1,34 milliard d'habitants sont un horizon incontournable pour les entreprises françaises qui veulent compter dans la compétition mondiale.

CARTES ENJEUX

La France dans la mondialisation

1 Les exportations françaises dans le monde (2009)

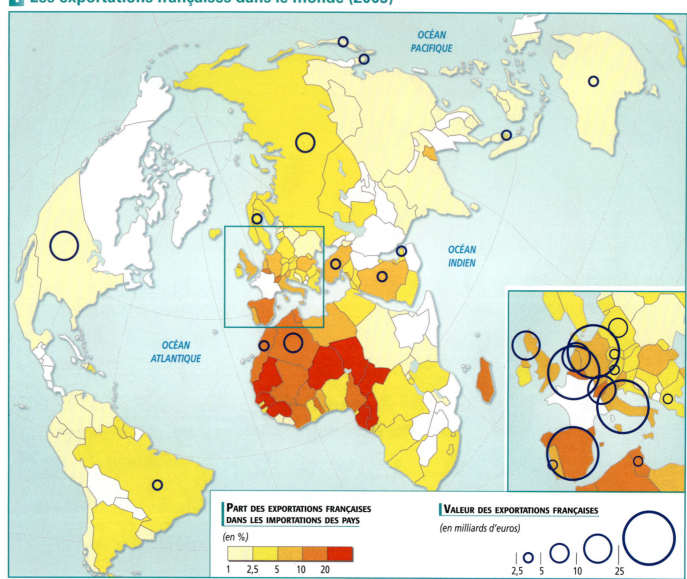

Part des exportations françaises dans les importations des pays (en %) : 1 – 2,5 – 5 – 10 – 20

Valeur des exportations françaises (en milliards d'euros) : 2,5 – 5 – 10 – 25

Clés de lecture

- **Le commerce extérieur français est d'abord européen** ; les exportations françaises sont limitées dans les zones de forte croissance du monde, en particulier en Asie. La France n'est un partenaire de poids que pour ses anciennes colonies d'Afrique occidentale et centrale.

- **Le français est la neuvième langue parlée** et la deuxième langue enseignée dans le monde. Les 220 millions de francophones se répartissent dans plus de 70 pays. C'est en Afrique que le français se développe, principalement pour des raisons démographiques.

- **Un million et demi de Français sont recensés comme étant expatriés dans le monde,** soit une augmentation de près de 60 % depuis quinze ans. Cette ouverture croissante au reste du monde est liée à la géographie des échanges extérieurs et des investissements : près d'un expatrié sur deux vit sur le continent européen.

2 Les Français vivant à l'étranger (2009)

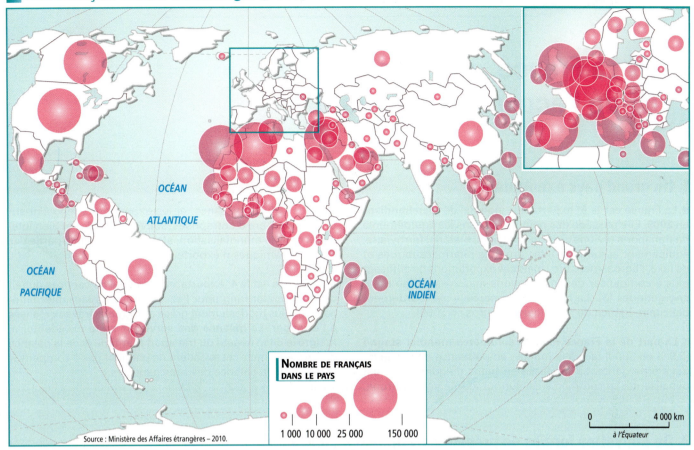

Source : Ministère des Affaires étrangères – 2010.

NOMBRE DE FRANÇAIS DANS LE PAYS : 1 000 – 10 000 – 25 000 – 150 000

0 4 000 km à l'Équateur

3 La langue française dans le monde (2010)

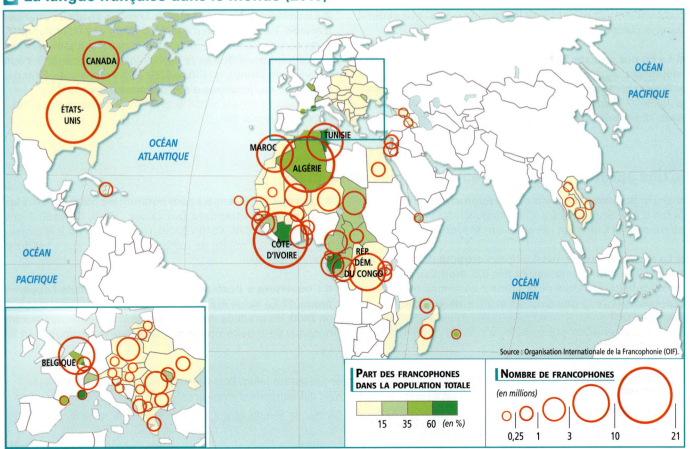

Source : Organisation Internationale de la Francophonie (OIF).

PART DES FRANCOPHONES DANS LA POPULATION TOTALE : 15 – 35 – 60 (en %)

NOMBRE DE FRANCOPHONES (en millions) : 0,25 – 1 – 3 – 10 – 21

Chapitre 10 La France dans la mondialisation 263

CE QU'IL FAUT SAVOIR

Cours 1 — La France, au cœur des flux de l'économie mondiale

1. Un grand pays exportateur

■ **La France est le 6ᵉ exportateur mondial de marchandises en 2009.** Elle possède des points forts dans les équipements de transports (avions civils et militaires, matériel ferroviaire, équipement automobile), les produits pharmaceutiques et de luxe, l'agroalimentaire ; mais ces exportations ne suffisent plus à compenser des importations massives, notamment énergétiques **(3)**. La **balance commerciale** est lourdement déficitaire (déficit de 43 milliards d'euros en 2009).

■ **La part de la France dans le commerce mondial stagne** (3,9 % en 2009) face à la montée en puissance de plusieurs pays émergents. La faiblesse en biens d'équipement est pénalisante. Le commerce est surtout tourné vers l'Europe, zone de faible croissance, et les exportations reposent sur un petit nombre d'entreprises, souvent grandes et bien intégrées dans la mondialisation, alors qu'une grande partie des PME* dynamiques n'exportent pas ou peu.

■ **La France est le 4ᵉ exportateur mondial de services** du fait de son premier rang pour l'accueil des touristes internationaux, et plus modestement grâce aux grands travaux réalisés à l'étranger. La **balance des services*** reste excédentaire, malgré le bilan négatif du transport maritime et de la balance des brevets, mais cet excédent ne parvient pas à compenser le déficit de la balance des marchandises.

▶ Cartes enjeux p. 262   ▶ Méthodes et entraînement Bac p. 282

2. De nouvelles formes de présence française à l'étranger

■ **La France est le 2ᵉ émetteur d'investissements directs à l'étranger (IDE)** en 2009, après les États-Unis. C'est le fruit des stratégies de fusion-acquisition des grandes entreprises françaises qui sont dans une logique de croissance externe dans la compétition mondiale **(2)**.

■ **La France compte 11 entreprises parmi les 100 premières mondiales,** 39 dans les 500 plus grandes ; elle occupe ainsi le 3ᵉ rang après les États-Unis et le Japon. Michelin représente plus de 16 % du marché mondial des pneumatiques et possède 72 sites de production dans 19 pays. Les entreprises de services sont aussi très représentées dans le monde : télécommunications, électricité, eau…

■ **En conséquence, le nombre de Français vivant à l'étranger s'accroît.** La France, qui n'a jamais été un pays d'émigration, compte actuellement 2 millions d'expatriés, installés majoritairement dans des pays de l'Union européenne. Il s'agit souvent de jeunes qualifiés (250 000 Français en Grande-Bretagne) ou de cadres d'entreprises françaises **(1)**.

▶ Stratégies d'acteurs p. 256, p. 272   ▶ Photographie p. 261
▶ Cartes enjeux p. 263

3. Une ouverture croissante aux influences mondiales

■ **Les importations de biens de consommation massive** sont le fait d'une économie française depuis longtemps ouverte au monde (la Chine est devenue son 4ᵉ fournisseur).

■ **La France demeure aussi un pays attractif pour les capitaux :** elle est la 3ᵉ destination des IDE mondiaux en 2009, derrière les États-Unis et la Chine. Les firmes étrangères représentent 26 % des emplois et 21 % de la recherche du pays en 2007.

■ **Les capitaux étrangers sont notamment présents dans les plus grandes entreprises françaises :** 42 % du capital des entreprises du CAC 40 (fin 2009), plus de 70 % pour le cimentier Lafarge. La notion de « champions nationaux » est donc à relativiser **(4)**.

■ **L'ouverture à l'extérieur se traduit aussi dans l'appareil productif.** Le *made in France* est de moins en moins français : en 2009, les produits assemblés dans l'hexagone ne contiennent que 69 % de composants français, une automobile 64 %.

Mots clés

- **IDE – investissement direct à l'étranger :** dépenses faites, hors de leur pays, par des firmes transnationales dont l'objectif est de créer ou de contrôler des entreprises étrangères.
- **Balance commerciale :** elle enregistre les flux de marchandises entre un pays et le reste du monde (exportations et importations).

*Voir lexique p. 312

1 L'essor de l'expatriation française

Les expatriés ne forment pas à proprement parler une diaspora. Si une partie des ressortissants est détachée de façon provisoire par une administration ou une entreprise, plus nombreux sont les expatriés volontaires. 45 % des expatriés bénéficient par ailleurs de la double nationalité. L'expatriation concerne aussi les étudiants qui accomplissent une partie de leur cursus dans une université étrangère.

Même si le phénomène reste moins accentué que dans de nombreux pays européens – la France compte 2 % d'expatriés contre respectivement 17 % et 11 % pour l'Irlande et le Portugal – jamais le nombre ni la part des Français établis hors de France n'ont été aussi élevés.

En outre, les données publiées par le ministère des Affaires étrangères ignorent les personnes qui, pour des raisons diverses, ne prennent pas la peine de se faire enregistrer. Les estimations pour l'ensemble des Français résidant hors de France oscillent donc entre 2 et 2,2 millions.

Le nombre de Français qui vivent officiellement hors des frontières pèse au moins autant que la Lorraine ou l'outre-mer.

Sans être massive, l'expatriation française représente désormais une réalité significative.

A. Brennetot, C. Collange, *Mappemonde*, n° 95, 2009.

2 Lafarge, n° 1 mondial de matériaux de construction

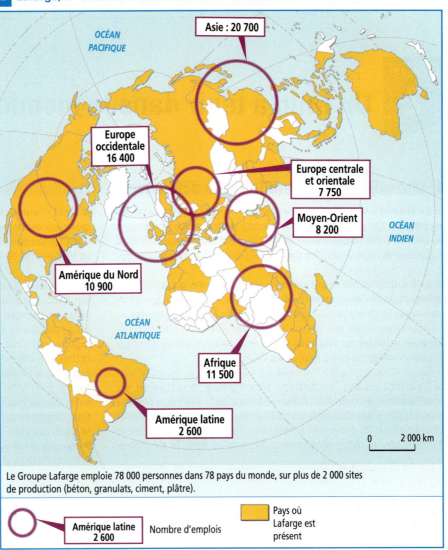

Le Groupe Lafarge emploie 78 000 personnes dans 78 pays du monde, sur plus de 2 000 sites de production (béton, granulats, ciment, plâtre).

3 Les échanges extérieurs de la France (2009)

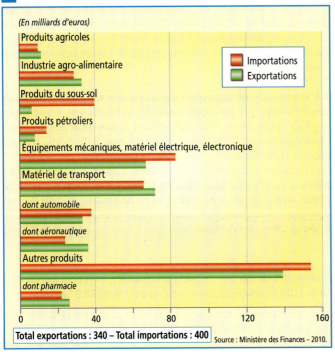

Total exportations : 340 – Total importations : 400   Source : Ministère des Finances – 2010.

4 Le patriotisme économique : une approche française de la mondialisation

Couverture des magazines *L'Expansion*, n° 757, novembre 2010 et *Challenges*, n° 169, 20-27 mai 2009.

CE QU'IL FAUT SAVOIR

Cours 2 — Un rang à tenir dans le monde

1. Une influence culturelle sur la défensive

■ **La France est d'abord présente sur tous les continents par sa langue.** On dénombre 220 millions de francophones dans le monde, principalement en Afrique où le français est la langue officielle dans 19 pays, un héritage de la colonisation.

■ **La francophonie est structurée au sein d'une organisation internationale regroupant 75 États**, qui vise aussi à « promouvoir la paix, la démocratie et les droits de l'homme ». Langue des élites européennes au XVIIIe siècle, le français, 9e langue utilisée au monde, reste une langue officielle aux Nations unies comme aux Jeux Olympiques.

■ **De nombreuses institutions travaillent à la diffusion du français dans le monde : l'Alliance française*,** avec son réseau très étoffé d'établissements scolaires, ou encore RFI, radio qui émet en 20 langues différentes, la chaîne de télévision TV5Monde, et, plus récemment, France 24 dans le domaine audiovisuel.

■ **Cela n'empêche pas le français de régresser** face aux langues autochtones, et surtout face à la montée de l'anglais comme langue de communication mondiale, dans les affaires, la recherche, la diplomatie.

■ **La culture française reste néanmoins une référence** qui contribue grandement au rayonnement du pays. La littérature, en français ou traduite, continue de faire l'objet d'une large diffusion. Le 7e Art, qui bénéficie d'un soutien financier public, est l'un des seuls cinémas nationaux capables de relever le défi de l'hégémonie américaine. Des architectes construisent dans le monde entier **(5),** le musée du Louvre essaime à l'étranger, même si les peintres d'aujourd'hui sont sans doute moins célèbres que ceux du premier XXe siècle. Plus largement, l'art de vivre à la française, le luxe, l'élégance, la gastronomie constituent un capital indéniable **(6)**.
▶ Photographie p. 261
▶ Cartes enjeux p. 263

2. Une influence géopolitique encore forte

■ **L'action politique extérieure repose sur des valeurs qui se veulent universelles** et dont la France se considère la patrie, comme les droits de l'homme, la liberté, l'égalité. Cela lui vaut d'être une terre d'asile pour des réfugiés politiques du monde entier (environ 165 000 aujourd'hui, dont la moitié originaires d'Asie), même si la lutte contre l'immigration clandestine de travail brouille l'image du pays.

■ De son passé de grande puissance, **la France garde un territoire qui s'étend outre-mer avec un exceptionnel domaine maritime (ZEE),** et surtout **une influence politique et diplomatique mondiale.** Même s'il est en voie de réduction, la France dispose encore du second réseau de consulats et d'ambassades dans le monde après les États-Unis. Son influence s'exerce en particulier dans le cadre européen où la France joue un rôle actif avec l'Allemagne depuis les années 1950. Elle est membre permanent du Conseil de sécurité de l'ONU, disposant donc d'un droit de veto. Par ailleurs, elle est membre fondateur du **G7*,** devenu **G8*** puis **G20***.

■ **La France demeure également une puissance militaire importante,** dotée d'une force de dissuasion nucléaire depuis les années 1960. L'armée française, devenue exclusivement une armée de métier depuis 1996, est présente à l'étranger sous forme de bases, de flottes et de missions sous mandat international de l'ONU ou de l'OTAN, dont elle est redevenue membre à part entière **(8).** La tradition de recherche militaire explique aussi que la France soit le 4e exportateur mondial d'armement.

■ **L'aide au développement est aussi une manière d'affirmer son influence géopolitique :** en 2009, la France est, en volume, le second donateur mondial, même si son **aide publique au développement (APD)** ne représente que 0,46 % du revenu national brut **(7).** L'aide humanitaire passe aussi par les ONG* à réputation internationale, comme « Médecins sans frontières », prix Nobel de la Paix en 1999. Le maintien d'une zone franc, avec 14 pays africains anciennement colonisés, est confronté à la présence économique accrue des États-Unis et de la Chine en Afrique.

Mots clés

• **APD – aide publique au développement :** ensemble de dons et de prêts préférentiels effectués par un pays développé vers les pays en développement. Selon l'ONU, cette aide devrait atteindre 0,7 % du RNB* du pays.

• **ZEE – zone économique exclusive :** espace maritime qui s'étend jusqu'à 200 milles nautiques (370 kilomètres) à partir des côtes, dont l'exploration et l'exploitation sont réservées à l'État côtier.

* Voir lexique p. 312

5 Une présence forte des architectes français à l'étranger

La Chine et les pays du Moyen-Orient (tour de contrôle de l'aéroport d'Abu Dhabi réalisée par ADPI) sont les principaux lieux d'expression des architectes français, en particulier dans le domaine des projets culturels (Grand théâtre national de Pékin réalisé par Paul Andreu).

Couverture du livre *Construire en Chine 2* publiée par l'AFEX en 2010.

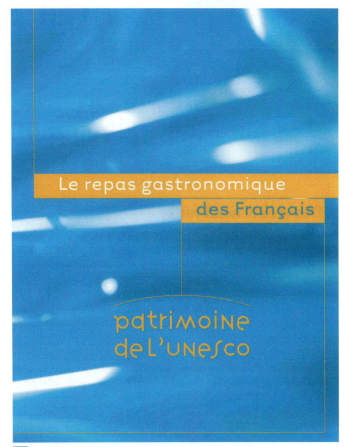

6 En 2010, la gastronomie française a été classée au patrimoine mondial de l'UNESCO

7 L'aide publique française au développement en 2008

Rang	Pays	Part du total de l'ADP en %
1	Irak	4,9
2	Cameroun	4,6
3	Mayotte	4,1
4	Maroc	3,4
5	Tunisie	2,2
6	Chine	2,2
7	Turquie	2,2
8	Congo	2
9	Sénégal	1,9
10	Liban	1,9

N.B. : l'APD française inclut les annulations de dettes, le coût des étudiants étrangers, l'accueil des réfugiés.

8 L'engagement militaire français dans le monde (2010)

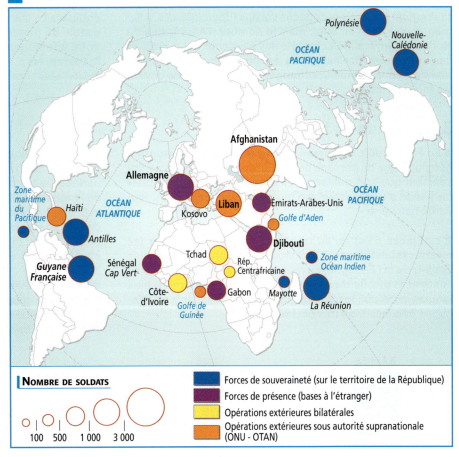

Chapitre 10 La France dans la mondialisation

CE QU'IL FAUT SAVOIR

Cours 3 — La France, pôle touristique mondial

1. Des atouts nombreux

■ **La France bénéficie d'abord de la diversité de ses paysages, de ses régions métropolitaines et ultramarines,** qui lui permet d'offrir tous les types de tourisme : tourisme balnéaire le long de ses 5 500 kilomètres de côtes, tourisme de montagne, **tourisme vert,** tourisme citadin. Vaste pays à l'échelle européenne, la France possède une grande fenêtre sur la Méditerranée qui demeure le premier bassin de réception touristique du monde.

■ **La France dispose également d'un patrimoine d'une richesse exceptionnelle.** Pays de culture ancienne, elle possède un patrimoine architectural, artistique et gastronomique de renommée mondiale **(10)**. Un habitat urbain prestigieux et un habitat rural de qualité, libéré par le dépeuplement de certaines campagnes, séduisent les investisseurs étrangers sensibles à une certaine qualité de vie « à la française » **(11)**.

■ **Le pays dispose d'équipements en nombre et de qualité.** En matière d'hébergement, l'hôtellerie et les campings sont aujourd'hui complétés par un réseau très dense de gîtes ruraux ou de chambres d'hôtes, très appréciés de la clientèle étrangère. En ce qui concerne les équipements, le concept de **parcs de loisirs** s'est développé, répondant à une demande d'activités de plus en plus diversifiées. Le parc Disneyland-Paris de Marne-La-Vallée est ainsi devenu le premier équipement touristique d'Europe (15 millions de visiteurs, dont plus de la moitié d'étrangers).

▶ Photographies p. 209, p. 238

2. Des relations intenses

■ **La France est la première destination touristique du monde** avec 74 millions de touristes étrangers en 2009. Ils n'étaient que de 25 millions en 1976. Ces touristes viennent très majoritairement des pays européens voisins (Royaume-Uni, Allemagne, Belgique en tête), mais le nombre d'Américains du Nord est significatif. La clientèle des pays émergents croît en lien avec leur enrichissement : les Chinois sont devenus les premiers consommateurs étrangers dans l'Hexagone devant les Russes **(12)**.

■ **La répartition des séjours est cependant très inégale suivant les régions.** Les touristes séjournent majoritairement à Paris, sur la Côte d'Azur et dans les Alpes du Nord, très bien équipées en stations de sports d'hiver. Une partie non négligeable du patrimoine national est donc peu présente dans notre offre touristique.

▶ Cours p. 144
▶ Méthodes et entraînement Bac p. 283

3. Des signes de fragilité ?

■ **La France doit son premier rang mondial à sa situation géographique** de passage entre l'Europe du Nord et la péninsule ibérique : 14 millions d'étrangers ne font qu'effectuer un **transit** d'une nuit sur son territoire avant de faire du tourisme balnéaire.

■ **La France n'est qu'au troisième rang mondial pour les recettes touristiques** (36 milliards d'euros en 2009) après les États-Unis et l'Espagne, où les touristes qui y viennent ne se contentent pas de traverser le pays mais y séjournent plus longtemps. Ainsi, le touriste qui visite les États-Unis ou l'Espagne dépense trois fois plus qu'en France.

■ **La France souffre de quelques faiblesses structurelles** comme la qualité de l'accueil, parfois jugée insuffisante, l'imparfaite maîtrise des langues étrangères, le médiocre confort de l'hôtellerie **(9)**. Ceci est pénalisant, en particulier pour les événements professionnels, un marché qui représente 10 % des voyageurs mais génère 35 % des dépenses de tourisme. De fait, la part de marché de la France en Europe a tendance à baisser (20 % en 2000, 16 % en 2009).

■ **Enfin, l'activité touristique est fortement soumise à la conjoncture géopolitique ou économique** : ainsi, elle a souffert des attentats du 11 septembre 2001 et, plus récemment, de la crise économique de 2009.

Mots clés

- **Tourisme vert :** ensemble des loisirs pratiqués en milieu rural, centrés sur la découverte de la nature, des terroirs et du patrimoine.
- **Transit :** action de passer par un pays pour en rejoindre un autre sans y séjourner.

* Voir lexique p. 312

9 L'image de la destination « France »

Part des réponses « S'applique très bien »	en % du total de l'échantillon
C'est une destination culturellement riche	56
La nourriture est de bonne qualité	42
C'est une destination où l'on peut facilement sortir, s'amuser, faire la fête	34
L'environnement est de bonne qualité	30
Les hébergements sont de bonne qualité	25
C'est une destination sûre	25
Le rapport qualité / prix du séjour est bon	21
L'accueil est de bonne qualité	20

Sondage Ipsos, 2007.

10 La Tour Eiffel, un site touristique majeur, qui accueille aujourd'hui près de 7 millions de visiteurs par an dont 75 % d'étrangers

11 Les résidences secondaires appartenant à des étrangers

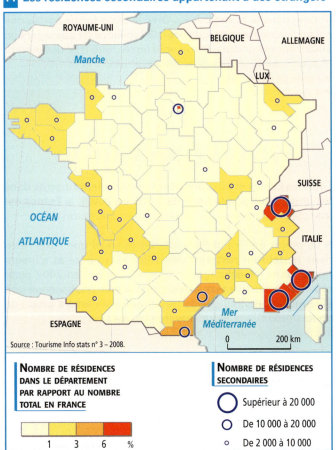

12 Les touristes chinois, une cible de choix pour la France

Brochure pour la promotion de la France, distribuée à l'Exposition universelle de Shanghai (2010).

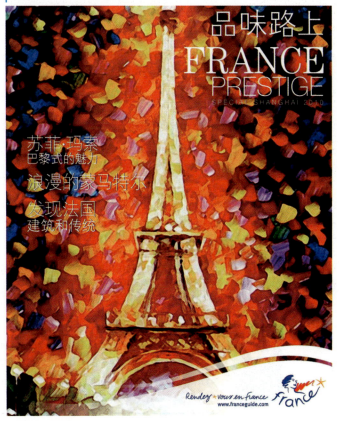

Chapitre 10 La France dans la mondialisation

CE QU'IL FAUT SAVOIR

Cours 4 : Paris, ville mondiale

1. L'héritage historique de la « ville lumière »

■ **Paris était déjà une ville mondiale avant la mondialisation actuelle** : au début du XXe siècle, elle jouissait d'un grand prestige culturel et artistique à l'étranger. Aujourd'hui encore, Paris attire par son riche patrimoine, ensemble de paysages, de lieux de mémoire, de culture, de plaisirs.

■ **Paris est la première destination touristique mondiale** avec 28 millions de visiteurs en 2008, dont 18 millions d'étrangers ; tourisme culturel, mais aussi désormais de loisirs (parc Disneyland® Paris) et tourisme d'affaires. Elle est la première ville de congrès internationaux au monde, la première ville européenne pour les salons **(14)**.

■ **La capitale de la France a un poids politique et diplomatique important.** Plus de 180 États y sont représentés par des ambassades ou des consulats. Ce rayonnement se traduit par la présence de sièges d'organisations internationales comme l'**UNESCO*** et l'**OCDE*** **(16)**.

2. Sur le podium des villes mondiales

■ **La mondialisation renforce la concentration des hommes et des activités de commandement dans les plus grandes villes.** Paris est une mégapole de 10 millions d'habitants, 12 millions avec les espaces périurbains. Mais si Paris se place au 25e rang mondial par sa population, les palmarès internationaux des villes mondiales la placent juste après New York et Londres en tant que ville mondiale **(13)**.

■ **Paris exerce en effet des fonctions de commandement économique et financier** à l'échelle internationale. Elle héberge, en particulier dans le quartier de La Défense, des sièges sociaux d'entreprises transnationales et de grandes banques ; elle dispose aussi d'un grand nombre de services supérieurs aux entreprises. C'est un grand pôle productif, concentration unique, en Europe, de chercheurs, de grandes entreprises et de secteurs de pointe.

■ **Au cœur des flux mondiaux, Paris dispose d'une excellente accessibilité.** L'aéroport de Roissy-Charles-de-Gaulle est au 6e rang dans le monde. Avec Orly, la plate-forme parisienne est au deuxième rang européen (83 millions de passagers en 2009), après Londres. Par la voie ferrée, 600 TGV desservent chaque jour 40 métropoles européennes.

▶ Étude de cas p. 158
▶ Sujet Bac p. 311

3. Les enjeux d'un rang à maintenir

■ **Paris présente cependant quelques faiblesses comme le poids insuffisant de sa place financière.** Malgré la création du réseau **Euronext*** en 2002 avec les Bourses d'Amsterdam et de Bruxelles, la suprématie reste londonienne.

■ **Le dynamisme de la capitale est en cause** : même si l'espace est jugé attractif pour les implantations de **FTN*** (4e rang pour 2010), la contribution de Paris à la croissance nationale diminue ; les pertes d'emplois sont significatives (260 000 entre 1990 et 2004 pour l'agglomération) ; le solde migratoire devient de plus en plus déficitaire. En dépit du prestige des Grandes Écoles et du grand nombre d'étudiants inscrits dans les universités parisiennes (580 000 en 2008), la France est mal placée dans les classements internationaux **(15)**.

■ **Le projet de Grand Paris traduit le souci que Paris reste dans le peloton restreint des villes mondiales et s'insère mieux dans les échanges maritimes.** Lancée en 2007, cette réflexion collective vise à éviter que la ville ne devienne une ville-musée, quittée par de nombreux habitants à cause de coûts immobiliers et locatifs très élevés.

▶ Gérer les territoires p. 276

Mots clés
- **Ville mondiale – ou ville globale** : ville qui exerce des fonctions stratégiques à l'échelle mondiale, un centre qui organise des flux et s'inscrit dans des réseaux, un pôle de commandement dans la mondialisation.
- **Mégapole** : agglomération de plusieurs millions d'habitants. L'ONU retient le seuil de 10 millions d'habitants.

* Voir lexique p. 312

13 Palmarès des villes mondiales

	Rang obtenu dans le palmarès selon		
	A[1]	B[2]	C[3]
New York	1	1	1
Londres	2	2	2
Paris	**4**	**4**	**3**
Tokyo	6	3	4
Hong Kong	3	5	9
Singapour	5	8	5
Sydney	7	9	10
Séoul	12	10	8
Madrid	11	17	15
Bruxelles	14	11	21

1. **A** : Groupe et réseau d'étude sur la mondialisation et les villes mondiales (Grande-Bretagne).
2. **B** : Revue *Foreign Policy* (États-Unis).
3. **C** : Mori Memorial Foundation (Japon).

Chaque palmarès est fondé sur plusieurs critères relevant de la production de services avancés (banque, finance, services juridiques, comptabilité, publicité…).

14 Les salons internationaux contribuent au rayonnement de Paris

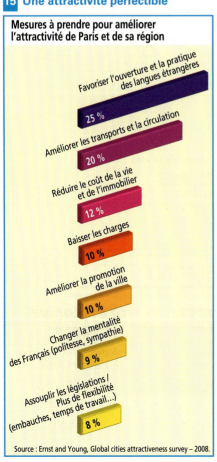

15 Une attractivité perfectible

Mesures à prendre pour améliorer l'attractivité de Paris et de sa région

- Favoriser l'ouverture et la pratique des langues étrangères : 25 %
- Améliorer les transports et la circulation : 20 %
- Réduire le coût de la vie et de l'immobilier : 12 %
- Baisser les charges : 10 %
- Améliorer la promotion de la ville : 10 %
- Changer la mentalité des Français (politesse, sympathie) : 9 %
- Assouplir les législations / Plus de flexibilité (embauches, temps de travail…) : 8 %

Source : Ernst and Young, Global cities attractiveness survey – 2008.

16 Les fonctions nationales et internationales de Paris

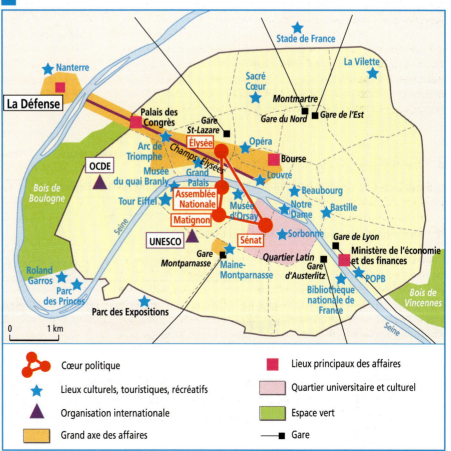

Chapitre 10 La France dans la mondialisation

STRATÉGIES D'ACTEURS

Les entreprises françaises à l'assaut du monde

Veolia Environnement

■ Veolia Environnement est une grande entreprise française (15e rang par le chiffre d'affaires en 2009), héritière de la Compagnie Générale des Eaux créée au XIXe siècle.

■ Leader mondial des services à l'environnement, la société est aujourd'hui présente dans 74 pays et compte plus de 300 000 salariés.

▶ **Quels sont les leviers de l'internationalisation de Veolia Environnement ?**

1 Veolia Environnement dans le monde (en 2010)

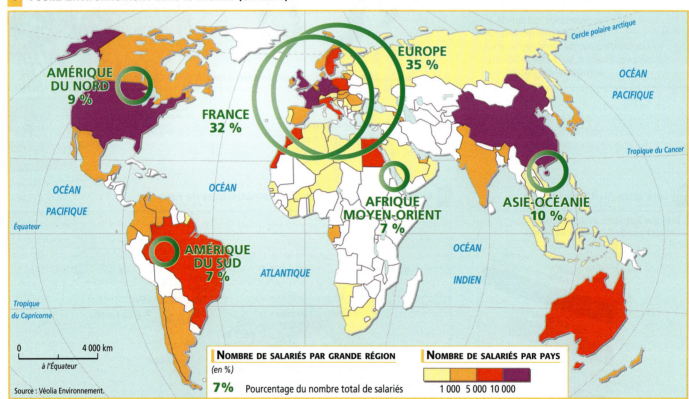

Source : Véolia Environnement.

2 Une entreprise, quatre secteurs d'activités (2009)

Source : Veolia Environnement.

VEOLIA ENVIRONNEMENT

	EAU	ÉNERGIE	PROPRETÉ	TRANSPORT
Rang	N°1 mondial des métiers de l'eau et assainissement	N°1 européen des services énergétiques	N°1 mondial de la propreté	1er opérateur privé européen de transport public
Effectifs	96 000	53 000	86 000	78 000
Nombre de pays	66	42	33	27
Part du chiffre d'affaires (en %)	36	21	26	17

3　Veolia, l'entreprise référence du développement durable

Notre entreprise se trouve au carrefour des principaux défis auxquels l'humanité est confrontée et nous détenons les solutions qui permettent de les relever.

Alors que des milliards de personnes n'ont pas accès à l'eau potable, à l'électricité ou à l'assainissement, que les ressources naturelles se raréfient, que les hommes se concentrent sur des territoires exigus, que la concurrence entre les métropoles s'avive et que leurs habitants aspirent à une meilleure qualité de vie, ce positionnement prépare notre croissance future.

De nombreuses agglomérations vivent à crédit écologique. Elles le savent, et elles savent que nous détenons les « remèdes à leur maux ». Sur le long terme, aucune ville ne peut poursuivre son développement dans un environnement dégradé. Quand on protège celui-ci, en retour il protège la santé humaine et la bonne marche de l'économie.

A. Frérot (directeur général de Veolia Environnement), *Rapport annuel et développement durable 2009*.

4　Centrale de dessalement de Kurnell (Australie)

Depuis février 2010, Veolia Eau fournit à Sydney 250 000 m³ d'eau potable par jour, soit 15 % de l'approvisionnement en eau de la ville. La consommation électrique de la centrale est compensée par l'énergie renouvelable produite par un parc éolien proche.

5　La valorisation des déchets, un secteur porteur

« En proposant des pneus en matériaux pour terrain de sport, le service Recycl'Assistance a permis d'identifier une solution de valorisation inédite et efficace. Au travers de ce nouveau service, animé par son réseau d'experts et de partenaires, Veolia Propreté s'engage à rechercher la solution de valorisation la plus adaptée à tous vos besoins, quels que soient les types de déchets, des plus simples aux plus atypiques. »

6　Un modèle français discuté

Aujourd'hui, il n'y a pas de politique mondiale de l'eau. L'avenir de l'eau est laissé aux mains d'entreprises privées, dont la raison d'être est de faire de l'accès à l'eau une source de profit. Leurs objectifs profonds ne sont pas de promouvoir une meilleure gestion de la ressource pour la planète et les générations futures ou son accessibilité pour tous, mais bien d'investir de nouveaux marchés et d'étendre l'implantation des multinationales du secteur.

Quels sont les impacts de l'exportation du « modèle français » de partenariat public privé dans les pays du Sud ? De la Bolivie à l'Indonésie, en passant par l'Argentine, l'exportation du « modèle français » a engendré des hausses de tarifs à des niveaux inabordables pour les populations, choc culturel (l'eau est sacrée dans de nombreuses cultures, sa privatisation est un non-sens), dépossession des peuples…

Fondation Danielle Mitterrand, *www.france-libertes.org*, 2010.

Analyser les stratégies d'acteurs

1. Justifiez l'expression « n° 1 mondial des services à l'environnement » (1, 2) ?

2. Quels sont les moteurs de croissance de l'activité internationale de Veolia Environnement (3, 4, 5) ?

3. Quel regard le document 6 porte-t-il sur la croissance des entreprises du type de Veolia Environnement dans le monde ?

QUESTION EN DÉBAT

Y a-t-il un déclin de

La France est en déclin

1. Une France vieillissante ?

Après avoir publié *La France qui tombe* en 2003, Nicolas Baverez récidive en 2006.

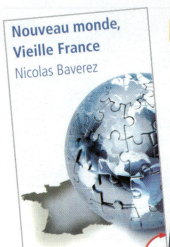

2. La diplomatie française remise en cause ?

Couverture du magazine *Diplomatie*, août 2010.

4. La « diplomatie d'influence » de la France en voie de déclin

Depuis plusieurs mois, les tribunes alarmistes se multiplient dans la presse de la part d'anciens ministres des Affaires étrangères ou d'anciens grands ambassadeurs, à l'instar d'Hubert Védrine et d'Alain Juppé, deux anciens « patrons » du Quai d'Orsay, l'un PS, l'autre UMP, qui ont écrit en juillet dans *Le Monde* : « Nous sommes inquiets des conséquences pour la France d'un affaiblissement sans précédent de ses réseaux diplomatiques et culturels ».

Les diplomates en activité se taisent en public, mais n'en pensent pas moins : un ambassadeur de France [...] souligne que l'action culturelle internationale, les bourses données à des futurs ingénieurs des pays du Sud, ou l'accueil d'enfants étrangers dans le réseau des lycées français dans le monde constituent « un canal d'influence essentiel ».

C'est ce que les Américains baptisent le *soft power*, la manière douce, non militaire, de peser sur les affaires du monde, ou d'autres la « diplomatie d'influence » dont l'action culturelle est le principal vecteur.

L'action internationale de la France représente à peine 1 % du budget de l'État, 0,2 % du produit intérieur brut de la France. [...]

À titre d'exemple, les cent quarante centres culturels à travers le monde, si importants pour notre diplomatie culturelle, fonctionnent grâce à une dotation comparable à celle du seul Opéra de Paris !

Ce désengagement, inévitable dans un contexte de réduction budgétaire brutale, n'est pas perdu pour tout le monde, notamment les nouveaux acteurs qui s'installent dans le vide ainsi créé.

La Chine, au premier rang, investit massivement dans un réseau d'instituts Confucius qui rencontrent un grand succès.

Pierre Haski, *www.rue89.com*, 27 août 2010.

3. L'image de la France vue par les Français

Question : « Lorsque vous pensez à la France, diriez vous qu'elle... »	Réponse : « Oui, plutôt »	
	en 2005	en 2010
... a beaucoup d'atouts ?	89 %	79 %
... est en déclin ?	66 %	71 %
... manque de confiance en elle ?	65 %	62 %
... constitue un modèle pour de nombreux pays ?	59 %	46 %

Sondage IFOP pour le *Journal du dimanche*, 11 juillet 2010.

Entrer dans le débat

▶ Le livre à succès de Nicolas Baverez, *La France qui tombe* (2003), a médiatisé le débat à propos d'un déclin irrémédiable de la France dans le monde.

▶ Face à des « déclinologues », d'autres pensent que la France garde de nombreux atouts à mettre en avant.

La France en déclin

1. Qu'est-ce que la « diplomatie d'influence » **(4)** ?
2. Pour quelles raisons est-elle considérée comme « en danger » **(1, 2, 4)** ?
2. Quelles sont les opinions dominantes des Français sur l'image de leur pays dans le monde **(3)** ? Comment évoluent-elles ?

la France dans le monde ?

La France a encore des atouts

5 La France est en crise, elle n'est pas en déclin

Le « déclinisme » représente la France comme une nation incapable de changement, crispée sur ses avantages acquis, tétanisée par les métamorphoses qu'impose la mondialisation, un pays remâchant des souvenirs de grandeur mais s'abritant frileusement sous le parapluie percé de l'État, brandissant ses statuts et ses réglementations, maudissant le marché, un peuple doutant de lui-même et de son avenir, perdant inexorablement influence et contrats, préférant de lourds prélèvements et un assistanat social à l'innovation et à la conquête, une société éternellement bloquée.

Si l'on en croit les sondages, la majorité des Français se laisse désormais impressionner par cet unilatéralisme dépressif. C'est le refrain politique à la mode : la France s'enfonce, la France régresse, la France s'enlise.

La France est en crise, elle n'est pas en déclin. Après tout, si la productivité française se situe dans le trio de tête à l'échelle mondiale, c'est que sa population active n'est pas si dépassée que cela. Si les grandes entreprises françaises figurent plus qu'honorablement à l'échelle mondiale, c'est que leurs dirigeants ne sont pas tous des égoïstes cupides. Si les investissements étrangers en France atteignent encore des niveaux enviables, c'est que les investisseurs ne nous jugent pas dépourvus d'atouts.

La France s'est en réalité transformée et modernisée aussi rapidement, voire plus rapidement, que la plupart des nations voisines. En une génération, elle a changé de visage. Cela ne se fait pas sans brutalité, sans douleur, sans erreurs, sans échecs ; mais une nation dirigiste, centralisée, protectionniste est aujourd'hui capable de concurrence, de performances et même d'innovations. L'ennui est que ceux qui gouvernent se sont montrés incapables de le faire comprendre, inaptes à exprimer des ambitions collectives, à définir des projets, à assumer la réforme et le changement. La France s'est modernisée durement, efficacement mais en catimini.

A. Duhamel, *Libération*, 12 juillet 2006.

6 Les atouts de la France dans la mondialisation

Rapport Anteios

Une approche universitaire de géopolitique et de géoéconomie.

7 « La nouvelle hiérarchie en Europe »

Le modèle français mis en avant par la revue *The Economist*, 7 mai 2009.

8 Palmarès de la qualité de vie[1] (2009)

1. France	80	6. Belgique	75
2. Suisse	79	7. Italie	74
3. États-Unis	78	8. Allemagne	73
4. Luxembourg	77	9. Nouvelle-Zélande	72
5. Australie	76	10. Danemark	71

1. Moyenne sur 100 établie à partir de 9 critères de qualité de vie : coût de la vie ; culture et loisirs ; économie ; environnement ; liberté ; santé ; infrastructures ; sécurité et risques ; climat.

http://internationalliving.com

La France a encore des atouts

1. Pourquoi parler de crise plutôt que de déclin (5) ?
2. Quels atouts de la France les documents 5, 6 et 7 mettent-ils en avant ?
3. Quelle image de la France le document 8 donne-t-il ?

Prolonger le débat

▶ Rechercher d'autres manifestations d'un déclin français et d'autres atouts de la France dans la mondialisation. Quelle carte la France peut-elle jouer pour continuer de compter dans le monde ?

GÉRER LES TERRITOIRES

Paris, ville monde du XXIe siècle

L'exemple du projet de Grand Paris

- L'idée d'un « nouveau projet d'aménagement global du Grand Paris », né en 2007, s'articule autour de la création d'un réseau de transports en commun autour de Paris.
- Pour offrir une fenêtre maritime au Grand Paris, le projet « Seine Métropole », né en 2009, vise à rapprocher la capitale des ports de la Basse-Seine.

1 Un nouveau métro : pour qui ? Pourquoi ?

Le projet du Grand Paris s'articule autour de la création d'un nouveau réseau de transport en commun destiné à relier les grands pôles de développement de la périphérie.

1 Le projet du Grand Paris

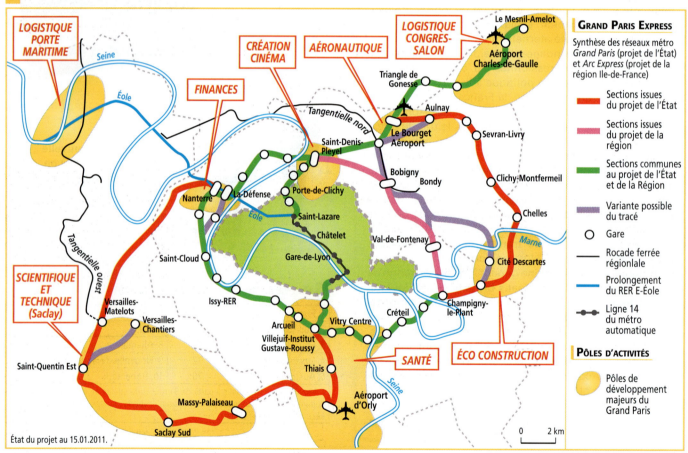

État du projet au 15.01.2011.

2 La loi relative au Grand Paris

Ce projet s'appuie sur la création d'un réseau de transport de voyageurs dont le financement est assuré par l'État.

Ce réseau s'articule autour de contrats de développement territorial définis et réalisés conjointement par l'État, les communes et leurs groupements. Ces contrats participent à l'objectif de construire chaque année 70 000 logements et contribuent à la maîtrise de l'étalement urbain.

Le projet du Grand Paris favorise également la recherche, l'innovation et la valorisation industrielle au moyen de pôles de compétitivité et du pôle scientifique et technologique du plateau de Saclay. Ce projet intègre un objectif de croissance économique afin de soutenir la concurrence des autres métropoles mondiales. […].

Loi n° 2010-597 article 1er, 3 juin 2010.

3 Saclay : un projet phare du Grand Paris

À mes yeux, le développement du cluster de Saclay est un test crucial de notre capacité à entrer dans le monde qui est désormais le nôtre, celui d'une économie mondialisée de la connaissance dans laquelle il n'y a aucune place réservée, aucune rente de situation, fût-ce pour de vieux pays scientifiques et technologiques comme la France.

L'innovation et le développement économique sont tirés par des grands pôles concentrés, généralement organisés autour d'universités et qui, aux États-Unis, en Asie, deviennent des foyers essentiels de rayonnement économique et culturel des nations.

C'est paradoxal à l'heure de l'Internet, mais c'est ainsi !

Ces pôles, qu'on pourrait qualifier d'industrialo-universitaires sont aussi les aimants qui attirent les jeunes les plus brillants du monde […].

Pierre Veltz, PDG de l'Établissement public de Paris-Saclay, www.cluster-paris-saclay.fr/actualite/20.html

4 Plateau de Saclay : pôle scientifique et technologique majeur

L'École polytechnique va être rejointe par de nombreuses grandes écoles (Centrale, Mines…), des universités (Paris-XI) et des centres de recherche (EDF).

5 Deux conceptions de l'aménagement

Pour l'État, le Grand Paris doit miser sur des territoires de projets (pôles d'activités), reliés entre eux et à Paris par une double boucle. Surnommé le « Grand 8 », ce super-métro automatique de 155 km, à vitesse rapide (60 km/h en moyenne), est jalonné d'une quarantaine de gares connectées au réseau de la SNCF (TGV en particulier) et de la RATP.

Par contre, aux yeux des élus d'Île-de-France, le Grand Paris doit, avant tout, améliorer les conditions de vie des administrés, plutôt qu'épouser de lointaines perspectives de croissance. Le temps passé dans les transports en commun pour les trajets domicile-travail s'élève à 1 heure 30. La grande novation du Schéma directeur de la Région Île-de-France (SDRIF) réside dans Arc Express, un métro en rocade de 60 km en petite couronne circulant à 40 km/h et principalement constitué de deux arcs et d'une quarantaine de stations.

laGazette.fr, « Grand Paris : un débat capital », 30 juillet 2010.

Analyser les enjeux d'aménagement

1. Quels sont les objectifs du Grand Paris (1, 2) ?
2. Quelles sont les caractéristiques principales d'un pôle d'activités (3, 4, 6) ?
3. Quelles différences de conception séparent initialement l'État et la Région Île-de-France concernant le futur réseau de métro (1, 5) ?

6 Marne-la-Vallée : au cœur du futur pôle de l'éco-construction

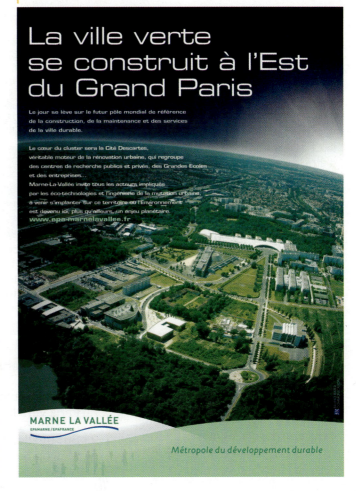

2 Le Grand Paris jusqu'à la mer

Le projet vise à offrir au Grand Paris une fenêtre maritime connectée à l'espace mondial.

7 Connecter Paris à l'espace maritime mondial : le projet « Seine Gateway »

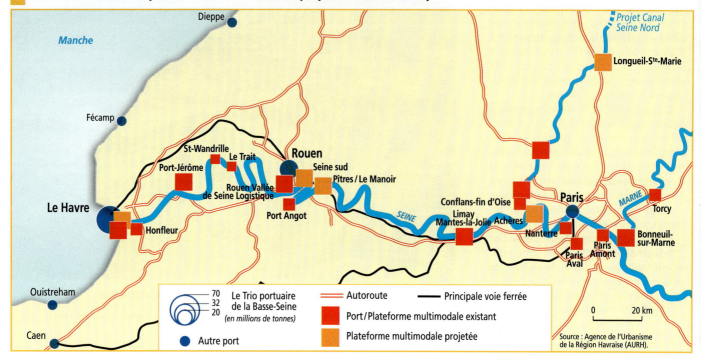

8 L'urgence portuaire

Le « cœur » a toujours été dans l'histoire, un port doté d'un arrière-pays très puissant comme base de consommation et de production de haute valeur ajoutée. La France aurait tous les moyens d'être le cœur, à condition de faire le choix stratégique majeur de fusionner Le Havre, Rouen et Paris. Il faut créer un établissement public d'aménagement de la Seine.

Il y a pour moi trois chantiers fondamentaux : Le Havre-Paris, Saclay et Metz (pour sa relation avec l'Europe de l'Est par le TGV, les canaux et le réseau modal qui doit se situer au milieu de ce qui est le plus grand port fluvial d'Europe).

Si nous arrivons à faire ces trois liens, nous pouvons essayer de déplacer l'axe européen qui, naturellement, passe au Nord. Si l'on veut éviter que ce soit Londres–Rotterdam–Francfort–Milan et que nous voulons que ce soit Londres–Le Havre–Paris–Metz–Lyon, il faut s'en donner les moyens.

J. Attali, *Cahiers de l'IAURIF*, n° 153, 2010.

9 Le projet Grand Paris – Seine Métropole

Le développement des ports du Havre, de Rouen et des ports fluviaux d'Île-de-France, ainsi que des plate-formes logistiques, représente un potentiel de création d'emplois considérable : des emplois certes créés très directement par la hausse des flux, mais surtout des emplois attendus par le développement des industries de transformation qui vont de pair avec l'extension des ports. Sur le plan du développement durable, le projet « Seine Métropole » marque le renoncement à l'extension des zones urbaines selon un mode radiocentrique. Il s'agit, au contraire, de privilégier les petits îlots de vie, avec comme identité commune la Seine, irrigués par des transports rapides et approvisionnés en circuits courts grâce au développement des modes de culture maraîchers.

Le TGV Paris-Rouen-Le Havre constitue une nécessité impérieuse car l'extension de Paris vers la mer impose une qualité de déplacements que le réseau ferré actuel n'offre pas du fait de sa vétusté.

Interview d'Antoine Rufenacht, maire du Havre (1995-2010), *www.parisrouenlehavre.fr*.

Analyser les enjeux d'aménagement

1. Quels sont les arguments en faveur d'une ouverture du Grand Paris vers la mer (8, 9) ?

2. Sur quelles réalisations concrètes reposerait le projet « Seine Métropole » (7, 8, 9) ?

MÉTHODES & PRÉPA BAC — CAHIER 5

THÈME 4
France et Europe dans le monde

MÉTHODES & ENTRAÎNEMENT BAC

- **Composition**
  - ▶ L'Union européenne, un rôle majeur dans la mondialisation ? *(p. 280)*

- **Analyse de documents**
  - ▶ L'Union européenne et la Méditerranée *(p. 281)*
  - ▶ Le poids de la France dans la mondialisation *(p. 282-283)*

RÉVISER

- **Chapitre 9**
  - ▶ Les connaissances *(p. 284)*
  - ▶ Des notions, des expressions clés *(p. 285)*
  - ▶ Des localisations *(p. 285)*

- **Chapitre 10**
  - ▶ Les connaissances *(p. 286)*
  - ▶ Des localisations, des notions, des expression clés *(p. 287)*

MÉTHODES & ENTRAÎNEMENT — BAC 13

COMPOSITION
ANALYSE DE DOCUMENT
RÉALISER UN CROQUIS
RÉALISER UN SCHÉMA

Sujet ▶ L'Union européenne, un rôle majeur dans la mondialisation ?

Méthode p. 118

Entraînement Bac

Introduction

1 ▶ Rédigez l'introduction à partir des pistes suivantes :
- l'UE, une puissance au cœur de la mondialisation ;
- plusieurs facteurs expliquent cette puissance ;
- des limites au rôle de l'UE dans une économie mondialisée.

Développement — 1ᵉʳ paragraphe

2 ▶ L'Union européenne, une place importante dans la mondialisation
- **Montrez que l'UE est :**
- un des pôles majeurs de la mondialisation en raison de son poids économique important (agriculture, industrie, services) ;
- le premier pôle commercial : 16 % des exportations mondiales de biens, 27 % des services ;
- un espace attractif :
  – premier centre d'accueil des IDE* américains et asiatiques ;
  – importance des courants migratoires ;
  – pôle touristique (France, première destination mondiale).
- **Indiquez que l'UE :**
- possède des métropoles mondiales, Londres, Paris, centres de décisions planétaires : politique, économique, financier, culturel (Cours p. 270) ;
- a un rôle majeur, au plan mondial, dans les domaines de : l'aide au développement ; l'action humanitaire et la paix ; la préservation de l'environnement ; la lutte contre les contrefaçons...

2ᵉ paragraphe

3 ▶ Les fondements de la puissance de l'UE
- **Donnez les facteurs de la puissance de l'UE en évoquant :**
- l'existence d'un vaste marché ouvert aux échanges : CEE (1957), puis UE, poids non négligeable face à l'OMC* ;
- la monnaie unique (1999), adoptée par 17 pays sur les 27 de l'Union ; seconde monnaie après le dollar ;
- sa population, nombreuse et bien formée.
- **Indiquez aussi que l'UE :**
- est un grand foyer d'innovation (Révolution industrielle au XIXᵉ siècle ; aujourd'hui, grands laboratoires de recherche, des technopôles actives...) ;
- offre des réseaux de communication performants : LGV, autoroute, grands aéroports (Cartes enjeux p. 154 et Cours p. 162) ;
- est ouverte sur le monde : une grande façade maritime (la Northern Range), de très grands ports mondiaux (Rotterdam).

3ᵉ paragraphe

4 ▶ L'UE, une aire de puissance encore inachevée
- **Pour développer cette 3ᵉ partie, montrez :**
- les fortes disparités socio-économiques entre les populations et les États (Cours p. 198) :
  – une Europe riche au « centre » de la mondialisation de l'UE (Bassin de Londres, Île-de-France, Europe rhénane, Italie du Nord) ;
  – des périphéries dynamiques (régions industrielles et urbaines : Madrid, Barcelone, Berlin...) ;
  – des périphéries en marge de la mondialisation (Europe centrale et de l'Est).
- les difficultés liées :
  – à la forte concurrence internationale (chômage) ;
  – à la dépendance et l'insécurité énergétique ;
  – au vieillissement de la population.
- les limites à la puissance :
  – une construction politique encore limitée (absence d'armée, de diplomatie commune...) ;
  – une dette publique importante ; des États financièrement fragiles.

Conclusion

5 ▶ Conclure en rappelant :
- le poids et le rôle de l'UE à l'échelle du monde ;
- les défis de l'UE : le renforcement de sa cohésion économique et politique.

MÉTHODES & ENTRAÎNEMENT — BAC 14

COMPOSITION
▶ **ANALYSE DE DOCUMENTS**
RÉALISER UN CROQUIS
RÉALISER UN SCHÉMA

Sujet ▶ Analysez les deux documents afin de montrer les relations entre l'Union européenne et la Méditerranée et les difficultés et obstacles à leur rapprochement.

Méthode p. 177 et p. 229

1 Le partenariat EuroMed

Extrait de la carte 2 p. 247

2 Méditerranée, l'Union prend déjà l'eau

Il y a un peu plus de deux ans, 42 pays avaient répondu à l'appel de Nicolas Sarkozy pour relancer le partenariat euro-méditerranéen, créé en 1995, sous la forme d'une Union pour la Méditerranée (UPM). Tout était parti du constat d'une stagnation de la coopération euro-méditerranéenne, handicapée par des conflits régionaux, incapable d'accoucher de la zone de libre-échange régionale longtemps promise et de répondre au défi migratoire.

Qu'en est-il aujourd'hui ? Les six priorités d'action retenues – dépollution de la Méditerranée, plan solaire, autoroutes maritimes et terrestres, enseignement universitaire, protection civile, soutien aux PME (Petites et moyennes entreprises) – demeurent un catalogue d'intentions.

Le constat de l'urgence économique, environnementale, démographique (il faudrait créer 40 millions d'emplois en 15 ans sur la rive Sud pour absorber les nouveaux entrants sur le marché du travail) est connu, mais les obstacles restent : mésentente des acteurs, faiblesse des moyens... Des études chiffrent le coût de réalisation des six priorités de l'UPM à 25 milliards d'euros ; or l'Union européenne a mis moins de 100 millions sur la table depuis 2008.

La confiance dans le projet méditerranéen est aujourd'hui faible, et les objectifs de développement nécessiteront une intervention publique massive.

Mais les aléas politiques, notamment le conflit israélo-palestinien et aussi les désaccords entre États de l'UE, bloquent la volonté d'action collective.

Dorothée Schmid, *Alternatives internationales*, Hors-Série n° 8, décembre 2010.

▶ Pour réaliser l'exercice, utilisez la Carte enjeux 2 p. 247 et le Cours p. 252.

Entraînement Bac

1 ▶ **Lisez attentivement les documents**
- Quel est le thème de la **carte 1** ?
- Quelle est la date du **document 2** ? La source est-elle précisée ? Quel est son thème ? Que signifie *« Union pour la Méditerranée »* (utilisez le **Lexique**) ?

2 ▶ **Analysez les documents**

Document 1
– Justifiez les titres des deux premières rubriques.
– Précisez le sens de *Politique européenne de voisinage* et *Processus de Barcelone* (voir le **Lexique**).
– Quels États sont inclus dans l'UPM ? Pourquoi certains sont-ils signalés par des étoiles ?

Document 2
– Qu'évoquent les phrases surlignées ?
– Le titre du texte est-il justifié ?

3 ▶ **Classez les informations**
- Regroupez les informations en 4 thèmes :

1 L'UE et les États du Sud de la Méditerranée, de forts contrastes de développement	3 L'UE, une politique tournée vers la rive Sud de la Méditerranée
2 Des relations Nord-Sud déséquilibrées	4 De sérieux obstacles au bon fonctionnement de l'UPM

4 ▶ **Complétez les informations des documents**
- Rédigez la réponse à l'aide des 4 thèmes proposés.
- Ajoutez des arguments tirés du cours.

MÉTHODES & ENTRAÎNEMENT BAC 15

COMPOSITION
ANALYSE DE DOCUMENTS
RÉALISER UN CROQUIS
RÉALISER UN SCHÉMA

Sujet ▸ Analysez les documents 1, 2 et 3 pour montrer la place et le poids de la France dans la mondialisation. Vous montrerez en quoi les documents 2 et 3 permettent de nuancer votre analyse.

Méthode

Pour analyser un graphique, vous devez procéder en 4 étapes.

1 • Identifier le type du graphique
- Les principaux types de graphiques sont : (voir **Conseils Bac**).
  – les **graphiques évolutifs** ;
  – les **histogrammes** ou **graphiques en barres** ;
  – les **graphiques circulaires**.

2 • Relever le thème du graphique
- Le **titre** et/ou les **sources** du graphique permettent de repérer :
  – la (ou les) date(s) du graphique ;
  – le thème illustré par le graphique.

3 • Faire une analyse globale du graphique
- Rechercher l'**information principale** :
  – la **tendance générale** d'une courbe sur un graphique évolutif : hausse, baisse...
  – les **valeurs remarquables** d'un graphique circulaire ou d'un histogramme.

4 • Faire une analyse détaillée du graphique
- Identifier les **informations plus précises** :
  – phases d'évolution d'une courbe : période de croissance, de décroissance...
  – répartition et/ou comparaison des valeurs d'un graphique circulaire.

À noter : *vérifier si les informations du graphique sont exprimées en **valeurs absolues** (millions, milliards..) ou en **valeurs relatives** (pourcentages).*

1 Évolution du nombre de touristes internationaux *(en millions)*

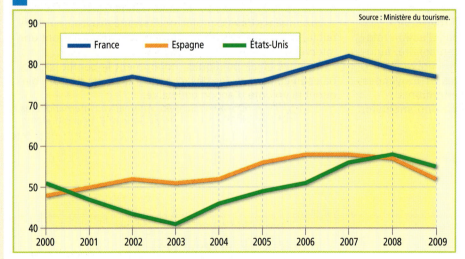

Source : Ministère du tourisme.

Application

Analyse du graphique 1

1 ▸ **Identifiez le type du graphique**
- Quel est le type du **graphique 1** ?
- Les valeurs sont-elles absolues ou relatives ?

2 ▸ **Relevez le thème du graphique**
- Quel est le thème du graphique ? Sa source ?
- Les informations se rapportent-elles à un pays ? À plusieurs pays ? Lesquels ?

3 ▸ **Effectuez une analyse globale du graphique**
- Observez les trois courbes. Précisez comment les courbes ont évolué entre 2000 et 2009.
- Le nombre de touristes a-t-il augmenté, diminué ou stagné ?

4 ▸ **Effectuez une analyse détaillée du graphique**
- Les courbes montrent-elles des phases de baisse du nombre d'arrivées de touristes ? De croissance ?
- Peut-on dire que la France est un grand pôle du tourisme mondial ?

Conseils Bac

Quels sont les principaux types de graphiques ?

Les graphiques évolutifs
- Le graphique évolutif est constitué par une (ou plusieurs) courbe, qui joint les points correspondant aux valeurs de l'information représentée.
- Ce type de graphique montre l'**évolution des valeurs** dans le temps :
  – croissance
  – diminution
  – stagnation.

Les graphiques en barres
- Le graphique en barres est composé de rectangles de même base dont la taille est proportionnelle aux informations représentées.
- Ce type de graphique, appelé aussi **histogramme,** permet de **mesurer rapidement les écarts** entre les différentes valeurs représentées.

Les graphiques circulaires
- Le graphique circulaire est un cercle divisé en secteurs dont les surfaces sont proportionnelles à l'importance des valeurs.
- Dans un graphique circulaire, les valeurs sont relatives : un demi-cercle correspond à 50 %, un quart de cercle à 25 %…
- Il permet de **comparer les valeurs** entre elles et d'apprécier l'importance d'une valeur par rapport à l'ensemble des autres valeurs.

2 Les échanges commerciaux de la France (2010)

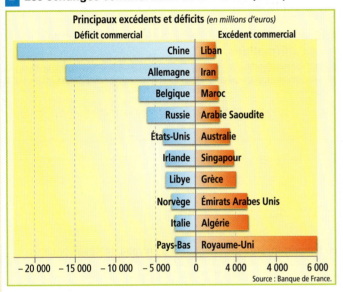

3 Origines des investissements internationaux

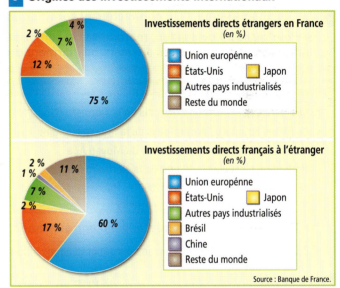

Application

Analyse des graphiques 2 et 3

1 ▶ Identifiez les types des graphiques
- De quels types sont les **graphiques 2 et 3** ?
- Quel graphique présente des valeurs relatives ? Des valeurs absolues ?

2 ▶ Relevez les thèmes des graphiques
- Sur les deux graphiques, relevez les éléments suivants : thème, date, source.
- **Graphique 2 :** Que faut-il comprendre par : déficit commercial avec la France ; excédent commercial ?
- **Graphique 3 :** Quels sont les espaces ou pays concernés par le graphique ?

3 ▶ Effectuez une analyse globale des graphiques
- **Graphique 2 :** Comparez la valeur globale du déficit commercial à celle de l'excédent.

Les échanges commerciaux de la France sont-ils équilibrés ? Déséquilibrés ?
- **Graphique 3 :** Vers quel ensemble géographique les investissements français sont-ils surtout dirigés ? D'où proviennent essentiellement les investissements étrangers en France ?

4 ▶ Effectuez une analyse détaillée du graphique
- **Graphique 2 :** Avec quels types de pays le commerce extérieur est-il déficitaire ? Comparez ces pays avec ceux avec lesquels la France a un excédent commercial : sont-ils les mêmes ?
- **Graphique 3 :** Dans le contexte de la mondialisation, vers quels pays la France investit-elle peu ?
- En quoi le document montre-t-il l'insertion et la place qu'occupe la France dans la mondialisation ?

RÉVISER CHAPITRE 9

L'UNION EUROPÉENNE DANS LA MONDIALISATION

1 Les connaissances

1 L'Union européenne, acteur majeur de la mondialisation

▶ Indiquez lesquelles des affirmations du tableau sont vraies ou fausses.

	VRAI	FAUX
L'Europe est le principal espace économique mondial		
Le poids économique de l'Europe est supérieur à celui du Japon et de la Chine réunis		
La population de l'Europe est de 250 millions d'habitants		
L'euro est la monnaie de tous les États de l'Union européenne		
Londres est une grande place financière de l'Europe et du monde		
L'Europe possède trois façades maritimes		
L'Union européenne est un État fédéral		

2 La Northern Range, l'UE connectée au commerce mondial

▶ Pour réaliser l'évaluation, reproduisez et complétez le tableau ci-dessous. Indiquez les arguments qui attestent ou infirment chacune des affirmations.

AFFIRMATIONS	VRAI	FAUX	ARGUMENTS
La façade maritime de la Northern Range s'étire sur 700 kilomètres			
Le Havre est le grand port français de la Northern Range			
Le Rhône structure l'arrière-pays de la façade maritime			
L'essor de la façade maritime date du Moyen Âge			
Rotterdam n'est plus le 1er port de la Northern Range			
Maasvlakte à Rotterdam, Port 2000 au Havre sont de grands aménagements portuaires de la façade			

▶ Quel mot clé correspond à la définition suivante ?

Zone de contact entre deux ensembles géographiques différents par l'importance du peuplement et du niveau de développement

3 La Méditerranée, une ouverture de l'UE au Sud ?

▶ Indiquez lesquelles des affirmations du tableau sont vraies ou fausses. Lorsqu'une affirmation vous paraît être fausse, indiquez pourquoi.

	VRAI	FAUX
La civilisation occidentale est née en Méditerranée		
Les pays du Sud et de l'Est de la Méditerranée ont des situations démographiques et économiques comparables aux États de l'UE		
La Méditerranée est à l'écart des grands flux du fret maritime mondial		
Les pays du Sud et de l'Est de la Méditerranée fournissent une grande partie de l'énergie consommée dans l'UE		
Entre l'UE et les pays du Sud et de l'Est de la Méditerranée, les flux migratoires Nord-Sud sont plus importants que les flux Sud-Nord		
Le bassin méditerranéen est le 1er pôle touristique mondial		
Dans le bassin méditerranéen, la Turquie apparaît comme une puissance émergente		
Le Processus de Barcelone, l'Union pour la Méditerranée montrent l'intérêt porté par l'UE à la Méditerranée		
Des questions géopolitiques et des conflits latents entravent le développement des relations entre l'UE et les pays méditerranéens		

▶ Attribuez le mot clé à la définition qui convient.

Mot clé	Définition
Centre	Pays connaissant un développement rapide, le rapprochant des pays développés
Émergent	Région qui concentre les activités, les richesses et les pouvoirs de décision

2 Des notions, des expressions clés

1 Le port d'Anvers dans l'espace européen

2 Le port d'Anvers

▶ Quelles expressions du tableau ci-dessous retenez-vous pour analyser les **documents 1 et 2** ?

Un grand port de la Northern Range	Conteneurs	Proximité des grands foyers de population et de consommation
Au cœur de l'Europe	L'UE, géant agricole	Flux migratoire
Façade maritime	Aménagements portuaires	Port concurrent de Rotterdam
2e port européen	Interface	Porte-conteneurs
Port d'estuaire	Importations/exportations	Transformation de l'espace littoral

3 Des localisations

▶ Sur le **document 3**, quelle couleur représente les États de l'UE ?

▶ Faites correspondre les flux entre l'UE et les pays du Sud et de l'Est de la Méditerranée aux flèches du **document 3** qu'elles représentent.

Flux :
Migratoires / Produits bruts
Tourisme / Investissements

Couleurs des flèches :	
Rouge :	....
Orange :	....
Violette :	....
Grise :	....

3 Principaux flux entre l'UE et les pays du Sud et de l'Est de la Méditerranée

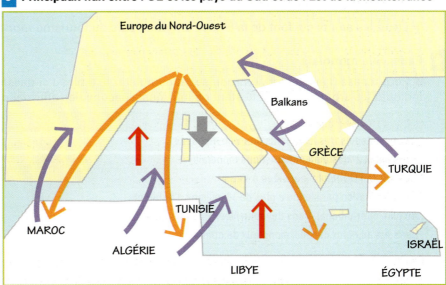

Thème 4 France et Europe dans le monde 285

RÉVISER CHAPITRE 10

LA FRANCE DANS LA MONDIALISATION

1 Les connaissances

1 La France, au cœur des flux de l'économie mondiale

▶ Indiquez quelles affirmations du tableau sont vraies ou fausses.
Lorsqu'une affirmation vous paraît être fausse, indiquez pourquoi.

	VRAI	FAUX
Au niveau mondial, la France est un grand pays exportateur de marchandises		
La France contribue à la hauteur de 4 % au commerce mondial		
La France exporte peu de services		
La France se place juste après les États-Unis pour les investissements directs à l'étranger (IDE)		
La France attire peu d'IDE		
Les firmes étrangères représentent le quart des emplois du pays		
La balance commerciale française est excédentaire		
La France importe beaucoup de biens de consommation et de produits énergétiques		

2 Un rang à tenir dans le monde

▶ Indiquez lesquelles des affirmations du tableau sont vraies ou fausses.
Lorsqu'une affirmation vous paraît être fausse, indiquez pourquoi.

	VRAI	FAUX
La langue française est parlée sur tous les continents		
Il y a plus de 200 millions de francophones dans le monde		
Le français est la 2e langue utilisée au monde		
La France est membre permanent du Conseil de sécurité de l'ONU		
La France ne dispose pas d'une force de dissuasion nucléaire		

▶ Donnez la définition des sigles suivants : ZEE, G7, G20.

3 La France, pôle touristique mondial

▶ Indiquez lesquelles des affirmations du tableau sont vraies ou fausses.
Lorsqu'une affirmation vous paraît être fausse, indiquez pourquoi.

	VRAI	FAUX
La France est la 1re destination touristique mondiale		
Chaque année, la France reçoit environ 100 millions de touristes		
La France est seulement au 3e rang mondial pour les recettes liées au tourisme		

▶ Listez les atouts qui font de la France un grand pôle du tourisme mondial.

4 Paris, ville mondiale

▶ Pour réaliser l'évaluation, reproduisez et complétez le tableau ci-dessous.
Indiquez les arguments qui attestent ou infirment chacune des affirmations.

AFFIRMATIONS	VRAI	FAUX	ARGUMENTS
Paris est depuis très longtemps une ville mondiale			
Paris est la 2e destination touristique mondiale			
L'UNESCO, l'OCDE ont leur siège à Paris			
L'agglomération parisienne a plus de 10 millions d'habitants			
Au plan international, Paris devance New York et Londres			
Paris est au cœur des flux mondiaux de communication			

▶ Donnez la définition de : Mégapole, FTN

▶ Listez les arguments qui permettent d'affirmer que « *Paris est une ville mondiale* ».

2 Des localisations, des notions, des mots clés

1 Carrefour dans le monde

Nombre de magasins du groupe Carrefour par continent	
Europe	6 279 (dont 1 625 en France)
Amérique	1 118 (dont 528 en Argentine et 511 au Brésil)
Asie	626 (dont 424 en Chine)

Source : Rapport financier 2009

2 La ZEE* française

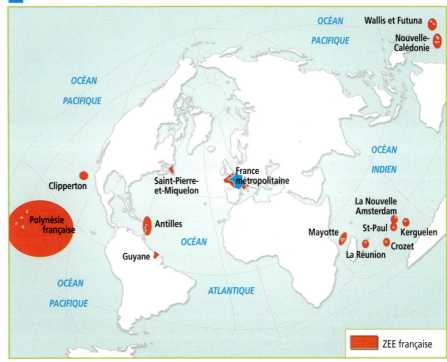

▶ À l'aide des **documents 1 à 4**, vérifiez l'affirmation : « *La France, des atouts et un acteur important dans la mondialisation* ».

3 Notre Dame de Paris

Avec chaque année plus de 13 millions de visiteurs, c'est le monument le plus visité de Paris.

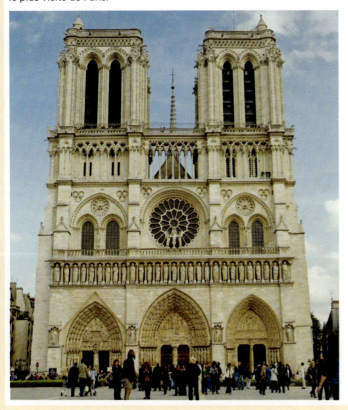

4 La francophonie s'affiche

Document de l'Organisation internationale de la francophonie, www.francophonie.org.

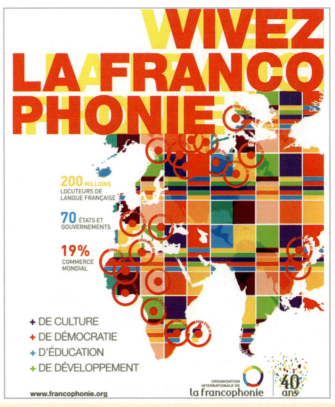

Thème 4 — France et Europe dans le monde — 287

CAHIER 6 — SUJETS OBJECTIF BAC

Des conseils, des pistes pour vous entraîner aux quatre types de sujets du baccalauréat

Compositions

1. Un aménagement dans un territoire proche de votre lycée *(p. 290)*
3. La place et le rôle de la région en France et dans un pays européen *(p. 292)*
5. Répartition et dynamiques spatiales de la population de la France métropolitaine ▶ **avec schémas** *(p. 294)*
6. La France en villes ▶ **avec schémas** *(p. 296)*
9. Quel poids de la France dans une agriculture mondialisée ? ▶ **avec schémas** *(p. 300)*
10. La France, au cœur du réseau de communication européen et mondial ▶ **avec schémas** *(p. 301)*
11. Les espaces productifs français dans la dynamique de la mondialisation *(p. 302)*
15. L'espace européen, unité ou diversité ? *(p. 306)*
17. La France dans la mondialisation *(p. 308)*

Analyse de documents

2. L'aménagement d'un territoire du quotidien : le Grand Dijon *(p. 291)*
4. La gestion durable d'un milieu : la Baie de Somme *(p. 293)*
7. Les dynamiques des villes françaises *(p. 298)*
8. Les transformations des espaces ruraux français *(p. 299)*
13. L'activité touristique en montagne *(p. 304)*
14. Les grandes firmes française dans le monde *(p. 305)*
18. La place et le rôle de la Northern Range dans la mondialisation *(p. 309)*
19. Le tourisme en France *(p. 310)*
20. Paris, ville mondiale ? *(p. 311)*

Réaliser un croquis

12. Les espaces productifs français dans la dynamique de la mondialisation *(p. 303)*
16. Les inégalités spatiales du territoire de l'Union européenne *(p. 307)*

Réaliser un schéma

5. Répartition de la population française *(p. 294)*
   - Dynamiques de la population française *(p. 295)*
   - L'étalement urbain *(p. 295)*
6. Les villes en France *(p. 296)*
   - L'espace urbain *(p. 297)*
9. Les espaces agricoles intégrés au marché mondial *(p. 300)*
   - Les espaces agricoles en difficulté *(p. 300)*
10. Les réseaux de communication français dans l'espace européen *(p. 301)*
    - Les métropoles, nœuds majeurs du réseau de communication *(p. 301)*

SUJET BAC 1

Chapitre 1
Approches des territoires du quotidien

Sujet ▶ Un aménagement dans un territoire proche de votre lycée : à partir de l'étude de cas menée en classe, présentez cet aménagement, ses enjeux, ses acteurs, les débats qu'il a suscités, ainsi que ses effets sur le territoire.

COMPOSITION

Conseils pour traiter le sujet

Le sujet
- **La formulation du sujet** exige que l'on bâtisse la composition en s'appuyant sur l'étude de cas d'un aménagement étudié en classe.
- Pour cela, pensez à préciser :
  – la localisation de l'aménagement et son cadre territorial : commune, intercommunalité, département... ;
  – s'il s'inscrit dans un plan d'aménagement : PLU*, SCOT*, PDU*... ;
  – si ses objectifs visent à la compétitivité et à l'attractivité du territoire, sa cohésion, son développement durable... ;
  – si la population a été consultée ;
  – si l'aménagement est terminé.

La problématique
- **L'analyse du sujet invite à présenter l'aménagement à partir d'une problématique** que vous pourrez formuler à partir des questions suivantes :
  – Quel est le projet d'aménagement ?
  – Qui a piloté le projet et sa concrétisation ?
  – Quel est le bilan de la réalisation pour le territoire ?

Le plan
- **Pour mobiliser les connaissances,** vous pouvez reproduire le tableau 1 et lister les informations correspondant aux questions.

Tableau 1

Questions	Informations réunies à partir de l'étude de cas réalisée en classe
En quoi l'aménagement étudié est-il particulièrement intéressant ?	
Pourquoi cet aménagement était-il indispensable ? À quel problème devait-il apporter une solution ?	
Quels acteurs a-t-il impliqués ?	
Les travaux liés à l'aménagement ont-ils été conduits par un organisme public ? Privé ?	
L'aménagement a-t-il suscité des débats ? Y a-t-il eu des opposants au projet ? Pour quels motifs ?	
Quels sont les résultats de l'aménagement ? Est-il prévu des prolongements ?	
Quels changements dans l'organisation et la gestion du territoire peut-on entrevoir à plus long terme ?	

- **Pour organiser le plan,** vous aurez à répartir les informations du tableau 1 dans les trois thèmes du tableau 2.

Tableau 2

Thème 1 Un aménagement indispensable	Thème 2 L'aménagement : des acteurs, des débats	Thème 3 L'aménagement : une transformation du territoire du quotidien

Les paragraphes
- **Rédigez le devoir.** Utilisez les trois thèmes du tableau 2.

Conclusion
- Montrez en quoi l'aménagement résulte d'une démarche des acteurs qui a pour but de mieux gérer les territoires de vie des citoyens.

SUJET BAC 2

Chapitre 1
Approches des territoires du quotidien

Sujet ▶ L'aménagement d'un territoire du quotidien : le Grand Dijon. Analysez les documents en montrant quels sont les aspects, les enjeux et les acteurs de l'aménagement du Grand Dijon.

ANALYSE DE DOCUMENTS

1 Magazines *le Grand Dijon*

Le Grand Dijon est le nom de la communauté d'agglomération de Dijon qui comprend 22 communes.

2 Rapport d'activités 2009 du Grand Dijon

Le rapport d'activité de la communauté d'agglomération du Grand Dijon est l'occasion de dresser un bilan sur la politique engagée par ses 82 élus.

L'année 2009 a été marquée par une politique offensive en matière d'investissement dans des projets structurants du territoire.

À commencer par le projet du tramway. En attendant de franchir une nouvelle étape, le Grand Dijon poursuit son engagement et l'ensemble des mesures visant à améliorer l'offre de logement et la qualité de l'habitat, à accompagner le développement économique (nouveaux quartiers d'affaires…) et à optimiser les déplacements (LGV Rhin-Rhône, nouvelle gare Dijon Ville, liaison Nord, aéroport…).

Préserver l'environnement (collecte des déchets verts, qualité de l'eau…), soutenir le développement du sport et de l'enseignement supérieur et enfin un cadre de vie agréable (piscine olympique, Grand Stade, Zénith…).

Parce que l'avenir et les enjeux de cette agglomération dépassent ses propres frontières, le Schéma de cohérence territoriale (Scot) du Dijonnais, regroupant 116 communes, permet de réfléchir à une mise en cohérence des politiques publiques.

François Rebsamen, Président du Grand Dijon,
www.grand-dijon.fr

Conseil : pour réaliser l'exercice, utilisez l'étude de cas d'un aménagement proche du lycée menée en classe et les Cours p. 30-33.

Conseils pour traiter le sujet

- **Lire les informations des documents**
- Posez-vous les questions suivantes :
  – Quels projets d'aménagements sont évoqués par les documents (**document 2** : utilisez les phrases surlignées en jaune) ?
  – Quel est le cadre territorial dans lequel s'inscrivent les aménagements du Grand Dijon ? Définissez « communauté d'agglomération » et « Scot » (utilisez les phrases surlignées en bleu et le **Lexique p. 312**) ?
  – Quel est l'acteur impliqué dans les aménagements ? Pourquoi la phrase soulignée est-elle importante ? Précisez quel est le rôle du Scot*.
  – Quels étaient les enjeux liés aux aménagements réalisés ?

Pistes pour rédiger la composition

- Les documents montrent plusieurs aménagements réalisés sur le territoire du Grand Dijon. Ceux-ci concernent les transports, la préservation de l'environnement, les domaines éducatif, sportif et de loisirs.
- L'acteur majeur de ces aménagements, la communauté d'agglomération du Grand Dijon, a un territoire de compétence qui correspond à 22 communes. Cependant, ces aménagements ont été élaborés à une échelle qui s'étend sur 116 communes afin d'être en cohérence avec le Scot du Dijonnais.
- L'enjeu du tramway est de structurer et de dynamiser le territoire : développement de l'habitat, des activités… D'autres équipements visent à améliorer le cadre de vie des territoires du quotidien (piscine, Zénith…).

SUJET BAC 3

Chapitre 2
La région, territoire de vie, territoire aménagé

Sujet ▶ Comparez la place et le rôle de la Région en France et dans un pays européen de votre choix.

COMPOSITION

Conseils pour traiter le sujet

Le sujet
- Le sujet exige que l'on compare la place et le rôle des Régions en France et dans un autre pays européen.
- Pour cela, il est préférable de ne pas construire le devoir en deux parties : la Région en France puis en Allemagne, par exemple. Vous pouvez envisager de construire les paragraphes de la composition en comparant d'abord l'organisation, la place des Régions dans chacun des deux pays, puis leur rôle. La comparaison peut aussi déboucher sur la recherche des limites auxquelles sont confrontées les Régions dans leur action.

La problématique
- Le sujet pose la question de l'organisation régionale dans deux grands pays européens. Il faut envisager, dans un premier temps, de comparer les deux systèmes régionaux, le poids et l'action des Régions ; puis, dans un dernier temps, s'interroger sur leurs forces et leurs faiblesses respectives.

Le plan
- La problématique du sujet conduit à rassembler des informations et à organiser le plan à partir de trois grandes questions.

| 1. Quelle place des Régions en France et en Allemagne ? | 2. Quel rôle pour les Régions en France et en Allemagne ? | 3. Des limites à l'action régionale ? |

Conseil : pour réunir les informations et rédiger la composition, utilisez l'étude de cas réalisée en classe et le chapitre 2.

Pistes pour rédiger la composition

Introduction
- Les territoires de la France et de l'Allemagne sont « découpés » en Régions. L'organisation, la place, le rôle des Régions dans les deux pays sont-ils comparables ? À quels problèmes ces Régions sont-elles confrontées ?

Développement 1er paragraphe
- **France, Allemagne : deux systèmes territoriaux.**
- La Région française est une collectivité territoriale depuis 1982. Le territoire français est « découpé » en 27 régions dont cinq sont des départements et régions d'outre-mer (DROM). Leur taille, leur poids démographique sont très inégaux. L'identité régionale est variable : elle peut se fonder sur des éléments géographiques ou historiques.

Conseil : utilisez l'exemple de l'étude de cas réalisée en classe.

- En Allemagne, le système territorial est fédéral. Le territoire compte 16 États fédérés : les *Länder*. Les *Länder* sont en moyenne plus peuplés et plus riches que les régions françaises.

2e paragraphe
- **France, Allemagne : les régions ont des rôles très différents.**
- En France, l'État a donné aux régions des compétences dans de nombreux domaines. Mais les Régions françaises doivent partager leur rôle avec d'autres acteurs (départements, communes...) et l'État est très présent par l'intermédiaire du préfet de Région.

Conseil : utilisez l'exemple de l'étude de cas réalisée en classe.

- En Allemagne, chaque *Land* est un véritable État avec des institutions propres et des compétences très larges, notamment dans les domaines législatif et judiciaire. Depuis 2006, les *Länder* ont acquis de nouvelles compétences.

3e paragraphe
- **Des limites à l'action régionale ?**
- Les Régions françaises ont des budgets modestes. Le contrat de projet État-Région (CPER) fait cadrer les priorités de la région avec celles de l'État. La réforme territoriale (création des conseillers territoriaux) conserve le dualisme département/région et ajoute un nouvel étage dans le « millefeuille » territorial : les métropoles.
- Le fédéralisme coopératif allemand (les *Länder* les plus riches paient pour les moins bien dotés) est remis en cause. Il est aussi contesté par les différences qu'il engendre entre chaque *Land* dans le domaine éducatif par exemple, limitant ainsi la mobilité de la population.

Conclusion
- Dans les deux États, la Région a un rôle important dans de multiples domaines. Mais en Allemagne, le système fédéral accorde une place majeure à la Région.

SUJET BAC 4

Chapitre 3
Valoriser et ménager les milieux

Sujet ▸ La gestion durable d'un milieu : la Baie de la Somme. Analysez les documents en montrant les aspects, les enjeux et les acteurs de la gestion de la Baie de la Somme.

ANALYSE DE DOCUMENTS

1 Protéger la Baie de la Somme (Picardie)

Le Conservatoire du littoral, le Conservatoire des sites naturels de Picardie et le syndicat mixte *Baie de Somme-Grand Littoral Picard* se partagent une mission de préservation des milieux naturels en Baie de Somme. Prochainement, le Parc naturel régional Picardie Maritime viendra compléter le dispositif.

En Picardie, le Conservatoire du littoral est propriétaire de terrains en Baie de Somme, Baie d'Authie, Marquenterre... Le Conservatoire des sites naturels gère près de 4 000 hectares ; en 2008, il a signé une convention avec le Conservatoire du littoral pour la gestion des sites acquis par ce dernier en moyenne vallée de Somme.

Depuis l'an dernier, à la demande du Conseil général, le syndicat mixte *Baie de Somme-Grand Littoral Picard* a vu son périmètre de compétence s'étendre à la totalité de la vallée de la Somme. Il a trois missions :
– aménager la Baie de Somme et le littoral picard ;
– gérer les milieux naturels (entretien, information du public, suivi scientifique...) sur 4 500 hectares ;
– gérer les équipements touristiques nécessaires à l'animation de la côte picarde.

Magazine *Baie de Somme*, n° 53, été 2010.

2 Magazine du syndicat mixte *Baie de Somme-Grand Littoral Picard*, n° 53, été 2010

Conseil : pour réaliser l'exercice, utilisez l'étude de cas réalisée en classe et les Cours p. 88 et p. 90.

Conseils pour traiter le sujet

1 • Présenter les documents
- Indiquez quelle est la nature des **documents 1 et 2** ainsi que le thème traité. Localisez la Baie de Somme (**carte 3**).

2 • Sélectionner les informations
- **Document 1 :**
– Identifiez les trois acteurs de la gestion de l'espace de la Baie de la Somme.
– Précisez quel acteur intervient au plan national, régional, local.
– Montrez que la mission du syndicat mixte *Baie de Somme-Grand Littoral Picard* ne se limite pas uniquement à la gestion des milieux naturels.
- **Document 2 :**
– Expliquez les phrases : « *Ensemble pour un développement durable* » et « *un long ruban de nature et de culture* ».

3 • Compléter les informations des documents
- Pensez à évoquer : la fragilité de certains milieux naturels du territoire français ; la notion de « patrimoine naturel » ; les réponses apportées pour concilier la gestion des espaces sensibles et le développement économique.

3 Parc naturel régional de « Picardie maritime »

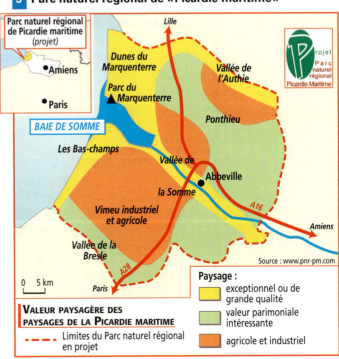

SUJET BAC 5

Chapitre 4
La France en villes

Sujet ▶ Répartition et dynamiques spatiales de la population de la France métropolitaine.

COMPOSITION ET RÉALISATION DE SCHÉMAS

Conseils pour traiter le sujet

Le sujet
- **Le sujet ne comprend pas** les territoires ultramarins de la France.
- **Deux expressions** doivent retenir votre attention :
  – « répartition » exige de réfléchir à la manière dont la population est distribuée sur le territoire ;
  – « dynamiques spatiales » renvoie aux mouvements de la population, aux migrations internes.

La problématique
- **Le sujet pose la question** des transformations de la distribution des hommes sur le territoire français. De ce fait, il invite à réfléchir à la répartition des hommes, aux facteurs explicatifs ainsi qu'aux changements introduits par les mouvements de la population sur le territoire.

Le plan
- **La problématique** du sujet conduit à lister :
  – les régions densément peuplées et les régions moins peuplées ;
  – les espaces attractifs.

Conseil : pour rédiger la composition, utilisez les Cartes enjeux p. 100-103 et les Cours du chapitre 4.

Les paragraphes
- **On peut classer ces informations** en deux grands paragraphes :
  – une distribution inégale de la répartition française ;
  – une nouvelle géographie du peuplement du territoire.

Pistes pour rédiger la composition

Introduction
- La population française est inégalement répartie sur le territoire français. Où sont localisés les « pleins » et les « vides » du territoire ? Les flux de population modifient-ils cette distribution ?

Développement 1er paragraphe
- **La carte de la densité de la population française fait apparaître les contrastes du peuplement.**
  – Des régions sont densément peuplées (voir **schéma 1**).
    • La grande région urbaine et industrielle de l'Île-de-France qui rassemble 2 Français sur 10.
    • Les bassins industriels et urbains du Nord et de l'Est qui conservent un fort peuplement (Nord-Pas-de-Calais, Lorraine, Alsace, Rhône-Alpes, Provence-Alpes-Côte d'Azur).
    • Les vallées de la Seine, du Rhône, axes ponctués de villes carrefours ou industrielles.
    • Les littoraux atlantique et méditerranéen qui bénéficient de milieux cléments.
  – La « France du vide » : Elle forme une large bande du Sud-Ouest au Nord-Est, des Pyrénées aux Ardennes, ainsi que la Corse et les Alpes du Sud.

Schéma 1 – Répartition de la population française

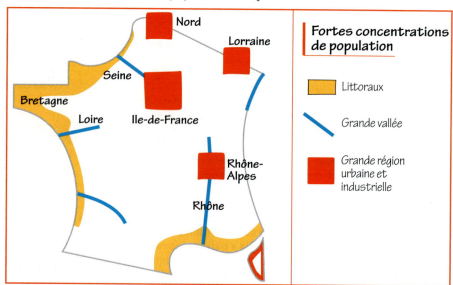

2ᵉ paragraphe

• **Les mouvements de la population introduisent une modification de la carte du peuplement lisible à deux échelles.**
  – À l'échelle du territoire métropolitain (voir **schéma 2**).
    • Les migrations internes tendent à faire glisser la population du Nord vers le Sud et l'Ouest. En effet, les régions les plus attractives forment un « croissant périphérique » qui va du Sud de la Bretagne à la Côte d'Azur. La localisation des nouvelles activités (industries de haute technologie par exemple), la présence de métropoles dynamiques (Nantes, Toulouse, Montpellier…), l'attirance pour les régions aux climats favorables (attraction des régions proches de l'Atlantique ou de la Méditerranée) expliquent cette mobilité.
    • Inversement, les régions d'industries anciennes en cours de reconversion (Nord, Lorraine) sont plutôt des régions de départ.
    • Des régions frontalières, bénéficiant de la proximité des foyers industriels riches de l'UE (Alsace) ou des massifs montagneux convertis au tourisme d'hiver (Alpes du Nord), peuvent être incluses dans cet ensemble dynamique.

Schéma 2 – Dynamiques de la population

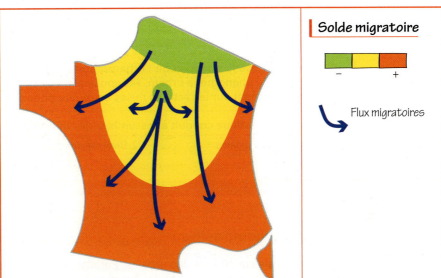

  – À l'échelle des aires urbaines (voir **schéma 3**).
    • Les communes situées à la périphérie des pôles urbains voient leur population augmenter considérablement. Les flux migratoires se dirigent du centre-ville vers la périphérie.
    • Ce phénomène est aujourd'hui propre à toutes les villes, quelle que soit leur taille. À la périphérie des grandes villes, l'urbanisation s'étend sous la forme de lotissements pavillonnaires.
    • De ce fait, les espaces autrefois à dominante agricole s'urbanisent et deviennent des espaces périurbains.

Schéma 3 – L'étalement urbain

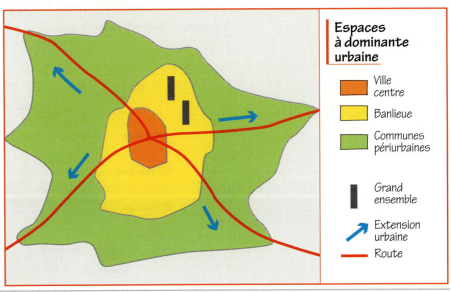

Conclusion

• L'essentiel de la population se concentre sur quelques espaces, mais la répartition est lentement modifiée par les dynamiques de population.

SUJET BAC 6

Chapitre 4
La France en villes

Sujet ▶ Montrez l'importance du fait urbain, ses conséquences spatiales et sociales, ainsi que les politiques d'aménagement urbain.

COMPOSITION ET RÉALISATION DE SCHÉMAS

Conseils pour traiter le sujet

Le sujet
- **Plusieurs expressions** doivent retenir votre attention :
  – « importance du fait urbain » sous-entend l'évocation du poids de la population urbaine, des principales grandes agglomérations et de la métropolisation du territoire ;
  – « conséquences spatiales et sociales » fait référence aux transformations de l'espace urbain et aux clivages sociaux qui existent entre ces espaces ;
  – « politiques d'aménagement » suggère que le devoir aborde des exemples d'action pour réduire les fractures sociales et spatiales des villes françaises.

À noter : le sujet ne comprend pas les territoires ultramarins de la France.

La problématique
- **Le sujet pose la question** de l'urbanisation du territoire français. Il faut envisager de traiter l'importance du phénomène urbain, ses conséquences sur le paysage des villes et la société urbaine. Il faut s'interroger sur les actions mises en œuvre pour aménager durablement l'espace urbain.

Le plan
- **La problématique** conduit à rassembler des informations et à organiser le plan en trois parties.

| 1. Une France urbaine | 2. Diversité des espaces urbains | 3. Aménager la ville |

Conseil : pour réunir les informations et rédiger la composition, utilisez les Cartes enjeux p. 100-103 et les Cours du chapitre 7.

Pistes pour rédiger la composition

Introduction
- 8 Français sur 10 sont des urbains. Parallèlement à l'essor de la population urbaine, les villes se sont étalées dans l'espace et ont fortement accentué les différences sociales.
À quels problèmes les villes françaises sont-elles confrontées ? Des politiques urbaines sont-elles mises en œuvre ?

Développement 1er paragraphe
- **Une population de plus en plus urbaine.**
  – La majorité de la population française vit dans un espace à dominante urbaine. Cet espace est constitué des pôles urbains (des agglomérations comportant au moins 5 000 emplois) et de leur espace périurbain.
  – L'espace périurbain, qui encercle aujourd'hui toutes les villes, est l'extension de la ville au-delà du pôle urbain ; 4 actifs sur 10 travaillent dans l'aire urbaine (voir **schéma 2**).

Schéma 1 – Les villes en France

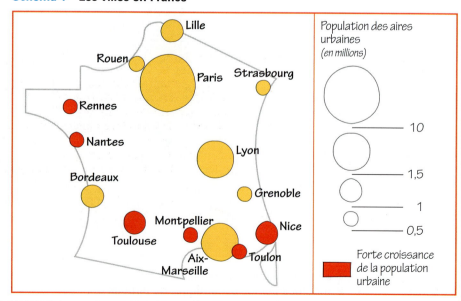

296

- **Une croissance urbaine inégale dans l'espace.**
En dehors de la capitale qui abrite 2 Français sur 10, les villes les plus dynamiques se distribuent dans un croissant périphérique qui court de l'Ouest de la France jusqu'aux frontières de l'Est, en passant par le Sud-Ouest et le Midi méditerranéen (voir **schéma 1**).
Ailleurs, les villes moyennes et petites organisent un espace à dominante rurale.
- **Les grandes villes : des métropoles qui organisent le territoire.**
  – Les villes concentrent de plus en plus les pouvoirs de décision dans de nombreux domaines : économie, culture, recherche, communication… Cette métropolisation atteint inégalement les villes françaises.
  – Paris est une métropole aux fonctions de niveau mondial (**cours p. 270**).
  – Lyon a un rôle international affirmé.
  – Cependant, les métropoles régionales jouent un rôle majeur à leur échelle. Elles aménagent le territoire régional : réseau de communication, équipements culturels, lycées… Toutes renforcent leur attractivité par des équipements et des aménagements de leur centre-ville : Lille (Euralille), Marseille (Euroméditerranée)…

2ᵉ paragraphe

- **Une grande diversité d'espaces urbains.**
  – L'espace à dominante urbaine présente une grande diversité socio-spatiale.
(Rédigez ce paragraphe en vous appuyant sur le **schéma 2**).

Schéma 2 – L'espace urbain

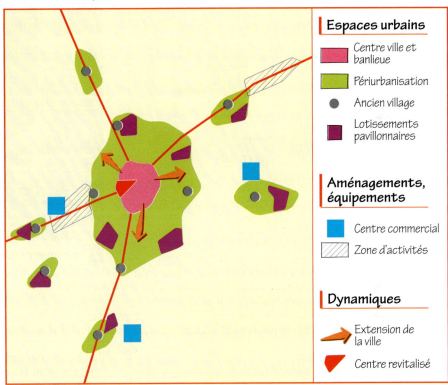

3ᵉ paragraphe

- **Une nécessité : aménager les villes.**
  – Des politiques de la ville visent à réduire :
    • les fractures sociales (zones urbaines sensibles, zones franches urbaines…) ;
    • les fractures spatiales : rénover, réhabiliter les villes.
  – L'aménagement de l'espace urbain (Loi SRU*, Scot*, Plans de déplacements urbains*- PDU…) est prioritaire afin de réduire les déplacements centre-périphérie, de favoriser la mixité sociale…

Conclusion

- **L'urbanisation est un phénomène irréversible.**
Cependant, à toutes les échelles du territoire, les acteurs ont pour objectif d'aménager des villes durables.

SUJET BAC 7

Chapitre 4
La France en villes

Sujet ▶ Les dynamiques des villes françaises. Analysez les documents afin de caractériser la distribution spatiale, l'évolution récente des villes et montrez ce qui conditionne leur attractivité.

ANALYSE DE DOCUMENTS

1 Croissance de la population des agglomérations (1999-2007)

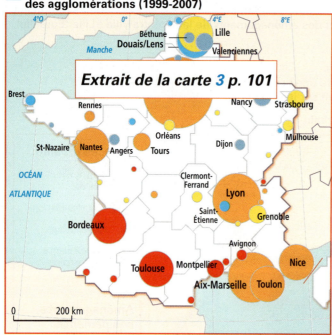

2 Document promotionnel de la ville de Poitiers (2010)

Conseil : pour réaliser l'exercice, utilisez les Cartes enjeux p. 101 et le Cours p. 104.

Conseils pour traiter le sujet

1 • Présenter les documents
- Précisez le type de la **carte 1** (utilisez le **Langage cartographique p. 324**). Qu'est-ce qu'un document promotionnel (**Conseils Bac p. 60**) ?

2 • Sélectionner les informations
- **Document 1** : analysez la répartition des villes sur le territoire, leur taille et leur évolution démographique.
- **Document 2** : relevez la nature des arguments mis en avant par la ville de Poitiers (observez les textes, les photographies).

3 • Préciser l'objectif du document 2
- Indiquez quel est le but d'une « publicité » comme celle de Poitiers.

4 • Compléter les informations des documents
- Utilisez des exemples étudiés en classe ou pris dans votre région pour nuancer, préciser, compléter les informations de la carte ou du document promotionnel.

Pistes pour rédiger la réponse

- La carte par figurés ponctuels et le document promotionnel révèlent les dynamiques des villes françaises.
- **La carte** montre une division de la France en deux, selon une ligne Brest-Nice.
  – Au Nord de cette ligne, les villes nombreuses et peuplées sont spatialement proches les unes des autres. Elles enregistrent presque toutes un déficit démographique. On doit cependant nuancer l'analyse en observant des cas où la croissance est positive ou le déficit démographique peu important.
  – À l'Ouest et au Sud, les villes sont plus espacées et connaissent très majoritairement une évolution positive.
- **Le document 2** confirme l'attractivité des villes de l'Ouest du territoire. À Poitiers, celle-ci repose sur la présence des réseaux de communication (Paris à 1 h 30, Londres à 1 h 10...), d'universités, de laboratoires de recherche... associés à un environnement favorable (patrimoine culturel, cadre de vie...).
- Les politiques d'aménagement du territoire, conduites par l'État, les régions et les villes ont pour but de corriger les déséquilibres de l'évolution de l'armature urbaine.

SUJET BAC 8

Chapitre 4
La France en villes

Sujet ▶ Analysez les documents pour décrire les transformations récentes de l'espace rural français. Vous préciserez à quel type de territoire rural et à quelles dynamiques le document 2 fait allusion.

ANALYSE DE DOCUMENTS

1 Renaissance rurale

Après une longue période de déclin, la population des espaces ruraux augmente désormais au même rythme que l'ensemble de la population française : + 0,7 % par an.

Ce renouveau démographique de l'espace rural s'appuie sur une double dynamique qui affecte le territoire français :
– la réduction des zones de désertification ;
– l'extension de territoires dont la population croît rapidement.

En effet, les zones de décroissance démographique sont en net recul. Ces dernières, tendent désormais à se concentrer surtout au voisinage des villes portuaires, minières ou de tradition industrielle du Nord et de l'Est.

En parallèle, de vastes zones de croissance démographique émergent (Ouest et Sud-Ouest), s'élargissent fortement (grand Sud-Est), ou se consolident (grand Bassin parisien).

Ainsi de larges territoires, de plus en plus éloignés des villes et du littoral, se densifient significativement.

Si l'attractivité des espaces périurbains et du littoral (Ouest et Sud) ne se dément pas, celle-ci s'accompagne actuellement d'une croissance démographique significative de larges espaces ruraux.

Source : Insee, 2010.

2 Le village de Monthermé dans les Ardennes (3 100 habitants en 1982, 2 500 en 2008)
Couverture du magazine *Maires de France*, n° 267, mars 2010.

Conseil : pour réaliser l'exercice, utilisez la Carte enjeu p. 103 et le Cours p. 110.

Conseils pour traiter le sujet

1 • Présenter les documents
- Précisez la nature et les thèmes des **documents 1** et **2**.

2 • Sélectionner les informations
- **Document 1** :
  – analysez l'évolution démographique des espaces ruraux ;
  – localisez les espaces ruraux en déclin et en renouveau démographique ;
  – définissez « espaces périurbains » ;
  – expliquez les phrases surlignées en jaune.
- **Document 2** :
  – indiquez le type d'espace rural de la photo ;
  – expliquez « *Les territoires ruraux, terres d'avenir* ».

3 • Préciser l'objectif du document 2
- Pensez à dire à quel type de municipalités s'adresse le document.

4 • Compléter les informations des documents
- Faites allusion aux politiques d'aménagement des espaces ruraux : zones de revitalisation rurale*, pôle d'excellence rurale*.

Pistes pour rédiger la réponse

- Le **texte** de l'Insee fait le bilan de l'évolution des espaces ruraux français. Le magazine *Maires de France* donne une vision optimiste des territoires ruraux.
- Au vu des résultats des recensements de l'Insee, on peut pratiquement parler d'une fin de l'exode rural. En effet, globalement les espaces ruraux ont désormais une croissance de leur population comparable à celle des espaces urbains.
- Mais sur le territoire, il faut distinguer :
  – les espaces ruraux qui perdent de la population : espaces proches des régions touchées par la reconversion industrielle, zones portuaires ou montagnes isolées ;
  – les espaces ruraux qui sont en croissance : il s'agit des espaces qui longent le littoral atlantique et méditerranéen, ceux du Sud-Ouest ou ceux qui entourent les grandes aires urbaines.

Ces dynamiques sont à mettre en rapport avec l'extension spatiale des villes (périurbanisation), l'essor du tourisme vert, l'installation de résidences secondaires ou de retraite. L'espace rural n'est plus exclusivement agricole.

- Le **document 2** montre un territoire rural éloigné d'une grande ville, dont la population décline.
Des dispositifs d'aménagement du territoire rural ont pour but de favoriser le maintien ou l'implantation d'activités.

SUJET BAC 9

Chapitre 5
Les dynamiques des espaces productifs dans la mondialisation

Sujet ▶ Quel est le poids de la France dans une agriculture mondialisée ?

COMPOSITION ET RÉALISATION DE SCHÉMAS

Conseils pour traiter le sujet

Le sujet
- Le sujet invite à montrer la puissance de l'agriculture au travers de ses productions et de son organisation, mais aussi à indiquer quels sont les espaces agricoles français insérés dans la mondialisation.

La problématique
- L'agriculture française est l'une des plus puissantes au monde. Quels sont les atouts de la France dans ce domaine ? Toutes les régions agricoles sont-elles concernées par la mondialisation ?

Conseil : pour traiter le sujet, utilisez les Cartes enjeux p. 132-133, le Cours p. 142-143, Stratégies d'acteurs p. 146.

Pistes pour rédiger la composition

Introduction
- L'agriculture française joue un rôle économique majeur dans le monde ; toutes les régions n'ont pas la même importance.

Développement 1er paragraphe
- L'agriculture française, une place importante dans le monde :
  – par ses productions ;
  – par ses exportations ;
  – par son industrie agroalimentaire.

2e paragraphe
- Une agriculture modernisée et spécialisée :
  – rôle de la PAC et de la mondialisation ;
  – modernisation des exploitations et de la production ;
  – des régions très spécialisées exportatrices.

3e paragraphe
- Des espaces inégalement intégrés à la mondialisation :
  – des espaces d'agriculture productiviste à hauts revenus, en compétition avec de nouveaux pays producteurs (schéma 1) ;
  – des exploitations peu intégrées et aux revenus faibles (schéma 2).

Conclusion
- Deux agricultures : des activités bien intégrées au marché mondial qui cohabitent avec des agricultures plutôt marginales.

Schéma 1 – Les espaces agricoles intégrés au marché mondial

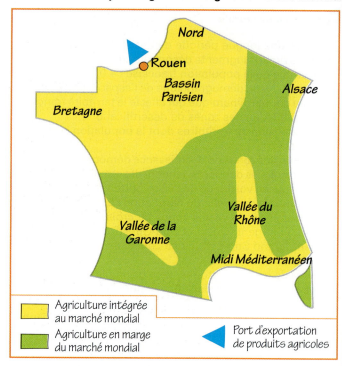

Agriculture intégrée au marché mondial
Agriculture en marge du marché mondial
▶ Port d'exportation de produits agricoles

Schéma 2 – Espaces agricoles en difficulté

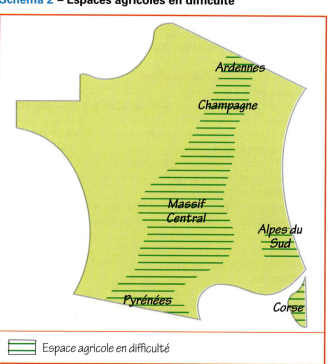

Espace agricole en difficulté

SUJET BAC 10

Chapitre 6
Mobilités, flux et réseaux de communication dans la mondialisation

Sujet ▸ La France, au cœur du réseau de communication européen et mondial.

COMPOSITION ET RÉALISATION DE SCHÉMAS

Conseils pour traiter le sujet

Le sujet
- Vous devez réfléchir aux limites géographiques du sujet et au sens de l'expression « au cœur du réseau ».

La problématique
- Le sujet vous invite à vérifier si la France est au cœur du réseau de communication européen et mondial.
- Pour cela, pensez à décrire la géographie du réseau français et ses aménagements *(ne pas oublier la dimension mondiale du sujet qui justifie l'évocation des ports et aéroports internationaux)* ; à évoquer aussi l'importance des métropoles dans le fonctionnement des réseaux de communication.

Le plan
- La problématique conduit à mobiliser des connaissances autour des questions suivantes :
  – Quelle est la situation géographique de la France dans l'espace européen et mondial ?
  – Qu'est ce qui caractérise l'organisation du réseau de transport français par rapport à l'espace européen et mondial ?
  – Quels sont les grands nœuds de communication français ?
  – Quels grands aménagements sont en projet ?

Les paragraphes
- Organisez le devoir en 3 grands paragraphes autour des thèmes suivants :
  – **1er paragraphe** : Un réseau de communication Nord-Ouest / Sud-Est centré sur la capitale (**schéma 1**).

  Conseil : utilisez la Carte enjeux p. 156, l'Étude de cas p. 158, le Cours p. 164.

  – **2e paragraphe** : Des aménagements qui intègrent le réseau de transport français aux réseaux européen et mondial (**schéma 1**).

  Conseil : utilisez les Cartes enjeux p. 155-157, les Cours p. 162-166, Gérer les territoires p. 170.

  – **3e paragraphe** : Les métropoles françaises au cœur des réseaux de communication (**schéma 2**).

  Conseil : utilisez les Cours p. 162-164.

Schéma 1 – Le réseau de communication français dans l'espace européen

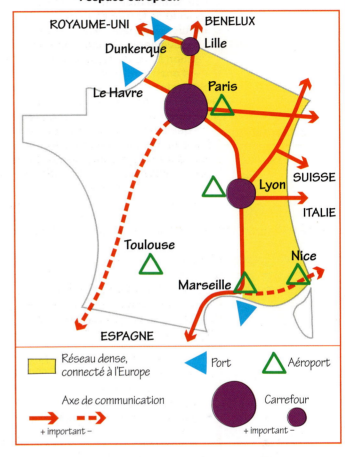

Schéma 2 – Les métropoles, nœuds majeurs du réseau de communication

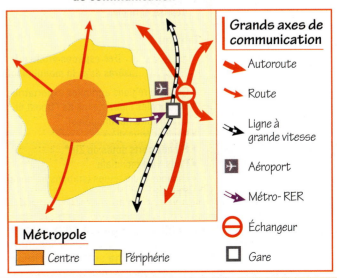

SUJET BAC 11

Chapitre 5
Les dynamiques des espaces productifs dans la mondialisation

Sujet ▶ Les espaces productifs français dans la dynamique de la mondialisation.

COMPOSITION

Conseils pour traiter le sujet

Le sujet
- **La formulation du sujet** exige que l'on étudie la situation des espaces productifs français dans la logique de la mondialisation.
- Pour cela, il faut envisager :
  – d'évaluer la situation de la France et de ses activités économiques concernées par la mondialisation (industrie, agriculture…) ;
  – d'analyser l'évolution des principaux types d'espaces productifs (sans oublier les métropoles) dans le contexte de la mondialisation.

La problématique
- **L'analyse du sujet induit une problématique** que l'on peut formuler à partir des questions suivantes :
  – quelles sont les conséquences de la mondialisation sur l'économie française ?
  – la mondialisation est-elle une contrainte ou bien peut-elle être un atout ?
  – quelles dynamiques affectent les différents territoires productifs de la France ?

Le plan
- **On peut organiser le plan** à partir des deux grands thèmes suivants :
  – thème 1 : la mondialisation, une nouvelle donne pour la France ;
  – thème 2 : des espaces productifs inégalement insérés dans la mondialisation.
- **Mobilisez des connaissances** en reproduisant et en complétant les **tableaux 1** et **2**.

Conseil : pour compléter les tableaux 1 et 2, utilisez les Cartes enjeux p. 130-133, l'Étude de cas p. 134, les Cours p. 138-145, Stratégies d'acteurs p. 146 et p. 148, Question en débat p. 150.

Tableau 1

La France dans la mondialisation	Les activités		
	L'industrie	L'agriculture	Les services
• Une puissance qui compte. • Des firmes puissantes (FTN). • Un territoire encore très attractif. • Une concurrence accrue pour la France. • De forts bouleversements sociaux et spatiaux : – régions gagnées par la désindustrialisation, les délocalisations, la reconversion ; – déprise agricole.	• Une activité encore majeure. • De grands groupes industriels français. • Les investissements à l'étranger créateurs d'emplois. • Des territoires de l'innovation : pôles de compétitivité, technopôles…	• La France, une puissance agricole mondiale. • Des firmes et des exportations agroalimentaires, force de l'agriculture. • Une agriculture en compétition avec de nouveaux producteurs.	• Un secteur d'activité très important et peu concurrencé. • De firmes au rayonnement mondial. • Le tourisme révélateur de la place de la France dans la mondialisation.

Tableau 2

Des espaces productifs insérés dans la mondialisation	Des espaces productifs en marge de la mondialisation
• Grandes régions agricoles exportatrices. • Métropoles industrielles de l'Ouest et du Sud du territoire (technopôles). • Régions frontalières. • Grands ports dotés de ZIP*. • Paris, ville mondiale. • Espaces touristiques (stations balnéaires ou de sports d'hiver).	• Espaces agricoles de moyenne montagne et de plateaux. • Régions industrielles en reconversion. • Agglomérations mal reliées aux réseaux de communication.

Les paragraphes
- **Rédigez le devoir** en deux grands paragraphes :
  – **1er paragraphe** : utilisez les informations du **tableau 1** ;
  – **2e paragraphe** : utilisez les informations du **tableau 2** et le **croquis du sujet Bac 13**.

Chapitre 5
Les dynamiques des espaces productifs dans la mondialisation

Sujet ▶ Les espaces productifs français dans la dynamique de la mondialisation.

RÉALISATION D'UN CROQUIS

Croquis – Les espaces productifs français dans la dynamique de la mondialisation

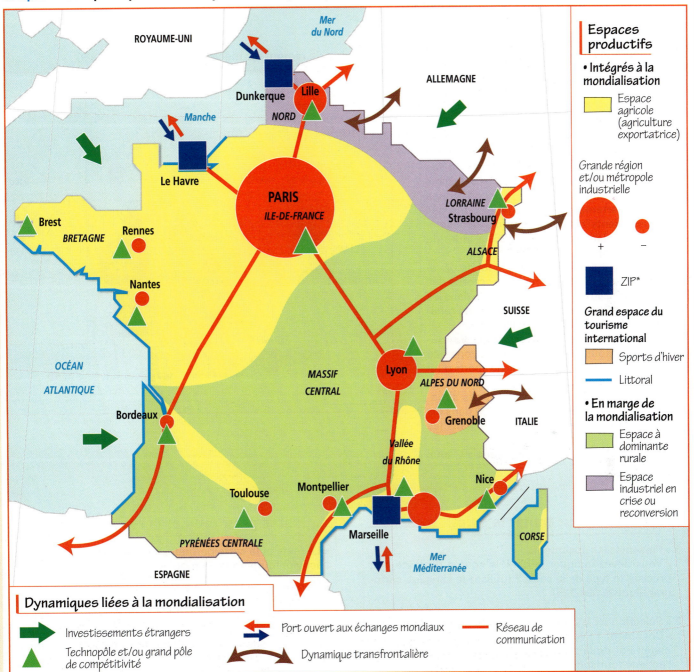

Conseils Bac

1 ▶ Dans un premier temps, tracez et coloriez les **figurés de surface** : espaces agricoles, espaces de tourisme d'hiver, régions industrielles en reconversion.

2 ▶ Reportez ensuite tous les **figurés ponctuels**, puis les traits et flèches.

Conseil : utilisez des **crayons de couleurs** pour dessiner les figurés de surface, des **feutres** pour superposer les autres figurés.

SUJET BAC 13

Chapitre 5
Les dynamiques des espaces productifs dans la mondialisation

Sujet ▶ L'activité touristique en montagne. Analysez les deux documents. Vous montrerez quels sont les acteurs et les aménagements de la montagne ainsi que les conséquences du tourisme d'hiver sur la population, l'économie et l'emploi des massifs montagneux français.

ANALYSE DE DOCUMENTS

1 La montagne dynamisée par le tourisme

En France, l'essor des sports d'hiver a été longtemps soutenu par les pouvoirs publics dans la perspective de freiner l'exode rural et de développer l'économie des régions de montagne.

L'État et les collectivités locales ont d'abord financé les infrastructures, notamment les routes. Puis, au début des années 1980, les lois de décentralisation ont permis aux communes et aux départements de s'engager dans des investissements importants, parfois inconsidérés, que le plan Montagne (1985) a tenté de contrebalancer.

Récemment encore, en 2005, la loi de développement des territoires ruraux a accordé des avantages fiscaux aux investissements dans les logements inclus dans des opérations de réhabilitation de l'immobilier de loisir.

De fait, le tourisme d'hiver, ajouté au tourisme d'été, soutient l'économie des zones de montagne. L'emploi des stations de sports d'hiver représente globalement 15 % de l'emploi total des zones de montagne avec des situations très contrastées : il dépasse 45 % dans les Alpes du Nord, mais se situe à 24 % dans les Pyrénées.

www.larousse.fr, 2010.

2 Nombre de remontées mécaniques par massif (2009)

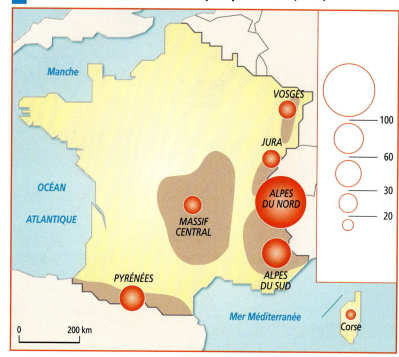

Conseil : pour réaliser l'exercice, utilisez la Carte enjeux p. 133 et le Cours p. 144.

Conseils pour traiter le sujet

1 • Présenter les documents
- Vous devez indiquer la date, la source du **texte 1** et préciser le type de la **carte 2** (utilisez le **Langage cartographique p. 324-325**).

2 • Sélectionner les informations
- **Document 1** : vous aurez à lister les acteurs de l'aménagement de la montagne, à évaluer l'importance de l'activité touristique en montagne, à préciser le sens de certaines expressions : « exode rural », « lois de décentralisation ».
- **Document 2** : la carte vous permet de comparer l'inégale importance des équipements destinés aux sports d'hiver des montagnes françaises et d'avancer des explications.

3 • Compléter les informations des documents
- Utilisez des exemples étudiés en classe pour nuancer, préciser et compléter les informations du texte et de la carte.

Pistes pour rédiger la réponse

- Le **texte** et la **carte** permettent d'aborder la question de l'activité touristique en montagne.

- La montagne française a fait l'objet de nombreux aménagements (routes, stations…), à l'initiative de différents acteurs : l'État, les collectivités locales (communes, départements, Régions). Les lois de décentralisation, les plans et lois d'aménagement (loi Montagne, loi de développement des territoires ruraux) ont accompagné ce processus.

- L'économie de la montagne a été de ce fait dynamisée.

- Mais les massifs ne bénéficient pas tous de la même rente touristique. Les Alpes, au cœur de l'Europe, proches des grandes métropoles, bien reliées aux réseaux de communication, sont très équipées pour accueillir les touristes.

- Pour la France, le tourisme est une activité importante. Les aménagements qui lui sont dédiés (en montagne, sur le littoral…) permettent au pays d'avoir un rôle majeur dans la mondialisation du tourisme.

Chapitre 5
Les dynamiques des espaces productifs dans la mondialisation

Sujet ▶ À l'aide des documents 1 et 2, montrez la place de la France dans la mondialisation. Indiquez quel est l'intérêt du document 2 pour évaluer les activités et le dynamisme des grandes firmes françaises.

ANALYSE DE DOCUMENTS

1 Les filiales françaises à l'étranger (2009)

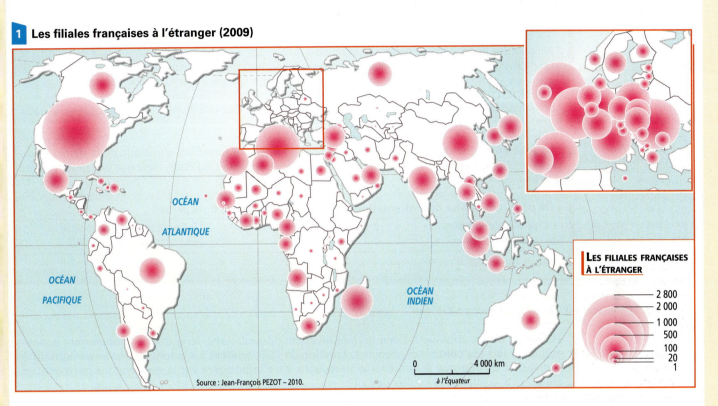

Source : Jean-François PEZOT – 2010.

Conseil : pour réaliser l'exercice, utilisez les Cours p. 138-141 et p. 264-267.

2 Classement des entreprises françaises
(Chiffre d'affaires 2009)

Rang français	Firmes	Activités	Rang mondial
1	Axa	Assurance	9e
2	Total	Pétrole	14e
3	BNP-Paribas	Banque	18e
4	Carrefour	Commerce	22e
5	GDF-Suez	Énergie	29e
6	Crédit Agricole	Banque	36e
7	EDF	Énergie	52e
8	Société Générale	Banque	62e
9	Peugeot	Automobile	94e
10	France Telecom	Communication	105e

Source : Fortune 2010, http://money.cnn.com.

Pistes pour rédiger la réponse

- La **carte** (par figurés ponctuels) et le tableau permettent de mesurer l'importance des grandes firmes françaises dans le monde. Ce sont des firmes transnationales (FTN).
- Le **document 1** reflète l'intégration des FTN françaises dans la mondialisation. Elles sont présentes sur tous les continents :
  – majoritairement dans les grands foyers de consommation et/ou de production : Europe occidentale, Asie orientale, Inde et Amérique du Nord ;
  – mais aussi dans les pays en développement (Afrique, Amérique latine) ou des pays en recomposition comme la Russie.
- Le **document 2** confirme le poids des FTN françaises : 10 figurent parmi les 100 plus grandes firmes mondiales.
- Le **document 2** met aussi en évidence les secteurs d'activité où les FTN françaises sont puissantes (les services et la production de pétrole et d'énergie) ou plutôt absentes (l'industrie).
- Les deux documents montrent à la fois l'insertion de la France dans la mondialisation et la puissance de ses activités tertiaires.

Chapitre 7
De l'espace européen aux territoires de l'Union européenne

Sujet ▶ L'espace européen, unité ou diversité ?

COMPOSITION

Conseils pour traiter le sujet

Le sujet
- **L'expression « unité et diversité »** doit retenir toute votre attention :
  – « Unité » invite à réfléchir aux éléments qui justifient l'existence d'une certaine cohésion entre les peuples européens, ainsi qu'à l'évolution du territoire européen lui-même : du morcellement en de multiples États à une Union qui couvre quasiment toute l'Europe.
  – « Diversité » doit faire penser aux nombreux clivages qui perdurent entre les États.
- **Le point d'interrogation** conduit à s'interroger sur les défis qui se posent au continent européen et plus particulièrement à l'Union européenne : réduction des contrastes, intégration de nouveaux États…

La problématique
- **La problématique** découle de l'analyse du sujet : il faudra poser les questions de la diversité du continent, de la réalisation du projet d'union entre les peuples et les États, ainsi que des perspectives d'avenir pour l'UE.

Le plan
- **On peut rassembler des informations** et organiser le plan en trois parties :

1. Diversité et contrastes du continent européen	2. De l'Europe à l'UE	3. Des obstacles à surmonter, des défis à relever pour l'UE

Conseil : pour réunir les informations et rédiger la composition, utilisez le chapitre 7.

Pistes pour rédiger la composition

Introduction
- L'Europe est un continent d'une grande diversité : populations, langues, développement économique… Mais ces contrastes, depuis la création de l'UE, tendent à s'estomper. Après avoir montré la diversité de l'Europe et son évolution récente, on s'interrogera sur la réalité et les perspectives d'une Europe unie sous l'égide de l'UE.

Développement 1er paragraphe
- **L'Europe, un continent d'une grande diversité.**
  Une grande diversité géographique : un environnement constitué de milieux contrastés (climat, relief…) ; un peuplement assez contrasté ; des États-nations de plus en plus nombreux depuis 1989 ; une grande diversité culturelle, religieuse ; des économies aux activités très différentes (États à dominante agricole, industrielle…) et des écarts de développement relativement forts.

2e paragraphe
- **L'Union européenne, moteur de l'unification du continent.**
  – Un espace de civilisation homogène.
  – Un projet européen déjà ancien : CECA, CEE puis UE.
  – Une logique d'extension qui s'est accélérée avec l'intégration des « satellites de l'ex URSS » et des candidatures à l'adhésion.
  – L'UE, une construction supranationale qui est désormais une grande aire de puissance économique.
  – Une identité européenne qui s'édifie peu à peu avec l'approfondissement de l'Union ; libre circulation des hommes, monnaie unique, politique européenne de sécurité et de défense, orientation vers des choix de développement durable.
  – L'UE, un acteur de la réduction des contrastes entre les individus et les territoires : Fonds européens, programmes Leader, Interreg, eurorégions…

3e paragraphe
- **Les défis majeurs de l'Union européenne.**
  – Une Union à géométrie variable : euro, accords de Schengen non adoptés par tous les États.
  – Des choix communautaires contestés par certains États : PAC, politique régionale…
  – Dans le monde, un poids politique et diplomatique encore modeste.
  – L'enjeu des nouvelles candidatures (notamment celle de la Turquie) pose la question d'une définition des limites de l'UE.

Conclusion
- L'Europe a surmonté ses divisions et constitue désormais une aire de puissance qui compte dans la mondialisation. Le projet d'une Europe unie se réalise au travers de l'UE malgré les obstacles et les débats qu'il suscite.

SUJET BAC 16

Chapitre 7
De l'espace européen aux territoires de l'Union européenne

Sujet ▶ Les inégalités spatiales du territoire de l'Union européenne.

RÉALISATION D'UN CROQUIS

Croquis – Les inégalités spatiales du territoire de l'Union européenne

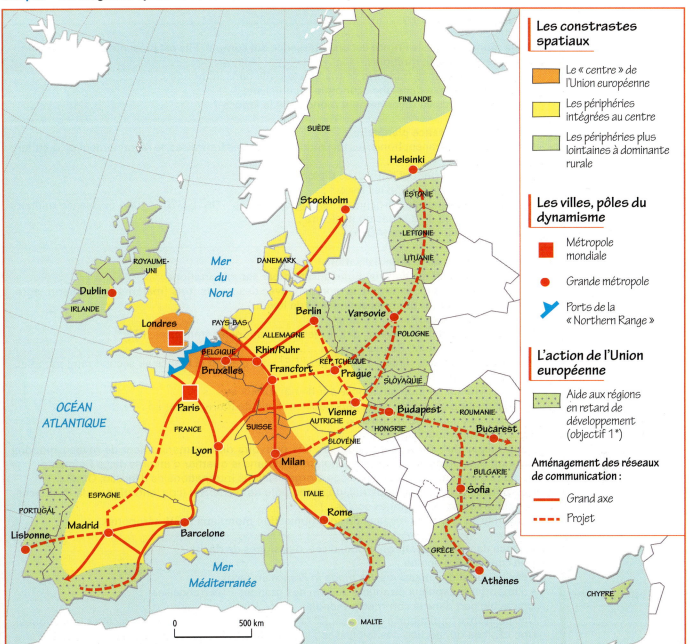

Conseils Bac

1 ▶ La légende et le croquis doivent faire apparaître non seulement les **inégalités spatiales** (rubrique 1 du croquis), mais aussi des informations sur des **facteurs de dynamisme** (rubrique 2).

2 ▶ L'**action de l'Union européenne** en faveur du développement des populations et des territoires doit constituer une rubrique de la légende (**rubrique 3**).

Conseil : opérez un choix dans les informations à cartographier. Un trop grand nombre d'informations et de figurés peut nuire à la lisibilité du croquis.

Chapitre 10
La France dans la mondialisation

Sujet ▶ La présence de la France dans le monde et les enjeux liés à la mondialisation.

COMPOSITION

Conseil : pour rédiger la composition, utilisez le chapitre 10.

Pistes pour rédiger la composition

Introduction
- Dans le monde actuel, la France est une puissance qui compte. Elle est présente sur tous les continents et ses atouts sont multiples.
  – Comment la présence française se manifeste-t-elle dans le monde ?
  – Quelle place a-t-elle dans une économie mondialisée ?
  – Y a-t-il des limites au rayonnement mondial de la France ?

Développement — 1er paragraphe
- **La France, une présence planétaire.**
  – Par sa culture : la francophonie, les institutions culturelles françaises, le rayonnement de la culture française…
  – Par son influence géopolitique et sa diplomatie :
    • un vaste territoire (ZEE*), les DROM* ;
    • une place aux grandes organisations internationales : ONU, G20… ; une puissance militaire dotée d'une force de dissuasion nucléaire ;
    • l'aide au développement (ADP*).

2e paragraphe
- **La France au cœur de la mondialisation.**
  – Une économie insérée dans la mondialisation par ses exportations :
    • de marchandises (6e exportateur mondial), avec des points forts (matériel de transport, agro-alimentaire, produits pharmaceutiques et de luxe…) ;
    • de services (4e exportateur mondial).
  – Une présence forte, au travers : des firmes transnationales françaises (FTN*) :
    • Veolia, Michelin, Total, Renault-Nissan… ;
    • des investissements directs à l'étranger (IDE*) qui placent la France au second rang mondial.
  – Un territoire attractif :
    • une activité touristique qui repose sur de nombreux atouts ;
    • 1re destination mondiale, avec plus de 70 millions de touristes par an ;
    • 3e destination des IDE mondiaux.
  – Paris, une ville mondiale :
    • une mégapole* densément peuplée ; des pouvoirs de commandement de niveau mondial (économique, financier…) localisés notamment dans le quartier d'affaires de La Défense ;
    • un poids diplomatique certain, siège d'organisations internationales (Unesco, OCDE) ;
    • un pôle de production industriel, un grand pôle de recherche (concentration de la Recherche-Développement, des grandes écoles…) ;
    • une ville au cœur des réseaux de communication mondiaux (LGV, aéroports).

3e paragraphe
- **La France dans la compétition mondialisée, des signes de déclin ?**
  – Une concurrence accrue :
    • des importations massives, un *made in France* en recul ;
    • d'importants capitaux étrangers au sein des grandes FTN françaises.
  – Une faible part dans le commerce mondial.
  – Une puissance touristique à relativiser (3e rang mondial seulement pour les recettes touristiques).
  – Une capitale qui accuse des faiblesses : la place financière de Londres précède celle de Paris, solde migratoire négatif…

Conclusion
- L'influence et le rôle de la France dans le monde sont encore fortes, mais l'apparition de nouveaux concurrents relativise désormais sa place dans la mondialisation.

Chapitre 9
L'Union européenne dans la mondialisation

Sujet ▶ La place et le rôle de la Northern Range dans la mondialisation. Analysez les deux documents et montrez l'importance mondiale de la façade maritime de la Northern Range.

ANALYSE DE DOCUMENTS

Conseil : pour réaliser l'exercice, utilisez la Carte enjeux p. 246 et le Cours p. 250.

1 Les grands ports de conteneurs (2009) et les grandes routes maritimes

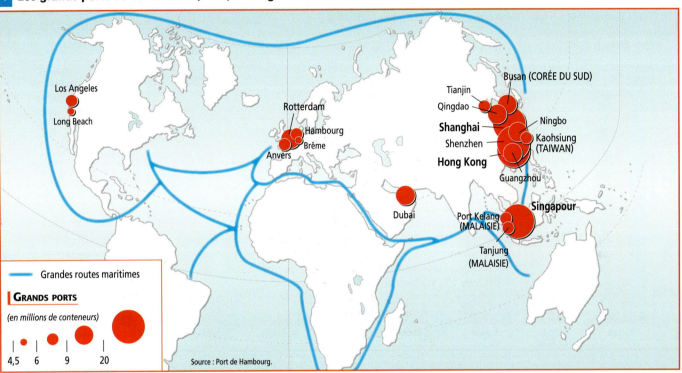

Source : Port de Hambourg.

2 La Northern Range

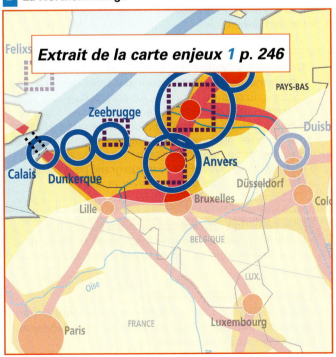

Extrait de la carte enjeux 1 p. 246

Conseils pour traiter le sujet

1 • Présenter les documents
- Vous devez indiquer la date, le type des **cartes 1** et **2** (utilisez le **Langage cartographique p. 324-325**) et leurs thèmes.

2 • Sélectionner les informations
- **Document 1 :**
  – Localisez les grandes concentrations géographiques de ports de conteneurs et donnez la définition de « façade maritime » ;
  – Comparez la Northern Range à la façade maritime de l'Asie orientale ;
  – Classez les ports de la Northern Range en fonction de leur importance (utilisez aussi la **carte 2**).
- **Document 2 :**
  Analysez l'arrière-pays* de la Northern Range :
  – situez la Northern Range dans l'espace de l'UE ;
  – indiquez quel fleuve structure son arrière-pays ;
  – justifiez la présence d'une grande façade maritime dans cette partie de l'Europe.

3 • Compléter les informations des documents
- Utilisez des exemples étudiés en classe pour nuancer, préciser et compléter les informations des **cartes 1** et **2**.

SUJET BAC 19

Chapitre 10
La France dans la mondialisation

Sujet ▶ Le tourisme en France. Analysez les deux documents et montrez que la France est un grand pôle du tourisme mondial. Avec le document 2, vous évoquerez les atouts du territoire français ainsi que les aménagements réalisés pour le tourisme.

ANALYSE DE DOCUMENTS

Conseil : pour réaliser l'exercice, utilisez la Carte enjeux 2 p. 133 et le Cours p. 268.

1 Le tourisme en France

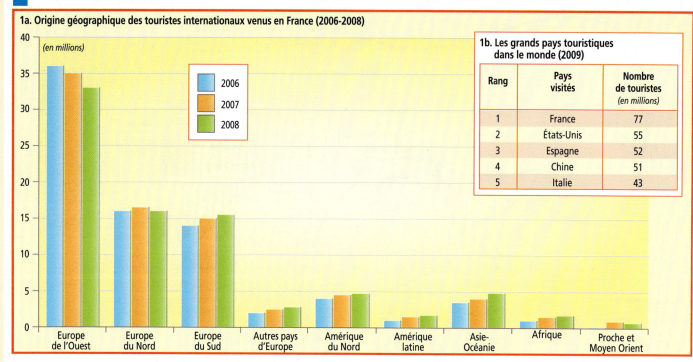

1a. Origine géographique des touristes internationaux venus en France (2006-2008)

1b. Les grands pays touristiques dans le monde (2009)

Rang	Pays visités	Nombre de touristes (en millions)
1	France	77
2	États-Unis	55
3	Espagne	52
4	Chine	51
5	Italie	43

2 Les espaces du tourisme

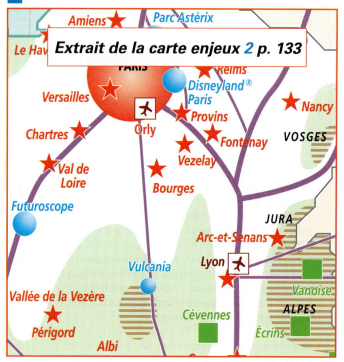

Extrait de la carte enjeux 2 p. 133

Conseils pour traiter le sujet

1 • Présenter les documents
• Indiquez la date, le type des **cartes 1** et **2** (utilisez la **méthode p. 282** et le **Langage cartographique p. 324-325**) et leurs thèmes.

2 • Sélectionner les informations
• **Document 1 :** Vous aurez à identifier :
 – l'origine des touristes pour chacune des grandes régions du monde : Europe, Amérique, Asie… ;
 – l'importance du nombre de touristes ;
 – l'évolution du nombre de touristes venus en France par grandes régions géographiques : évolution positive, évolution négative.
• Montrez aussi que la France est un grand pays d'accueil.
• **Document 2 :** Vous devrez relever et classer :
 – les grands types d'espaces touristiques : montagnes, littoraux… ;
 – les lieux du tourisme : parcs, musées…
• Indiquez quels aménagements sont réalisés pour l'accueil des touristes : routes, aéroports, stations balnéaires…

3 • Compléter les informations des documents
• Vous pouvez signaler qu'en France le tourisme de transit occupe une place importante et qu'il est dépendant de la conjoncture internationale.

SUJET BAC 20

Chapitre 10
La France dans la mondialisation

Sujet ▶ Paris, ville mondiale. Analysez les documents pour répondre à la question suivante : Paris, une ville mondiale ?

ANALYSE DE DOCUMENTS

1 Les fonctions de la capitale

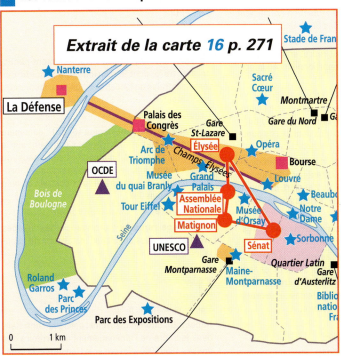

Extrait de la carte 16 p. 271

2 Paris, une grande ville d'accueil ▶

Publicité parue dans *Enjeux les Échos*, décembre 2010.

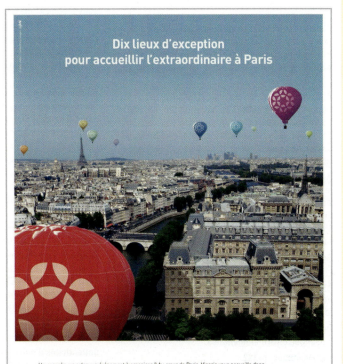

Conseil : pour réaliser l'exercice, utilisez la carte 16 p. 271 et le cours p. 270.

Conseils pour traiter le sujet

1 • Présenter les documents
- Dans votre présentation des deux documents, n'oubliez pas de préciser ce qu'est un document promotionnel (**Conseils Bac p. 60**).

2 • Sélectionner les informations
- **Document 1** : il faut sélectionner et classer les différentes fonctions de Paris (politique, économique, culturelle...). Notez que certaines fonctions sont nationales et que la plupart sont internationales.
- **Document 2** : vous devez relever les atouts de Paris mis en avant par le document.

3 • Préciser l'objectif du document 2
- Indiquez que le document vise un public particulier intéressé par l'organisation de congrès, de foires...

4 • Compléter les informations des documents
- Le sujet, en forme d'interrogation, vous invite à signaler certains éléments de faiblesses de la capitale.

Pistes pour rédiger la réponse

- Les documents (une carte thématique et un document promotionnel) mettent en évidence l'importance de Paris au plan international.
- Le rôle et les fonctions de la capitale sont multiples. Paris a des fonctions dignes d'une ville mondiale :
  – pouvoirs politiques ; institutions internationales ;
  – lieux de culture (musées, monuments...) ou récréatifs ;
  – quartiers d'affaires (La Défense, la Bourse...).
- Paris est très attractive. Elle accueille des manifestations internationales (salons, expositions, foires...). La ville dispose des équipements nécessaires : *« 10 lieux de prestige »* précise le document 2. De plus, Paris est bien reliée au monde : le document 1 ne montre que les gares ; les deux aéroports sont situés en périphérie.
- L'expression « Paris ville mondiale » doit cependant être nuancée. Londres dispose de plus d'atouts (grande place financière et d'affaires) ; le prestige des grandes écoles et universités est quelquefois remis en cause... Le projet du Grand Paris vise à renforcer le rôle mondial de Paris.

LEXIQUE

Les mots en bleu renvoient aux pages Ce qu'il faut savoir, *où ils sont définis dans la rubrique Mots clés.*

A

ACP : voir *Pays ACP**.

Acquis communautaires : ensemble de règles communautaires existantes qui distinguent la construction européenne d'une simple zone de libre-échange : valeurs partagées, marché solide, facilitées de déplacement, droit commun.

Agence de l'environnement et de la maîtrise de l'énergie (ADEME) : établissement public à caractère industriel et commercial. L'ADEME participe à la mise en œuvre des politiques publiques dans les domaines de l'environnement, de l'énergie et du développement durable.

Agence de l'eau : établissement public créé par la loi sur l'eau de 1964. Les six agences ont pour objectifs la lutte contre la pollution des eaux, la protection et la restauration de la qualité des ressources en eau (rivières et nappes) et des milieux aquatiques naturels.

Agenda 21 : ensemble de recommandations pour le XXIe siècle, visant à sauvegarder la planète Terre dans une problématique de développement durable. Proposé lors de la Conférence de Rio en 1992, l'Agenda 21 s'applique à toutes les échelles territoriales : la planète, l'État, la Région, la ville.

Agriculture biologique : agriculture qui n'utilise pas de produits chimiques.

Agriculture intensive : agriculture qui obtient de hauts rendements à l'hectare par l'utilisation de techniques modernes de production.

Agriculture raisonnée : agriculture qui limite les nuisances environnementales.

Agri-manager : p. 142.

Aide publique au développement : p. 266.

Aires urbaines, espace à dominante urbaine : p. 104.

Aléa : facteur physique à l'origine d'un risque.

Alliance française : fondation créée en 1883 dont la mission est la promotion de la langue et de la culture française à l'étranger. Son réseau se compose de plus d'un millier de comités installés dans 135 pays.

Aménité : conditions favorables d'un lieu, qualité de son cadre de vie.

Anthropique : qui relève de l'homme ou page 88.

Appellation d'origine protégée (AOP) : créé en 1992, l'AOP est un label européen pour protéger « un produit dont la production, la transformation et l'élaboration doivent avoir lieu dans une aire géographique déterminée avec un savoir-faire reconnu et constaté ».

Attractivité : capacité d'un territoire à attirer des entreprises, des habitants, des touristes.

B

Balance commerciale : le compte qui retrace la valeur des biens exportés et la valeur des biens importés.

Balance des services : voir *balance commerciale**, appliqué aux *services**. Dans certains pays la balance commerciale couvre les biens et les services.

Banlieue : commune ou quartier à la périphérie d'une commune-centre en continuité de bâti. L'ensemble constitue l'agglomération.

C

Cabotage : navigation le long des côtes.

Cairns : le groupe de Cairns est une organisation internationale créé en août 1986 à Cairns en Australie, réunissant des pays exportateurs de produits agricoles partisans de la libéralisation des échanges de produits agricoles et opposés aux subventions et mesures de protection notamment de l'Union européenne et des États-Unis.

Carte par anamorphose : l'information (population, superficie des États…) est représentée par des rectangles de surface proportionnelle à l'importance du phénomène.

Carte thématique : carte qui représente un phénomène géographique précis ; elle localise ce phénomène (exemple : carte des États du monde) ou le hiérarchise (exemple : carte des densités de population dans le monde).

Centralités : concentration en un lieu stratégique des acteurs et des activités tirant parti de l'accessibilité, des moindres coûts de transfert, des avantages de l'agglomération, de la richesse de l'information.

Centre logistique : espace à partir duquel s'organisent les activités de transport.

Charte de l'environnement : adossée à la Constitution de la Ve République par la loi constitutionnelle du 1er mars 2005, la Charte affirme le droit de chacun à un environnement sain et le devoir de protéger le patrimoine naturel et culturel.

Cohésion : p. 32.

Cohésion territoriale : p. 198.

Collectivités d'outre-mer (COM) : elles sont dotées d'une autonomie. Sous cette appellation se cachent des situations différentes dont la Nouvelle-Calédonie, qualifiée de « collectivité spécifique » car son statut définitif doit être fixé par consultation des populations en 2014.

Collectivité territoriale : p. 50.

Commission nationale du débat public (CNDP) : p. 64.

Communauté d'agglomération : EPCI regroupant plusieurs communes formant un ensemble de plus de 50 000 habitants autour d'une ou de plusieurs communes-centre de plus de 15 000 habitants. Ces communes s'associent en vue d'élaborer et de conduire ensemble un projet commun de développement urbain et d'aménagement de leur territoire.

Communauté de communes : EPCI regroupant plusieurs communes en vue de l'élaboration d'un projet commun de développement et d'aménagement de l'espace.

Communauté de pays : *voir communauté de communes**.

Communauté européenne du charbon et de l'acier (CECA) : créée en 1951 en réponse au discours de Robert Schuman le 9 mai 1950. Elle marque le début de la construction européenne lancée par la France, l'Italie, la RFA et les trois pays du Benelux.

Communauté urbaine : EPCI regroupant plusieurs communes qui s'associent pour élaborer et conduire ensemble un projet commun de développement urbain et d'aménagement de leur territoire. Les communautés urbaines créées depuis 1999 devaient constituer un ensemble d'un seul tenant et sans enclave de plus de 500 000 habitants ; de plus de 450 000 habitants depuis la réforme territoriale de 2010.

Commune : héritée de la Révolution française la commune est la plus petite collectivité territoriale et la seule à bénéficier de la compétence générale depuis la réforme territoriale de 2010. (36 680 communes au 1er janvier 2011).

Commune nouvelle : nouveau dispositif créé par la réforme territoriale de 2010 pour relancer la fusion de communes voisines ou de toutes les communes d'un EPCI.

Compétence : p. 30.

Compétitivité : p. 32.

Conservatoire du littoral : établissement public, créé en 1975, dont la mission est d'acquérir des terres littorales ou lacustres fragiles ou menacées, notamment par l'urbanisation, afin de les protéger.

Continent : p. 194.

Contrat de projet État-Région (CPER) : document par lequel l'État et une Région s'engagent sur la programmation et le financement pluriannuel de projets importants pour l'aménagement du territoire. Ils ont succédé en 2007 aux contrats de plan institués depuis 1982.

Convergence : voir *Objectif de convergence**.

Croissance rurbaine : croissance des villages proches des villes du fait de l'installation de population urbaine.

D

Décentralisation : p. 50.

Décentralisation industrielle : politique consistant dans le cadre de l'aménagement du territoire des années 1950 1960 à favoriser le transfert et la création d'activités industrielles vers des zones périphériques peu industrialisées.

Délégation à l'aménagement du territoire et à l'attractivité régionale (DATAR) : créée en 1963 sous le nom de Délégation à l'aménagement du territoire et de l'action régionale, la Datar a eu un rôle de réflexion, d'impulsion et d'animation des politiques d'aménagement du territoire de l'État. Elle est devenue la DIACT (Délégation interministérielle à l'aménagement et à la compétitivité des territoires) entre 2006 et 2009.

Déconcentration : politique d'aménagement du territoire, dans les années 1950-1960, visant à favoriser le transfert et la création d'activités industrielles en province.

Délocalisation : transfert d'activités (de production ou de conception) du territoire national vers des pays étrangers souvent en développement.

Département : création de la Révolution, le département devient collectivité locale autonome avec un exécutif élu en 1871. On compte 101 départements (dont 5 d'outre-mer qui ont également le statut de région). Le département a des compétences étendues dans les secteurs sanitaire et social, le financement des collèges, l'entretien des routes départementales.

Départements et régions d'outre-mer (DROM) : Guadeloupe, Guyane, Martinique, La Réunion et, depuis 2011, Mayotte. Depuis la réforme constitutionnelle de 2003, les départements d'outre-mer ont en même temps le statut de « région ».

Déprise agricole : recul de la mise en valeur agricole d'un territoire.

Désindustrialisation : diminution ou disparition de l'activité industrielle.

Développement durable : notion apparue à la fin des années 1980 et reprise au sommet de Rio de 1992, qui vise à promouvoir un mode de développement qui réponde aux besoins du présent sans compromettre la capacité des générations futures à répondre à leurs besoins. Le développement durable suppose la prise en compte globale de facteurs économiques, sociaux et environnementaux.

Directive territoriale d'aménagement et de développement durables (DTADD) : documents de planification, d'aménagement et d'urbanisme, élaborés sous la responsabilité de l'État, des collectivités territoriales et des groupements de communes concernés. Ils fixent les objectifs et les orientations en matière de développement durable (trames vertes et bleues, amélioration des performances énergétiques, réduction des émissions de gaz à effet de serre…).

Distance-temps : distance caractérisée par le temps nécessaire pour parcourir cette distance.

Direction régionale de l'environnement, de l'aménagement et du logement (DREAL) : née en 2007, cette nouvelle structure, pilote les politiques de développement durable résultant notamment des engagements du Grenelle Environnement*, ainsi que celles du logement et de la ville.

Durabilité ou **soutenabilité :** qualité du développement qui répond aux besoins présents de la société sans compromettre la capacité des générations futures à répondre à leurs besoins.

Effet-tunnel : absence de retombées positives pour un espace traversé par un mode de transport rapide qui s'arrête peu entre les deux points qu'il relie.

Emplois périproductifs : emplois de service aux entreprises ; voir fonctions périproductives p. 138.

Emploi résidentiel : p. 110.

Emplois métropolitains supérieurs : p. 144.

Environnement : désigne ce qui environne une société et qui comprend des composantes physiques (eau, sol, air, relief), la faune, la flore et plus largement la biodiversité, et des constructions humaines. Ces composantes qui interagissent sont toutes, à des degrés divers, modifiées par des activités humaines passées et actuelles.

Equal : programme financé par le *Fond social européen*(FSE). Il permet la coopération transnationale pour la promotion de pratiques nouvelles de lutte contre les discriminations sur le marché du travail.

Équité : égalité en termes d'accès aux ressources naturelles, aux services publics, à l'emploi, et aux divers avantages de la vie en société.

Équivalent vingt pieds (EVP) (en anglais : TEU – *twenty-foot equivalent unit*) : unité de mesure de conteneur qui correspond approximativement à un volume de 30 m^3.

Erasmus *(European region action scheme for the mobility of university students)* : programme européen pour favoriser les échanges d'étudiants et d'enseignants entre les grandes écoles et les universités en Europe.

Espace à dominante rurale : espace hors des aires urbaines. Il comprend les unités urbaines ayant moins de 5 000 emplois et les communes rurales non périurbaines : 70 % de la superficie de la France métropolitaine et les deux-tiers des communes.

Espace périurbain, périurbanisation : p. 104.

Espace Schengen : p. 196.

Établissement public de coopération intercommunales (EPCI) : regroupement de communes ayant pour objet l'élaboration de « projets communs de développement au sein de périmètres de solidarité ». Les communautés urbaines, communautés d'agglomération et communautés de communes sont des EPCI. Toutes les communes doivent faire partie d'un EPCI au 1er juin 2013.

État fédéral : p. 248.

État-nation : p. 194.

Eurocorps : armée européenne entrée en service en 1995, regroupant théoriquement 50 000 soldats de cinq pays : Allemagne, Belgique, Espagne, France, Luxembourg. Son état-major est basé à Strasbourg.

Euronext : Compagnie née de la fusion des Bourses de Paris, d'Amsterdam et de Bruxelles en 2000. Elle crée la plus grande place boursière mondiale en fusionnant avec la Bourse de New-York en 2006. En 2011, la fusion avec la Bourse de Francfort est annoncée.

Eurorégions : organe de coopération transfrontalière unissant des régions de différents pays qui bénéficient d'aides de l'UE pour des projets communs.

Façade maritime : espace littoral constitué de très grands ports proches les uns des autres et en liaison avec le même avant-pays océanique et le même arrière pays continental.

Fédéralisme : p. 52.

Ferroutage : technique de transport combiné rail-route. Elle consiste à faire circuler des véhicules routiers sur des wagons de chemin de fer conçus à cet effet.

Flux : p. 162.

Fonctions périproductives : p. 138.

Fonds européen agricole pour le développement rural (FEADER) : finance des actions de développement rural.

Fonds européen de développement régional (FEDER) : créé en 1975, ce fonds structurel, le plus important, favorise la réduction des disparités régionales en cofinançant des programmes de développement établis en partenariat entre l'Union européenne, les États membres et les collectivités territoriales.

Fonds européen de la pêche (FEP) : sert à développer les entreprises économiquement viables dans le secteur de la pêche.

Fonds européens : l'UE a multiplié les instruments financiers en faveur de la politique régionale : fonds structurels ; fonds de cohésion destinés à financer les infrastructures de transport, les missions centrées sur l'environnement ; fonds de solidarité pour les catastrophes naturelles…

Fonds structurels : p. 198.

Fracture numérique : inégalité d'accès aux réseaux numériques et aux capacités majeures de développement offertes par les TIC (Internet, téléphonie…).

Fragmentation socio-spatiale : p. 108.

Friche : champs où l'on ne pratique plus l'agriculture. Plus généralement, ancien espace productif laissé à l'abandon.

Fonds social européen (FSE) : sert à financer la politique sociale de l'Union européenne.

Firme transnationale (FTN) : entreprise exerçant ses activités dans plusieurs États directement ou par l'intermédiaire de filiales.

G7, G8, G20 : depuis 1975, groupe constitué des cinq pays les plus industrialisés du monde auxquels se sont ajoutés le Canada et l'Italie (G7) ; le G7 est devenu G8 depuis 1997 avec l'association de la Russie. Le G20 a été créé en 1999 pour favoriser une concertation internationale élargie après une série de crises financières. Depuis 2008, il se réunit au niveau des chefs d'État ou de gouvernement. Les pays du G20 représentent plus de 90 % du PIB mondial.

Gaz à effet de serre : gaz présents dans l'atmosphère (CO_2, méthane, ozone) qui absorbent le rayonnement infrarouge émis par la surface de la Terre, l'atmosphère et les nuages, et à leur tour l'émettent dans l'atmosphère. Cela pourrait favoriser le réchauffement climatique du fait de l'accélération de la production de gaz par les activités humaines.

Gentrification : p. 108.

GEOCLIP : logiciel de cartographie statistique interactive pour Internet. Il permet de consulter les données relatives à un territoire à partir d'un navigateur et de représenter des données sous formes de cartes paramétrables.

Géographie et indicateurs liés au développement durable (GEOIDD) : p. 122.

Géopolitique : étude des rapports entre espace et politique ; étude des rivalités de pouvoirs et de leurs enjeux sur des territoires.

Gestion durable : p. 90.

Grenelle Environnement : négociations entre l'État, les organisations non gouvernementales (ONG), les entreprises, les syndicats et les collectivités locales qui se sont déroulées en 2007 dans le but d'intégrer le développement durable aux politiques d'aménagement. La loi « Grenelle 1 » de 2009, propose des mesures concernant l'énergie et le bâtiment, les transports, la biodiversité et les milieux naturels, la gouvernance et les risques pour l'environnement et la santé. La loi dite « Grenelle 2 » de 2010 correspond à la mise en application d'une partie des engagements du Grenelle Environnement.

Hanse : p. 250.

Héliotropisme : attirance vers les régions ensoleillées.

Hub : point d'un réseau de transport international qui concentre et redistribue les voyageurs et les marchandises dans de nombreuses directions.

Industrie agroalimentaires : p. 142.

Innovation : création ou amélioration de nouveaux produits ou de services en relation avec les dernières technologies issues de la recherche. L'innovation permet aux entreprises d'être compétitives sur le marché mondial.

Intercommunalité : p. 30.

Interface : p. 250.

Intermodalité : utilisation de plusieurs modes de transport au cours d'un même déplacement.

Interreg : programme européen qui vise à favoriser le développement régional par la coopération transfrontalière (Interreg A), transnationale (Interreg B).

Lexique 313

LEXIQUE

Investissement direct à l'étranger (IDE) : mouvement international de capitaux réalisé par une firme dans le but de créer, de développer ou de maintenir une filiale à l'étranger. Il peut s'agir aussi de prendre le contrôle d'une entreprise étrangère. Par convention, un investissement direct à l'étranger est établi si l'investisseur acquiert au moins 10 % du capital social de l'entreprise convoitée.

L

Liaison entre les actions de développement de l'économie rurale (LEADER) : programme européen destiné à soutenir des projets « pilotes » en zones rurales. La 4e génération du programme (2007-2013) est alimentée par le fonds européen agricole de développement (FEADER).

Logistique : ensemble des activités liées aux transports.

Loi Chevènement : loi relative à la simplification et au renforcement de la coopération intercommunale présentée par le ministre de l'Intérieur et votée en 1999. Elle donne les moyens aux communes de se regrouper en communauté de communes, communauté d'agglomération et communauté urbaine

Loi Solidarité et renouvellement urbain (SRU) : votée en 2000, elle vise à améliorer la gestion des territoires urbains avec trois volets : urbanisme (mise en place des *SCOT** et des plans locaux d'urbanisme, *PLU**) ; déplacements (plans de déplacements urbains, *PDU**) ; habitat (mixité sociale pour les communes de plus de 3 500 habitants).

Loi Voynet : loi d'orientation pour l'aménagement et le développement durable du territoire présentée par la ministre de l'environnement et votée en 1999. D'après cette loi, le pays et l'agglomération deviennent des territoires de projet.

Low-cost : compagnie aérienne à bas prix qui propose des vols à moindre coût mais offrant moins de service que les compagnies aériennes traditionnelles. Plus généralement, bien ou service produit à faible coût.

M

Maritimisation : déplacement des activités vers les littoraux.

Métropole : nouvel EPCI*, de plus de 500 000 habitants, et créée par la réforme territoriale de 2010 pour renforcer les grandes agglomérations. La métropole dispose sur son territoire d'une partie des compétences de la région et du département.

Métropolisation : p. 106.

Migrations alternantes (ou navettes) : p. 164.

Milieu : p. 86.

Mobilité : p. 162.

Multimodal : combinaison de plusieurs mode de transport : maritime, terrestre (routier, ferroviaire, fluvial), aérien.

N

Natura 2000 : initiative européenne en 1992 pour mettre en œuvre un réseau de sites protégés dans tous les pays de l'Union européenne.

Nœuds : interconnexion des lignes d'un réseau de communication

Nouvelle métropole : voir métropole* créée par la réforme de 2010.

O

Objectif « convergence » : p. 216.

Objectifs du millénaire pour le développement : signés en septembre 2000 à New-York par 189 pays sous l'égide des Nations unies, ils ont pour but premier la réduction de l'extrême pauvreté et de la faim.

OCDE : Organisation de coopération et de développement économique ; regroupe depuis 1960 les pays industrialisés.

Œnotourisme : tourisme dont l'objectif est la découverte des régions viticoles et de leurs productions.

Office national des forêts (ONF) : établissement public à caractère industriel et commercial chargé de la gestion des forêts publiques. Il a trois missions principales : la production de bois, l'accueil du public et la protection de la forêt.

Organisation mondiale du commerce (OMC) : p. 248.

Organisation non gouvernementale (ONG) : association sans but lucratif constituée par des personnes privées dont le champ d'action est international.

Organisation du traité de l'Atlantique Nord (OTAN) : organisation politico-militaire née en 1949, destinée à assurer la sécurité de l'Europe occidentale et des États-Unis face à l'URSS. Elle a surtout joué un rôle durant la guerre froide (1947-1989) mais elle reste un élément important des relations internationales. Fondée par les 12 premiers signataires, l'OTAN a maintenant 26 membres. Les pays de l'ancien Europe de l'Est ont tenu à y adhérer depuis 1999.

P

Parc scientifique et technologique : espace concentrant et associant des entreprises et institutions axées sur la recherche et l'innovation.

Pays : espace d'une taille inférieure à la région qui est promu dans les lois Pasqua (1995) et Voynet (1999) comme territoire de projet fondé sur une cohésion géographique, historique et culturelle, où le développement est voulu par les acteurs locaux.

Pays ACP (Afrique, Caraïbes, Pacifique) : par les accords de Cotonou (2000), 79 États ACP ont un partenariat avec l'UE (aide au développement) et une coopération économique et commerciale renforcée.

Pays d'Europe centrale et orientale (PECO) : sigle qui désigne les anciennes « démocraties populaires » et les pays de la CEI.

Pays du retour : expression de Vaclav Havel (premier président de la Tchécoslovaquie postcommuniste, auteur dramatique et écrivain de renom) pour désigner les pays dominés par l'URSS qui avaient été comme mis hors d'Europe pendant cette période, et qui y revenaient après la fin de la tutelle soviétique.

Pays émergents : p. 252.

Pays et territoires d'outre-mer (PTOM) : p. 214.

Péréquation : p. 52.

Périphérie : p. 252.

Périurbanisation : processus d'avancée de la ville sur sa frange (au-delà de la banlieue) dans laquelle ville et campagne s'interpénètrent.

Plan de déplacements urbains (PDU) : obligatoire depuis 1996 dans les agglomérations de plus de 100 000 habitants, le PDU déterminent pour 5 à 10 ans, l'organisation du transport des personnes et des marchandises, la circulation et le stationnement, dans le cadre d'un périmètre de transport urbain. Le PDU doit être compatible avec le *PLU**.

Plan de prévention des risques (PPR) : instauré par la loi de février 1995, le PPR est un document de prévention qui réglemente l'utilisation des sols à l'échelle communale, en fonction des risques auxquels ils sont soumis. Cette réglementation va de l'interdiction de construire à la possibilité de construire sous certaines conditions. Le PPR intègre l'information préventive des citoyens, la protection des lieux habités par les collectivités et l'État, les plans de secours et d'évacuation.

Plan local de l'habitat (PLH) : il définit, pour une période minimale de 5 ans, les principes d'une politique du logement sur un territoire. Son élaboration a été rendue obligatoire en 2006 pour les communautés d'agglomération et les communautés de communes, compétentes en matière d'habitat.

Plan local d'urbanisme (PLU) : document de planification urbaine qui exprime la vision d'une commune ou d'un regroupement de communes sur l'aménagement de son territoire à moyen terme (10 ans). C'est aussi un document qui définit et réglemente l'usage des sols sur l'ensemble du territoire communal.

Pôle de compétitivité : p. 140.

Pôles d'excellence rurale : (PER) politique de l'État lancée en 2005 qui soutient les acteurs locaux qui s'engagent dans des projets économiques innovants dans les espaces ruraux. On compte en 2011 près de 500 PER.

Pôle métropolitain : nouvel EPCI de plus de 300 000 habitants regroupant, sans continuité spatiale, des EPCI (dont un de plus de 150 000 habitants) en vue d'entreprendre des actions d'intérêt commun sur un large périmètre afin d'améliorer la compétitivité et l'attractivité du territoire.

Politique agricole commune (PAC) : mise en place dès le traité de Rome, elle a permis à l'UE de devenir autosuffisante et même excédentaire en termes de production agricole. Plusieurs fois amendée, elle constitue aujourd'hui le deuxième poste des dépenses de l'Union européenne.

Politique de voisinage : politique qui vise à se rapprocher de l'UE (démocratie, État de droit, ouverture réciproque) sans offrir de perspective d'adhésion.

Polycentrisme : se dit d'un territoire (État, région, aire urbaine…) qui a plusieurs centres.

Porte-conteneurs : navire conçu pour transporter des conteneurs.

Processus de Barcelone : lancé en 1995 à Barcelone, cadre pour le développement des relations bilatérales et régionales entre les 15 États membres de l'UE de l'époque et 14 pays méditerranéens. Il jette les bases du partenariat euro-méditerranéen qui s'est par la suite élargi et a donné naissance à l'Union pour la Méditerranée*.

Produit intérieur brut (PIB) : total des richesses produites en un an sur le territoire national.

Programme Interreg : p. 216 ; voir *Interreg**.

Projet d'aménagement et de développement durable (PADD) : dans le cadre du SCOT* et du PLU*, document qui définit les orientations d'urbanisme et d'aménagement du territoire.

Puissance émergente : pays qui tend à sortir d'une situation de pays en développement (Chine, Brésil, Inde…).

Recherche-développement (R & D) : ensemble des activités de recherche destinées à avoir des applications industrielles.

Reconversion industrielle : rénovation du tissu industriel des régions en crise par la création d'activités nouvelles.

Régime préférentiel : p. 218.

Région : regroupement de départements créé en 1955, la région devient une collectivité territoriale par les lois de décentralisation de 1982 avec un Conseil régional élu au suffrage universel. On compte 22 régions métropolitaines. Les cinq départements d'outre-mer ont également le statut de Région.

Régions ultrapériphériques (RUP) : p. 214.

Regroupement intercommunal : voir *intercommunalité*.

Report modal, ou transfert modal : changement d'un mode de déplacement vers un autre.

Réseaux numériques à très haut débit : voir très haut débit.

Revenu de solidarité active (RSA) : prestation versée par le département qui remplace le revenu minimum d'insertion (RMI) pour les personnes privées d'emploi ; apporte une incitation financière aux personnes sans ressource qui reprennent un emploi ; complète les ressources des personnes dont l'activité professionnelle ne leur apporte que des revenus limités.

Revenu national brut (RNB), a remplacé le "Produit national brut" : total des richesses produites en un an sur le territoire national augmenté des revenus du capital et du travail reçus depuis l'étranger et diminué des revenus du capital et du travail envoyés à l'étranger.

Révolution numérique : p. 166.

Risque : danger potentiel qui pourrait affecter une société. Les **risques naturels** sont générés par des phénomènes naturels (cyclone, inondation, séisme, éruption volcanique…). Les **risques technologiques** sont générés par des activités industrielles chimiques et nucléaires, ainsi que par le transport et le stockage de matières dangereuses.

Risque technologique : voir *risque*.

Rurbaine : population citadine installée à la campagne.

Schéma de cohérence territoriale (SCOT) : document de planification supra communale élaboré à l'initiative d'un groupement de communes sur un territoire élargi (bassin de vie, Pays). Il expose une vision stratégique de l'aménagement et du développement de ce territoire à long terme (15 ou 20 ans). Il sert de cadre de référence aux PLH*, PLU*, PDU*…

Schéma de développement de l'espace communautaire (SDEC) : document adopté en 1999 qui établit un cadre de référence stratégique pour l'aménagement de l'espace européen., Il vise à coordonner les politiques menées par chacun des États et à les mettre en cohérence avec les politiques communautaires. Il a été actualisé en 2007 par l'Agenda territorial.

Schéma régional de développement économique (SRDE) : définit la stratégie de la Région pour coordonner les actions de développement économique sur le territoire régional

Schéma Régional des Infrastructures et des Transports (SRIT) : document d'orientation et de planification des transports de la Région qui constitue un cadre de référence pour la politique régionale des transports de voyageurs et de marchandises.

Schéma régional d'aménagement et de développement durable du territoire (SRADDT) : document élaboré par le Conseil régional qui fixe les grandes orientations à moyen terme du développement durable du territoire régional. Il a été créé en 1995 par la loi Pasqua et modifié en 1999 par la loi Voynet.

Services : p. 138.

Seveso : ville italienne où se produisit en 1976 une pollution chimique à la dioxine. Depuis, l'UE a mis en place des « directives » dans le cadre de la prévention des risques technologiques : Seveso I (juin 1982) oblige les États à prendre des mesures pour prévenir les accidents industriels majeurs ; Seveso II (décembre 1996) renforce la prévention.

Silo : bâtiment destiné au stockage et à la conservation des céréales.

Soft power : puissance douce, influence d'un pays sur le monde par sa culture.

Solidarité : redistribution des ressources, par exemple dans le cadre des dotations de l'État aux collectivités, afin de réduire les inégalités entre les territoires.

Station intégrée : station de sports d'hiver ou station balnéaire conçue pour une prise en charge totale des touristes : activités sportives ; loisirs ; équipements ; hébergement ; commerces, etc.

Stratégie dite de Lisbonne-Göteborg : stratégie sur l'innovation et la compétitivité (2000) qui vise à faire de l'Union européenne « l'économie de la connaissance la plus compétitive et la plus dynamique du monde » ; elle a été complétée en 2001 par celle de Göteborg en faveur du développement durable. Ces deux documents fixent les orientations auxquelles les politiques européennes doivent concourir.

Syndicat mixte : structure de coopération intercommunale qui associe des collectivités de natures différentes, communautés de communes et département par exemple.

Système d'information géographique (SIG) : ensemble gérant une base de données d'informations localisées. Les informations de tous types (images, photos aériennes, cartes, données chiffrées…) forment des couches qui peuvent être juxtaposées et croisées.

Systèmes polyculturaux : systèmes de cultures où l'on pratique plusieurs cultures sur un même exploitation.

Technopôle (masculin) : pôle d'activités proche d'une grande ville, réunissant la recherche et des industries de haute technologie (informatique, télécommunication).

Territoire de projet : territoire constitué pour l'élaboration et la réalisation d'un projet d'aménagement. Par exemple, la Charte, stratégie de développement socio-économique, de gestion de l'espace et d'organisation des services, est le document clé du Pays.

Tertiaire : p. 144.

Tertiarisation : montée des activités de service dans les sociétés contemporaines.

Tourisme vert : p. 268.

Traité de Lisbonne : héritier du projet avorté de Constitution européenne, il a été approuvé en octobre 2007 et est entré en vigueur en décembre 2009. Il a pour finalité d'améliorer le fonctionnement des institutions au sein de l'Union européenne élargie.

Traité de Rome : signé en 1957 par la France, la RFA, l'Italie, le Benelux, il fonde la Communauté économique européenne.

Transit : p. 268.

Transport collectif en site propre (TCSP) : système de transport public de voyageurs, utilisant une voie ou un espace affecté à sa seule exploitation.

Très haut débit : p. 166.

UNESCO : Organisation des Nations unies pour l'éducation, la science et la culture.

Union pour la Méditerranée : depuis 2008, dans le prolongement du processus de Barcelone, l'Union pour la Méditerranée a pour but de promouvoir l'intégration économique et les réformes démocratiques dans seize pays voisins situés au sud de l'UE, en Afrique du Nord et au Moyen-Orient.

URBAN : programme européen pour un développement urbain durable.

Ville mondiale, ou ville globale : p. 270.

Vulnérabilité : p. 88.

Z

Zone euro : p. 196.

Zone économique exclusive (ZEE) : p. 266.

Zone franche urbaine (ZFU) : créées en 1997, les zones franches urbaines sont des quartiers très défavorisés de plus de 10 000 habitants, où le les entreprises bénéficient d'avantages juridiques et fiscaux.

Zone industrialo portuaire (ZIP) : zone aménagée près d'un port et accueillant des activités portuaires et industrielles.

Zones de revitalisation rurale : dispositif de soutien aux zones rurales en difficultés (peu densément peuplées ou souffrant de handicaps) sous forme d'avantages fiscaux aux entreprises.

Zone urbaine sensible (ZUS) : quartiers de grands ensembles ou d'habitat dégradé bénéficiant d'un soutien spécifique ; créées en 1984, les ZUS sont au nombre de 752 (en 2005).

ATLAS — Le relief de l'Europe

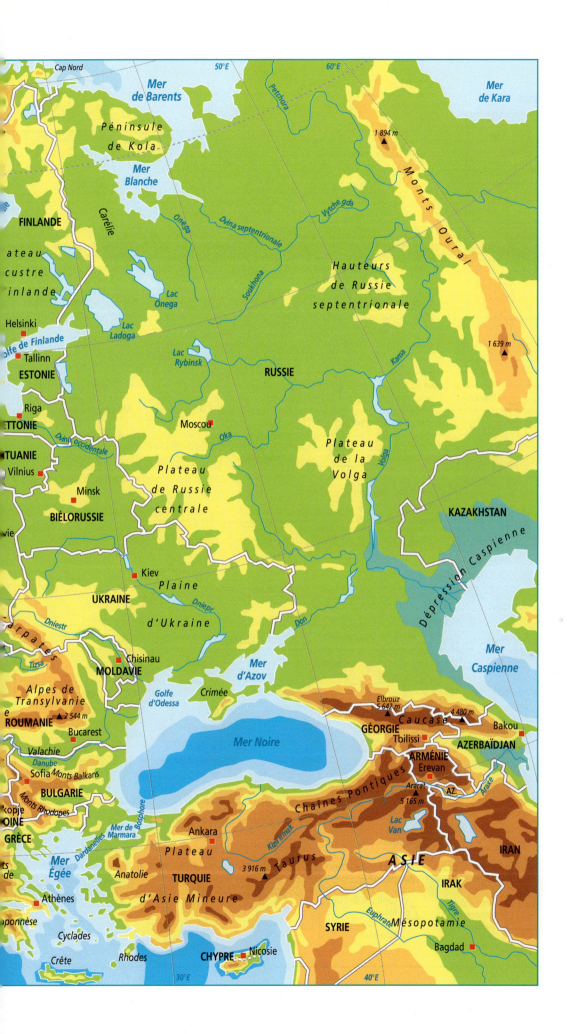

ATLAS

A Les villes européennes

Rhin-Ruhr :
1. Duisburg – Essen – Dortmund – Bochum
2. Düsseldorf – Solingen – Wuppertal
3. Bonn – Cologne – Leverkusen

☐ Ville mondiale
☐ Métropole européenne majeure
△ Capitales de l'UE : Bruxelles, Luxembourg, Strasbourg

Rhin-Main :
Francfort – Wiesbaden – Darmstadt

La Mégalopole européenne

États de l'UE au 01-01-2011

POPULATION DES AGGLOMÉRATIONS
(en millions)
0,75 – 1 – 2 – 3 – 8

Source : ONU – 2010.

B Les États de l'Europe

Pays	Superficie (en km²)	Population (en millions d'habitants)	Densité (hab./km²)	Pays	Superficie (en km²)	Population (en millions d'habitants)	Densité (hab./km²)	Pays	Superficie (en km²)	Population (en millions d'habitants)	Densité (hab./km²)
ALBANIE (République)	28 750	3,2	113	FRANCE (République)	551 500	63	114	MONTENEGRO (République)	13 812	0,6	46
ALLEMAGNE (République Fédérale)	357 000	81,6	229	GRÈCE (République)	131 990	11,3	86	NORVÈGE (Royaume)	323 880	4,9	14
ANDORRE (Principauté)	468	0,1	213	HONGRIE (République)	93 030	10	108	PAYS-BAS (Royaume)	41 526	16,6	400
AUTRICHE (République)	83 860	8,4	100	IRLANDE (République)	70 280	4,5	64	POLOGNE (République)	323 250	38,2	122
BELGIQUE (Royaume)	30 530	10,8	354	ISLANDE (République)	103 000	0,3	3	PORTUGAL (République)	92 390	10,7	116
BIÉLORUSSIE (République)	207 600	9,5	46	ITALIE (République)	301 270	60,5	201	RÉPUBLIQUE TCHÈQUE	78 860	10,5	133
BOSNIE-HERZÉGOVINE (République)	51 130	3,8	75	LETTONIE (République)	64 600	2,2	35	ROUMANIE (République)	238 390	21,5	90
BULGARIE (République)	110 910	7,5	68	LIECHTENSTEIN (Principauté)	157	0,04	225	ROYAUME-UNI (G.-B. et Irlande Nord)	244 880	62,2	256
CHYPRE (République)	9 251	1,1	118	LITUANIE (République)	65 200	3,3	51	RUSSIE (Fédération)	17 075 400	141,9	8
CROATIE (République)	56 540	4,4	77	LUXEMBOURG (Grand Duché)	2 586	0,5	193	SAINT-MARIN (République)	61	0,03	522
DANEMARK (Royaume)	43 090	5,5	129	MACÉDOINE (République)	25 720	2,1	80	SERBIE	77 474	7,3	94
ESPAGNE (Royaume)	505 990	47,1	93	MALTE (République)	316	0,4	1 326	SLOVAQUIE (République)	49 010	5,4	110
ESTONIE (République)	45 100	1,3	30	MOLDAVIE (République)	33 700	4,1	122	SLOVÉNIE (République)	20 255	2,1	101
FINLANDE (République)	338 150	5,4	16	MONACO (Principauté)	1,8	0,03	16 667	SUÈDE (Royaume)	449 965	9,4	21
								SUISSE (Confédération helvétique)	41 290	7,8	189
								UKRAINE (République)	603 700	45,9	76

ATLAS

A Le relief de la France

B Les climats de la France

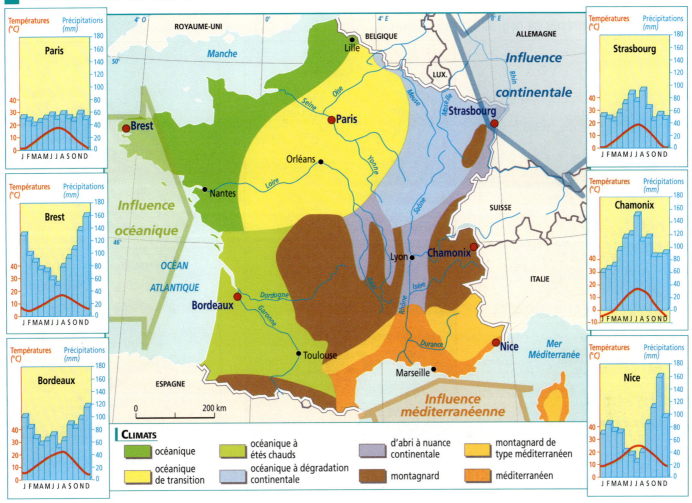

C Les climats de l'Europe

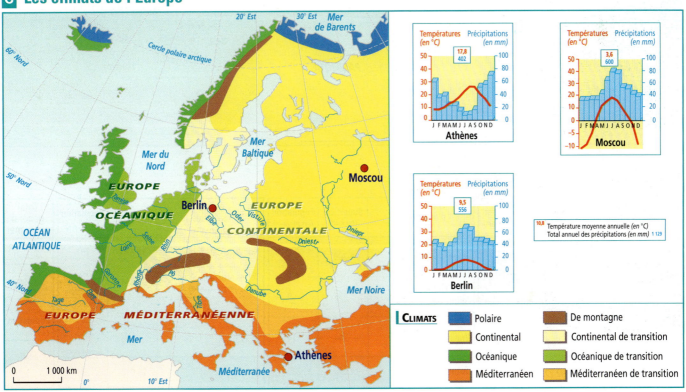

ATLAS

A Les départements et régions d'outre-mer

B La France dans l'océan Pacifique

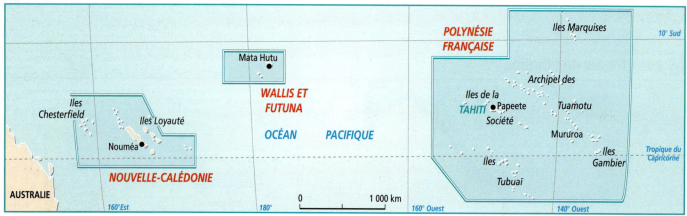

C Les territoires français d'outre-mer

Départements et Régions d'outre-mer (DROM)	Superficie (en km²)	Population (en milliers)
Guadeloupe	1 704	407
Guyane	86 504	215
Martinique	1 128	404
Réunion	2 512	802
Mayotte	374	186
Total	92 222	2 014

Collectivités d'outre-mer (COM)	Superficie (en km²)	Population (en milliers)
Polynésie française	4 200	260
Saint-Pierre et Miquelon	242	6
Wallis et Futuna	211	14
Total	4 653	280

Autres territoires d'outre-mer	Superficie (en km²)	Population (en milliers)
Nouvelle-Calédonie	18 575	231
Terres australes (sans Terre Adélie)	7 391	Pas de population permanente
Îles éparses	44	Pas de population permanente
Clipperton	2	Pas de population permanente
Total	26 012	231

Total général outre-mer	
Superficie (en km²)	122 887
Population (en milliers)	2 525

D Les territoires d'outre-mer des États de l'Union européenne

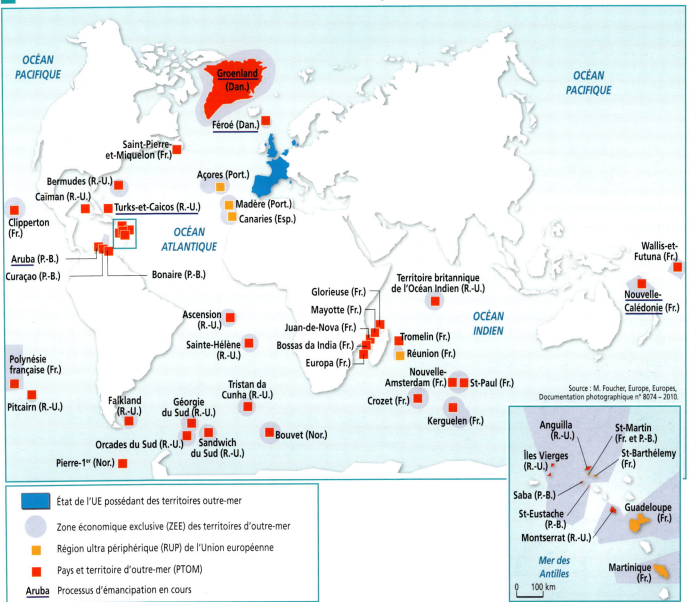

Source : M. Foucher, Europe, Europes, Documentation photographique n° 8074 – 2010.

PTOM relevant de la France	Superficie (en km²)	Population (en milliers)
Nouvelle-Calédonie	18 575	231
Polynésie française	4 200	260
Saint-Pierre et Miquelon	242	6
Terres Antarctiques et Australes françaises	7 391	-
Wallis et Futuna	142	14
Total	30 550	511

Source : Insee – 2010.

PTOM relevant du Royaume-Uni	Superficie (en km²)	Population (en milliers)
Anguilla	91	11
Caïman	260	38
Turk et Caïcos	430	16
Iles vierges britanniques	150	19
Montserrat	102	4
Falkland	12 173	3
Sandwich du Sud et dépendances	4 066	-
Pitcairn	29	0,05
Sainte-Hélène et dépendances	307	6
Territoires britanniques de l'Océan Indien	60	-
Bermudes	533	66
Total	18 201	163

PTOM relevant des Pays-Bas	Superficie (en km²)	Population (en milliers)
Aruba	193	100
Antilles néerlandaises	960	211
Total	1 153	311

PTOM relevant du Danemark	Superficie (en km²)	Population (en milliers)
Groenland	2 166 086	56

Total général PTOM	Superficie (en km²)	Population (en milliers)
	2 215 790	1 056

Langage cartographique et types de cartes

Conseils Bac

Qu'est-ce que le langage cartographique ?

- Les informations représentées sur une carte, un croquis ou un schéma sont traduites par des **figurés du langage cartographique**.
- La connaissance du langage cartographique est nécessaire pour :
  – **lire des cartes** ;
  – **réaliser des croquis ou des schémas** (Méthodes p. 62 et p. 120).
- Le langage cartographique comprend **4 grands types de figurés** : les **plages colorées** (ou figurés de surface), les **figurés ponctuels**, les **traits** et les **flèches**.

Quels sont les principaux types de cartes ?

- Il existe 4 grands types de **cartes thématiques***.
- Les cartes par **plages colorées** (cartes 1 et 2).
- Les cartes par **figurés ponctuels** (cartes 3 et 4).
- Les **cartes de flux ou de réseaux** qui utilisent des flèches ou des traits (cartes 5 et 6).
- Les cartes par **anamorphose*** sont constituées de formes dont la surface est proportionnelle à la valeur de l'information (carte p. 139).

Pour réaliser les croquis et schémas, il faut utiliser 4 grands types de figurés.

1. Les plages colorées

- **Vous aurez à employer des plages colorées pour représenter des informations qui s'étendent en surface.**
- Exemples d'utilisation des **plages colorées** pour réaliser :

– Un croquis des contrastes régionaux :

Cœur économique   Espace intégré   Espace en marge

– Un croquis des activités économiques du territoire français :

Régions : industrielle   agricole   touristique

Conseil : choisissez des couleurs adaptées : jaune pour l'agriculture, vert pour la forêt...

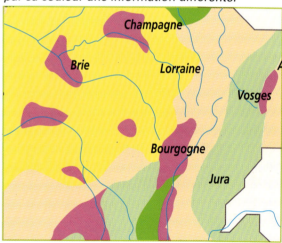

Carte 1 : chaque plage colorée localise et indique par sa couleur une information différente.

- **Pour certains croquis ou schémas, vous aurez à montrer les variations de l'importance d'une information.** Dans ce cas, utilisez :
- La **variation des couleurs** en respectant l'ordre des couleurs de l'arc-en-ciel :

Exemple :

PIB par habitant : fort   faible

- La **variation du ton** d'une même couleur :

Exemple :

PIB par habitant :   fort   faible

Conseil : pour croiser deux informations, vous pouvez utiliser la combinaison des plages colorées et des hachures.

Exemple :

PIB par habitant faible   PIB par habitant et densité de population faibles

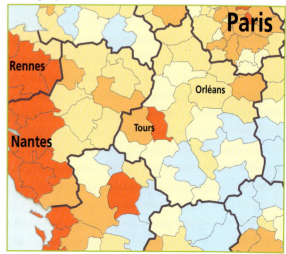

Carte 2 : la variation des couleurs renseigne sur la localisation et l'importance de l'information cartographiée.